JN279953

ミクロ経済学の基礎

Foundations
of
Microeconomics

ミクロ経済学の基礎

矢野 誠

岩波書店

はしがき

　本書『ミクロ経済学の基礎』と本書の姉妹編『ミクロ経済学の応用』は，はじめて経済学を学ぼうとする人を対象として，ミクロ経済学を解説したものである．これらの本で特に配慮を加えたのは，

(1) 説明を丁寧にして，読者の独習に耐えるようにすること，
(2) どの市場経済にも普遍的に成立するミクロ経済理論の構造を，できるだけ簡単なモデルを利用して，浮き彫りにすること，
(3) 現代の日本の経済に即して，ミクロ理論の実践方法を紹介すること，

という3点である．はじめて経済学を学ぶ人を対象にと言っても，理論やその実践の説明には新たな工夫を加えた部分も多い．その意味では，学部上級や大学院初級の読者にも，十分に興味を持って読んでいただける内容になっていると考えている．

　ミクロ的な経済理論の解説書には，昔から，優れたものが数多く存在する．しかし，そうした本を使わせていただいて，1つだけ，もどかしく感じてきたことがある．ミクロ経済学の理論的側面はよく分かっても，それを，どのようにして実践に供せばよいのか，わかりにくいことである．
　私たちが実際の経済活動を行う上で，ミクロ経済学がどのような役に立つのか．現実の社会制度を設計する上で，その教えをどのように取り入れるべきなのか．こうした素朴な疑問は，かえって，答えるのが難かしい．20年前に，はじめて経済学の講義を受け持ったアメリカの大学で，こんな質問を学生たちから受け，実践を伴わない理論を嫌うアメリカの学生たちの気質に気づき，驚かされたのも記憶に新しい．それ以来，アメリカでも日本でも，経済理論の講義を行う際には，単に理論の解説をするだけではなく，いかに理論が実践されうるかという問に対し，私なりの答えを示そうと心がけてきた．そのようにして貯まった講義のノートを整理して，できたのが本書である．

本書を書くにあたって，もう1つ心がけたのは説明を丁寧に行い，読者の独習に耐えうるようなものを作ることである．これも教壇に立つようになり間もなく気がついたことだが，欧米の教科書の多くは非常に分厚い．最初は，どうしたら，それだけの分量がカバーできるか，疑問に感じたが，実は，教室で教師が触れるのはホンの一部で，残りは学生の自習にまかされていることが分かった．そのような利用にも耐えるためには，教科書は（少しぐらい冗長にみえても），教師の助けなしでも，読めば分かるように書かれていなくてはならない．本書では，そのようなスタイルの講義や，読者の独習にも活用できるように，基礎的な事柄について，少し記述が長くなっても，細かな説明を省かないように配慮した．

　読者の独習に耐えるような欧米の教科書も，多数，翻訳されている．しかし，経済学の教科書の場合，本の書かれた国の経済や時代の背景を的確に反映していなくては，良い本とは言いにくい．したがって，欧米で高く評価された教科書と言っても，現代の日本の経済状況に則した経済理論の実践という観点からは，不十分と言わざるをえない．

　日本経済の現状に適したものと言っても，あくまでミクロ経済学の入門書であり，日本経済について語る書物を書こうとしたわけではない．現代の日本経済を生きるために重要と思う事柄にそって，私なりに，各章における説明の力点の置き方や例の選び方に工夫をしただけである．日本経済の現状に関する私の考えについては，改めて述べる機会があれば，と考えている．

　本書が完成に至ったのは，私がこれまで接する恩恵に浴した恩師，先輩，同僚の方々からの教えと手助けの賜物である．また，講義を受け持った慶應義塾大学，横浜国立大学，南カリフォルニア大学，ラトガース大学，コーネル大学，TAとしてホームワーク・セッションを担当したロチェスター大学など，これまで出会った多くの学生諸君からのインプットなしには，本書を語ることはできない．とくに，慶應義塾大学，横浜国立大学の私のゼミ生からは，多くのことを学ばせていただいた．そうした方々のお名前を一々挙げることができないのが残念だが，この場を借りて深く感謝申し上げます．

　経済学者としての私の考え方を決定づけてくださったのは，大学院時代に指

導していただいたロチェスター大学の Lionel McKenzie 教授，Ronald Jones 教授，学部時代に指導していただいた東京大学の根岸隆教授，宮沢光一教授の4人の先生方である．ロチェスター大学の先輩にあたる慶應義塾大学の大山道広教授と京都大学の西村和雄教授，横浜国立大学時代にお世話になった新飯田宏教授と若杉隆平教授には，本書の執筆に関しても，教えを乞うことができた．横浜時代に私が指導し，最近，横浜から Ph.D. を受けた下川雅嗣氏には，横浜国立大学の非常勤講師として，本書の原稿の一部を講義に利用していただき，貴重なご意見を頂いた．また，岩波書店編集部の髙橋弘氏には，本書の編集を担当していただき，いろいろとお世話になった．本書を完成できたのは，こうした方々のお陰によるところが大きい．ここに，改めて，感謝を申し上げます．

　本書を書く直接のきっかけを作ってくれたのは，神戸大学の出井文男教授である．出井教授はロチェスター大学時代から私を知り，3年ほど前に，私の考え方にもとづいたミクロ経済学の教科書を書くことを強く勧めてくださった．その後，草稿の段階以来，3回の改訂原稿をすべて読んでいただき，そのたびに，適切なご意見をいただいた．それまで断片に過ぎなかった私の考えを，本書で示した形にまで，煮詰めることができたのは，出井教授のお陰であり，改めて申し上げるべき感謝の言葉もありません．

　本書を完成に導くための原動力を与えてくれたのは，1997年に他界した父，誠也，である．私が経済学の道を選んだのは，経済評論家として著述を業とした父の影響が大きい．その父の最後に残した著書が『実践の経済学』と題されていることが示すように，経済学との父の関わり方は，一貫して，いかに経済学を実践するかを問うことにあったように思う．

　経済学の実践という父の残した問に本書を通じて少しでも答えられていることを願うと同時に，母の健康を願いながら，本書を父と母に捧げたいと思う．

　　2001年1月

矢野　誠

＊慶應義塾大学大学院経済学研究科の近藤豊将氏に，初刷の誤りを多数指摘していただいたことを感謝とともに付記します．

『ミクロ経済学の基礎』と『ミクロ経済学の応用』全体の構成

『ミクロ経済学の基礎』

第 1 章　経済学の対象と分析手法
第 2 章　消費者の行動
第 3 章　消費者の選好
第 4 章　効用最大化からみた消費行動
第 5 章　費用と供給
第 6 章　生産要素と費用
第 7 章　競争均衡の最適性
第 8 章　完全競争市場の一般均衡分析

『ミクロ経済学の応用』

第 1 章　ミクロ経済学の基礎知識
第 2 章　市場の機能と市場の質
第 3 章　資源配分の失敗と市場の質の向上
第 4 章　私的独占と公的独占
第 5 章　製品の質と知的財産権法
第 6 章　不完全競争とゲーム理論
第 7 章　市場内の競争と独占禁止法
第 8 章　市場間の競争と独占禁止法
第 9 章　製品の差別化と独占的競争
第 10 章　価格差別と独占禁止法
第 11 章　独占禁止法における理念とルール
第 12 章　証券市場と情報開示制度

目　次

はしがき
本書の使い方

第1章　経済学の対象と分析手法 …… 1
1.1 経済学の対象 …… 2
市場経済の基本原理／経済現象とは
1.2 経済活動と合理的意思決定 …… 4
合理的選択のための4ステップと情報の知悉性／選択肢の空間の設定／合理的選択と最適化問題／合理的選択と機会費用／機会費用と最適化問題
1.3 経済システムの分析手法 …… 22
経済モデル／経済変数／グラフによる経済分析／経済現象の同時決定性／経済分析の手順／数学的分析の効用

第2章　消費者の行動 …… 37
2.1 消費と交換 …… 38
消費とは／自発的交換／消費および交換の望ましさの尺度
2.2 消費者にとっての交換の利益 …… 41
望ましさの絶対尺度としての総支払用意／望ましさの相対尺度としての消費者余剰／複数の商品からの選択と消費者余剰／複数単位の製品の購入
2.3 消費者余剰最大化仮説 …… 49
砂漠のコーラの例／限界原理／一物一価の法則／割引のパラドックス／裁定と一物一価の法則
2.4 消費者行動と需要 …… 63
価格受容者と正札販売／需要と限界原理／総支払用意と需要曲線／需要法則と限界支払用意逓減の法則／需要という言葉づかいについて

2.5 需要に関する数学的分析 ·· 76
　　総支払用意曲線／消費者の最適化行動と最適化の1次条件／需要曲線と逆需要曲線

第3章　消費者の選好 ·· 87

3.1 消費の対象と選好 ·· 88
　　消費バスケット／選好関係／選好関係の基本的性質
3.2 選好と無差別曲線 ·· 93
　　正の財，負の財，中立財／無差別曲線／無差別曲線図／特殊な選好関係
3.3 無差別曲線図と効用関数 ·· 105
　　選好関係と支払用意／効用と効用関数／効用関数の実物化と総支払用意／代替と補完
3.4 顕示選好 ··· 116
　　初鰹かトンカツか／選好の顕示／顕示選好の理論／顕示選好の弱公準と無差別曲線の顕示／顕示選好の強公準と無差別曲線の顕示／国民所得統計と顕示選好

第4章　効用最大化からみた消費行動 ·················· 133

4.1 消費の実行可能性と予算制約 ·································· 134
　　予算制約式／相対価格と機会費用
4.2 効用最大化モデルと需要 ·· 140
　　最適消費バスケットと効用最大化の1次条件／効用最大化と限界原理／限界代替率と効用最大化の1次条件／需要関数と間接効用関数
4.3 最適消費バスケットの比較静学 ······························· 158
　　一般インフレと消費のゼロ次同次性／所得の上昇／価格の下落
4.4 需要の法則をめぐって ··· 164
　　需要の法則と交差効果／完全代替財，完全補完財における交差効果／需要の弾力性／余暇の需要と労働の供給
4.5 効用最大化と消費者余剰最大化 ······························· 176
　　一般化された消費者余剰最大化モデル／部分均衡分析の仮定／総支払用意と総補償要求／部分均衡分析の条件

第5章　費用と供給 ………………………………… **189**

5.1 供給の法則 ………………………………… 190
供給の法則と供給曲線／企業と利潤最大化／供給と限界原理／供給の法則と限界費用曲線／利潤と総費用曲線

5.2 費用の構造 ………………………………… 203
U字型限界費用曲線の法則／可変費用と固定費用／費用曲線の性質

5.3 完全競争的企業の行動 ………………………………… 213
完全競争市場／完全競争的企業の行動モデルと生産者余剰／利潤最大化の条件／供給曲線と生産者余剰

5.4 長期と短期の企業行動 ………………………………… 222
供給の長期弾力化原理／長期と短期の区別／企業の長期的計画／長期の供給曲線／供給の長期弾力化原理と短期・長期の費用

第6章　生産要素と費用 ………………………………… **239**

6.1 生産物と生産要素 ………………………………… 240
生産の連鎖と生産関数／生産関数と生産要素の代替／生産要素の費用と利潤

6.2 短期の企業活動と生産要素市場 ………………………………… 245
短期と長期の費用関数／労働投入量の投入量と限界原理／可変的生産要素の生産性と短期の生産曲線／可変的生産要素市場と生産物市場の短期的連関

6.3 生産要素の投入と長期の意思決定 ………………………………… 258
長期の企業行動と限界原理／長期総費用の最小化／費用最小化と総費用関数／費用最小化と限界原理／限界代替率

6.4 等量曲線と生産の規模 ………………………………… 272
資本高度化の法則と生産要素の相対需要の法則／相似拡大的生産関数の仮定／U字型の長期限界費用曲線／生産面と生産関数／生産物の価格と生産要素需要／生産要素の価格と供給

6.5 生産と費用の双対性 ………………………………… 283
要素価格の変化と費用曲線／生産要素の投入と生産要素の価格の双対性／限界費用と限界生産物

第7章 競争均衡の最適性 ……………………… **291**

7.1 競争と最適性 ……………………… 292
競争に関する2つの基本命題／経済学における均衡分析／完全競争の最適性

7.2 短期的な資源配分の最適性 ……………………… 296
資源配分と実行可能性／消費財の最適配分／社会的便益関数／生産の最適割当／社会的費用関数／生産・消費の最適配分

7.3 短期的な市場均衡 ……………………… 316
完全競争市場における短期の市場均衡／競争均衡の最適性／比較静学と均衡の安定性／需要と供給の弾力性／農業所得と需要弾力性

7.4 参入・退出と長期均衡 ……………………… 328
技術の選択と模倣／長期均衡と企業数の内生的決定／企業数と完全競争の長期的最適性／企業の参入／企業の退出と倒産／技術の模倣と特許制度／生産サイドでの長期と短期の階層構造

第8章 完全競争市場の一般均衡分析 ……………………… **347**

8.1 資源配分と効率性 ……………………… 348
効率性と無駄／最適性とパレート最適性

8.2 純粋交換経済モデルと資源配分 ……………………… 351
純粋交換経済のモデル／消費配分のパレート最適性／純粋交換経済の一般均衡と厚生経済学の第1定理／厚生経済学の第2定理と資産の再分配

8.3 単純1国経済モデル ……………………… 365
1国経済の資源配分／生産と消費の一般均衡／完全競争均衡の最適性

8.4 長期の市場均衡と企業数 ……………………… 377
長期均衡／長期効率的技術の選択／企業の合併や分割と長期効率性

リーディング・リスト **387**

索　引 **389**

本書の使い方

独習の方法：「はしがき」でも触れたとおり，本書『ミクロ経済学の基礎』と姉妹編『ミクロ経済学の応用』では，はじめてミクロ経済学に接する人が独習できるような記述を心がけている．はじめてミクロ経済学に接する人が，まず，本当に基礎的な部分だけを理解しようと望むならば，1章，2章，5章，7章の順に読み進めることをお勧めしたい．これらの4つの章を読むだけでも，ミクロ経済学の問題意識やアプローチは理解できるはずである．

これらの4つの章を読んだ上で残りの章を読むほうが，かえって，全体像をつかみやすいと思われる読者も多いはずである．残りの各章の内容はそれらの章をより深めたものになっているからである．つまり，3章と4章は2章の，6章は5章の，8章は7章の一般化に関するものだということである．

ミクロ経済学の応用面だけに興味のある読者は，1章，2章，5章，7章を読んだ上で，直接，『応用』のほうへ進んでいただいても差し支えない．また，ミクロ経済学に関する基礎的な知識を持っている場合には，『応用』から読み始めることもできるように『応用』は構成してある．

講義での利用方法：本書と『応用』の原形となっているのは，学部2年次レベルの通年（1コマ90分，30回）のミクロ経済学の講義ノートである．そのため，2冊全体にもとづいて1年間の講義を計画するのが理想である．その場合の2冊の利用方法については，『応用』で詳しく述べたい．

経済学の教育という見地から理想を言えば，欧米の多くの大学のように，1年次に通年で，ミクロ・マクロに両方に関する入門的な経済学の講義を履修し，2年次には，ミクロとマクロのそれぞれについて，通年の講義を受けるというのが望ましい．そのようなカリキュラムを採用している大学ならば，本書と『応用』を2年にまたがって利用することもできる．

はじめて経済学を学ぶ場合，ミクロ的な話から入るべきなのか，マクロ的な話から入るべきなのか．この問題については経済学者の間でも見解が分かれる

ようである．個人的には，ミクロから入ったほうが親しみやすいと思うので，本書では，はじめて経済学を学ぶ人も読者の中に想定している．その場合には，学部1年次の最初の半年の講義を利用して，部分均衡分析だけを1章，2章，5章，7章にもとづいて紹介するのがよいだろう．

そのようなイントロダクトリー・レベルの経済学を学んだ学生を対象したミクロ経済学を第2年次に行うのならば，2章，5章，7章の部分均衡分析は復習として簡単に触れるだけで，3章，4章，6章，8章の一般均衡分析を中心に，1章から8章までをカバーすることもできる．

私自身は，3章，4章，6章，8章の内容を基礎にして，マクロ経済学を紹介する学部1年次の半年間の講義を行ったこともある．しかし，その場合には，本書に記したようなミクロ的内容は削って，失業，物価水準，利子率といったマクロ経済学的内容や用語を取り入れる必要があるのは言うまでもないだろう．

*印を付けた節や項：本書では，ミクロ経済学の内容を深く知りたい読者のために，かなり込み入ったテーマも紹介している．そのような節や項には*印をつけて，他の部分と区別した．たとえば，第3.4.3項は「顕示選好の理論*」と記し，第6.5節は「生産と費用の双対性*」と記してある．それらの節や項は，はじめに読むときには飛ばして，後でゆっくりと読んでいただいてもよい．講義で取り上げるか否かは，そのときどきの判断によるだろう．

第 1 章
経済学の対象と分析手法

1.1　経済学の対象
　　1.1.1　市場経済の基本原理
　　1.1.2　経済現象とは
1.2　経済活動と合理的意思決定
　　1.2.1　合理的選択のための 4 ステップと情報の知悉性
　　1.2.2　選択肢の空間の設定
　　1.2.3　合理的選択と最適化問題
　　1.2.4　合理的選択と機会費用
　　1.2.5　機会費用と最適化問題
1.3　経済システムの分析手法
　　1.3.1　経済モデル
　　1.3.2　経 済 変 数
　　1.3.3　グラフによる経済分析
　　1.3.4　経済現象の同時決定性
　　1.3.5　経済分析の手順
　　1.3.6　数学的分析の効用

....

　経済学は人々の活動の中でもとくに経済の側面に関わるものである．人間の活動は非常に多くの側面を持っている．そうした側面は，少なくとも，**政治**，**経済**，**社会**の 3 つに大別できる．軍事や外交は国際政治に関係していて，政治という大きな枠組みの中で考えることができよう．また，芸術や文化における動きは，広い意味で，社会現象の 1 つとして捉えられることが多い．経済学はそのような多様な人間活動の中でも，とくに，経済的側面に関わるものである．

1.1 経済学の対象

政治，経済，社会といった分類に冒頭で触れたのは社会科学に関する分類学を考えるためではない．人間の営みの経済的側面が政治や社会などの種々の側面とは異なる1つの特質を持っていることを最初に指摘しておくためである．

1.1.1 市場経済の基本原理

その特質とは，現代の人々の経済活動がある単一の行動原則に従っているということである．この行動原則は市場における個人の**自発的行動の原則**と表現してもよい．市場における自発的行動の原則とは，個人個人が独立した判断にもとづいて自分に許された範囲でもっとも望ましいと考える経済活動を行うという原則である．それぞれの個人が自分にできる範囲でおのれの欲するところに従って行動するという原則と言い換えてもよいだろう．

現代の市場経済においては，どの人も自発的行動の原則に則って行動していると考えてほぼ誤りがない．このような単一の行動原則が存在する点で，経済活動と政治や社会的側面における人間の活動との間には，大きな違いがある．たとえば，政治的な状況では，政治的力関係によっては，したくもない妥協を余儀なくされたり，特定の個人にだけ好き勝手が許されたりする．また，流行のような社会現象を考えると，自発的に流行を追う場合もあるかもしれないし，ただ単に，それが（他の人が好む）はやりだから自分もその流行を追うという場合もあるかもしれない．このように，政治的活動や社会的活動においては，それぞれの個人の行動が一様の行動基準にもとづいているとは考えにくい．これに対して，市場経済では，どんな人の行動も自発的行動という行動基準に立脚していると考えて差し支えない．

経済学の教える基本原理では，たとえ，人々が自発性という行動原則にもとづいておのれの欲するところに従って行動していたとしても，それによって社会にとってもっとも望ましい状態が達成されると考えられている（**市場経済の基本原理**）．もう少し強めて，市場経済では人々がおのれの欲するところに従って切磋琢磨してはじめて，社会的に最適な状態が出現すると言ってもよいかも

しれない．

　もちろん，このような基本原理がつねに成立するとは限らない．経済学のもっとも基本的なテーマは人々の自発的行動のあり方を明らかにし，どのような場合にこの原理が成立するかを検討することにある．さらに，いろいろな経済現象の分析を通じて，どのような場合に（基本原理からはずれて）社会的に最適ではない状態が出現するのか，また，現状が最適ではないとしたら，その状態を改善するにはどのようにしたらよいのかなどという問題を考えるのが経済学に課されたテーマである．

　とくにミクロ経済学では，消費者や企業といった個々の経済主体の活動に注目し，それぞれの経済主体が自分のおかれた現状をどのようにしたら改善できるかという問題に第1の焦点があてられる．市場経済の基本原理にもとづけば，社会的に最適な状態が達成されるためには，各経済主体が自分の現状を改善しようと切磋琢磨しなくてはならないと考えられるからである．

　このような観点にたって，経済現象の背後にある基本的な経済原理を紹介するのが本書の目指すところである．

1.1.2　経済現象とは

　経済学の分析対象は**経済現象**である．しかし，経済現象と一言で言っても多岐にわたっている．たとえば，不景気・好景気，物価の上昇，消費の拡大，失業など，どれも経済現象だし，ある財の価格上昇，ある産業における生産費の増大，ある地域の消費者の生活水準の向上といったものも経済現象である．新聞の経済面で取り上げられている話はどれも何らかの経済現象に関わっていると考えて差し支えないので，他にも限りなく例が考えられる．いつも新聞の経済面などに目をとおして，できるだけ多くの経済現象を頭の中で描けるようになるのが経済学に携わろうという人には大切である．

　どの経済現象も，たくさんの**経済主体**の**経済活動**の結果として発生する．経済主体にもいろいろなタイプがある．たとえば，消費者も経済主体だし，企業のような組織も経済主体と考えられる．もちろん，労働者，投資家，自営農家，企業家，経営者なども経済主体である．ふつう，1人の個人は経済主体として複数の役割を同時にこなしている．多くの人が消費者と労働者の2役に携わっ

ていることを考えれば，これは明らかだろう．

経済には多くの経済主体が存在し，それぞれの経済活動を営んでいる．どの経済主体の経済活動も他の経済主体の活動と独立ではなく，互いに協力関係にあったり，競合関係にあったりする．たとえば，お米を作る新潟県の農家を考えれば，当然，他県の米作農家と競合関係にある．また，米作りに使用する耕運機や脱穀機を作る耕作機械産業とは（少なくとも間接的には）お米の生産に関して協力関係にある．間接的な協力関係と断ったのは，ふつう，耕作機械の製造とお米の生産は別の経済主体によって独立に行われているからである．しかし，耕運機や脱穀機は米作りには欠かせないものだし，米作がなければ日本の耕作機械産業も違ったものになっていたはずである．ある経済主体と別の経済主体が直接的に協力して，1つのものを生産している場合も多い．たとえば，ふつう，1つの企業には複数の人が労働者として働き，生産が行われる．これらの例だけではなく，異なる経済主体の経済活動の間の関係は何とおりも考えることができ，非常に複雑に絡みあっている．

経済現象として認識される現象はこうした経済活動の変化を反映したものである．つまり，経済現象とは個々の経済活動の変化やいろいろな経済活動の変化の集積として発生する現象のことであると定義するとよいだろう．

1.2 経済活動と合理的意思決定

現代の経済では，どの経済主体も経済活動の選択に際して複数の**選択肢**を持ち，自発的意志にもとづいて1つの選択肢を選んで経済活動を営んでいる．どんな人間も自発的意志で行動するかぎり，自分に与えられた選択肢のうちでもっとも望ましいものを選択して，それを実行するはずである．経済学では，このような行為を**合理的意思決定**あるいは合理的行動と表現する．合理的意思決定の結果として発生する経済現象の分析が本書のテーマである．

日本語では，経済学者が唱える合理性という言葉の意味が少し誤解されて伝わっているようである．合理的意思決定というのは英語の "rational decision" という表現の日本語訳である．英語では "rational" という言葉は良い意味か中立的な意味で使われるのが普通だが，日本語では必ずしもそうではない．「あの

人は合理的だ」というのは自分勝手だというニュアンスで使われることもあり，自分勝手（egoistic）と言うのは日本語でも英語でも良い意味は持たない．しかし，経済学で使われる意味での合理性は自分勝手とはまったく異なるものである．英語の辞書を見ると，"rational" というのは「理由のある」とか「理由に基づいている」（Webster's Third New International Dictionary より，筆者訳）という意味であるとされている．つまり，真の意味での合理的選択とは，なぜそのような選択を行うかが説明できるような選択のことである．

少し表現を換えて，合理的意思決定とは冷静に考えた上で行われる意思決定のことであると言ってもよい．しかし，経済活動には冷静な判断が重要だと言っても，経済活動がすべて怜悧な計算とか，かけ引きにもとづいていると言っているわけではない．まったく逆で，経済活動の原動力となる要素には，熱意とか，思い込みとか，思い入れとか，努力といった冷静さとは正反対のものが多い．「鉄は熱いうちに鍛えよ」というように，冷静な判断だけで良い物を生産できるわけではない．消費も同じで，この服を気に入って，どうしても欲しいといった気持ちを合理的に説明するのはむずかしい．このような合理性や冷静さとはまったく逆の要素も，生産や消費という経済活動の原動力として働くので，状況を冷静に評価し合理的な選択を行うように努力することが余計に重要なのである．

1.2.1　合理的選択のための4ステップと情報の知悉性

日々の経済活動において，私たちは数多くの選択の場に直面し，そのつど，ほとんど無意識に合理的選択を繰り返している．しかし，時には，自分が本当に合理的な選択を行っているかどうかを再確認するのも大切である．そのためには，合理的行動とはどのようなものであるかを研究して，整理しておく必要がある．

たとえば，知人の家を訪ねて，飲み物を差し上げたいけれど，「コーヒーと紅茶とどちらがよろしいですか」などと言われた経験を思い出していただきたい．この場合，コーヒーと紅茶が選択肢として与えられていて，どちらか好きなほうを選択すると考えるのが合理的行動の研究の第1歩である．

合理的意思決定の手順を理解するためには，この後に続くべきプロセスを考

えながら，全体像を図式化して理解しておくとよい．合理的選択のための第1のステップは自分に与えられている選択肢をすべて書き出してみるか，少なくとも，頭に描いてみることである．合理的選択の理論では，考えられる限りのすべての選択肢の集まり（集合）を**選択肢の空間**と呼ぶ．この用語を使うと，合理的選択のための第1ステップは

ステップ1：選択肢の空間の確定

である．

次に，自分の好みにもとづいて，選択肢の空間に含まれる選択肢に序列をつける必要がある．選択肢に序列がついていなければ，どれが1番望ましいかを判断することができないからだ．つまり，第2のステップは

ステップ2：選択肢の空間内の選択肢の序列づけ

である．

次に，選択肢の空間の中で，実行可能な選択肢と実行可能でないものとを区別する必要がある．いくら望ましいものであっても（つまり，好みにもとづいた序列がいくら高くても），実行不可能な選択肢を選択しようとするのは「ないものねだり」である．実行可能な選択肢の集まりは**実行可能集合**と呼ばれる．この言葉をつかうと，第3のステップは

ステップ3：実行可能集合の確定

と表現できる．

実行可能集合が確定でき，それに序列がつけられているならば，もっとも序列の高いもの（つまり，もっとも好ましいもの）を確定することができる．それを選んで実行するのが合理的選択の最後のステップである．つまり，

ステップ4：もっとも序列の高い実行可能選択肢の実行

をもって，合理的選択は完了する．

合理的意思決定を行うためには，上で述べたそれぞれのステップにおいて十分な情報収集を行う必要がある．英語の表現を借りると，インフォームド・デ

シジョン（informed decision）が重要だということである．インフォームドという言葉は「ものごとに知悉している」という意味である．最近，インフォームド・コンセント（informed consent）という医療の世界の表現が注目され始めている．これは医師の行おうとする治療に関し，情報に知悉した上で医師の選択に合意するという意味である．経済活動におけるインフォームド・デシジョンとは，自分の持つすべての選択肢に関連する情報を熟知し，それに関する評価を完全に理解し，実行可能性に知悉した上で意思決定を行うという意味である．

このように，インフォームド・デシジョンというのは合理的意思決定のための基本であり，以下の分析でも重要な役割を果たすものである．しかし，日本語としては定着しておらず，一般に受け入れられている語訳もないようである．そのため，はじめに訳語を定めておくと便利なので，**知悉的意思決定**という訳をあてることにしよう．

1.2.2 選択肢の空間の設定

日常の意思決定では，上の4つのステップの中で，とくにステップ1が重要である．ステップ3で選択肢を実行可能なものと不可能なものとに選別するぐらいならば，はじめから実行可能なものだけに着目しておけば経済的ではないかと考える人がいるかもしれない．そうしておけば，ステップ1もステップ2も省略できるからである．しかし，合理的選択のためには，それは望ましくない．

はじめから実行可能な選択肢だけに注目するのが望ましくないのは，多くの場合，個々の選択肢が実行可能かどうかが状況に依存して決定されるからである．そのため，今は実行可能でない選択肢も別の機会には実行可能になるかもしれない．したがって，選択肢の順序づけ（ステップ2）は実行可能な選択肢の設定（ステップ3）とは独立に行われるべきである．さらに，実行可能な選択肢の設定（ステップ3）だけに限らず，すべての選択肢を検討すること（ステップ1）も重要である．ある選択肢が実行可能か否かは状況に依存するので，実行可能性を判断するためには熟慮を要することが多いからである．「コーヒーと紅茶のどちらにしますか」と尋ねられたとき，「実は，お腹がへっているから，できれば食事を出してください」と答えるという選択肢も考えられる．このような

返答は場所柄をわきまえない非常識な答えだと思われる危険もあって，実行可能かどうかを決めるためには状況に応じた微妙な判断を要するはずである．選択肢を明らかに実行可能なものだけに初めから絞ってしまうと，このような選択肢を見落としてしまう可能性がある．できるだけ大きな選択肢の空間を考え，それに関する順序づけを行った上で，状況に応じて実行可能性を判断する方がより望ましい選択肢が選択できるはずである．

簡単に言うと，上手な選択のためにもっとも重要なのは選択肢の空間や実行可能な選択肢の集合をできるだけ広げることだということになる．英語にはブレインストーム（brainstorm）という言葉があって，グループの意思決定の際に選択肢の空間を広げる作業がとくに重要だとされている．ブレインストームというのは，直訳すると「頭脳の嵐」だが，それぞれの人が思いつく限りのアイディアをすべて出し合うことである．その結果，1人では思ってもみなかったような選択肢の可能性に気づくことがあって，グループにとってより良い選択をするためには不可欠の作業であると考えられている．個人の意思決定においてもブレインストームのような作業は大切である．明らかに実行可能だと思われる選択肢のみに着目し，その他の選択肢をはじめから諦めてしまうのは望ましくない．できるだけ多くの選択肢を考え，それぞれの実行可能性をよく検討した上で，実行可能集合を決定するのが重要である．そうしなければ，選択を実行した後で，別の選択肢の可能性が発見されて後悔することになるかもしれない．

第2章からの分析が示すように，**基礎的な経済学**では選択肢の空間の大きさについて検討が行われる機会が少ない．選択肢の空間は与えられたものとして，**合理的選択**の結果の分析に焦点があてられることが多いからである．しかし，そうは言っても，選択肢の幅の分析が経済学のテーマに含まれないということではない．たとえば，本書の姉妹編『ミクロ経済学の応用』で分析する新製品の導入や新技術の開発といったテーマでは，それまで経済に存在しなかった新たな選択肢がどのようなプロセスで経済に導入されるかが分析される．

また，経済発展論の専門家の中には，発展途上国の**貧困**を解消するための真の鍵は新たな選択肢の存在を人々に認識してもらうことだと考える人もいる．発展途上にある国々では，人々の選択肢がその社会の伝統的規範で制約されてい

る場合が多い．とくに，貧困層の人々は教育を受ける機会も限られていて，旧来どおりの選択肢しか持たないと考えたり，新たな選択肢など考えたこともないという場合も少なくない．そのような人たちに，自分が知っている選択肢以外にも多くの選択肢が存在するということを理解してもらうことが経済発展の1つの原動力だというのである．そのような立場に立つと，どのようにして新たな選択肢の活用を社会に浸透させるかというのが経済発展論の重要なテーマとなるはずである．外の世界の情報までも含めて，知悉的意思決定が行われるような環境をどのようにして作り出せばよいのかというのが問題であると言い換えてもよいだろう．

　同じようなことは先進諸国の経済でも成り立つ．自分の身の回りのことだけに気をとられていると，その他の選択肢の存在に気づくのが難しい場合も多い．その場合には，外からの情報にもとづいて，自分の社会の構造を見直すのが重要であろう．それを通じて，自分が持つ選択肢の幅を広げることができるからである．たとえば，アメリカでは1970年代の経済のパフォーマンスの悪化をうけて，1980年代には日本的経営手法の導入の必要性が強く叫ばれた．とくに，生産計画などへの労働者の参加という日本的経営方式が脚光を浴び，アメリカの企業経営にも取り入れられた．日本的経営方式を検討することで，アメリカの経営における選択肢の幅が広がり，それが近年のアメリカ経済のパフォーマンスの良さの基礎の一部を形成しているようである．

　逆に，現代では，日本経済の方が将来の選択肢を真剣に探るべき状況に置かれている．一方で，日本経済にとっての1990年代は第二次大戦後に初めて経験する長期停滞の時代であった．しかし，他方で，日本を除く先進諸外国にとっては1990年代はパソコンやインターネットなどの情報技術の急速な発展の上に築かれた革新と繁栄の時代であった．1990年代の各国の国内総生産や平均株価の動きを見れば，この事実は明らかである．図1.1では，1991年を1として，日本と先進諸外国の国内総生産の変化を，また，図1.2では日経平均株価と諸外国の平均株価の変化を示してある．こうしたデータを見ると，先進諸国のパフォーマンスは日本とは比較にならないほど好調であった．この事実だけを見ても，現代の日本経済が何らかの問題を持つことは明らかであり，経済の構造的改革の必要性に直面していることがわかる．

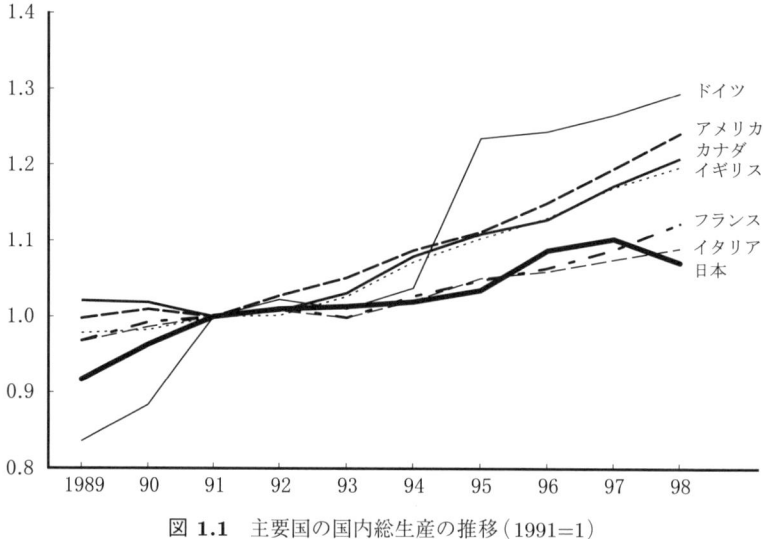

図 1.1 主要国の国内総生産の推移（1991=1）

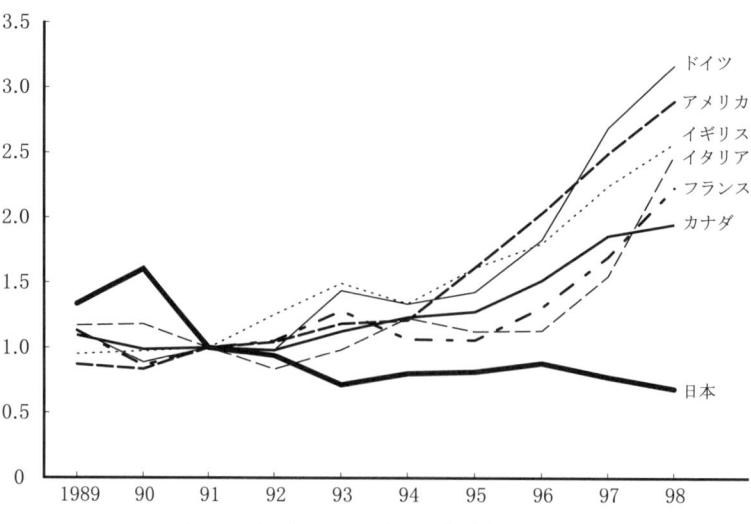

図 1.2 主要国の平均株価の推移（1991=1）

もし日本経済が構造改革を必要とするならば，今後の日本経済が選択すべき経済制度のあり方を分析する必要がある．そのためには，経済制度に関する選択肢の幅を広げるのが重要である．また，選択肢の幅を広げるためには外国の経済制度を検討してみる必要があるのは言うまでもない．そのような狙いもあって，『ミクロ経済学の応用』ではアメリカの経済制度が市場で果たす役割をミクロ経済分析の応用例として取り上げて分析を加える．

1.2.3 合理的選択と最適化問題

合理的選択のプロセスは数学的問題として記述することができる．そのために，自分の持っている選択肢を $c_1, ..., c_N$ と書こう（これは N 個の選択肢を持っているということを意味している）．前項の「コーヒーと紅茶のどちらがよいか」という例を考えれば，明らかに，

$c_1 = $ 「コーヒーと答える」

$c_2 = $ 「紅茶と答える」

という2つの選択肢が考えられる．

前項で述べたように，上手に合理的選択を行うためには，できるだけ多くの選択肢を考える必要がある．では，他にはどんな選択肢があるだろうか．すぐに気がつくのは

$c_3 = $ 「どちらでもよいと答える」

$c_4 = $ 「どちらも遠慮する」

という2つの選択肢である．さらに，前項で考えたように，

$c_5 = $ 「できれば，食事にして欲しいと答える」

というのも明らかに選択肢の1つであろう．こうした選択肢をすべて書き出して，集めたものが選択肢の空間である．選択肢の空間は集合の概念を利用して，

$$S = \{c_1, ..., c_N\} \tag{1.1}$$

と記述するのが便利である．（集合とはいろいろのものを集めたグループのこ

とである．集められたものが，集合の要素として，{ }の中に記述される．つまり，集合 $\{c_1,..,c_N\}$ とは c_1 から c_N という選択肢を要素として集めたグループのことである．)

すべての可能性を考慮して，選択肢の空間 S が記述できれば，合理的選択のためのステップ 1 は完了である．次に行うべきことは，可能な選択肢に序列をつけることである．最も簡単に序列をつけるためには，それぞれの選択肢に点数をつけてみるのもよい．また，選択肢の空間が有限個の選択肢を含むだけならば，序列をつけるだけでもよいだろう．たとえば，それぞれの選択肢を採点して，得点を

$$v(c_1) = 3, \quad v(c_2) = 2, \quad v(c_3) = 4, \quad v(c_4) = 1, \quad v(c_5) = 5 \quad\quad (1.2)$$

というように表現すればよい．これは，食事が一番望ましく（c_5 は 5 点），そうでなければどちらでもよい（c_3 は 4 点）が，強いて答えれば，コーヒー（c_1 は 3 点），紅茶（c_2 は 2 点）の順で，何かでてもおかしくないと思うのにあえて断わる（c_4 は 1 点）といった望ましさの順番（序列）を表現している．

それぞれの選択肢に点数をつけるのは困難な場合も多い．しかし，たとえそうだとしても，どれがどれより好ましいかという順番だけならば，だれでも状況に応じて決定することができるだろう．このようにして選択肢への評価ができればステップ 2 も完了である．

設問 1.1 選択肢の順序づけは自分のおかれている状況に依存すると考えられる．上で考えた c_1 から c_5 の選択肢だけを含む選択肢の空間を考え，それぞれの選択肢がもっとも望ましいものになるような状況を説明せよ．

合理的選択の第 3 ステップとして，空間 S に入れた選択肢を実行可能なものと実行不可能なものとに区別する必要がある．実行可能な選択肢は選択肢の空間 S に属する選択肢でなくてはならない．つまり，実行可能な選択肢の集合を F と書くと，集合 F に属する選択肢は S にも属さなくてはならない．このような場合，集合 F は S の**部分集合**であると言われ，$F \subset S$ と記述される．たとえば，初めての面接試験に臨み，『面接試験の手引き』といった本を参考にする

ことに決めたとしよう．その本のなかに，食事を出してくれとか，どちらでもよいとは言うべきでないと書いてあったとすれば，c_5 と c_3 は実行可能集合から落とすべきだということである．つまり，

$$F = \{c_1, c_2, c_4\} \tag{1.3}$$

である．

このような準備が整えば，合理的選択の問題を次のような**制約条件付き最適化問題**として記述できる．

$$\max_{c \in S} v(c) \quad \text{s.t.} \quad c \in F. \tag{1.4}$$

この表現において，max という記号は次にくるものを最大化せよ（maximize）という意味である．最小化問題の場合には，max の代わりに，最小化（minimize）を意味する min という記号が使われる．そのため，max や min の後にくる関数 $v(c)$ は**目的関数**と呼ばれる．（関数 $v(c)$ の最大化問題は $-v(c)$ の最小化問題と同じことだから，以下の説明では最大化問題か最小化問題のどちらかを取り上げれば十分である．）また，max 記号の下は選択肢を記述する欄である．この記号の下に $c \in S$ と書かれているのは選択肢の空間として S が考えられていて，選択肢が c であるということを意味している．選択肢を示す変数 c は**選択変数**と呼ばれる．記号 s.t. の後は選択変数が満たすべき**制約条件**を記入する欄である（s.t. は subject to の略である）．つまり，s.t. 記号の後にくる式 $c \in F$ は選択変数を制約するもので，**制約条件式**と呼ばれる（$c \in F$ は選択肢が集合 F の要素であるという意味である）．

つまり，式（1.4）の意味は選択変数 c を制約条件 $c \in F$ を満たすように選んで，目的関数 $v(c)$ の値を最大化するものを見つけよということである．

上の例では，（1.2）と（1.3）から，F に含まれる選択肢 c_1, c_2, c_4 について，

$$v(c_1) = 3 > v(c_2) = 2 > v(c_4) = 1 \tag{1.5}$$

という関係がある．したがって，c_1（コーヒーと答えるという選択肢）が最適化問題（1.4）の解である．

設問 1.2 上の説明では，明らかに好ましくないと考えられる選択肢は実行不可能であるとして，実行可能な選択肢の集合から除外した．どちらでもよいと答える(c_3)という選択肢や食事にしてくれと答える(c_5)という選択肢が除外されたのはそのためである．しかし，そうした選択肢は好ましさの序列が低いと考えてもよいかもしれない．たとえば，面接で食事を頼むのが望ましくないとしたら，選択肢 c_5 の評価は $v(c_5) = 5$ ではなくて，$v(c_5) = 0$ と評価されるべきなのかもしれない．そうだとすると，お腹が空いていて食事をしたいので，$v(c_5) = 5$ であるという評価と，面接では図々しいことは言うべきではないので，$v(c_5) = 0$ であるという評価があって，互いに矛盾しているように見える．この現象をどのように解釈したらよいだろうか．

上の例では，選択肢の空間に有限個の選択肢しか含まれない場合を考えているが，無限の選択肢が含まれる場合もあるだろう．たとえば，「今日は，飲みたいだけお酒を飲んでください」と言われたとしよう．これは，ゼロ以上の（つまり，非負の）実数 x を好きに選んで，x ミリリットルだけ飲んでよいということである．したがって，非負の実数の空間という無限の要素からなる集合が選択肢の空間（つまり，$S = \{x \geq 0\}$）である．実は，このような場合だけではなく，無限の選択肢からどれかを選択しなくてはならないことは多い．たとえば，注文建築の家を建てる場合など，家の形，各部屋の配置など，無限の可能性があって，そこから1つの形を決定しなくてはならない．

医者から，晩酌は日本酒にして3合（＝約540ミリリットル）まで，と言われているとしたら，実行可能性集合は $F = \{0 \leq x \leq 540\}$ で，選択肢の空間 $S = \{x \geq 0\}$ の部分集合になる．そこで，体調や気分に合わせて，$v(x)$ を評価して，F に入る x の中で $v(x)$ を最大化する x を定めればよいわけである．たくさん飲めば，飲むほどうれしいという人がいたら，3合飲んだところで，医者の言うことをきいて，残念だけれど止めておこうというのが最適解である．

設問 1.3 現実には，医者に止められていても，限度を超して飲みすぎてしまう人も多い．中には，限度を超して飲むことを最初から計算に入れている人もいるようだし，また，許された量以上を飲んで後悔する人もいるようであ

る．これら 2 つのタイプの人の実行可能性集合と選択肢を評価する関数はどのような形をしているのだろうか．それぞれのタイプの人について，説明せよ．

最適化問題によっては，制約条件のない問題も考えられる．その場合には

$$\max_{x \in S} v(c) \qquad (1.6)$$

と記述され，無制約の最適化問題と呼ばれる．また，(1.4) という最適化問題を解いて得られる目的関数の最大値を

$$v^* = \max_{x \in S} v(c) \quad \text{s.t.} \quad c \in F \qquad (1.7)$$

と書き表す．さらに，(1.4) の解を与える選択変数を

$$c^* = \arg\max_{x \in S} v(c) \quad \text{s.t.} \quad c \in F \qquad (1.8)$$

と記述する．ここで，arg というのは argument（変数）という言葉に対応している．解を与える変数の値が複数であることも少なくないので，arg max を最適化の解の集合を示すと考えるほうが適当な場合もある．そのときには，最適化の解を

$$c^* \in \arg\max_{x \in S} v(c) \quad \text{s.t.} \quad c \in F \qquad (1.9)$$

という表現で示すこともある．

1.2.4 合理的選択と機会費用

複数の選択肢の中から 1 つの選択肢を選んで，それを実行するということはその選択肢以外の選択肢を選択する機会を犠牲にするということである．合理的選択の理論では，ある選択肢を選択することによって，その他の選択肢の選択機会を喪失することを**機会費用**（opportunity cost）が発生すると表現する．たとえば，上で考えた「コーヒーが欲しいか紅茶が欲しいか」という質問に「コーヒーにしてください」と答えるならば（つまり，選択肢 c_1 を選ぶならば），それは自動的にコーヒー以外の選択肢を選ぶ機会を失うことを意味する．このよ

うな選択機会の喪失を機会費用の発生と捉えるわけである．

経済分析や合理的選択を行うには，機会費用という概念をよく理解しておくことがきわめて重要である．まず，この概念を厳密に定義しておこう．

一般に，機会費用とは，ある選択肢を選ぶことによって実行の機会が喪失される選択肢の中でもっとも望ましい選択肢を諦めなくてはならないことだと定義される．たとえば，コーヒーか紅茶かの選択にあたって，コーヒーと答えるとしよう．どちらでもよいと答える選択肢（c_3）と食事が欲しいと答える選択肢（c_5）は実行不可能であると仮定したので，コーヒーと答えることで実行機会が喪失するわけではない．したがって，コーヒーと答えることで実行の機会を喪失するのは紅茶と答えるという選択肢（c_2）とどちらも遠慮するという選択肢（c_4）の2つである．はじめに考えた序列（1.2）によると，紅茶と答えるほうがどちらも遠慮するよりは望ましい．したがって，コーヒーを選ぶときの機会費用は紅茶をもらうのを諦めることである．

実生活において機会費用を考えるのは合理的な選択を行うために非常に有効な手段である．一般的に言うと，ある選択肢の選択の決定にあたって機会費用を意識することで，（1）その選択肢とそれに代わりうる選択肢に関してより精密な評価を加えることが可能になるだけでなく，（2）実行可能な選択肢の幅を広げることも可能になる．コーヒーと答えるという選択肢の機会費用を考えているうちに，それまで考えてもいなかった選択肢が見つかるかもしれない．たとえば，

$c_6 = $「両方ともお願いしますと答える」

などという選択肢もあるかもしれない．よく考えてみると，この選択肢のほうがコーヒーをもらうという選択肢よりも望ましいということがあっても不思議ではない．

合理的選択にあたって機会費用の概念をどのように利用したらよいかについて，簡単な例にもとづいて考えてみよう．東京からニューヨークへ行く仕事が急に持ち上がり，交通手段を選択しなくてはならないとする．飛行機以外の交通手段は考えられないから答えは簡単だというのでは，合理的な選択に精通しているとはいえない．飛行機で行くにしても，いろいろな選択肢があるので，そ

れらを比較考量した上でなくては合理的な選択はできないからである．

東京−ニューヨーク間を往復するとして，もっとも安いのはディスカウント・チケットを使うことである．しかし，ここでは，急な仕事のためにディスカウントを買う余裕がないとする．その場合，実行可能な選択肢は，(1)エコノミーで行く，(2)ビジネスクラスで行く，(3)ファーストクラスで行く，のどれかになる．

では，あなたが自分の会社の社員をニューヨークに出張させるとしたら，これら3つの選択肢の中でどれを社員に使ってもらうのがよいのだろうか．それぞれの会社にはそれぞれの事情があって，この問題に対する解答は一様ではない．しかし，きちんと機会費用を考慮に入れて切符を選択しようとするならば，次のようなことは当然考えなくてはならない．

まず，それぞれの切符の値段を知る必要がある．現時点での，東京−ニューヨーク間の往復切符の価格は，うまくエコノミー切符を使えば10万円強，ビジネスクラスは50万円前後，ファーストクラスは100万円前後である．

深く考えずに，一番安いエコノミーで行ってもらおうと考えるのは最適ではない．エコノミーで行ってもらうのが最適な選択肢かどうかを考えるためには，エコノミーで派遣したときの機会費用を考え，エコノミーで派遣するほうが望ましいかどうかを考えなくてはならない．

そのためには，エコノミー以外の選択肢，つまり，ビジネスクラスとファーストクラスの2つの選択肢を比べてみる必要がある．社員を派遣する立場のあなたにとって，ビジネスクラスやファーストクラスを使ってもらう最大の利点は，席が大きくて，自分の社員が飛行機に乗っている間にゆっくり休める点である．出張する本人にとっては，ただでお酒が飲めるとか，料理がおいしいとかといった利点もあるかもしれない．いずれにせよ，社員に機内でゆっくり休んでもらい，快適な時間を過ごしてもらうことは出張先での社員の生産性の向上につながるはずである．

何時間分の生産性の向上があると考えるかが以下の議論の大きな分かれ目になる．個人的な経験を考えると，機内でゆっくり休めるか否かは到着した後の仕事に関して1日近い生産性の違いにつながるように感じられる．そこで，ビジネスクラスやファーストクラスを使わせると，派遣する社員の労働に換算し

て，7時間分の生産性の向上につながると仮定しよう．

　ビジネスクラスよりもゆったりしたファーストクラスの方が大きな生産性の向上を見込めるかもしれない．しかし，その部分は無視できるほどでしかないとしよう．ファーストクラスを使わせたのでは切符代として約50万円ほどの追加的費用がかかるので，その場合，（ファーストクラスと比べれば）ビジネスクラスを使わせる方が望ましいのは明らかである．したがって，エコノミーで社員を派遣することの機会費用はビジネスクラスで派遣するという選択肢を諦めることである．

　エコノミーで社員を派遣するのが最適な選択肢か否かを決定するためには，その選択肢を機会費用として諦めなくてはならないビジネスクラスによる派遣という選択肢と比較しなくてはならない．ビジネスクラスで社員を派遣するならば，エコノミーに比べ，約40万円ほどの追加的航空運賃がかかるのはすでに見たとおりである．仮定により，ビジネスクラスで往復すると，合計14時間分の生産性の向上につながるので，派遣する社員の時間あたりの生産性が3万円を切るようであれば，エコノミーを使ってもらうのが望ましい．そのときには，ビジネスクラスを選んで，14時間分の生産性の向上を得たところで，航空運賃の追加的出費（約40万円）をカバーするだけの生産性の向上が見込めないからである．

　出張中の仕事の性質を考えると，時間あたりの生産性が3万円というのは，大きいようで，実際はそれほど大きくない額である．たとえば，あなたは会社に出資するだけで，会社の切り盛りはいっさいこの社員に任せているとしよう．この社員の時間あたり生産性が3万円で年間2000時間働いてくれるとすると，会社の年商は6000万円である．年商6000万円では，都心の一等地にオフィスを借り，他に事務員を何人か雇う必要があるとして，諸経費を考慮すると，赤字決算になってしまうかもしれない．これが示唆するように，都心にオフィスを構えるような会社の社員の時間あたりの生産性が3万円というのはそれほど大きな額ではない可能性が高い．その上，多くの場合，出張中には普段よりも重要で密度の濃い仕事をしてもらう必要がある．そうだとすると，普段の生産性が3万円に過ぎない社員を派遣するとしても，出張中にはその何倍もの生産性を期待することになる．その場合には，ビジネスクラスを利用させることか

ら発生する生産性の向上が追加的な運賃を払う費用を補ってあまりある可能性も高く,社員をビジネスクラスで出張させるほうが望ましいケースも少なくないかもしれない.

設問 1.4 東京 – ニューヨーク間のビジネスクラスの乗客を見ると,日本人のビジネスマンに比べアメリカ人とおぼしきビジネスマンの比率がかなり高いようである.これが事実だとしたら,どのような説明が可能だろうか.日米のビジネスマンの時間あたりの生産性,企業経営の合理性などに着目して検討せよ.

1.2.5 機会費用と最適化問題

第 1.2.3 項の数学的最適化問題の表現を利用すると,選択肢 c を選択することの機会費用を数学的に記述することもできる.そのために,実行可能な選択肢の集合 F から選択肢 c を除いてできる集合を $F \setminus \{c\}$ と書くことにしよう.この集合 $F \setminus \{c\}$ は選択肢 c を選ぶことで実行の機会が喪失される選択肢を集めたものである.選択肢 c を選ぶことの機会費用とはこの選択肢の集合のなかでもっとも高く評価される選択肢を諦めなくてはならないことである.数学的に表現すると,選択肢 c を選ぶ場合,

$$C(c) = \arg\max_{c'} v(c') \quad \text{s.t.} \quad c' \in F \setminus \{c\} \tag{1.10}$$

がその選択肢 c の機会費用として諦めなくてはならない選択肢である.(より厳密には,第 1.2.3 項で指摘したように,$\arg\max v(c')$ というのは v を最大にする選択肢の集合のことである.)

この定義において,選択肢 c の機会費用にあたる選択肢を $C(c)$ と書いたのは,選択肢 c の機会費用が c に依存するからである.この事実は「コーヒーか紅茶か」の例に戻れば明らかだろう.コーヒーと答える (c_1) ときの機会費用が紅茶をもらう (c_2) のを諦めることであるのに対し,紅茶と答えるときの機会費用やどちらも要らないと答える (c_4) ときの機会費用はコーヒーをもらうこと (c_1) を諦めることだからである.つまり,「コーヒーか紅茶か」の例では,機会費用(として諦めなくてはならない選択肢)は

$$c_2 = C(c_1), \quad c_1 = C(c_2), \quad c_1 = C(c_4) \qquad (1.11)$$

と記述できる．

　自分の実行しようとしている選択肢 c よりも機会費用にあたる選択肢 $C(c)$ の方が望ましいならば，c を選ぶのは最適ではない．選択肢 c 以外でもっとも望ましいものが機会費用 $C(c)$ なのだから，$C(c)$ が c よりも望ましければ，$C(c)$ を選ぶのが最適であるのは当然だろう．たとえば，(1.2) の序列によると，紅茶 (c_2) と答えるのでは，機会費用にあたるコーヒーという選択肢 ($c_1 = C(c_2)$) のほうが望ましいのだから，最適ではない．他方，コーヒー (c_1) は機会費用にあたる紅茶 ($c_2 = C(c_1)$) よりも望ましい．したがって，コーヒーと答えるのが最適である．

　このように，機会費用の概念を使うと，実際に実行しようとしている選択肢ともう1つの選択肢（つまり，機会費用にあたる選択肢）の間の二者択一の問題として，合理的選択の問題を取り扱うことができる．これを可能にしているのは最初の最適化問題 (1.4) を2段階に分けて解いているからである．つまり，第1段階として (1.10) を解くことによって，選択肢 c 以外のなかで最適な選択肢 $C(c)$ を求め，その後で c と $C(c)$ の間の二者択一を行っているわけである．

　ある選択肢 c とその選択肢の機会費用にあたる選択肢 $C(c)$ のどちらかが最適な選択肢である．選択肢 c が最適でなければ，c 以外の実行可能な選択肢の中に最適な選択肢があり，c 以外の実行可能な選択肢の内でもっとも望ましいのが機会費用にあたる選択肢 $C(c)$ だからである．これは重要なポイントなので，次のようにまとめておこう．

命題 1.1 ある選択肢 c とその選択肢を選んだときに機会費用として諦めなくてはならない選択肢 $C(c)$ のどちらかが最適な選択肢である．

系 1.1 最適ではない選択肢の機会費用は最適な選択肢を諦めることである．

　ここまで，選択肢の集合が有限の選択肢しか含まない場合を考えてきた．しかし，多くの経済問題では，連続的に変化する変数の値を選択肢とする場合が

多い．上で考えたように，「好きなだけお酒を飲んでください」と言われたときの選択肢の集合は非負の実数の集合である．

この例のように選択肢が連続的に変化する変数の値である場合には，最適な選択肢とその選択肢の機会費用にあたる選択肢とは限りなく同一に近いことに注意するべきだろう．すでに指摘したように，できるだけたくさん飲みたいと思っている人が，医者に晩酌は540ミリリットル（3合）までと言われたとすれば，最適な選択肢は「540ミリリットル飲む」ことである．実行可能集合は0ミリリットルから540ミリリットルまでの間の量，

$$F = \{0 \leq x \leq 540\},$$

だから，「540ミリリットル飲む」という選択肢を除いた実行可能な選択肢の集合は

$$F \setminus \{540\} = \{0 \leq x < 540\}$$

である．「540ミリリットル飲む」という選択肢の機会費用は$F \setminus \{540\}$という選択肢の集合のなかでもっとも望ましい選択肢を諦めることである．したがって，540ミリリットルに限りなく近い量だけ飲むことを諦めるということになる．この例が示すように，連続的に変化する変数の値が選択肢である場合，最適な選択肢の機会費用にあたる選択肢は厳密には確定できない．最適な選択肢に限りなく近い選択肢というものを抽象概念として考えることができるならば，それを諦めることが機会費用である．

本節では，機会費用の重要性を強調してきた．しかし，以下の経済分析において明示的に機会費用に触れるケースは少ない．本書の分析では連続的に変化する経済変数を選択肢と考える場合が多いので，最適な選択肢とその機会費用にあたる選択肢が限りなく同一に近く，両者の比較が意味を持たないことが多いからである．しかし，経済主体が最適化行動を行うと考えるかぎり，暗黙のうちには，常に機会費用が意識されていることに注意する必要がある．

1.3 経済システムの分析手法

いろいろな経済主体の経済活動は互いに関連しながら，経済システムと呼ばれる1つのシステム（系）を形成している．このシステムの動きは非常に複雑で，そのままでは分析が難しい．そのために，経済システムは**経済モデル**としてモデル化され，経済分析が行われる．

1.3.1 経済モデル

では，経済モデルとはどのようなものなのか，簡単な例を使って考えてみよう．そのために，特定の財をとって，その価格の上昇に着目しよう．話をわかりやすくするために，この財をリンゴであるとする．

リンゴの価格上昇は第 1.1.1 項で述べた定義の意味で経済現象である．リンゴの価格の変化はリンゴの生産や消費といった経済活動の変化を反映して発生するからである．価格上昇の原因としてまず頭に浮かぶのは不作などによるリンゴの供給の減少である．しかし，それ以外にも，いろいろな理由でリンゴ価格が上昇することがある．たとえば，ある日，リンゴが健康のために非常によいことが判明する，という可能性もなくはない．そのときには，リンゴの人気が高まり，需要が拡大し，価格が上昇するはずである．

このように，リンゴの価格上昇1つをとっても，いろいろな原因が考えられる．したがって，原因を特定するためにはリンゴの価格決定のメカニズムを解明する必要がある．そのために，リンゴ市場をモデル化して考えるとわかりやすい．

リンゴが不作で供給量が小さくなれば，価格が上昇するのは当然だろう．こう考える理由は，(1)消費者全体としての購入量は市場に供給された量に等しくなくてはならない，(2)ある品物の価格上昇は需要を縮小する，という2つの関係があると考えられるからである．需要とは，簡単に言うと，消費者が購入したいと望む量のことである．

ある製品の価格が上昇するにつれ，その製品への需要が減少すると考えるのは当然だろう．経済学では，価格と需要の間のこの関係は需要の法則と呼ばれ

る（需要法則の背後の経済理論の検討は次章以降に譲る）．たとえば，リンゴの需要を D_A，価格を p_A と書くことにして，正の定数 C_A を使って，価格と需要の関係が

$$D_A = -20p_A + (C_A)^2 \tag{1.12}$$

と記述できるとしよう．このように，財の価格と需要の依存関係を示す関数は**需要関数**と呼ばれる．需要関数 (1.12) では，リンゴの価格が 1 円だけ上昇すれば，需要が 2 単位だけ減少すると仮定されている．

消費者は，どの製品についても，市場に供給された量しか購入することができないというのも当然である．したがって，リンゴの供給量を S_A と書くと，消費者が需要するリンゴの量は供給量に等しくなくてはならない．つまり，

$$D_A = S_A \tag{1.13}$$

である．この関係は需給バランス方程式と呼ばれる．

需要関数 (1.12) と需給バランス方程式 (1.13) は非常に簡単な経済モデルを構成している．モデルを構成する 2 つの式を連立方程式体系と考えて，(1.13) を使って (1.12) から D_A を消去すると，価格 p_A と供給量 S_A の間に

$$p_A = \frac{1}{20}(C_A)^2 - \frac{1}{20}S_A \tag{1.14}$$

という関係があることがわかる．

この式はリンゴの市場における価格決定方程式と呼ばれる．この価格決定方程式では，はじめには正の定数と考えた C_A をリンゴの人気を示す変数であると解釈することもできる．需要関数 (1.12) が示すように，C_A の値が大きいほど，（同じ価格水準が保たれていれば）リンゴの需要が拡大するからである．この解釈のもとでは，リンゴの人気を示す変数 C_A と供給量を示す変数 S_A の値が定まると，リンゴの価格 p_A が価格決定方程式 (1.14) を通じて決定される．

需要関数 (1.12) と需給バランス方程式 (1.13) からなる経済モデルを連立方程式とみなして解いたのが価格決定方程式 (1.14) である．したがって，価格決定方程式を 1 つのモデルとみなすこともある．実質的には，両者はまったく同じ市場をモデル化したものだからである．

1.3.2 経済変数

1つの経済モデルを構成する**経済変数**はいろいろなタイプに分類される．ある経済変数の決定要因を示す変数は**外生変数**（または**独立変数**）と呼ばれ，その値はモデルの外側から与えられているとみなされる．また，外生変数によって説明される経済変数は**内生変数**（または**従属変数**）と呼ばれる．前項の例においては，リンゴの価格 p_A とリンゴの需要 D_A は内生変数であり，リンゴの供給 S_A とリンゴの人気を示す変数 C_A が外生変数である．特定のリンゴの人気のもとで，特定の量のリンゴの供給が行われれば，リンゴの価格が特定の値に定まるというのが関係式（1.14）の示すところである．

内生変数は**被説明変数**と呼ばれることもある．経済現象として認識されるのが内生変数の変化であり，それを外生変数の変化によって説明しようとするからである．

外生変数は**説明変数**と**パラメター**（**与件**）の2つのタイプに区別される．説明変数というのは，いま問題にしている経済現象（つまり，それに対応する被説明変数の変化）を実際に説明している変数のことである．また，パラメターというのは被説明変数を変化させる可能性は持っていても，実際には値が固定していて，問題にしている経済現象を説明できるとは考えられないような変数のことである．

説明変数とパラメターの区別が重要なのは，同じ内生変数の変化といっても，その原因によって区別されるべきだからである．たとえば，同じ価格上昇でも不作を原因として発生する場合と人気上昇を原因として発生する場合とでは，異なる物と考えるべきである．観察された価格上昇の原因が不作ならば，リンゴの供給量 S_A が説明変数であり，リンゴの人気を示す変数 C_A はパラメターである．また，価格上昇の原因がリンゴの人気上昇ならば，リンゴの人気 C_A が説明変数であり，リンゴの供給量 S_A はパラメターである．

いろいろな経済変数のうち，どれを被説明変数として扱い，どれを説明変数として扱い，どれをパラメターとして扱うのかを確定することが経済分析の出発点において重要である．とくに複数の人の議論の場では，どの人も同一のパラメターの値を頭においているかどうか，常に確認しあうのが重要である．議

論の参加者が異なったパラメターの値を頭に描いていれば，話がかみ合わなくなってしまうからである．

1.3.3 グラフによる経済分析

需給バランス方程式 (1.13) と需要関数 (1.12) からなる連立方程式体系はリンゴの市場のモデルを構成している．本書では，グラフを使って経済モデルを分析することが多い．本項では，グラフによる経済分析の基礎を説明しておこう．

2つの変数の関係を示すためには**直交座標平面**を使うとよい．直交座標平面は横軸と縦軸という2つの座標軸から構成される．2つの軸の交点は**原点**と呼ばれ，2つの変数の値がどちらもゼロである状況に対応する．図 1.3 では，リンゴの数量 q_A を横軸に計り，リンゴの単価 p_A を縦軸に計っている．原点 O は $p_A = q_A = 0$ の点を示している．直交座標平面を完成するためには，原点より右側の横軸上に $q_A = 1$ に対応する点を定め，原点より上方の縦軸上に $p_A = 1$ に対応する点を定めればよい．

直交座標平面では，たとえば，q_A の値が 4 であるときに p_A の値が 2 であるという関係は次のように示される．まず，原点から横軸にそって右方向へ 4 だけ行った点を通る垂直線 p'_A を引く．次に，原点から縦軸にそって上方へ 2 だけ行った点を通る水平な直線 q'_A を引く．この2つの直線 p'_A と q'_A の交点 A で

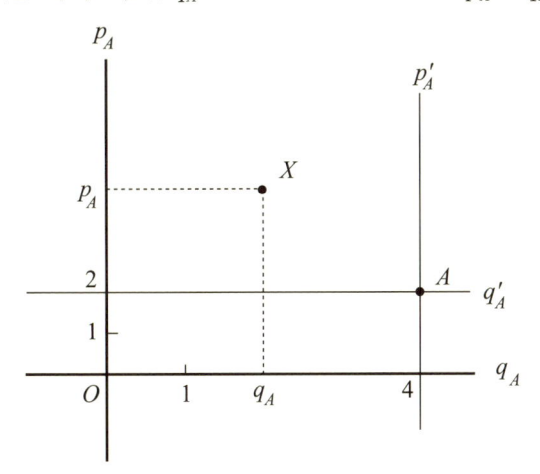

図 **1.3** グラフによる経済分析 1（直交座標系）

$q_A = 4$, $p_A = 2$ という関係を示せばよい．

直交座標平面の点 X を通る垂直線と横軸の交点は X の**横軸座標**と呼ばれ，X を通る水平線と縦軸の交点は X の**縦軸座標**と呼ばれる．たとえば，点 A の横軸座標は $q_A = 4$ であり，点 A の縦軸座標は $p_A = 2$ である．

横軸にとった変数と縦軸にとった変数の関係は直交座標平面上の曲線や直線で示される．説明のために，需要関数 (1.12) を例にとろう．話を簡単にするために，需要関数のパラメータ C_A に特定の値を与え，$C_A = 10$ であると仮定しよう．そうすると，需要関数を

$$D_A = -20p_A + 100 \qquad (1.15)$$

という関数で特定できる．この関数のグラフは需要曲線と呼ばれる．

参考として，需要関数 (1.15) のグラフを図示する方法を図 1.4 で示しておこう．関数 (1.15) によれば，$p_A = 0$ の場合には，需要 $D_A = 100$ が対応する．そこで，横軸上で原点からの距離が 100 に等しい点をとり，この対応関係を図にプロットする．また，$p_A = 1$ の場合には，$D_A = 80$ が対応する．この対応関係を縦軸の $p_A = 1$ の点から水平方向に 80 だけ離れた点でプロットする．さらに，価格が $p_A = 2, 3, 4, 5$ のときには需要 $D_A = 60, 40, 20, 0$ がそれぞれ対応する．同様にして，この対応関係を縦軸の $p_A = 2, 3, 4, 5$ の点からの水平方向に，そ

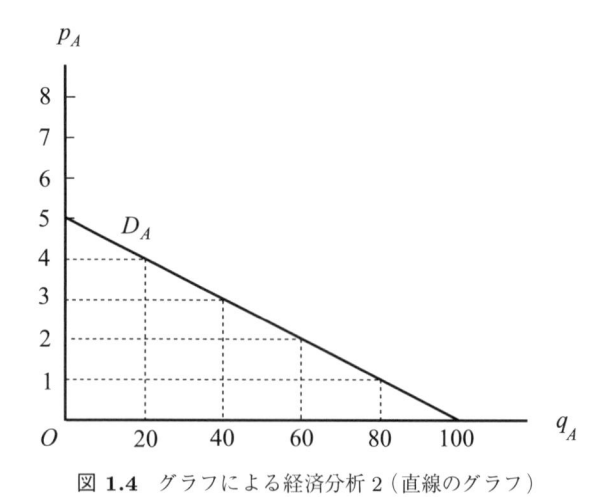

図 1.4　グラフによる経済分析 2 (直線のグラフ)

れぞれ，60, 40, 20, 0 だけ離れた点でプロットする．図 1.4 が示すように，このようにしてプロットされた点はみな一直線上にある．図の直線 D_A である．価格 p_A がどのような値であっても，p_A を示す縦軸上の点から水平方向に p_A に対応する需要 D_A の分だけ離れた点をプロットすると，プロットされた点は直線 D_A 上にあることが確認できる．この直線 D_A が需要関数 (1.15) のグラフ（つまり，需要曲線）である．

この例では，需要関数のグラフが直線になるが，一般の経済分析では需要と価格の対応関係は曲線で示されると仮定されるのが普通である．そのため，需要関数のグラフが直線であっても，需要「曲線」と呼ばれることが多い．

第 1.3.1 項で考えたような市場のモデルは**需要曲線**と**供給曲線**を使って分析される．そのためには，モデルに即して供給曲線を描く必要がある．

供給曲線というのは財の価格とその財の供給の関係を示すグラフのことである．上のモデルでは，リンゴの供給量 S_A は一定で，リンゴの価格 p_A とは無関係であると仮定されていると解釈できる．たとえば，供給量は 80 に等しいとしよう．つまり，

$$S_A = 80 \qquad (1.16)$$

である．この場合，図 1.5 に示すように，リンゴの価格量 p_A が縦軸上のどの点で示される値であっても，その点から水平方向に計った 80 だけ離れた点で価格と供給の関係がプロットできる．つまり，関係 (1.16) を満たす p_A と S_A の関係は横軸の 80 を通る垂直な直線 S_A で示される．直線 D_A が需要「曲線」と呼ばれるのと同じ理由で，この直線 S_A は供給「曲線」と呼ばれる．

需給がバランスする価格は需要曲線 D_A と供給曲線 S_A の交点で見つけることができる．本項の数値例にもとづくと，需給がバランスする価格は

$$p_A = 1 \qquad (1.17)$$

である．

リンゴ市場のモデル (1.12) と (1.13) を使うと，リンゴの人気と価格の関係も捉えることができる．すでに触れたように，リンゴの価格上昇を説明する要因は供給の縮小だけではない．リンゴに人気が強まり，需要が拡大した場合にも

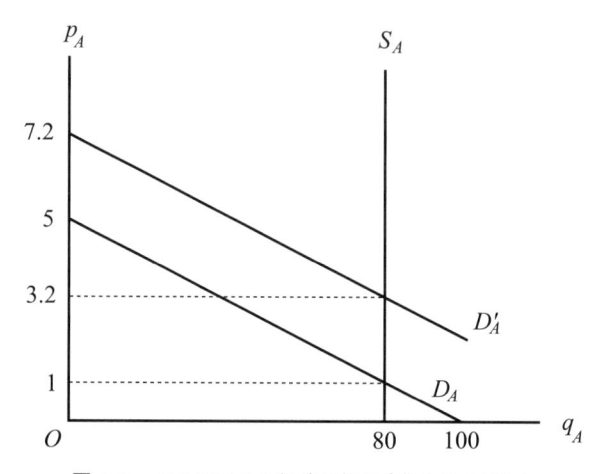

図 1.5 グラフによる経済分析 3（市場のモデル）

価格が上昇する．この場合には，たとえ価格が変化しなくても需要が拡大するはずである．

このような変化を上のモデルの中で記述するためには，たとえば，定数 C_A をリンゴの人気の強さを示す変数であると解釈するとよい．そう解釈すると，需要関数 (1.12) を使って，リンゴの人気 (C_A) が大きくなるにつれ（たとえ価格が一定であるとしても）需要が拡大する様子が説明できる．たとえば，図 1.5 に示すように，リンゴの人気が $C_A = 10$ から $C_A = 12$ に上昇すると，需要曲線 D_A は右方向に 44 だけ平行に移動して（シフトして），直線 D_A' になる．したがって，需要曲線と供給曲線の交点におけるリンゴの価格は

$$p_A = 3.2 \tag{1.18}$$

に上昇する．

この分析からわかるように，リンゴの人気を C_A の大きさで捉えると，人気上昇はリンゴの需要曲線を右方向にシフトさせる．その結果，需要曲線と供給曲線の交点が供給曲線 S_A にそって上方にシフトし，価格が上昇する．この関係を示すのが価格方程式 (1.14) である．

本項の設定では，リンゴの供給が $S_A = 80$ に設定されているので，価格決定方程式は

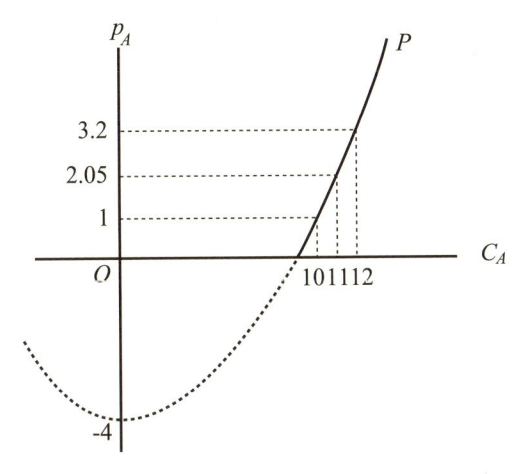

図 1.6 グラフによる経済分析 4（曲線のグラフ）

$$p_A = \frac{1}{20}(C_A)^2 - 4 \tag{1.19}$$

となる．この関数のグラフは図 1.6 の曲線 P で示される．図 1.6 では，説明変数 (C_A) を横軸，被説明変数 (p_A) を縦軸にとっている．グラフ P を描くためには，C_A の各値を横軸上にとって，その点から上方に p_A の値の分だけ離れた点をプロットしていけばよい．たとえば，C_A の値が 0, 9, 10, 11, 12 の場合には，対応する p_A の値は $-4, 0.05, 1, 2.05, 3.2$ となる．人気 C_A の値を 2 乗した値が 80 より小さい場合には価格が負となって，第 1.3.1 項のモデルは経済モデルとしては不適切である（つまり，リンゴの価格が負になるとは考えられない）．その部分のグラフは図 1.6 では点線で示してある．

1.3.4 経済現象の同時決定性

実際の経済においては，複数の被説明変数が互いに関連しあっていて，それぞれを単独には決定できないことも多い．そのような場合には，複数の被説明変数の同時決定プロセスを考える必要がある．以下では，第 1.3.1 項の例を拡張して，同時決定プロセスを考えてみよう．

第 1.3.1 項では，リンゴの価格上昇の決定要因としてリンゴの供給の減少と

リンゴの人気の上昇を考えた．しかし，価格上昇の原因となる可能性のある要素はそれだけに限られたものではない．

別の原因として，たとえば，リンゴ以外の物の価格変化が考えられる．ミカンの価格上昇を考えてみよう．ミカンの価格が上昇すると，消費者はミカンを買い控えるはずである．同時に，（ミカンもリンゴも果物であることには変わりないので）消費者はミカンを買う代わりに，リンゴを買おうとしてもおかしくない．このような場合には，リンゴの価格下落だけでなく，ミカンの価格上昇によってもリンゴの需要が拡大する．ここで，ミカンの価格を p_B と書き，リンゴの需要が

$$D_A = -2p_A + p_B + C_A \tag{1.20}$$

と表現できるとしよう．このように，ある財の需要とそれに影響を及ぼすいろいろな財の価格との関係を示した式は**一般需要関数**と呼ばれる．

リンゴの需要がリンゴとミカンの価格に依存するならば，ミカンの需要もリンゴとミカンの価格に依存すると考えるのが自然であろう．そこで，ミカンの需要を D_B と書いて，ミカンの一般需要関数が

$$D_B = -3p_B + 2p_A + 20 \tag{1.21}$$

であると仮定しよう．さらに，ミカンの供給を S_B とすると，需給バランスは

$$D_B = S_B \tag{1.22}$$

と記述できる．

以上の関係では，(1.13), (1.20), (1.21), (1.22) の4つの式が経済モデルを形成すると考えられる．そこで，(1.13) を使って，(1.20) から D_A を消去し，(1.22) を使って D_B を (1.21) から消去すると，

$$\begin{cases} -2p_A + p_B + C_A = S_A \\ 2p_A - 3p_B + 20 = S_B \end{cases} \tag{1.23}$$

という連立方程式にまとめることができる．この連立方程式を p_A と p_B について解くことによって，リンゴとミカンの価格は

$$\begin{cases} p_A = (20 + 3C_A - 3S_A - S_B)/4 \\ p_B = (20 + C_A - S_A - S_B)/2 \end{cases} \quad (1.24)$$

と記述できる．

連立方程式 (1.23) では，リンゴとミカンの供給量，S_A と S_B，およびリンゴの人気 C_A が外生的に与えられているとみなすことができる．その場合，リンゴとミカンの価格 p_A と p_B が内生変数として決定される．つまり，(1.23) はリンゴとミカンの価格を同時に決定する経済システムであるとみなすことができる．この内生変数と外生変数の関係を明示的に示しているのが (1.24) 式である．

この (1.24) 式のように，経済システムにおいて定まる内生変数を外生変数の関数として書き下した式は（経済システムの）**誘導形方程式**と呼ばれる．また，(1.23) のように，内生変数を外生変数の関数として書き下さず，内生変数と外生変数の間に存在する経済学的関係をそのまま連立方程式として記述した式は**構造方程式**と呼ばれる．つまり，構造方程式を内生変数を未知数とする連立方程式と考えて解いた解が誘導形方程式であると考えてもよい．構造方程式という言葉づかいは (1.23) の各式がそれぞれの市場における需給のバランスという経済の構造的関係を反映するものであるということからもわかるだろう．

設問 1.5 第 1.3.1 項のリンゴ市場のモデルに関する式 (1.12), (1.13), (1.14) では，どれが構造方程式でどれが誘導形方程式か．

1.3.5 経済分析の手順

これまで考えてきた経済分析の手法を一般的な形でまとめておこう．そのためには，次のような複数の経済変数に関わる一般的な経済モデルを考えると便利である．

$$\begin{cases} f_1(x_1, ..., x_N) = 0 \\ \quad \vdots \\ f_M(x_1, ..., x_N) = 0 \end{cases} \quad (1.25)$$

このモデルでは，x_1 から x_N までの N 個の経済変数が存在する．さらに，それらの変数の間の関係が $f_1(x_1, ..., x_N) = 0$ から $f_M(x_1, ..., x_N) = 0$ までの M 個の

構造方程式によって記述されている．一般に，M 個の方程式からなる連立方程式では，M 個の変数の値が決定される．つまり，$N-M$ 個の変数の値を外生的に確定すれば，残りの M 個の変数の値が内生変数として決定される．

 ある経済現象を分析するためには，その経済現象を記述できる経済変数を確定しなくてはならない．次に，その経済変数と関連する変数をできるだけ多く探す必要がある．モデルに含める変数を上手に取捨選択し，現象を説明するのが経済分析の目標なのだから，説明変数の選択においても合理的選択の手順に従うべきである．合理的選択の第 1 ステップとして，選択肢の空間をできるだけ広げるために，はじめはできるだけ多くの経済変数を考慮するべきである．

 モデルに含む変数を $x_1, ..., x_N$ と確定できれば，それら変数の間の構造的関係を，構造方程式によって，適切に記述しなくてはならない．構造方程式が確定し，経済モデル（1.25）が具体的に設定できれば，経済分析を開始することができる．

 分析にあたって，まず問題にしている経済現象を記述している変数と同時に決定される内生変数を見つけなくてはならない．モデルに M 個の方程式があるならば，M 個の内生変数を見つける必要がある．残りの変数は外生変数である．

 構造方程式の設定にあたって重要なのは，実際にモデルに取り入れる経済変数の数 N や構造方程式の数 M を適切な値に絞ることである．すでに指摘したとおり，分析のはじめにはできるだけ多くの変数を考慮してみるべきである．しかし，あまり複雑なモデルを扱っても，変数間の関係が複雑だということ以外に何もわからないことが多い．合理的選択のステップ 3 に従い，分析の実行可能性を考えると，もっとも重要と考えられる変数や構造的関係のみに着目することが重要である．

 内生変数として，変数 $x_1, ..., x_M$ が選ばれたとしよう．そうしたら，$x_1, ..., x_M$ を未知数と考えて，構造方程式（1.25）を解き，$x_{M+1}, ..., x_N$ という $N-M$ 個の変数を外生変数とする誘導形方程式を求め，

$$\begin{cases} x_1 = x_1(x_{M+1}, ..., x_N) \\ \quad\quad\quad \vdots \\ x_M = x_M(x_{M+1}, ..., x_N) \end{cases} \quad (1.26)$$

と記述する．

次の手順は，いま問題としている内生変数の変化がどの外生変数の変化によって説明できるのかを確定し，その他の外生変数の値がどのような値に固定されているかを決定することである．つまり，$N-M$ 個の外生変数のうち，どの変数を説明変数として扱い，どれをパラメターとして扱うかを確定する必要がある．

説明変数と被説明変数との間の関係が記述できれば，被説明変数の変化（＝はじめに設定した経済現象）の原因を説明することができる．分析の結果として出てきた経済現象の説明が実際の現象と整合的であることが確認できれば，うまく経済分析ができたと考えられる．

1.3.6 数学的分析の効用

話が数学的にかなり込み入ってきたようである．こんなに数学的な話をしなくては経済学ができないのか，という疑問を感じはじめている読者も多いかもしれない．この疑問への答えは「イエス」であり，同時に「ノー」でもある．

実は，これから本書で取り扱おうとしている基礎的な経済分析は，ほとんどの場合，込み入った数学的な議論は必要としない．数学的構造を強調した真の理由は分析の対象としているそれぞれの事象（経済変数）の役割を明確に定義することの重要性を強調するためである．どの事象がパラメターなのか，何が説明変数なのか，何が被説明変数なのか，といった区別を明確に定義しなくては，きちんとした経済分析は成り立たないと言ってもよい．

経済学において数学的思考が重要なのは経済学が合理的意思決定にもとづいた経済行動の分析を目的とするものだからである．すでに触れたように，合理的行動というのはなぜその行動を行うかの理由を説明できるような行動のことである．理由が説明できるような行動をするためには，論理的な思考方法にもとづいている必要がある．そのためには数学的素養が役に立つ．

しかし，経済学で数学的思考が重要なのは，論理的にものを考えるための素養を身につけるためだけではなく，合理的意思決定に非常に役立つからでもある．たとえば，ビジネス契約の作成といった数学とはまったく関係のなさそうな場においても，パラメターや説明変数や被説明変数の定義は非常に大切である．国際間で契約を結ぶ場合など，まずはじめに，どの国の法律に依拠して契約を

記述するのか確定する必要がある．法律が異なれば，同じ約束でも，拘束力があったり，なかったりするかもしれないので，国際的な商取引の約束事においてはどの国の法律を選ぶかが重要なパラメタである．また，契約の中に出てくるそれぞれの言葉の定義も重要である．たとえば，新製品を取引するといっても，それが何を意味するのか，きちんと定義できていなくては揉め事の種になる．契約作成時と製品の発送時との間に時間があるならば，新製品とは，契約作成時における最新の製品のことなのか，製品の発送時における最新の製品のことなのか，はじめに定義しておかねば契約として役に立たない．このような用語の定義は数学上は説明変数や被説明変数の定義にあたるものである．このように，用語に関する共通の議論を設定することの重要性は単に数学の世界にとどまるものではない．

　自分の考えを正確に相手に伝えるためにも数学的思考が重要である．とくに，経済学では，物理学・化学といった自然科学の分野以上に，自分の考えを正確に伝えることに気を配る必要がある．これは経済学が比較的ソフトな学問だからである．上で考えたリンゴ市場の例からもわかるように，多くの経済現象には複数の説明が可能である．それにもかかわらず，自然科学と異なり，経済の場では仮説を実験によって検証するのが困難な場合が多い．経験則としてリンゴの供給が減れば価格が上昇すると知ってはいても，現実の経済では，実際にリンゴの供給を削減したとき，どれだけ価格が上がるかを実験してみるわけにはいかない．そのため，ある経済現象の説明として何がもっとも適しているかという判断は分析する人の経済哲学や信念といった主観に依存することが（自然科学の場合よりも）多い．これが経済学がソフトな学問だという理由である．経済学がソフトな学問であるため同じ経済現象を議論していても，どこまでが客観的事実にもとづき，どこからが主観的判断にもとづくのか，はっきりしなくなる危険性が高い．このような危険を避け，誰にでも分かるように客観的事実と主観的判断との間の線引きを行うためには，数学的手法が有効である．つまり，自分の考えを正確に相手に伝えるためには数学的手法が有効だということである．

　数学的思考の重要さは自分の考えを他人に正確に伝えるためだけにとどまるものではない．他の人の曖昧な議論にごまかされないような思考力と直感力を

身につけるためにも，数学的思考は重要である．議論や契約交渉の場では，単に曖昧なのではなく，話を意図的にすり替えるような議論がなされることも多いからである．たとえば，親から「節約しなさい」と叱られて，「でも，隣のA君もいつも新しい遊び道具を買っているのだから，僕だってもっと買いたい」といった抗議を子供がしている光景を見かけることがある．これは自分からA君へのパラメターのすり替えである．このようなパラメターのすり替えが行われるのは子供の論理の世界だけではない．自国の政策についての外国の批判をかわすために，隣の国の例を挙げて正当化するといった議論は非常に多い．そのような議論を気をつけてみていると，自国から隣国へ巧妙にパラメターがすり替えられていることも少なくない．

　パラメターのすり替えだけではなく，説明変数や被説明変数のすり替えが行われる場合もある．日本の経済改革や規制緩和の話がいつの間にか日本が好きかアメリカが好きかというような議論にすり替わっているのを見かけることもある．片方の論者は日本の経済構造を説明変数として，日本人の暮らしや日本経済のパフォーマンスを被説明変数として変数間の関係を分析している．しかし，もう片方の論者の話を聞くと，アメリカや日本という「国」を説明変数にし，好きか嫌いかといった「愛情の強さ」を被説明変数にしてやり返しているというような場面に遭遇することもまれではない．

　このようなパラメターや説明変数や被説明変数の変更を普通の議論で意図的に行えば，すり替えであり，気づかずに行えば，単に話をとばしただけである．いずれにしても，そのような行為は共通のテーマの設定を不可能にしてしまうので，討論や交渉の場では望ましくない．新しい変数やパラメターが次々に入ってくれば，議論は拡散してしまい収拾がつかなくなってしまう恐れもある．複数の参加する討論や交渉にあたって気をつけなくてはならないのは，共通のパラメターや説明変数や被説明変数を設定し，そこからずれて行かないようにすることである．

　つまり，経済主体として合理的な意思決定に従事したり，経済学に携わり経済のあり方を考えるためには，数学的思考能力の果たす役割が大きいということである．ここに数学が経済学で重視される真の理由があると言ってよいだろう．

第 2 章
消費者の行動

2.1 消費と交換
   2.1.1 消 費 と は
   2.1.2 自発的交換
   2.1.3 消費および交換の望ましさの尺度
2.2 消費者にとっての交換の利益
   2.2.1 望ましさの絶対尺度としての総支払用意
   2.2.2 望ましさの相対尺度としての消費者余剰
   2.2.3 複数の商品からの選択と消費者余剰
   2.2.4 複数単位の製品の購入
2.3 消費者余剰最大化仮説
   2.3.1 砂漠のコーラの例
   2.3.2 限 界 原 理
   2.3.3 一物一価の法則
   2.3.4 割引のパラドックス
   2.3.5 裁定と一物一価の法則
2.4 消費者行動と需要
   2.4.1 価格受容者と正札販売
   2.4.2 需要と限界原理
   2.4.3 総支払用意と需要曲線
   2.4.4 需要法則と限界支払用意逓減の法則
   2.4.5 需要という言葉づかいについて
2.5 需要に関する数学的分析
   2.5.1 総支払用意曲線
   2.5.2 消費者の最適化行動と最適化の 1 次条件
   2.5.3 需要曲線と逆需要曲線

経済にはいろいろな消費財が存在する．お米やパンといった食品，背広やセーターといった衣料品など，日々，私たちが消費者（consumer）として接している

財の種類は多い．一言で財といっても多様であり，肉や野菜のように有形の物品も，映画をみたりタクシーに乗ったりといった無形のサービスも，広い意味で財である（「広い意味での財」という代わりに「財・サービス」という表現が用いられることもある）．消費財とはこうした財・サービスの総称である．現代の経済では，多くの場合，消費者は市場でお金と**交換**することで消費財を手に入れる．経済学への第 1 歩として，消費と交換に関する意思決定を合理的選択の結果として説明してみよう．

2.1 消費と交換

消費と交換に関する意思決定を考える前に，そもそも消費とは何であるかを考えておく必要がある．はじめに強調しておくべきなのは，消費とはお店で（つまり，市場において）製品を購入することと同義ではない点である．農家が倉庫に貯えたお米の一部を自分たちで食べるのも消費活動だし，大工さんが自分で立てた家に住むのも家という耐久消費財の消費である．このような消費活動とは，お店で製品を購入するのとはまた別のものである．

2.1.1 消費とは

一般的には，消費とは**生産の連鎖**の最終段階における財・サービスの利用のことであると定義できる．生産とはある財やサービスを利用して別の財やサービスを造り出す過程のことである．多くの場合，財・サービスは複数の生産過程の連鎖を経て生産される．その連鎖が生産の連鎖である．その連鎖の最終段階で，財やサービスを（別のものの生産のためではなく）最終的に人間が利用するのが消費である．たとえば，漁師が釣ってきた魚を自分で食べてしまえば魚の消費であるが，港で仲買商に売れば魚の生産と考えるのが適切である．漁師によって生産された魚は仲買商，運送業者，卸売商などの生産活動の連鎖をへて，最終消費財として小売店の店先に出るわけである．

「大衆消費社会」といった表現では，消費者が市場で物を買うことと消費とが同義的に考えられている．物の購入と消費とが同義的に使われるのは自分で生産したものを直に消費するような人が少なくなってきており，消費者が消費

する財・サービスのほとんどが市場で購入された物だからである．しかし，経済学では消費を本来の意味で捉えて，財の生産の連鎖の最終段階で消費者が利用し，費消させてしまう行為であると考えるのが普通である．

2.1.2 自発的交換

ある財を消費しようとするとき，その財を売っているお店でお金を払って手に入れ，持ち帰るのが普通である．映画をみたりタクシーに乗ったりというように，購入したサービスをその場で使ってしまう場合もある．また，最近では，通信販売なども増えている．この場合には，カタログをみて品物を注文し，郵便局や銀行でお金を振り込むとその品物が配達される．このようにして財とお金が交換される場は**市場**（market）と呼ばれる．

各消費者は，市場における財とお金の交換（**市場交換**）を通じて自分が消費しようとするものを手に入れるのが普通である．また場合によっては，実物と実物どうしの交換（**物々交換**）を通じて品物を手に入れることもある．遠足に持っていったお菓子を友達どうしで交換しあった経験はだれでも思い出すことができるはずだ．お金が発明される以前の未発達な経済では，物物交換がひろく行われていたのだろう．

経済学の中心的な分析対象は自発的な意志に基づいた交換である（**自発的交換**）．強奪や没収といった強制的な交換は経済学の主題とは言えない．だまされて交換に応じた場合でも，進んで交換に合意したという意味では自発的交換の側面も持つ．しかし，だまされると知っていれば交換に応じなかったはずだから，非自発的交換の側面もある．このようなケースは重要だが基礎的な経済学の範囲を外れているので，とりあえずは考えないことにしよう．

経済主体が自発的交換を行うというのは，何か得をするのでなければ交換には応じないということである．言い換えると，交換の前と後を比べて後の方が望ましい状態を達成できるのでなければ，交換に応じない．

2.1.3 消費および交換の望ましさの尺度

消費者が自発的な交換を行っているという大前提を認めるならば，どの消費者も，交換を通じて達成される前と後の状態を評価するための「望ましさの尺

度」を持っていると考えなくてはならない。そうでなければ、自分から望んで自発的に交換を行うという行為を説明することはできないからである。

　望ましさの尺度を考えるにあたって、最初に注意すべきなのは**交換の望ましさ**」を示す尺度と「**消費の望ましさ**」を示す尺度とが異なることである。上で指摘したように、消費と交換は異なる行為だからだ。消費の望ましさというのは、生産の連鎖の最終段階で生産された財を消費者として利用することの望ましさのことであり、**効用**という言葉で表現することが多い。交換の望ましさとはある物とある物を取りかえる行為の望ましさのことである。

　説明のために、何か用足しに出かけるとして、タクシーを使うかバスを使うかについて考えてみよう。タクシーで行けばバス停から歩く必要もなく時間もかからないが、2000円かかる。他方、少し面倒でも、バスを使えば費用は200円ですむとしよう。

　用事を頼んだ人から交通費は出してあげると言われていれば、ほとんどの人がタクシーの方を選ぶだろう。しかし、交通費が自己負担ならばタクシーを選ぶ人はそんなに多くないはずである。つまり、交通費を他人が負担してくれるならばタクシーの方が望ましく、自分持ちならばバスのほうが望ましい。

　この違いは望ましさの基準が消費にもとづいている場合と交換にもとづいている場合との違いにある。交通費が他人の負担であるならば、タクシーを選ぶかバスを選ぶかは純粋にどちらのサービスを消費する方が自分にとって望ましいのかという「消費の望ましさの尺度」によって決定されるはずである。楽で時間もかからない交通手段の方が望ましいと考える限りタクシーが選ばれて当然である。しかし、交通費が自己負担ならば話は違う。その場合には、（2000円払ってタクシーに乗るという）タクシーのサービスと2000円との間の交換と、（200円払ってバスに乗るという）バスのサービスと200円との間の交換とを比べた上で、どちらが望ましいかを考えるからである。つまり、「交換の望ましさの尺度」にもとづいて比較が行われ、2000円払ってタクシーに乗るぐらいならバスで行こうという選択をする人が多いわけである。

　「消費の望ましさの尺度」と「交換の望ましさの尺度」との違いは交換という行為を理解する上で非常に重要なものである。この2つの尺度の違いは「消費の望ましさの尺度」が望ましさの**絶対尺度**であり、「交換の望ましさの尺度」

が望ましさの**相対尺度**であると表現してもよい．交換の望ましさの尺度を相対尺度と考えるのは，交換を通じて手元に入ってくる物の絶対的な望ましさとその対価として出て行く物の絶対的な望ましさとの相対的関係で定まるからである．交換を通じて出て行く物の望ましさが（絶対尺度において）低いほど，また，入ってくる物の望ましさが（絶対尺度において）高いほど，その交換は望ましいわけである．

2.2　消費者にとっての交換の利益

　消費者が自発的な交換を行うとしたら，交換を通じて何らかの利益が発生しなくてはならない．経済学では，交換から発生する利益は**交換の利益**と呼ばれる．消費行動の経済分析を行うためには，交換の利益をお金に換算して計測するとよい．こう書くと，そんなものが本当にお金に換算できるのかという疑問が出てきて当然である．その疑問に答えるために，次のような例を考えてみよう．

　いつも通る道のお店のショーウィンドウに出ている2万円のジャケットを以前から買いたいと思い，お金に余裕ができたので今日こそは買おうと考えて，お店に入ったとしよう．そこで，その服がたまたまセールで1万2000円で売っているのを見つけたとすればどうするだろうか．これはラッキーと感じ，すぐに買い求めるはずである．

　この場合，セールに出会ってラッキーだという感覚はセールによる値下げ分の8000円に相当すると考えるのが適当である．セールに出会ってラッキーだという感覚がお金に換算できるならば，品物とその代金の交換から発生する満足感もお金に換算できて不思議ではない．

　たとえば，上の例を少し変えて，2万円のジャケットは素敵だけど価格が1万5000円ぐらいでなくては手が出せないと思っていた場合を考えてみよう．この場合にも，セールに出会って1万2000円で買えるならば，よし買おうということになる．

　では，第1の例と第2の例では交換から得られる満足感はどちらが大きいと考えるべきだろうか．当然，第1の例である．第1の例では2万円払っても買いたいと考えていたジャケットが1万2000円で買えるのに対し，第2の例で

は1万5000円ぐらいなら払ってもよいと思っていたものが1万2000円で手に入るだけだからである．したがって，お金に換算すると，第1の例の交換から得られる満足感の方が少なくとも5000円は大きいと考えるべきだろう．品物とお金の交換から発生する満足感がお金に換算できるということは，こうした例からもわかるだろう．

さらに，第1の例と第2の例を比べると，品物を手に入れるために支払ってもよいと感じる金額と，実際に支払わなくてはならない金額とが一致しないということもわかる．経済学では，これら2つの金額の間の差をもって交換から発生する利益の大きさを捉えるのが一般的である．以下では，この考え方を詳しく検討し，消費者の行動を分析しよう．

2.2.1　望ましさの絶対尺度としての総支払用意

経済学では，品物を手に入れるために支払ってもよいと感じる金額を指して**総支払用意**と表現する（言葉を簡略化するため，単に**支払用意**ということもある）．正確な定義を行うために，財 X と Y との交換を考えよう．この場合，Y で計った X への総支払用意とは特定量の X を受け取る代償として提供してもよいと個人が考える（支払う用意がある）最大限の Y の量のことである．本章ではお金と財の交換のケースを考えるので，Y はお金，X はある財として話を進めよう．この場合には，総支払用意とはある財をある量だけ手に入れるための対価として支払ってもよいと消費者が思う最大限のお金の額である．

総支払用意の概念を理解するためには，はじめに考えた2つの例に戻ってみるとよい．第2の例ではジャケットが1万5000円より高くては手が出ないと考えていると仮定した．つまり，ジャケットへの支払用意は1万5000円以下であると仮定したわけである．また，第1の例では最初からジャケットに2万円支払ってもよいと考えていると仮定した．これは支払用意が2万円以上であるということを意味している．

正確な支払用意の金額を見定めるためには，たとえば，第1の例では2万円より高い価格のときに買いたいのかどうかを自問自答してみればよい．価格が3万円だと言われれば，すぐに買うのをあきらめてしまうかも知れない．それならば，支払用意は3万円より低いわけである．また，2万2000円だったら買

いたいと思うかもしれない．それならば，支払用意は2万2000円より高いわけである．しかし，2万3000円と言われれば，迷ってしまうかもしれない．迷いが生じるということは総支払用意が2万3000円前後の値であるということである．突き詰めて考えていけば，ここまでならば支払ってもよいが，それ以上では手がでないと考えるぎりぎりの支払額が2万3000円あたりで見つかるはずで，それが総支払用意である．

このような説明からもわかるように，総支払用意は消費に関する望ましさの絶対尺度の1つである．ある財を手に入れるために対価として支払ってもよいと思う最大限の金額は消費の望ましさが高ければ高いほど大きいはずである．しかし，実際にどれだけのお金と交換するかとは無関係であり，その意味で総支払用意は絶対的な望ましさを示す尺度である．

実際には，総支払用意を常に意識しながら消費を行っている人は少ないかもしれない．しかし，ある品物を買おうか買うまいか迷う場合など，知らず知らずに総支払用意と値段の比較を行っているはずである．もし，自分は総支払用意（つまり，消費にあたって，どれだけお金を支払う用意があるか）などということは考えたことがないというのならば，総支払用意という経済的概念が非現実的なのではなくて，あなたの消費活動があまり合理的でないか，品物の購入にあたって迷ったことがこれまであまりないからだろう．第1章でも指摘したとおり，合理的という言葉の真の意味は「きちんとした説明がつく」ということである．総支払用意という概念は自分の消費行動にきちんとした説明をつけるための道具であると考えてもよい．

2.2.2 望ましさの相対尺度としての消費者余剰

一般に，ある財Xを手に入れるための対価として実際に提供されるお金の額（XとYの物物交換ならば，財Yの量）と，支払用意とは異なっている．そこで，対価として実際に提供されるお金の額（物々交換の場合には，Yの量）を**実支払**と呼んで支払用意との区別を明確にしよう．

経済学では，支払用意と実支払との差を**消費者余剰**と呼ぶ．英語では総支払用意のことを"total willingness to pay"，消費者余剰のことを"consumer surplus"と呼ぶので，総支払用意をTW，消費者余剰をCSと書く．また，実支払（actual payment) を P と書くと，消費者余剰は

$$CS = TW - P \tag{2.1}$$

と表現できる．

　消費者余剰は品物とその代金との間の交換がどのくらい望ましいのかを示す望ましさの相対尺度である．お金を払って物を購入する際には，実際に支払うお金の額（実支払）が交換の対価として自分が提供するもの（つまり，お金）の望ましさを示している．価格が高いほど，対価として差し出すもの（お金）の望ましさが絶対尺度において高いわけである．総支払用意は交換で獲得する物の望ましさをお金の単位で示した絶対尺度だから，総支払用意と実支払の差＝消費者余剰は交換がどれくらい望ましいかを示す望ましさの相対尺度である．

　消費者余剰とは品物と代金の交換から生じる消費者にとっての「儲け」のようなものであると考えてもよい．この儲けが消費者にとっての交換の利益である．

　先ほどのショーウィンドウのジャケットへのあなたの総支払用意が2万3000円であるとしよう．この場合，価格が2万3000円を超えていたら，購入しないのはもちろんである．もし，そのジャケットをセールで1万2000円で買うことができるとすれば，ジャケットと1万2000円の交換から1万1000円分の消費者余剰が生まれることになる．また，セールではなく2万円で買ったとしたら，消費者余剰は3000円である．

　図2.1では，棒グラフの全体の面積でジャケットへの総支払用意を示している．棒グラフの横の辺の長さを1として，実線の水平線の高さがジャケットのセール価格1万2000円を示すとすると，濃いグレーに塗った部分の面積が実支払である．そうすると，この部分を棒グラフの全体から取り除いた部分の面積によって，消費者余剰を示すことができる．また，点線の水平線の高さが通常価格2万円を示すとすると，薄いグレーに塗った部分の面積（8000円）によって，セールに出会ったことから発生する追加的消費者余剰（つまり，セールのありがたみ）を示すことができる．

2.2.3　複数の商品からの選択と消費者余剰

　前節では，交換から発生する利益が消費者余剰の大きさで計測できるという

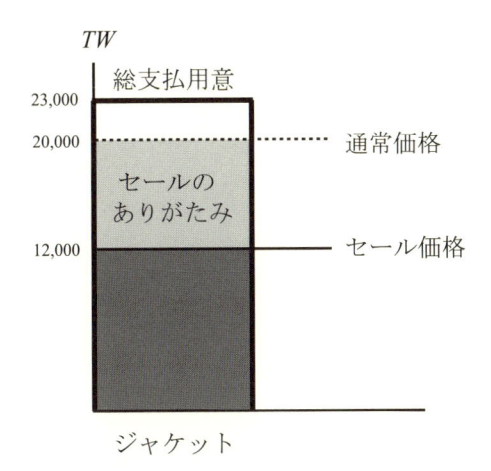

図 2.1 セールのありがたみ

(図: TW 総支払用意 23,000／通常価格 20,000／セールのありがたみ／セール価格 12,000／ジャケット)

ことを指摘した．次に，2つの選択肢が与えられたときにどちらを購入するかという意思決定における消費者余剰の役割を考えてみよう．そのためには，上で考えたジャケットの例が便利である．

そこで，もう1度，2万円のジャケットを買おうとお店に入ったところに場面を戻そう．今度は，セールはなかったことにする．ジャケットを買う前に，もう1度，店内を見回してみると，素敵なデザインのセーターが飾ってあるのに気がついたとする．こんなとき，あなたならどんな行動をとるだろうか．

最初のジャケットを迷わず買うというのは，合理的消費者としては失格である．もし，あなたが消費者として十分に成熟しているならば，最初にすることはセーターを手にとって品質を検討し，その価格を調べることである．言い換えると，前章で紹介した知悉的意思決定に必要な情報を集めなくてはならない．

セーターとジャケットを前にして知悉的意思決定に必要な情報は，第1に，セーターの価格である．これはお店の人に聞けばすぐわかる．価格は8000円であったとしよう．次に必要な情報は現状で衣類に使えるお金の総額である．自分のふところ具合をよく考えてみると，いま衣服に使えるお金はいくら大きく見積もっても2万5000円しかないことが分かったとしよう．さらに必要なのはセーターとジャケットの品質に関する情報である．この情報を持って初めて，それぞれの製品への支払用意を定めることができる．

実際の消費活動では，総支払用意を明示的に考えることは少ないかもしれない．しかし，セーターを手にとって品質を検討するということは，暗黙のうちに，総支払用意を設定しようとして情報を集めているのである．セーターを手にとってみて，ジャケットはやめて，セーターにしようと決めるとしたら，セーターへの総支払用意は十分大きくなくてはならない．セーターにするかジャケットにするか，本当に迷うならば，それぞれの品質に関する情報を十分に集め，総支払用意をできるだけ正確に評価するのが合理的な消費活動のためには必要不可欠である．

　必要な情報を集めたら，2万円のジャケットと8000円のセーターのどちらを買うのか決めなくてはならない．上の設定では，衣類へ使えるお金は2万5000円ポッキリなので，両方買うことはできない．どちらか一方を選ばなくてはならないとしたら，自分のニーズと価格を比較して，割安に感じる方を買うはずである．このような場合の割安感を説明するのにも消費者余剰の比較が役に立つ．

　ジャケットとセーターを調べてみて，ジャケットへの支払用意が2万3000円，セーターへの支払用意が1万2000円であると判断したという設定で話を続けよう．この場合，あなたは選択肢として2つの交換の機会に直面している．図 2.2 に示すように，1つは左側の棒グラフで示される支払用意1万2000円の品物（セーター）とグレーに塗った部分の面積で示される8000円を交換する機会であり，もう1つは右側の棒グラフで示される支払用意2万3000円の品物（ジャケット）とグレーに塗った部分の面積で示される2万円を交換する機会である．

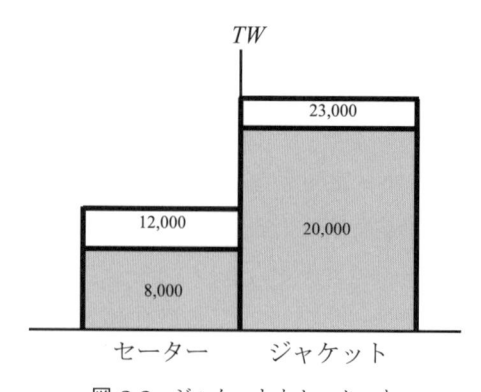

図 **2.2**　ジャケットかセーターか

したがって，セーターを買えば 4000 円分の消費者余剰が生まれ，ジャケットを買えば 3000 円分の消費者余剰が生まれる．この場合，どちらの品物を買うのが割安と感じるかというと，より大きな消費者余剰をもたらす品物の方である．消費者余剰が大きいのはセーターを買うという選択肢で，そちらを選んだ方が合理的だと言い換えてもよい．

2.2.4 複数単位の製品の購入

これまで，セーターにせよ，ジャケットにせよ，品物を 1 単位だけ消費する場合を考えてきた．しかし，財によっては複数単位で 1 度に購入することも多い．そのような場合の消費者の行動の説明のためにも，消費者余剰の考え方は有効である．

説明のために，セーターへの支払用意が 1 万 2000 円で，これを 8000 円で買おうときめたところから話を続けよう．セーターを店員のところに持っていくと，店員に，「実は，まったく同じセーターがもう 1 着だけ売れ残っていて，両方買ってくれれば，1 万 4000 円にしておきます」と言われたら，あなたならどうするだろうか．2 着目を買えば，2000 円まけてくれるというのである．

ある財 X に関して，その購入量が増加するならば，それに対する総支払用意も増加すると考えるのが自然である．したがって，2 着目の割引が十分ならば，いいチャンスだから両方とも買おうと決めるかもしれないし，やはり 1 着だけにしておこうと考えるかもしれない．

こうした意思決定が合理的になされるためには，こんどは，その 2 着のセーターをひとまとめにしたときの総支払用意を考えてみる必要がある．両方とも買うとしたら，2 着ひとまとめへの総支払用意は店員に言われた 2 着の値段（1 万 4000 円）以上であるのは明らかである．では，総支払用意が 1 万 7000 円だったとしたら，あなたは 2 着とも買うのだろうか．

答えは「否」である．ここでも，あなたは 2 つの交換の機会に直面している．この選択肢は図 2.3 に示すように，1 着と 8000 円を交換するという選択肢と，2 着と 1 万 4000 円を交換するという機会である．1 着への総支払用意は 1 万 2000 円，2 着への総支払用意は 1 万 7000 円なのだから，図に示すように，1 着だけ購入するときの消費者余剰は 4000 円，2 着の場合の消費者余剰は 3000 円であ

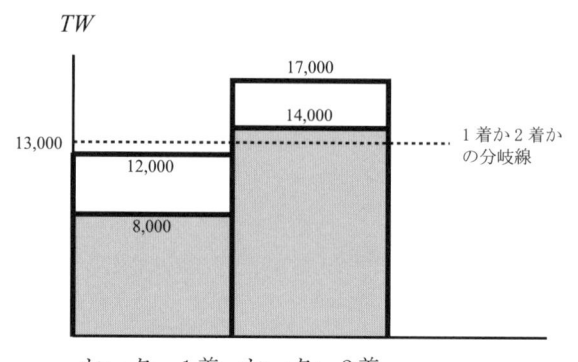

```
         TW
          │
          │              17,000
          │         ┌─────────┐
          │         │  14,000 │
    13,000├ ─ ─ ─ ─ ┼ ─ ─ ─ ─ ┤ ─ ─ 1着か2着か
          │┌───────┐│         │    の分岐線
          ││12,000 ││         │
          │├───────┤│         │
          ││ 8,000 ││         │
          ││       ││         │
          ││       ││         │
          └┴───────┴┴─────────┴──────
           セーター1着 セーター2着
```

図 **2.3** 1 着か 2 着か

る．この場合，1 着しか買うはずがない．

そこで，あなたが店員の申し出を断ると，では，もっとおまけしますと言われたとする．いくらまで，まけてもらったら，2 着目も買うのだろうか．両方買うか 1 着にするかの境界は 1 万 3000 円である．2 着とも買う場合の支払用意は 1 万 7000 円なのだから，価格が 1 万 3000 円よりも下がって始めて，消費者余剰が 1 着だけ買う場合（4000 円）よりも大きくなるからである．

設問 2.1 上のジャケットとセーターの選択の話では，消費者がセーターを買って帰ると結論づけた．しかし，こんな場合に私自身のことを考えると，実は，何も買わずに家に帰るという選択をすることが多い．この選択は合理的であるような気もするし，合理的でないような気もする．合理的であるとしたら，どんな考えに基づいて，何も買わずに家に帰るのだろうか．また，合理的でないとしたら，どんな理由があるのだろうか．説明せよ．

設問 2.2 上の 2 着目の割引の話で，2 着への総支払用意は 1 万 7000 円だが，1 着への総支払用意は 1 万 2000 円ではなかったとせよ．店員から 2 着買ってくれれば，1 万 4000 円にしておくと言われたときに，1 着だけ買うことにしたら，その 1 着へのあなたの総支払用意は最低いくらだったのか．

2.3 消費者余剰最大化仮説

前節の分析が示すように，どちらの品物が割安かという判断や割安に感じるほうを購入するという消費者の行動の背後には，消費者余剰の大きさの比較がある．言い換えると，消費者は与えられた選択肢の内でもっとも大きな消費者余剰を得られるものを選ぶわけである．本書では，消費者がこのような基準にもとづいて行動するという考え方を**消費者余剰最大化仮説**と呼ぶことにする．以下では，この仮説にもとづいて，市場の役割を分析してみよう．

2.3.1 砂漠のコーラの例

市場の役割を説明するために，まず，次のような例を考えてみよう．

ケース A ドライブインも何もない広い砂漠のなかのハイウェイをドライブしていて，のどが非常に乾いてきた．そのときにたまたま出会った人に，「自分の持っているコーラを1本だけ買うならば3000円，2本まとめて買うならば5000円，3本ならば6000円で売ってあげよう」と言われたとする．

あなたがこのドライバーの立場にたったとしたら何本のコーラを買うだろうか．「私の支払用意はいろいろな要素に依存するので一概には解答を出すことはできない」というのが正解である．

では，支払用意はどのような要素に依存するのだろうか．まず，どれだけのどが乾いているかによる．さらに，どれだけ簡単に別の飲み物が見つけられるかにもよる．もし，非常にのどが乾いていれば，3本とも買ってその場で飲んでしまうかもしれない．別の経路で飲み物を手に入れるのが非常に難しいと考えるならば，3本とも買って1本だけ飲み，残りはとっておくかもしれない．もうしばらくすれば別のところで飲み物が見つかるはずだと思えば，1本だけ買って，とりあえずいまののどの渇きをいやすだけにするかもしれない．もちろん，言われた価格が高すぎると思えばコーラを買うのはあきらめてしまうだろう．

あなたの総支払用意と購買本数の関係は図2.4で示すようなものであると仮

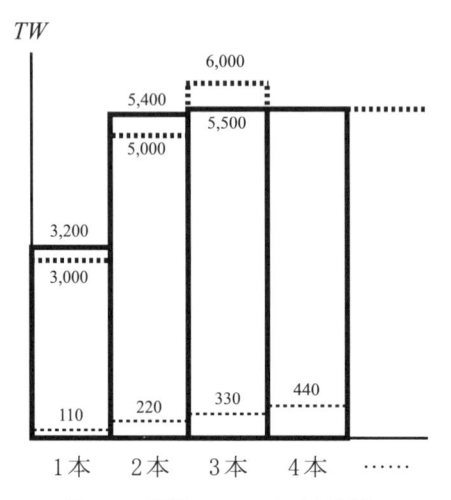

```
         TW
          │        6,000
          │       ┌┄┄┄┄┄┐
          │  5,400│     │┄┄┄┄┄┄┄
          │ ┌┄┄┄┄┐│5,500│
          │ │5,000││     │
          │ │     ││     │
   3,200  │ │     ││     │
  ┌┄┄┄┄┐  │ │     ││     │
  │3,000│ │ │     ││     │
  │     │ │ │     ││     │
  │     │ │ │     ││     │
  │     │ │ │     ││     │
  │ 110 │ │ 220  ││ 330 ││ 440 │
  └─────┘ └─────┘└─────┘└─────┘
   1本     2本    3本    4本  ……
```

図 **2.4** 砂漠のコーラと支払用意

定しよう．図 2.4 では，総支払用意 TW を縦軸にとり，購入本数 n を横軸にとり，それぞれの本数への総支払用意が描いてある．つまり，n 本を買うときの総支払用意を $TW(n)$ 円と書くと，

$$TW(1) = 3200 \text{ 円}, \quad TW(2) = 5400 \text{ 円}, \quad TW(n) = 5500 \text{ 円} \quad (n \geq 3) \quad (2.2)$$

である（4 本以上への総支払用意と 3 本への総支払用意が等しいと仮定するのは，4 本以上のコーラを買っても，飲みきれないので必要ないと思っているということを意味している）．

また，n 本だけ買うときの実支払を $P(n)$ 円と書くと，売り手が設定している価格によれば，

$$P(1) = 3000 \text{ 円}, \quad P(2) = 5000 \text{ 円}, \quad P(3) = 6000 \text{ 円} \quad (2.3)$$

である．図 2.4 では，これが点線で示してある．

消費者余剰を最大にする購入量は**最適購入量**と呼ばれる．図 2.4 が示すように，n 本をまとめて買うときの消費者余剰を $CS(n)$ 円とすると，

$$CS(1) = 200 \text{ 円}, \quad CS(2) = 400 \text{ 円}, \quad CS(3) = -500 \text{ 円} \quad (2.4)$$

である．したがって，あなたにとっての最適購入量（最適購入本数）は消費者余剰を最大にできる 2 本である．

2.3.2 限界原理

前項では，それぞれの本数への総支払用意と実支払を比較して最適購入量を決定した．しかし，第 1.1.1 項でも触れたように，実際の経済活動のやり方を考えるためには，まず現状を想定して，それを改善するための方法を考えるのが重要である．すでに，ある本数のコーラを購入したと想定して，追加的にもう 1 本のコーラを買うべきか否か考えるのがよいということである．

一般に，どんな経済活動もその活動に固有の正の経済効果と負の経済効果を生み出すものである．たくさんご飯を食べれば，今は満腹になっても後でダイエットに悩まされるだろうし，テレビばかり見ていれば勉強時間が減るというわけである．消費活動も同じで，消費の満足感という正の経済効果を生み出す一方で，せっかく持っているお金を減少させるという負の効果も生み出す．その差額が消費者余剰である．

現状において，すでに，ある経済活動を一定のレベルで行っていると想定しよう．そこで，その経済活動を追加的に行えば追加的な経済効果が生み出される．一般に経済学では，このような追加的な経済活動から発生する追加的な効果を**限界効果**と呼ぶ．経済活動自身が正の効果と負の効果を持つので，限界効果も正の効果と負の効果に分けられる．もう 1 杯ご飯を食べれば，お腹がいっぱいになるという正の限界効果があっても，その分だけダイエットが大変になるという負の限界効果もある．もう 1 時間テレビを見れば，その時は楽しいという正の限界効果があっても，その分だけ勉強が不足して後で困るという負の限界効果もある．

経済活動における意思決定を適切に行うためには，追加的な活動から生み出される正の限界効果と負の限界効果を比べる必要がある．正の限界効果が負の限界効果よりも大きければ追加的活動を行うべきだし，そうでなければ行うべきではない．正の効果のほうが大きければ消費者余剰が拡大するからであり，負の効果のほうが大きければ現状で得ている消費者余剰に食い込んで，それを縮小するからだ．経済学では，このような行動原則は最適意思決定のための**限界**

原理と呼ばれる．

限界原理にもとづいて，前項の砂漠のコーラの例の最適購入本数を説明しなおしてみよう．購入量を追加するためには，追加的な支払いを行ってもよいと考えるのは当然である．購入量を1本だけ追加するために支払ってもよいと考える追加的金額を**限界支払用意**と呼ぶことにしよう．英語では，限界支払用意を"marginal willingness to pay"と呼ぶので，頭文字をとって，第 n 本目のコーラへの限界支払用意を $MW(n)$ 円と書こう．前項の設定によると，現在，$n-1$ 本のコーラを購入しようとしているならば，それへの総支払用意は $TW(n-1)$ 円である．この金額に第 n 本目への限界支払用意 $MW(n)$ 円を加えれば，n 本のコーラへの総支払用意 $TW(n)$ 円になる．限界支払用意は追加的1本への追加的支払を示すからである．言い換えると，n 本目への限界支払用意 $MW(n)$ は n 本への総支払用意と $n-1$ 本への総支払用意の差額

$$MW(n) = TW(n) - TW(n-1) \qquad (2.5)$$

に等しい．図 2.5 の縦軸には限界支払用意 MW をとり，横軸には何本目のコーラかを示している．図 2.4 からもわかるように，砂漠のコーラの例では，1本目のコーラに対する限界支払用意は1本への総支払用意 3200 円に等しい．また，

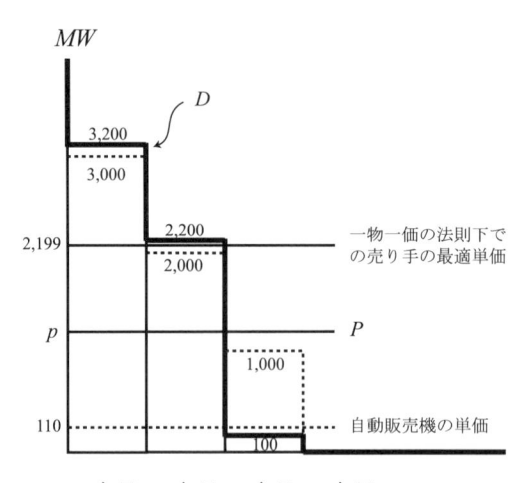

図 **2.5** 砂漠のコーラの限界原理

2本への総支払用意は 5400 円なので，それから 1 本への総支払用意 3200 円を引いた残りが 2 本目への限界支払用意である．つまり，図 2.5 にあるように，2 本目への限界支払用意は 2200 円である．同様に，3 本への総支払用意は 5500 円なので，それから 2 本への総支払用意 5400 円を引いた残り 100 円が 3 本目への限界支払用意である．つまり，

$$MW(1) = 3200 \text{ 円}, \quad MW(2) = 2200 \text{ 円}, \quad MW(3) = 100 \text{ 円} \quad (2.6)$$

であり，4 本目以上はゼロ円である（$MW(n) = 0$ 円，$n \geq 4$）．

本書では，(2.6) も示すように，購入量が増えるにつれ，限界支払用意が減少すると仮定する．他の状態が一定ならば，消費量が増えると，その財の希少性が減少し，追加的消費から発生する効用が減少すると考えるからである．この性質は非常に広い範囲で成立するので，**限界支払用意逓減の法則**とか**限界効用逓減の法則**と呼ばれる．真夏の夜の 1 杯目のビールはこの上なく美味しいと感じても，飲み進めるうちに味など分からなくなるというのも，この法則を反映するのだろう．しかし，法則には例外もつきもので，飲むほどに美味しくなるという人がいてもおかしくはない．

限界支払用意は追加的な製品の購入から発生する正の限界効果を示すものである．追加的に購入するものを消費することが追加的なありがたみを生み出すので，追加的な支払用意が創出されると考えられるからである．

追加的購入は負の限界効果も創出する．実際に，支払うお金も追加しなくてはならないからである．限界支払用意と同じような意味で，追加的な 1 本のコーラを購入するために必要な実支払の増加分を限界実支払と呼ぼう．英語では，実支払は "marginal payment" となるので，n 本目を購入するための限界実支払を $MP(n)$ 円と書こう．前項の砂漠のコーラの例の設定では，図 2.5 の点線が示すように，

$$MP(1) = 3000 \text{ 円}, \quad MP(2) = 2000 \text{ 円}, \quad MP(3) = 1000 \text{ 円} \quad (2.7)$$

である．

消費者余剰最大化仮説のもとでは，消費者の最適行動のための限界原理は n 本目への限界支払用意が n 本目への限界実支払よりも大きいならば，n 本目は

「買い」と言うことができる．そのときには正の追加的消費者余剰（正の限界効果）を生み出すからである．逆に，限界支払用意の方が限界実支払より小さいならば，n 本目は買うべきではない．この基準は単純なようで，経済主体の経済活動の選択に関して，経済学が教えるもっとも重要な基礎をなす．本書では，この基準をより精緻にして，いろいろな場でどのように経済活動を行えばよいかを検討する．その出発点として，上の話を次のようにまとめておこう．

砂漠のコーラの限界原理：

$$MW(n) > MP(n) \Rightarrow n \text{ 本目は買い,} \qquad (2.8)$$
$$MW(n) < MP(n) \Rightarrow n \text{ 本目は買わない.} \qquad (2.9)$$

この基準にもとづいて，図 2.5 を検討すると，1 本目と 2 本目は買いであるが，3 本目は買うべきではないことがわかる．1 本目を購入することから 200 円の限界的な消費者余剰が創出され，2 本目からも 200 円の限界的な消費者余剰が創出される．したがって，2 本購入すれば，つごう，400 円の消費者余剰が得られる．しかし，3 本目を買ってしまえば，マイナス 900 円の限界的な消費者余剰が発生して，2 本目までを購入したことで蓄積した消費者余剰を打ち消してしまう．したがって，消費者余剰を最大にするためには 2 本のコーラを購入すればよい．

どんな経済活動にしても，限界効果にもとづいて自分の行動が最適かどうかを判断せよというのが限界原理である．広く言うと，限界効果とは現状の経済活動を変更するときに発生する経済効果のことであるから，限界原理とは現状を改善するために必要な経済活動の変更の仕方を教える原理である．

自分は限界原理や限界効果などとは関係なしに生活していると感じる人がいるかもしれない．そういう人に，本当は限界効果を考えることが重要なのだということを知ってもらうのが経済学の目的の 1 つと言ってよい．実は，そういう人でも無意識のうちに限界原理にもとづく判断を行っており，それを体系的に理解してもらい，より正確な合理的判断をしてもらうのが経済学の目的の 1 つであると言うこともできる．

たとえば，誰でも 1 度は，明日の試験に備えて夜中まで勉強したという経験

があるだろう．そのような経験を持つ人ならば，もう1時間だけ頑張って勉強するか，この辺できりをつけて寝てしまうかという意思決定に直面したこともあるはずだ．このような意思決定を合理的に行おうとしたら，まず，もう1時間頑張って勉強することで点数がどれだけあがると期待できるかを考えなくてはならない．経済学的に言い換えると，もう1時間の勉強から発生すると期待できる限界的得点を考える必要があるということである．その上で，勉強するかわりに1時間だけ多く眠って英気を養うことから発生すると期待される限界的得点と比べる必要がある．英気を養うことから生まれる限界的得点のほうがもう1時間の勉強から生まれる限界的得点より高ければ，寝てしまったほうがよいのである．はじめは徹夜で一夜づけをして試験に挑むのがもっともよいと思っても，何度も試験を受けているうちに，ある時刻までには勉強をやめて明日に備えたほうが得だということを経験的に学んできた人も少なくないはずである．つまり，経験を通じて，もう1時間の勉強から生まれる限界的得点ともう1時間の睡眠から生まれる限界的得点が比較衡量されて，何時頃寝てしまうのが自分には一番あっているのかを学ぶのである．

よく考えてみれば，誰もが日常生活でこのような限界原理にもとづく判断を行っていることがわかる．もう1杯ご飯のお代わりをするか，もう1時間テレビを見るか，もう1年新車を買わずに我慢するか，もう1時間残業を続けるか，など枚挙にいとまがない．

経済学では，こうした経験の積み重ねを通じて，それぞれの意思決定機会に適切に対処するすべを身につけた経済主体によって構成される経済を分析する．そのようなすべを身につけた経済主体が「真の経済人」であるとみなされると言ってもよい．経済学を学ぶことで，それぞれの意思決定機会に適切に対処する手法を身につけ，「真の経済人」として経済活動が行えるようになろうとしていると言うこともできる．

設問 2.3 もう1杯ご飯のお代わりをするか，もう1時間テレビを見るか，もう1年新車を買わずに我慢するか，もう1時間残業を続けるか，といったケースにおいて，正の限界効果の方が負の限界効果より大きいと判断するのはどのようなときか．

2.3.3 一物一価の法則

砂漠のコーラの例で想定している市場が極めて異常な市場であることは言うまでもない．ばら売りが認められずに，品物がひとまとめにされて価格が設定されているからである．つまり，1本だけ購入する際には3000円，2本ひとまとめで購入するならば5000円，3本ならば6000円と価格設定されているということである．このように，ばら売りを許さず，ひとまとめにして販売するのを**まとめ売り**，または**一括販売**，と呼ぶことにしよう（このような売り方をひとやま売りと呼ぶこともある）．

砂漠のコーラの例とは違って，普通の市場ではばら売りが行われる．ばら売りが行われる市場では，同一の製品が同一の単価で何単位でも取引できることが多い．この事実はスーパーマーケットの店頭などを思い浮かべれば，すぐにわかるだろう．たとえば，1個300円の板チョコレートが店頭に出ていれば，1個あたり300円支払えばいくつでも購入できる．これと比べ，砂漠のコーラの例では，1本購入する際の単価が3000円，2本購入する際の単価は2500円，3本購入するときの単価は2000円と，購入本数が増加するごとに単価が減少している．

経済学では，市場で同一の製品が同一の単価で取引されている場合には，**一物一価の法則**が成立すると言う．以下では，この法則が成立する市場で消費者が取引を行う場合とそうではない所で取引を行う場合の違いについて検討しよう．

その前に，価格と単価の区別について触れておこう．多くの場合，価格という言葉と単価という言葉は同じ意味で用いられるが，本項では正確を期すために区別して使っている．単価とは単位価格（unit price）を縮めた言葉で，製品1単位あたりの価格（price）のことを意味している．したがって，3本のコーラの価格が6000円ならばコーラの単価は2000円であると表現できる．また，コーラの価格が2000円であるという表現も使われる．このように，価格という言葉のほうが広い意味で使われるので，その分だけ曖昧である．たとえば，1房のバナナの価格が1000円であると言うことはできるが，非常に曖昧な情報しか伝えてくれない．1房に何本のバナナがついているかが分からなくては，その値段が何を意味するのかよく分からないからである．正確を期すならば，「1本あ

たりの単価が50円のバナナが20本ついている1房」などと表現すべきであろう．1房のバナナの価格が1000円であるという表現に問題があるのは1房にいくつのバナナがついているの分からず，一種のドンブリ勘定になっているからである．1房のバナナに必ず20本のバナナがついているというのならば，1房のバナナが1000円と言ってもそれほど曖昧ではない．この場合には，1000円が1房あたりのバナナの単価を示しているからである．

このように単価という表現は価格という表現よりも正確である．したがって，重要な取引価格交渉などでは，単位を明記した上で単価という表現を使う方が誤解を生む可能性が小さいので望ましい．リンゴの単価が500円だというのは1個あたりが500円であるということは明らかである．他方，リンゴの価格が500円というときは，1個のリンゴの価格が500円だということを意味していると考えるのが常識的である．しかし，2個のリンゴが500円なのかもしれないし，1パックのリンゴが500円かもしれず曖昧だということである．

価格と単価を考えたついでに，**単価の単位**がどのようなものかを考えておくのも重要である．一般に，2つの数 m と n を掛け合わせてできる数 mn の単位は m の単位と n の単位の積であると定義される．また，m の値は mn と n の比率に等しいので，積 mn の単位と数 n の単位が分かっている場合には，m の単位は mn の単位と n の単位の比率であるとされる．財 X を x 単位だけ購入するために必要な支払額が P 円とすれば，単価 p は支払額 P を購入数量 x で割った値

$$p = \frac{P}{x} \tag{2.10}$$

である．支払金額 P はお金の単位で計られており，購入量 x は X の単価で計られているので，単価 p の単位はお金の単位（円）と X の単位の比率であると考えられる．つまり，

$$\text{製品の単価の単位} = \frac{\text{お金の単位}}{\text{製品の単位}} \tag{2.11}$$

という関係が成立する．また，この関係を変形して，

$$(\text{製品の単価の単位}) \times (\text{製品の単位}) = \text{お金の単位} \tag{2.12}$$

と表現されることもある．単価の単位の経済学的意味については，第4章でもう1度詳しく考えるので，一物一価の法則の役割に話を戻すことにしよう．

一物一価の法則が成立して，一定の単価で何単位でも製品が取引される場合の典型的な例として，自動販売機からコーラを購入するといった取引が考えられる．あらかじめ定められた金額を機械に投入すれば，かならず，1本のコーラが出てくるからである．そこで，次のような例を考えてみよう．

ケース B ケースAで考えたのとまったく同じ状況で砂漠をドライブしているときに，コーラの売り手に出会う代わりに，自動販売機を見つけたとしよう．この自動販売機からは，110円を支払うごとに1本のコーラを買うことができるとする．

一物一価の法則が成立する市場では，限界実支払は一定で製品の単価に等しい．つまり，

$$限界実支払＝単価（一定）$$

という関係が成立する．

図2.5では，110円を通る水平な点線によって，自動販売機からコーラを購入する際の限界実支払が示されている．前項で指摘したように，限界原理にもとづくと，n本目への限界支払用意が限界実支払（＝単価）より大きいときは，n本目は「買い」である．したがって，2本購入するのが最適であることは図2.5から明らかだろう．この結果，5180円という最大の消費者余剰が達成できるからである（この事実は図2.4が示すとおりである）．つまり，（総）実支払は1本では110円，2本では220円，3本では330円である．したがって，1本では3090円分の消費者余剰しか得られず，また3本買ってしまっては，5170円に消費者余剰が減ってしまう．したがって，2本のコーラを買って，5180円に相当する消費者余剰を得るのがもっとも得だということになる．

上で検討したように，ケースAにおいてもケースBにおいても，あなたが交換をつうじて手に入れたいと考えるコーラの本数は2本で変わりがない．しかし，あなたが支払わなくてならない金額には大きな違いがあって，自動販売機

では 220 円なのに対し，独占者との交換では 5000 円を支払うことを余儀なくされる．その結果，あなたの消費者余剰は市場交換では 5180 円であるのが，独占者との交換では 400 円にすぎなくなってしまう．つまり，交換から手に入れるものは同じでも，対価として支払われる額や消費者余剰の大きさについては，4780 円分の違いがある．

もし，あなたが独占者との交換を行った直後に，自動販売機を見つければ，「しまった，損をした」と感じて当然である．この損は 4780 円という超過支払に相当する．消費者余剰分析の用語に従えば，その金額がケース A の独占者から買ったために発生する消費者余剰の損失と表現することができる．

設問 2.4 あなたが自動販売機で何本のコーラを買うかはコーラの単価に依存している．たとえば，150 円だった場合と 90 円だった場合におけるコーラの最適購入本数を求め，それぞれの場合の消費者余剰を求めよ．

2.3.4 割引のパラドックス

すでに指摘したとおり，割引などを通じて，一物一価の法則が崩されている市場も少なくない．そこで，ある製品が同一の単価で売られている場合と割引などが存在して一物一価の法則が崩されている場合のどちらが消費者にとって望ましいのかという問題を考えてみるべきだろう．

当然，割引がある方が望ましいと思うかもしれない．しかし，実は，同一の単価で売られる方が消費者にとって望ましいことも少なくない．ここでは，そのような逆説的現象を**割引のパラドックス**と呼ぶ．

説明のために，もう 1 度，ケース A に戻って，このコーラの売り手は実はケース B の自動販売機をあなたより先に見つけて，どこかに隠し持っているとしよう．つまり，あなたが買うコーラは売り手がその自動販売機から 110 円入れて取り出してきたものである．割引が許されているならば，売り手はコーラの価格をいくらとつけるのだろうか．

あなたのコーラへの総支払用意と購入本数の関係を売り手が知っているという仮定のもとでは，2 本のコーラをひとまとめにして，買い手の総支払用意である 5400 円よりほんの少しだけ低い価格で販売するのが最適である．この結論

は図 2.5 を使って説明できる．

　限界支払用意の作図方法からわかるように，ある本数までをひとまとめにして購入するときの総支払用意は（その本数を含め）それまでの各本数への限界支払用意の棒グラフの面積を合計したものである．売り手はその面積よりも若干低い価格を設定することで，その本数までをひとまとめにして販売することができる．たとえば，5400 円より若干低い価格で 2 本をひとまとめにして販売できるということである．また，ある本数をひとまとめにして売るためにかかる単位費用（つまり，1 本のために自動販売機に投入するお金）は図 2.5 の自動販売機の単価 110 円を示す水平な直線で示されている．したがって，2 本をひとまとめにして販売するために必要なお金は 220 円である．以上から，売り手が儲けを最大にするためには，図 2.5 の棒グラフが単価 110 円を示す水平線よりも上方に出ている部分の面積を最大にするように，ひとまとめにする本数を定め，その本数への総支払用意より若干低く価格を設定すればよいことがわかる．つまり，2 本をひとまとめにして，5400 円より若干低い価格を設定すればよい．もし価格が 5399 円に設定されれば，消費者余剰は 1 円にすぎないことに注意しよう．

　売り手は割引価格を設定することで，まったく同じ額の儲けを得ることも可能である．そのためには，1 本目は 3500 円，2 本目以上の単価は 1899 円というような価格設定を行うのがよい．そうすると，消費者の方は，1 本だけ買っても 3 本以上買っても消費者余剰が負になり，2 本購入する場合に限り 1 円の消費者余剰が獲得できる．したがって，買い手にとっては，2 本のコーラを買うのが最適である．売り手は（まとめ売りの場合と同じく）2 本の販売から 5399 円の収入を得ることができる．

　次に，製品に複数の単価を設定するような行為が許されていない場合の価格付けを考えてみよう．つまり，同一の単価で販売しなくてはならないというルールが存在すると仮定する．この場合，前項の分析が示すように，売り手があなたにちょうど 1 本のコーラを買ってもらおうと思えば，単価を 2200 円と 3200 円の間に設定する必要がある．また，ちょうど 2 本だけ買ってもらうためには，単価を 100 円と 2200 円の間に設定しなくてはならない．さらに，3 本を買ってもらうためには，単価は 100 円より低く設定せねばならない．この結果，1 つ

の単価しか付けられないというルールのもとでは，売り手が1本だけ販売しようと思えば単価は3200円より少し安くするのがよく，その場合の儲けはほぼ3090円である．また，2本だけ販売しようと思えば単価を2200円より少し低く設定するのがよく，儲けはほぼ4180円である．3本以上販売するためには，販売単価を100円より低くする必要があり，売り手がコーラを自動販売機から取り出すための費用は110円なので，儲けは負になる．したがって，売り手が同一の単価で製品を販売しなくてはならないというルールがあるときには，単価を2200円より少し低く定めることで，2本販売し，ほぼ4180円の利益をとるのが売り手にとっての最適である．

この項の分析結果をまとめてみると，単一の単価しか設定できないというルールがある場合には，単価はほぼ2200円に設定される．その結果，買い手であるあなたは2本のコーラを合計ほぼ4400円で購入でき，消費者余剰はほぼ1000円となる．他方，一物一価の法則を壊して販売することが許されているならば，割引などの手法で，2本のコーラがほぼ5400円になるように価格設定が行われる．その場合，あなたは2本のコーラを購入して(させられて)，1円の消費者余剰を得ることになる．したがって，買い手であるあなたにとって望ましいのは，割引が許されていない状態であり，売り手にとって望ましいのは割引が許されている状態である．割引が禁止されれば，あなたの消費者余剰は1000円分だけ拡大し，売り手の儲けはその分だけ縮小する．

売り手によって提供される割引は，一見すると，買い手の得になるように見える．しかし，以上の分析が示すように，割引が買い手の得にはならず，かえって売り手の利益となる可能性も低くはない．これが割引のパラドックスである．

2.3.5 裁定と一物一価の法則

前項では，何らかのルールによって一物一価の法則の成立が保証されている場合を考えた．つまり，同一のものは同一の単価で販売しなくてはならないというルールが存在すると想定したわけである．しかし，現実の市場では，情報の流布と多数の経済主体の独立した最適化行動の結果として，一物一価の法則が自然と成立する傾向にある．

つまり，市場では普通は一物一価の法則が成立すると考えられる．市場には

多くの買い手や売り手が参加して，取引に従事しているからである．たとえばノミの市のように，多くの売り手が一堂に会するような場では，どの取引主体も市場を見回すことで，どの主体がどのような価格で取引を行おうとしているかを知ることができる．そのような場合，消費者は複数の売り手をあたってみて，もっとも安い値段をつけている売り手から買おうとするだろう．また，売り手も同様で，自分の製品と同じ物が自分が設定している価格より高い価格で取引されているならば，自分も価格を上げることができると判断するはずである．買い手や売り手がそのような**情報収集**を行い，買い手はできるだけ価格の安いところで買おうとし，売り手はできるだけ高く買ってくれる人に売ろうとするならば，それぞれの品物について単一の価格を形成する原動力となる．

さらに，買い手ができるだけ安い売り手から品物を買おうとするならば，売り手たちは顧客を求めて互いに**競争**する必要がある．また，多くの買い手が特定の品物を買おうとしているならば，できるだけ良い値をつけて自分に売ってもらおうとして，買い手の間にも競争が発生する．このような競争も一物一価の法則が成立する原動力である．第 2.3.1 項のケース A で考えた販売方式（まとめ売り）が可能なのは，買い手であるあなたに別のところでコーラを買う機会が与えられていないからである．自動販売機を隠し持つ売り手が 2 人存在し，互いに競争していれば，コーラの価格が 110 円まで下落してしまう可能性が強いのは想像に難くない．

また，ある財の市場で価格にばらつきがあるときには，安いほうの価格で買い，高いほうの価格で売ることで大きな利益を出すことができる．安いほうの価格で買い，高いほうの価格で売るという経済活動は**裁定**と呼ばれる．価格差が消滅するまで裁定が続けられるならば，1 つの財については 1 つの価格が成立せねばならない．

このように，市場には情報収集や競争や裁定の結果として一物一価の法則を成立させるという機能が備わっている．もともと市場（シジョウ）というのはイチバ（市場）が発展してきたものである．イチバとは多くの売り手と買い手が一堂に会して取引を行う場を指すものである．誰もが参加でき，誰とでも取引ができる場を提供するのがイチバであると言ってもよい．そのような場では，情報収集，競争，裁定といった活動が発生し，自然と，単一の財には単一の価格

が設定され，一物一価の法則が成り立つわけである．

2.4 消費者行動と需要

財の交換の場を提供するのが市場である．市場では，需要と供給の条件をつうじて財の価格が定まり，その価格で財の取引（交換）が行われる．価格の定まりかたはそれぞれの市場の構造によって異なっている．こうした点については後の章で考えることにして，まず，一物一価の法則が成立する市場における個々の消費者の経済活動を考えよう．

2.4.1 価格受容者と正札販売

消費者は品物の価格に対し何の影響力も持たない場合が多い．たとえば，スーパーマーケットで何か品物を買うとき，値引交渉をしようと考える人は少なく，表示してある価格で必要な分だけ買うのがふつうである．このように，価格に対し自分は何の影響力も持たないと考える経済主体のことを**価格受容者**（price taker）と呼ぶ．

どの消費者もいつでも価格受容者であるわけではない．近所の電気屋さんで家電製品を買うとき，値段をまけてもらおうとして，成功した経験をもつ人も多いだろう．土地柄によっては，何を買うときでもまず値切ってみるという習慣のあるところもあるようだ．このように，価格に対して何らかの影響力を持つと考える経済主体を**価格設定者**（price setter）と呼ぶ．ある経済主体が価格影響力を持つか否か，いいかえると，価格受容者か否かという問題は今後の分析において繰り返し検討されることになるキー・ポイントの1つである．

消費者にとって，価格への影響力を持つことが望ましいか否かというのは難しい問題である．たしかに，より安く品物を手に入れることができれば，消費者にとっては喜ばしいことであろう．しかし，交渉をつうじて，異なる消費者が同一の財を異なる価格で購入していることになり，価格がその財の価値を正確に反映しなくなってしまうのは問題である．たとえば，アメリカの自家用車の市場では，値引きの額が売り手と買い手の交渉で定まることが非常に多い．買い手の人種に応じて値引きの程度が異なるなどとして，社会問題となったこ

ともある．このような市場では，たとえ値引きしてもらったとしても自分の支払った価格がほんとうに「適正」なものだったのかがわからなくなってしまうので，取引は非常にやりにくい．

交渉を通じた割引の可能性が取引を難しくするという事実は日本でも昔から気がつかれていた．江戸時代には，老舗の商店などによって正札(しょうふだ)販売という販売方式があみ出された．正札販売とは，品物に値札を付けて，誰にでもその価格で販売するという販売方式である．値札をつけるという販売方針はすでに今の三越の前身にあたる越後屋などによって17世紀に始められ，18世紀には，正札附という言葉が広く使われるようになったとされる．19世紀の前半には，当時創立された高島屋のように，正札掛値なしという営業方針を店是として打ち出すような商店も現れた．このような販売方式は掛値を使った駆け引きを排除し，売り手が考える商品の正確な価値を買い手に知らせる効果を持つ．その結果，買い手が安心して取引できるようになるので，顧客が拡大され，取引が活性化されるという効果があったと考えられる．

一般に，消費者はたとえ価格影響力を持つとしても，非常に限定的なものでしかない．自分の言い値で品物を買うことができる場合はほとんど存在せず，品物を値切るにしても限度がある．したがって，以下では，消費者が価格受容者であると仮定して話を進めよう．

2.4.2 需要と限界原理

話を簡単にするために，財 X の市場を考え，何単位の製品でも一定の単価で購入できる場合を考えよう．消費者の購入量と消費量とは相等しいとする．消費者の**需要**とは，正確には，一物一価の成立する市場で取引を行う価格受容的な消費者の最適購入量のことである．最適購入量とは消費者余剰を最大にする購入量である．一物一価の法則が成立する市場では，一定の単価 p で何単位でも購入できる．したがって，実支払 P は購入量 x に比例し，$P = px$ と書くことができる．この結果，消費者余剰 (2.1) は

$$CS = TW - px \qquad (2.13)$$

と変形できる．この消費者余剰を最大化する購入量が一物一価の成立する市場

における最適購入量である．

　前節までの分析では，1単位より小さい量の品物は取引できない場合を考えてきた．しかし，取引が可能な最小の単位と品物の**物理的単位**とが一致しないことも多い．そこで，品物を取引できる最小の単位を**最小取引単位**と呼ぶことにして，物理的単位と区別することにしよう．たとえば，メロンを考えると，自然な物理的単位は丸ごとの個数である．八百屋さんによっては，丸ごとのメロンしか販売しないところもある．その場合には，メロンの最小取引単位は物理的単位と一致して，丸ごとの個数で数えることになる．しかし，最近では，半分に切ったメロンを販売しているお店も少なくない．また，お店によっては，3分の1に切ったメロンや4分の1に切ったものまで販売しているところもある．もし，あるお店では，半分に切ったメロンと丸ごとのメロンが買えるのであれば，そのお店でのメロンの最小取引単位は半個である．

　第1.2.5項でも指摘したように，経済学では，正の実数で表される量ならば，どんな量でも取引できる場合を考えるのが普通である．そのような場合には，最小取引単位が無限に小さいと考えればよい．そのようなケースを考えるのは，1つの製品がいろいろな量で取引される状況を統一的に分析できるからである．マンションなどのように，物理的1単位より小さい単位の取引が不自然であるように見える場合も多い．また，株式のように最小取引単位が人為的に設定されている場合もある．そのような場合でも，別荘マンションのタイムシェア（1年間に特定の日数だけ自分が使用できる権利）やNTT株の分割といった話題からもわかるように，必要に応じて最小取引単位を変更して取引が行われることも多い．こうした場合を含めて，一元的な分析を行うためには，最小取引単位が無限に小さい場合を考えるのが便利である．

　最小取引単位が無限に小さい場合でも，需要（最適購入量）は限界原理にもとづいて決定されなくてはならない．一物一価の成立する市場では一定の単価で製品を何単位でも購入できるので，限界実支払は製品の単価に等しい．したがって，砂漠のコーラの限界原理 (2.8) と (2.9) を一物一価の法則の成立する市場に当てはめると，限界支払用意がコーラの単価よりも高ければコーラは買いであり，単価よりも低ければ買いではない．この例では最小取引単位が物理的単位に一致するケースを考えている．しかし，以下で見るように，最小取引単位が

物理的単位に一致しない場合でも需要（最適購入量）は同様の限界原理にもとづいて決定されなくてはならない．

　たとえば，今夜の夕飯はすき焼きにしようと思って，肉屋さんに出かける場合を考えてみよう．ふつう，肉屋さんでは牛肉の単価が 100 グラムあたり，いくらと表示されていても，好きな量だけ肉を購入することができる．ただし，400 と半グラム売ってくれと言っても断られるはずだから，この例では最小購入単位は 1 グラムと考えればよいだろう．

　家族みんなですき焼きをするためには牛肉が 400 グラムか 450 グラム必要で，400 グラムへの総支払用意が 2000 円，450 グラムへの総支払用意が 2150 円だとしよう．牛肉の単価が 100 グラムあたり 348 円だとして，今夜はすき焼きにすべきだろうか．するとしたら，400 グラム買うべきか，450 グラムにすべきか．

　前節でみたように，このような状況で自分の経済活動を最適にするためには，どの選択肢を選ぶときに消費者余剰が最大になるかを分析すればよい．第 (2.13) 式が示すように，消費者余剰は総支払用意と実支払の差額である．牛肉の単価は 100 グラムあたり 348 円としたので，400 グラムへの総支払用意 2000 円は 400 グラム買うための実支払よりも明らかに大きい．したがって，今夜はすき焼きをしようということになる．

　では，450 グラム買うべきか，400 グラムで我慢すべきなのか，どちらだろうか．この意思決定のためには，購入量を 400 グラムとするときの消費者余剰と 450 グラムとするときの消費者余剰をきちんと計算すればよい．しかし，限界原理を利用すれば，そのような計算をしなくてもどちらがよいかを決定できる．

　そのためには，400 グラム購入したと仮定して，追加的な 50 グラムへの追加的支払用意と追加的実支払を比較すればよい．上の設定によれば，追加的 50 グラムへの追加的支払用意は 2150 円と 2000 円の差額 150 円である．他方，追加的に 50 グラム購入するための追加的実支払は 100 グラムあたりの単価の半分 174 円である．したがって，追加的支払用意が追加的実支払より小さいので，今日は 400 グラムで我慢するのが最適である．

設問 2.5　上の例で，400 グラム購入するのが最適であることを，400 グラムと 450 グラム購入する場合の消費者余剰を実際に求めて確かめよ．

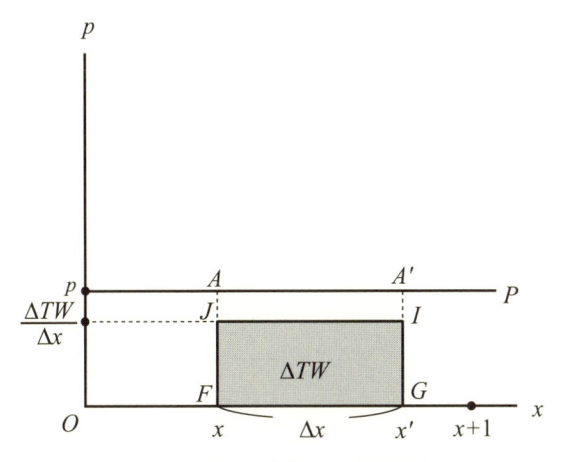

図 2.6 需要量の決定における限界原理

次に，すき焼きの例を一般化してみよう．そのためには，すでに x 単位を購入したとして，それを Δx だけ変化させたときの限界効果を考えよう．そのような変化によって現状が改善できれば，変更するのが望ましい．どのように Δx を設定しても現状を改善できなければ，現状が最適である．

以下の限界原理の説明の手始めとして，図 2.6 では，横軸に購入量 x，縦軸に製品の単価 p をとっている．つまり，上の牛肉の例ならば，横軸の単位は 100 グラムであると考え，点 x は $x = 4$（つまり，400 グラムの牛肉）を示し，縦軸の点 p は 100 グラムあたりの値段 348 円を示すと考えればよい．単価 p の点を通る水平な直線 P は製品の価格を示すので**価格線**と呼ぶことにしよう．

追加的に製品を購入するならば，製品への総支払用意 TW も増大する．そこで，追加的購入量を Δx として，それへの追加的支払用意を ΔTW と書くことにしよう．図 2.6 では，横軸の点 x' が Δx だけ追加的購入を行った後の購入量を示す．また，Δx を底辺とするグレーに塗った長方形 $JFGI$ の面積が追加的な Δx 単位への追加的支払用意 ΔTW を示すとしよう．つまり，牛肉の例では，$\Delta x = 0.5$（50 グラム）であり，グレーに塗った長方形の面積は 150 円だと解釈すればよい．

一物一価の法則の成立する市場では，同じ単価 p で製品が販売されているわ

けだから，Δx 単位だけ追加的に製品を購入するために必要な追加的実支払は $p\Delta x$ である．消費者余剰 CS は，(2.13) が示すように，総支払用意 TW と実支払 px の差だから，消費者余剰は追加的支払用意 ΔTW と追加的実支払 $p\Delta x$ の差額だけ変化する．この消費者余剰の変化を ΔCS と書こう．消費者余剰が増加するときには，購入量を Δx 単位だけ変化させるべきである．

話を一般化するためには，購入量を増やす場合も減らす場合も考えなくてはならない．そこで，ΔTW は購入量を Δx だけ変化させるときの総支払用意の変化を示すと考えることにしよう．つまり，Δx は正でも負でもよい．正の場合（$\Delta x > 0$）には総支払用意が増加するはずなので，ΔTW も正（$\Delta TW > 0$）であり，負の場合（$\Delta x < 0$）には減少するはずなので，ΔTW も負（$\Delta TW < 0$）となることに注意しよう．

購入量の変化 Δx を通じて消費者余剰が増加して，

$$\Delta CS = \Delta TW - p\Delta x > 0 \qquad (2.14)$$

となるならば，購入量を Δx だけ変化させるのが望ましいというのが限界原理である．図 2.6 では，実支払の増加額は長方形 $Axx'A'$ の面積に等しい．長方形の縦の一辺 Ax の長さが単価 p を示し，底辺 xx' の長さが購入量の変化 Δx を示すからである．この図では，実支払の増加額の方が追加的総支払用意 ΔTW よりも大きい．したがって，Δx だけの購入量の変化は消費者余剰を減少させるので，望ましくない．

実は，(2.14) のように，経済活動の改善方法を考える基準として支払用意や実支払の変化を直接比較するのは不便である．自分の経済活動をどれだけ変化するかで支払用意や実支払への限界効果の大きさが変化してしまうからである．経済活動の大きさによって実支払が変化することの不便さには実際の経済活動でもよく遭遇する．たとえば，メロンを1つ買いたいときに，はじめに入ったお店では4分の1個あたり123円で売られており，次のお店では3分の1個あたり165円売られていたら，どちらのお店で買った方がよいのだろうか．このような比較をしなくてはならない場合，物理的1単位あたりに直して，それぞれのお店の販売単価を計算すると便利である．

限界支払用意の評価についても同様である．第 2.3.3 項で指摘したように，製

品の単価 p とは製品 1 単位あたりの価値のことなので，その単位は［お金の単位/製品の単位］である．したがって，追加的支払用意と単価を比較するためには，追加的支払用意 ΔTW を製品の購入量の変化 Δx で割って，1 単位あたりに換算する必要がある．追加的支払用意がお金の単位で計られているので，換算後の値の単位は単価の単位と同じく［お金の単位/製品の単位］となる．したがって，単位がそろい，単価との間で比較が可能になる．

追加的支払用意を追加的購入量 1 単位あたりに換算すると，下で説明するように，(2.14) は次のように書き換えることもできる．

需要量の決定における限界原理：

$$\frac{\Delta TW}{\Delta x} > p \text{ ならば } \Delta x > 0, \qquad (2.15)$$

$$\frac{\Delta TW}{\Delta x} < p \text{ ならば } \Delta x < 0. \qquad (2.16)$$

この条件は Δx 単位の購入量の変化が消費者余剰を増加させる ($\Delta CS > 0$ である) 条件である．つまり，$\frac{\Delta TW}{\Delta x} > p$ の場合には $\Delta x > 0$ のときに，また $\frac{\Delta TW}{\Delta x} < p$ の場合には $\Delta x < 0$ のときに，$\Delta TW > p\Delta x$ が成立する．したがって，(2.14) から，どちらの場合にも消費者余剰が増加する ($\Delta CS > 0$) ことがわかる．

一般に，**追加的製品 1 単位あたりの追加的支払用意** $\frac{\Delta TW}{\Delta x}$ は**限界支払用意**と呼ばれる．前節では，1 本より小さい単位のコーラは取引されないと考えていたので，追加的 1 本への追加的支払用意をそのまま限界支払用意と呼んだわけである．条件 (2.15) と (2.16) は製品 1 単位あたりの追加的支払用意が製品 1 単位あたりの単価よりも大きければ買い増すべきだし，価格より低ければ買う量を減らすべきだということを意味している．これは直感的に当然だろう．

図 2.6 を使うと，限界支払用意 $\frac{\Delta TW}{\Delta x}$ はグレーに塗った棒グラフの高さで示すことができる．この事実は長方形の面積が縦と横の辺の長さの積で示されることから明らかだろう．グレーに塗った長方形の底辺の長さは追加的な購入量 Δx を示し，長方形の面積は追加的支払用意 ΔTW を示すのだから，縦の辺の

長さは限界支払用意 $\frac{\Delta TW}{\Delta x}$ を示すということである．図2.6では，Δx の追加的購入を行うべきではないのは価格線 P が限界支払用意 $\frac{\Delta TW}{\Delta x}$ より上方に位置しているからだと説明することもできる．

　上の牛肉の例でも，支払用意を 100 グラムあたりに換算して議論することができる．上の例では，400 グラム購入する際の総支払用意 2000 円は 100 グラムあたり 500 円である．これは牛肉の 100 グラムあたりの単価（348 円）より大きいので今夜はすき焼きをしようということになる．では，あと 50 グラム買い足して，たくさん食べるべきなのだろうか．追加的な 50 グラムへの追加的支払用意は 150 円なので，100 グラムあたりに換算すると 300 円である．この値は牛肉の単価 348 円より低いので，肉の追加はやめて 400 グラムで我慢しようということになる．言い換えると，400 グラム購入するほうが 450 グラム購入するよりも大きい消費者余剰が得られるということである．

　牛肉の例では非常に簡単な問題が取り扱われているので，わざわざ単位あたりの換算した支払用意や価格を考える必要はない．しかし，現実の取引ではもっと複雑な意思決定を必要とする場合も多い．そのような場合に適切に対処するためには，経済活動を単位あたりに直して効果を分析する習慣を身につけておくのが望ましい．商品取引の請求書などで，製品の単価，購入量，購入金額のそれぞれを別々に記入する欄が設けてあるのもそのためである．

　最小購入単位が限りなく小さい場合には，追加的購入量 Δx をどんなに小さくとることもできるので，経済学では，Δx が限りなくゼロに近づいたときに $\frac{\Delta TW}{\Delta x}$ が近づく値を考えて，それも限界支払用意と呼ぶのが普通である．数学では，Δx が限りなくゼロに近づくときに $\frac{\Delta TW}{\Delta x}$ が限りなく近づく値を $\lim_{\Delta x \to 0} \frac{\Delta TW}{\Delta x}$ と書くので，限界支払用意を

$$MW = \lim_{\Delta x \to 0} \frac{\Delta TW}{\Delta x} \qquad (2.17)$$

と定義してもよい．以下では，追加的製品 1 単位あたりの追加的支払用意 $\frac{\Delta TW}{\Delta x}$ を**広い意味での限界支払用意**と呼び，追加的購入量が限りなくゼロに近づいたときに広い意味での限界支払用意が近づく値 MW を**狭い意味での限界支払用意**と呼んで区別しよう．

　どんなに小さな量でも取引できる市場では，次に示すように，最適購入量を

達成するためには狭い意味での限界支払用意 MW を製品の単価 p に一致させなくてはならない．つまり，

$$MW = p \qquad (2.18)$$

が成立することが必要だということである．

　この条件は（一物一価の法則の成立する市場における）消費者余剰の最大化の **1次条件**と呼ばれる．この条件が成立しなくてはならないのは (2.15) と (2.16) からすぐにわかる．条件 (2.17) から，Δx を非常にゼロに近く設定すれば，$\frac{\Delta TW}{\Delta x}$ は MW とほぼ同じ値になるからである．したがって，$MW > p$ が成立しているならば，Δx を非常にゼロに近く設定すれば，$\frac{\Delta TW}{\Delta x} > p$ が成立する．そのときには，条件 (2.15) より，$\Delta x > 0$ とすれば消費者余剰を拡大することができる．また，$MW < p$ ならば，Δx を非常にゼロに近く設定すれば，$\frac{\Delta TW}{\Delta x} < p$ が成立する．そのときには，条件 (2.16) より，$\Delta x < 0$ とすれば消費者余剰を拡大することができる．どちらにしても，最適は達成されていないので，(2.18) が成り立つ必要がある．

2.4.3　総支払用意と需要曲線

　一物一価の法則の成立する市場における単価と需要の関係を示すグラフは**需要曲線**と呼ばれる．次に示すように，図 2.5 に示した限界支払用意の棒グラフの外側をなぞってできる階段状の折れ線 D（太線で示されている）は砂漠のコーラの例における需要曲線である．需要曲線を考えるためには，単価 p を縦軸にとって，その点を通る水平な直線 P を考えると便利である．前項でも触れたように，この直線 P は**価格線**と呼ばれる．前項で求めた消費の決定における限界原理 (2.15) と (2.16) によれば，限界支払用意を示す棒グラフが価格線 P よりも上に出ているならばその 1 本は「買い」であり，下にあるならば「買い」ではないことがわかる．この原理によれば，価格線 P が折れ線 D に交わるまでは追加的 1 本は「買い」であるが，交わった後は「買い」ではない．したがって，折れ線 D がコーラの需要曲線を示すわけである．たとえば，図 2.5 では，単価が 110 円と 2100 円の間にあるときの価格線を直線 P で示している．価格線 P と折れ線 D は購入量 2 本において交わるので，2 本が最適購入量である．

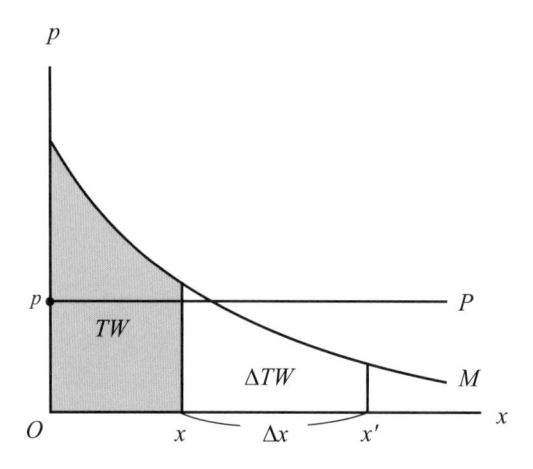

図 2.7 面積による総支払用意の図示

どんなに小さい量でも取引できる場合には，X への総支払用意は X の購入量 x が増えれば増加するはずである．この関係を

$$TW = w(x) \tag{2.19}$$

と書き，**総支払用意関数**と呼ぼう．

図 2.5 では，ある購入本数への総支払用意がその本数までの棒グラフの面積の総計で示されている．このグラフを踏襲して，図 2.7 に曲線 M を描き，曲線 M，縦軸，横軸，横軸上の点 x を通る垂直線で囲まれる図形 TW の面積が x への総支払用意 $w(x)$ を示すとしよう．したがって，図 2.7 で Δx 単位だけ追加購入する場合の追加的支払用意は図形 ΔTW の面積で示される．図 2.6 のグレーに塗った長方形の面積はこの図形の面積に相当すると考えればよい．

図 2.5 の折れ線 D と同様に，図 2.7 の曲線 M を需要曲線と解釈できる．説明のために，曲線 M を図 2.8 にコピーし，曲線 D と呼ぼう（同じ曲線に M と D という 2 つの名前を付ける理由は次項で述べる）．さらに，縦軸上の点 p で製品の単価を示し，その点を通る価格線 P（水平な直線）を描こう．以下では，価格線 P と曲線 D の交点での購入量 x^* が最適購入量（需要）を示すということを説明する．

前項で触れたように，最適な購入量とは消費者余剰を最大にする購入量であ

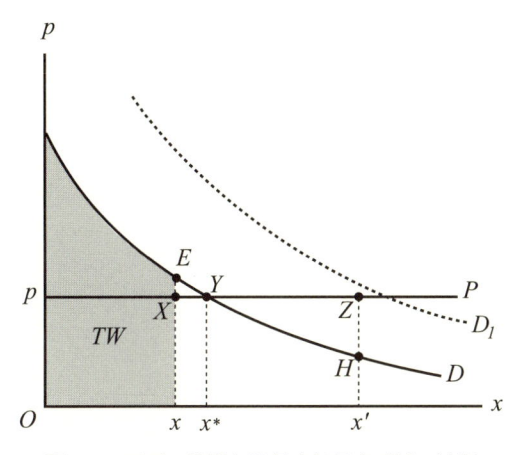

図 2.8 需要の法則と限界支払用意逓減の法則

る．また，(2.13)によれば，消費者余剰 CS は総支払用意 TW と実支払 px の差である．曲線 D の作図方法によれば，x への総支払用意 $w(x)$ は図 2.8 の図形 TW の面積で示される．単価 p は図 2.8 の価格線 P の高さで示されるので，x 単位だけ購入するための実支払 px は図 2.8 の Op と Ox を縦と横の 2 辺とする長方形の面積で示される．したがって，この長方形の面積を図形 TW の面積から引いた残りが消費者余剰 CS である．

この x は消費者余剰を最大にする購入量（需要）ではない．消費者余剰 CS を最大にするためには，図 2.8 の点 x^* に購入量を設定しなくてはならない．これは，購入量を x^* に設定するとき，消費者余剰は曲線 D，縦軸，価格線 P によって囲まれる図形の面積で示されることで説明できる．図 2.8 の x のように，x^* よりも小さい値に購入量を設定したのでは，消費者余剰が「三角形」EXY の面積の分だけ減少してしまうし，x' のように x^* よりも大きい値に設定したのでは，「三角形」HZY の分だけ減少してしまう．したがって，x^* が最適購入量である．

つまり，単価 p が価格線 P の高さで示されるときには，需要は曲線 D と価格線 P の交点で示される．したがって，曲線 D が需要曲線である．

2.4.4 需要法則と限界支払用意逓減の法則

図 2.8 では，需要曲線 D は右下がりの曲線で描いてある．つまり，モノの価格 p が上昇すれば，そのモノへの需要 D は減少することを曲線 D は示している．この関係は経済学では**需要の法則**と呼ばれ，多くの市場で法則的に観察される**経験的事実**である．

需要の法則：価格が上昇すれば，需要は減少する．

実は，ここまでの分析は需要の法則を成立させる原動力は何かという問題を考えてきたと言うこともできる．ここまでの分析で分かったことは製品の需要がその製品への限界支払用意や総支払用意と強く関係しているという事実である．第 2.4.2 項では，最適購入量を達成するためには，狭い意味での限界支払用意と製品の単価が一致しなくてはならないことが分かった．つまり，消費者余剰最大化の 1 次条件 (2.18) が成立しなくてはならないということである．また，第 2.4.3 項では，需要曲線 D を描くためには，曲線 D，縦軸，横軸，および x を通る垂直線で囲まれる図形 TW の面積が総支払用意 $w(x)$ を示すように曲線 D を描けばよいことが分かった．

この 2 つの事実が示唆するように製品の需要曲線 D の高さはその製品への狭い意味での限界支払用意 MW の大きさを示す．言い換えると，図 2.7 の曲線 M は限界支払用意 MW と購入量 x の関係を示すとみなしてもよいし（図 2.8 のように）価格と需要の関係を示すとみなしてもよい．これは図 2.6 と図 2.7 を重ねて利用すれば説明できる．図 2.9 はこれらの図を重ねたものである．前項でも触れたように，図 2.6 のグレーに塗った長方形の面積と図 2.7 の図形 ΔTW の面積は等しい．どちらも，追加的購入量 Δx への追加的支払用意 ΔTW の大きさを示すからである．図 2.9 では，図 2.6 のグレーに塗った長方形は $JFGI$ で示され，図 2.7 の図形 ΔTW は図形 $EFGH$ で示されている．これら 2 つの図形の面積が等しいということは，図形 $EFGH$ の長方形 $JFGI$ でカバーできない部分 A の面積と，逆に，長方形 $JFGI$ の図形 $EFGH$ でカバーできない部分（濃いグレーに塗った部分）B の面積は等しいということである．図 2.6 で示したように，広い意味での限界支払用意 $\frac{\Delta TW}{\Delta x}$ は長方形 $JFGI$ の縦の辺の長

さに等しい．つまり，線分 JF の長さに等しいということである．

第 (2.17) 式も示すように，狭い意味での限界支払用意 MW とは追加的購入量 Δx が限りなくゼロに近づくときに広い意味の限界支払用意 $\frac{\Delta TW}{\Delta x}$ が近づく値のことである．そこで，図 2.9 において，x を固定して，追加的購入量 Δx を限りなくゼロに近づけてみよう．そのとき，x' は x に近づき，点 H は曲線 M にそって E に近づく．したがって，線分 JF は線分 EF に限りなく近づかなくてはならない．線分 JF の長さは図 2.9 の図形 A と図形 B の面積が等しくなるように定めているからである．広い意味での限界支払用意が線分 JF の長さで示され，線分 JF は線分 EF に限りなく近づくので，狭い意味での限界支払用意 MW は曲線 M の高さ（線分 EF の長さ）で示される．

上の分析が示すように，曲線を利用して総支払用意 $w(x)$ の大きさをその曲線，縦軸，横軸，および x を通る垂直線で囲む図形で示すと，その曲線の高さは x における限界支払用意を示す．つまり，図 2.7 の曲線 M は各購入量 x における追加的購入量への狭い意味での限界支払用意を示すので，**限界支払用意曲線**と呼ぶこともできる．

限界支払用意逓減の法則が成立すれば，限界支払用意曲線は右下がりになる．上の分析が示すように，限界支払用意曲線 M と需要曲線 D は（本章のモデルでは）同一の曲線である．したがって，需要曲線も右下がりになる．つまり，需

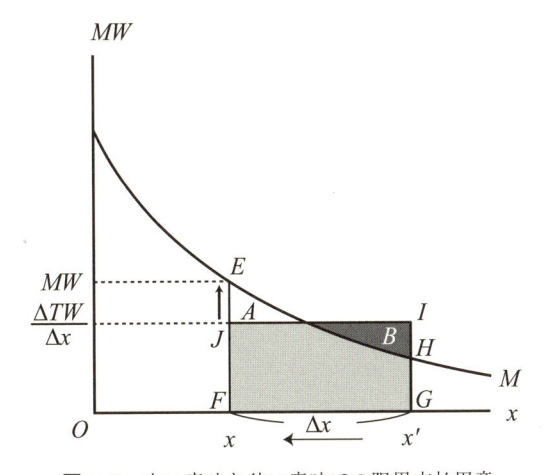

図 2.9 広い意味と狭い意味での限界支払用意

要の法則が成立するということである．

このように，限界支払用意逓減の法則が需要の法則を成立させる原動力であると見なすことができる．逆に，普通の市場では需要の法則が成立していること多いので，その背後にある限界支払用意に関しては限界支払用意逓減の法則が成立しなくてはならないと考えることもできる．

2.4.5 需要という言葉づかいについて

私たちは，日常生活において，需要という言葉に出会う機会が多い．この言葉は非常に広い意味で使われているので，その使い方を考えておく必要がある．

需要という言葉の第1の使い方はすでに上で考えた．与えられた価格のもとで，消費者にとってもっとも望ましい購入量のことである．「食品価格が上がったので，わたしの食品の需要は減少した」というときの需要は，あなたが望む購入量のことをさす．この場合には，図2.8の需要曲線 D にそって，価格が上昇するとともに最適購入量が減少するということを意味する．

需要の第2の意味は，もっとも望ましい購入量とその財の価格との関係である．たとえば，「今年の冬は寒かったので，暖房用の灯油の需要が大きかった」といった場合である．この場合には，単に，与えられた灯油価格のもとでの最適購入量が大きかったということを意味するだけでなく，厳冬のため，どんな価格であったとしても，最適購入量は例年より大きかっただろうということも意味する．言い換えると，価格と最適購入量の関係全体を見て，例年の需要曲線が図2.8の曲線 D で示されるならば，今年の需要曲線はそれより上方にある曲線 D_1 で示されるということを意味する．つまり，需要曲線全体の位置を指して需要と言うこともあるということである．

2.5 需要に関する数学的分析

消費者余剰最大化仮説にもとづく消費者の行動は数学的最適化問題として厳密に記述することができる．本節では，後の章の分析の用意も兼ねて，消費者の行動を数学的な観点から検討しておこう．

2.5.1 総支払用意曲線

準備として，図 2.10 の縦軸に総支払用意 TW をとり，横軸に購入量 x をとって，総支払用意 TW と購入量 x の関係を図示しよう．上でも見たとおり，数学的にはこの関係は (2.19) と書けるとしたので，$TW = w(x)$ のグラフを描くということである．このグラフは**総支払用意曲線**と呼ばれる．

図 2.10 のように，関数 $TW = w(x)$ のグラフを曲線 TW で描いたとき，x での曲線の勾配とは x で曲線に接する直線（接線）L の傾きのことを意味している．そのため，勾配と言わずに**曲線の傾き**という言葉が使われることが多い．第 1.3 節で触れたように，**直線の傾き**とは直線にそった縦軸方向の変化と横軸方向の変化の比率のことである（この比率は変化の大きさに依存せず一定である．また，直線が右上がりの場合は傾きは正であると考え，右下がりの場合には負であると考える）．数学的には，関数 $TW = w(x)$ のグラフの傾きは関数の**微係数**と呼ばれ，もとの関数に ′ を付けて $w'(x)$ と書き表す．また，関数の微係数を求めることは関数を**微分**すると表現される．

経済学的には，以下で説明するように，総支払用意関数 $w(x)$ の微係数 $w'(x)$ は狭い意味での限界支払用意に等しい．つまり，

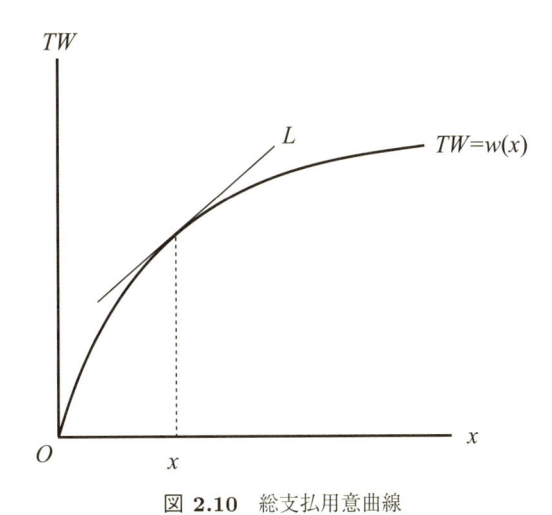

図 **2.10**　総支払用意曲線

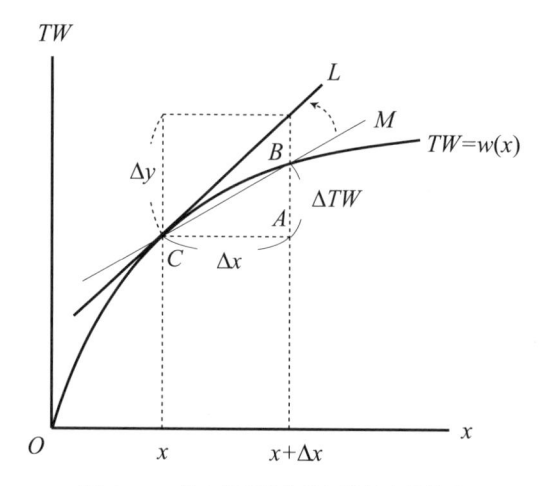

図 2.11 総支払用意曲線と限界支払用意

$$MW = w'(x) \qquad (2.20)$$

である.

この事実を説明するために，総支払用意関数の微係数 $w'(x)$ とは図 2.10 の総支払用意曲線 TW に x で接する直線 L の傾きのことであることを思い出そう．この傾きを求めるために，前節と同様に，x が Δx だけ増加したときにおきる $TW = w(x)$ の変化を ΔTW とおこう．この変化の大きさが図 2.11 の線分 CA の長さで示されることに注意しよう．第 2.4.2 項で見たように，この変化を x の変化 1 単位あたりに換算した値 $\Delta TW/\Delta x$ が広い意味での限界支払用意である．したがって，広い意味での限界支払用意 $\Delta TW/\Delta x$ は線分 CA の長さと線分 BA の長さの比率で示されている．つまり，直線 M の傾きである．

変数 x の増加分 Δx が限りなくゼロに近づくとき，直線 M は A を中心に反時計回りに回転して直線 L に近づく．したがって，直線 M の傾き $\Delta TW/\Delta x$ は直線 L の傾き $w'(x)$ に限りなく近づく．前節でも使った lim 記号を用いると，

$$w'(x) = \lim_{\Delta x \to 0} \frac{\Delta TW}{\Delta x} \qquad (2.21)$$

だということである．狭い意味での限界支払用意とは，(2.17) より，追加的購

入量 Δx を限りなくゼロに近くとるときに，広い意味での限界支払用意 $\frac{\Delta TW}{\Delta x}$ が限りなくゼロに近づくときの極限である．したがって，(2.17) と (2.21) から，(2.20) が成立することがわかる．

この事実が示すように，狭い意味での限界支払用意 MW は総支払用意関数の微係数 $w'(x)$ に等しい．そのため，(図 2.10 に示す) 総支払用意曲線 TW の形と (図 2.7 に示す) 限界支払用意曲線 M の形は互いに対応する．以下では，その対応関係を検討しておこう．

まず第 1 に，ゼロ単位の x への支払用意はゼロ円であるはずだから，

$$w(0) = 0 \qquad (2.22)$$

であることに注意しよう．この結果，図 2.10 に示すように，総支払用意曲線 TW は原点を通らなくてはならない．

図 2.7 では，x への総支払用意 TW を図形 TW の面積で示した．この図が示すように，購入量 x が増加するにつれて，総支払用意 TW も増加する．したがって，図 2.10 にあるように，x が横軸にそって増加するときには，対応する $TW = w(x)$ の大きさは縦軸にそって上昇しなくてはならない．したがって，TW と x の関係 (つまり，関数 $TW = w(x)$ のグラフ) は右上がりの曲線で描ける．言い換えると，総支払用意曲線の傾きは正なので，関数 $w(x)$ の微係数 $w'(x)$ が正である．つまり，

$$w'(x) > 0 \qquad (2.23)$$

が成立する．

限界支払用意逓減の法則のもとでは，図 2.7 が示すように，x が右方向に動くにつれて狭い意味での限界支払用意 $MW = w'(x)$ は曲線 M にそって徐々に小さくなる．つまり，限界支払用意曲線 M の傾きは負である．上で述べたように，曲線の傾きはその背後にある関数の微係数に等しい．したがって，限界支払用意曲線の傾きが負であるということは関数 $w'(x)$ の微係数が負であるということである．つまり，関数 $w'(x)$ の微係数を $w''(x)$ と記述すると，

$$w''(x) < 0 \qquad (2.24)$$

が成立するということである．この微係数 $w''(x)$ はもとの関数 $w(x)$ の微係数 $w'(x)$ を求め，もう 1 度，関数 $w'(x)$ の微係数を求めたものである．その意味で，$w''(x)$ は $w(x)$ の **2 次の微係数**と呼ばれる．

図 2.7 の限界支払用意曲線 M が右下がりということは図 2.10 の総支払用意曲線 TW の傾き $w'(x)$ が徐々に小さくなることを意味する．この結果，総支払用意曲線は図に示すように下方からみると上に凹んだ形のグラフになる．そのような形をしたグラフを持つ関数は**凹関数**と呼ばれる．

2.5.2 消費者の最適化行動と最適化の 1 次条件

第 1 章でも見たように，合理的な消費者の意思決定は数学的最適化問題として記述できる．消費者余剰最大化仮説のもとでは，消費者余剰を最大化する消費量 x を選ぶのが合理的である．第 (2.19) 式が示すように，総支払用意は x の関数として $TW = w(x)$ と書けるので，(2.13) を使うと，消費者余剰 CS は

$$CS = w(x) - px \qquad (2.25)$$

と記述できる．

第 1.2 節で導入した制約条件のない最大化問題を示す記号を用いると，消費者余剰を最大化するという行動は次のような消費者余剰最大化問題として記述できる．

$$\max_x CS = w(x) - px . \qquad (2.26)$$

以下では，この最大化問題にもとづいて消費者の最適化行動を分析しよう．

まず，第 1.2.3 項で導入した記号の意味にそって最大化問題 (2.26) を解釈しておこう．記号 max の下にある変数 x は購入量 x が消費者によって制御される選択変数であることを示している．また，$CS = w(x) - px$ が最大化の目的関数である．第 1.3.2 項の言葉づかいに従うと，目的関数の左辺にある消費者余剰 CS は消費の結果として達成される従属変数である．価格 p は選択変数にも指定されておらず，目的関数における従属変数でもない．そのような変数は，選択を行う意思決定主体（つまり，消費者）の制御の範囲を超え，外生的要因によって決定されるパラメターだと解釈される．上の問題で，価格が外生的なパ

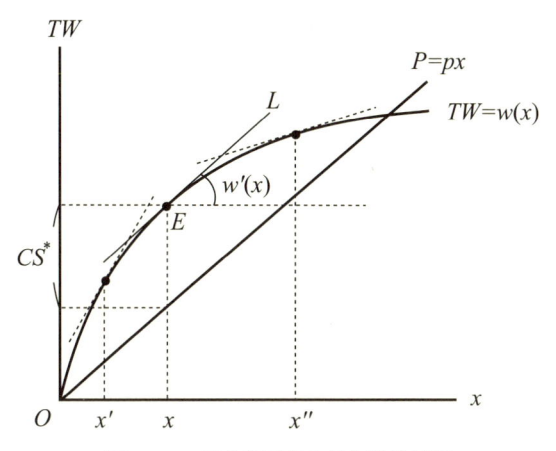

図 **2.12** 総支払用意曲線と限界原理

ラメターだというのは，価格が消費者個人の力では変えられないパラメターだとみなされているということである．つまり，消費者は価格受容者であるという仮定を意味している．

最適購入量を説明するには図 2.12 が有益である．第 (2.10) 式が示すように，x 単位の財 X を単価 p で購入したときの実支払は

$$P = px \tag{2.27}$$

である．

第 1.3 節でも触れたように，横軸にとられた変数が変化するとき，この変化の大きさに比例して縦軸にとられた変数が変化するならば，2 つの変数の関係は直線で示すことができる．また，縦方向の変化と横方向の変化の比率（比例係数）は**直線の傾き**と呼ばれる．

実支払 $P = px$ と購入量 x の間には，x が 1 単位増加するごとに，実支払 P が p 円だけ増加するという関係がある．したがって，実支払 P と購入量 x の関係は傾き p の直線で示される．ゼロ単位の購入のための実支払はゼロだから，この直線は原点 $O = (0,0)$ を通る．つまり，$P = px$ を満たす x と P の関係は図 2.12 の原点 O を通り，傾きが p に等しい直線で示すことができる．この直線 $P = px$ を**実支払直線**と呼ぼう．

図 2.12 には，総支払用意曲線 TW も描いてある．第 (2.25) 式が示すように，消費者余剰 CS は総支払用意 $w(x)$ と実支払 px の差であるから，図 2.12 の総支払用意曲線 $TW = w(x)$ と実支払直線 $P = px$ との垂直方向の差で示されることがわかる．この差を最大にする購入量 x が最適購入量である．

総支払用意曲線と実支払直線との垂直差を最大にする購入量では，総支払用意曲線の傾きが実支払直線の傾き (p) に等しくなくてはならない．次に，この事実を説明しよう．

前項でもみたように，ある点における曲線の傾きとはその点で曲線に接する直線（接線）の傾きのことである．図 2.12 では，x において曲線 TW に接する直線 L の傾きが点 x における総支払用意曲線 TW の傾きである．

図 2.12 でも，限界原理に従って追加的経済活動を行えば最適な状態が達成できることが示されている．図の消費量 x' においては，総支払用意曲線 $TW = w(x)$ の傾き（限界支払用意）の方が実支払直線 $P = px$ の傾き（単価）よりも大きい．その場合には，図が示すように，消費量を x' から拡大すれば，限界支払用意曲線と実支払直線の垂直方向の距離が拡大する．この距離が消費者余剰を示すので，消費者余剰が拡大することになる．この事実は (2.15) が成立することを意味している．逆に，x'' という消費量では総支払用意曲線の傾き（限界支払用意）の方が実支払直線の傾き（単価）よりも小さい．その場合には，消費量を縮小すれば消費者余剰を拡大できる．この事実は (2.16) が成立することを意味している．したがって，最適購入量が達成されている場合には，その点で総支払用意曲線の傾きと実支払直線の傾き (p) が一致していなくてはならない．この事実は最適では (2.18) が成立することを意味している．図 2.12 の点 x はそのような点として描かれている．

つまり，最適購入量を達成するためには，図 2.12 の点 x が示すように，総支払用意曲線 TW の傾きが実支払直線の傾き (p) に等しくなくてはならない．この条件を微係数 $w'(x)$ によって表すと，

$$w'(x) = p \qquad (2.28)$$

と記述することができる．

ある x が条件 (2.28) を満たすならば，その x は最適購入量である．しかし，

この条件を満たさない x でも, $x=0$ の場合には最適購入量である場合もある. つまり, $w'(0) < p$ という条件が成立するならば, 図 2.13 が示すように, 正の量を購入する限り, 消費者余剰は負となってしまう. したがって, 何も購入しない (つまり, $x=0$) が最適である. このように, グラフの端の点で最適状態が達成される場合には, 最適解のことを**端点解**と呼ぶ. 端点解では, 最適化の1次条件が等式で満たされない場合もある.

以上の分析は次の定理にまとめられる.

定理 2.1（最適化の 1 次条件）
　A：$x>0$ とせよ. 購入量が最適ならば, $w'(x) = p$. 逆に $w'(x) = p$ ならば, x が最適購入量である.
　B：$x=0$ とせよ. 購入量 x が最適ならば, $w'(x) \leq p$. 逆に $w'(x) \leq p$ ならば, $x=0$ が最適購入量である.

上の分析の例として, 次のような問題を解いてみよう.

例題 2.1　ある消費者Aの総支払用意関数を $TW = \log(x+1)$ であると仮定しよう. 財 X の価格が 1/2 円であるとき, 何単位の X をこの消費者は購入す

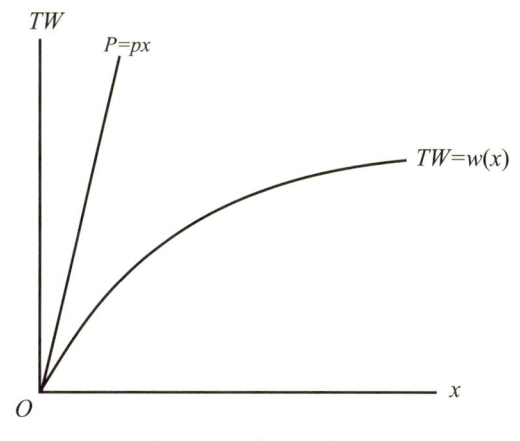

図 **2.13**　最適化の端点解

ることを望むか．一般に，価格が p 円のときの最適購入量はいくらか．

解答 この答えを導くためには，$\log x$ の微係数が $1/x$ であることを使う．つまり，
$$\frac{d}{dx}\log(x+1) = \frac{1}{x+1}$$

である．したがって，$w'(x) = 1/(x+1)$ である．定理 2.1 から，1 次条件が等号で成立するならば，最適な購入量が達成される．つまり，
$$p = \frac{1}{x+1}. \tag{2.29}$$

したがって，$p = 1/2$ ならば，最適な x は $x = 1$ である．

ところで，(2.29) を x について解くと，
$$x = \frac{1}{p} - 1 \tag{2.30}$$

である．財の消費量は非負 ($x \geq 0$) でなくてはならないので，(2.30) が経済学的に意味を持つためには，価格 p は 1 以下でなくてはならない．つまり，$w'(0) = 1$ なので，価格 p が 1 より大きいならば，最適購入量は $x = 0$ である．つまり，最適購入量は
$$x = \begin{cases} \dfrac{1}{p} - 1 & \Leftarrow \quad p < 1 \\ 0 & \Leftarrow \quad p \geq 1 \end{cases} \tag{2.31}$$

となる．**解答終わり**

設問 2.6 例題 2.1 の場合の需要曲線の概形を描け．さらに，価格が $p = 1/2$ である時の消費者余剰をもとめよ．

2.5.3 需要曲線と逆需要曲線

すでに見たように，需要とは与えられた価格のもとで消費者が望む最適購入量のことである．条件 (2.18) によれば，需要は限界支払用意が価格に一致する点で定まる．図 2.8 ではこの点が x^* で示されている．

消費者余剰の最大化問題 (2.26) で説明したように，価格 p は最大化問題の外

側で値が与えられるパラメターである．したがって，p が変化するならば，それに応じて最大化問題の解である需要 x^* も変化する．価格 p と需要 x^* の間の関係を示す関数は**需要関数**と呼ばれる．需要関数を

$$x = D(p) \tag{2.32}$$

と書く．この関数のグラフが図 2.7 や図 2.8 の曲線 M である．

逆に，購入量が x であるときの限界支払用意を

$$p = P(x) \tag{2.33}$$

と書いた式は**限界支払用意関数**である．この曲線のグラフが限界支払用意曲線である．この関数は購入量 x を価格 p に関係づけているので，**逆需要関数**と呼ばれることもある．需要関数 $x = D(p)$ とは逆に，需要量 x をそれに対応する価格に関係づけているからである．

前節で見たように，限界支払用意曲線を示す図 2.7 の曲線 M と需要曲線を示す図 2.8 の曲線 D は同じものである．曲線 M が縦軸の値 p を横軸の値 x に関係づけると解釈されるときには，需要曲線である．逆に，曲線 M が横軸の値 x を縦軸の値 p に関係づけると解釈されるときには限界支払用意曲線である．限界支払用意関数は逆需要関数とも呼ばれるので，そのグラフである曲線 M を**逆需要曲線**と呼ぶこともある．

需要曲線と需要関数の関係には注意が必要である．第 1.3 節で説明した用語によれば，需要関数 $x = D(p)$ では価格 p が説明変数，需要 x が被説明変数と考えられている．ふつう，関数のグラフを描くときには，説明変数が横軸にとられ，被説明変数が縦軸にとられる．需要曲線を描く場合はちょうど逆で，縦軸に価格がとられ，横軸に需要がとられる．したがって，普通のグラフの描き方でいうと，逆需要関数 $p = P(x)$ の説明変数 x を横軸にとり被説明変数 p を縦軸にとってグラフを描くと，需要曲線 D が描けるということになる．

需要曲線 D を逆需要関数 $p = P(x)$ のグラフであるとみなすと，需要曲線の傾きが逆需要関数 $P(x)$ の微係数 $P'(x)$ で示されることがわかる．曲線の傾きというのは横軸にとった変数が変化するときにおきる（曲線の接線にそった）縦軸方向の変化を示すものだからである．たとえば，需要曲線がより垂直に近い

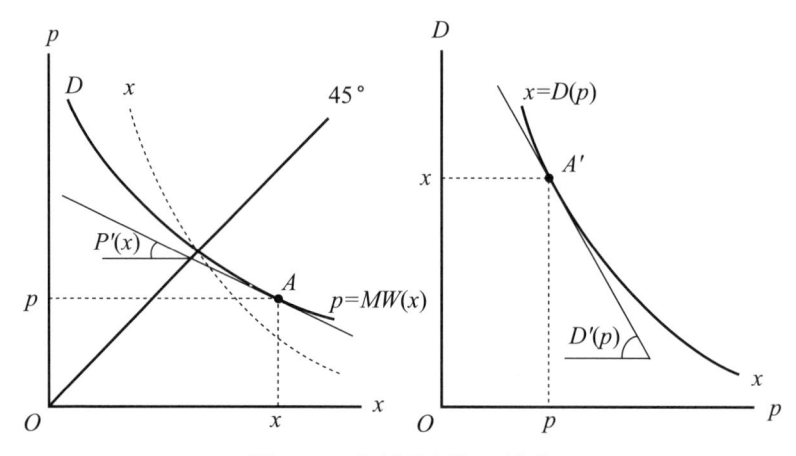

図 2.14 需要曲線と逆需要曲線

ということは，$P'(x)$ の値よりマイナスの無限大に近いということである．

図 2.14 では，需要関数の微係数 $D'(p)$ と逆需要関数の微係数 $P'(x)$ の関係を示している．左側のパネルでは横軸に購入量 x，縦軸に価格 p をとり，需要関数 $x = D(p)$ のグラフを曲線 D で示している．右側のパネルでは，縦軸と横軸の変数を取り替えて，縦軸に需要 x，横軸に価格 p をとったときの需要関数 $x = D(p)$ のグラフを曲線 x で示している．つまり，左側のパネルの曲線 D のグラフを傾き 45 度の直線を回転軸に 180 度回転させて裏返してできるのが曲線 x である．

右側のパネルの曲線 x は横軸に p をとったときの関数 $D(p)$ のグラフなので，点 A' における曲線 x の傾きは関数 $D(p)$ の微係数 $D'(p)$ に等しい．曲線 x と D の作図方法から，右側のパネルの点 A' は左側のパネルの点 A に写される．その点での曲線 D の傾きは，上で見たように，逆需要関数 $P(x)$ の微係数 $P'(x)$ に等しい．左右のパネルの作図方法から，点 A における曲線 D の傾き $P'(x)$ は点 A' における曲線 x の傾き $D'(p)$ の逆数に等しい．したがって，$x = D(p)$ を満たす x と p の間には

$$D'(p) = \frac{1}{P'(x)} \qquad (2.34)$$

という関係が成立する．

第3章
消費者の選好

3.1 消費の対象と選好
   3.1.1 消費バスケット
   3.1.2 選好関係
   3.1.3 選好関係の基本的性質
3.2 選好と無差別曲線
   3.2.1 正の財，負の財，中立財
   3.2.2 無差別曲線
   3.2.3 無差別曲線図
   3.2.4 特殊な選好関係
3.3 無差別曲線図と効用関数
   3.3.1 選好関係と支払用意
   3.3.2 効用と効用関数
   3.3.3 効用関数の実物化と総支払用意
   3.3.4 代替と補完
3.4 顕示選好
   3.4.1 初鰹かトンカツか
   3.4.2 選好の顕示
   3.4.3 顕示選好の理論*
   3.4.4 顕示選好の弱公準と無差別曲線の顕示*
   3.4.5 顕示選好の強公準と無差別曲線の顕示*
   3.4.6 国民所得統計と顕示選好*

第2章では，与えられた価格のもとで，消費者は消費者余剰を最大にするように財の購入量を定めるという観点にたち，価格と需要の関係を検討した．しかし，より一般的な消費理論においては，消費者は自分の選好にもとづいて，予算制約のもとで自分の効用を最大化するように消費活動を行うと考えられている．この理論の説明の手始めとして，本章では，消費者の選好とは何かについ

て検討しよう．

3.1 消費の対象と選好

消費者の選好に関する一般理論を説明するためには，消費者が何を消費の対象と考えるかを定式化する必要がある．どんな消費者も，あまり短くない期間をとれば，何種類もの財を同時に消費している．今朝起きてから今まであなたは何種類の財を消費してきたのだろうか．そう簡単に思い出せないぐらいの種類の財をすでに消費してきているはずである．しかし，多すぎて想像もできないと言っていたのでは，あなたの経済活動を経済学的に分析することはできない．分析を可能にするためには，まず，どのような期間を考えているかを定め，その期間にどんな財をそれぞれどれだけ消費するのかを記述する必要がある．

3.1.1 消費バスケット

いったん分析対象とする期間を定めてしまえば，その期間での消費活動はベクトルで捉えるのがよい．ベクトルとは複数の数をカンマで区切りながら並べて，（　）の中に列挙したもののことである．ベクトルを利用するのが便利なのは，消費者が消費する多種多様の財のそれぞれについて消費量を列挙することができるからだ．

たとえば，1日という期間をとり，ミカンとリンゴの消費を考えてみよう．ミカンを財 X，リンゴを財 Y と呼んで，ミカンを x 個，リンゴを y 個だけ消費する場合，

$$b = (x, y)$$

と書くことにする（このように，2つの数 x と y を並べて（　）に入れたものは2次元ベクトルと呼ばれる）．ミカンだけしか食べない日もあるかもしれないし，リンゴだけしか食べない日もあるかもしれない．両方とも消費する日もあるだろう．たとえば，ミカンだけ3個消費する場合は

$$b^o = (3, 0),$$

リンゴだけ5個食べる場合は

$$b^A = (0, 5),$$

ミカンを3個，リンゴを5個消費する場合は

$$b^B = (3, 5)$$

などと記述すればよい．

　これらのベクトルは消費者の活動を示しており，**消費ベクトル**と呼ばれる．ベクトルでは最初に書かれる数のことをベクトルの第1要素，次に書かれる数のことを第2要素などと呼ぶ．ここでは，消費ベクトル b の第1要素がミカンの消費量，第2要素がリンゴの消費量を示している．

　消費ベクトルはいろいろな種類の財を詰め合わせた消費のためのバスケットであると考えるとわかりやすい．たとえば，上の b^O はミカンが3個入っているバスケット，b^A はリンゴが5個入っているバスケット，b^B はミカン3個とリンゴ5個の詰め合わせである．一般の消費ベクトル $b = (x, y)$ は x 個のミカンと y 個のリンゴの詰め合わせと考えよう．このように解釈して，消費ベクトルは**消費バスケット**（消費のための詰め合わせ）と呼ばれることも多い．

　ベクトルを利用する場合には，まず，それぞれの要素が何を意味するかを決めて，それぞれの要素の役割をマゼコゼにしてはならない．上の例で言うと，消費ベクトル $(3, 5)$ と $(5, 3)$ は同じ数字から成り立っていても，まったく別のものである．前者はミカン3個とリンゴ5個を含む詰め合わせを意味するのに対し，後者はミカン5個とリンゴ3個の詰め合わせを意味するからである．これらの詰め合わせがまったく別のものであることは明らかだろう．言い換えると，消費バスケット $b = (x, y)$ と $b' = (x', y')$ がまったく同じ詰め合わせだと考えるためには，同じ数の X と同じ数の Y を含んでいなくてはならない．つまり，

$$(x, y) = (x', y') \iff x = x' \quad \text{かつ} \quad y = y'$$

である．

　一般に，2次元のベクトル (x, y) は横軸と縦軸を持つ座標平面のなかで，縦軸からの距離 x，横軸からの距離 y の点で示される．たとえば，図3.1のよう

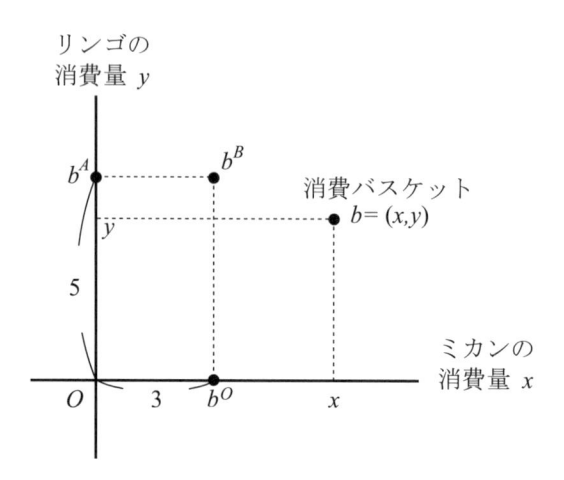

図 3.1 消費平面と消費バスケット

に，ミカンの消費量 x を横軸にそって計り，リンゴの消費量を縦軸にそって計ると，消費バスケット $b^B = (3,5)$ は縦軸からの距離が 3，横軸からの距離が 5 の点で示されるということである．消費ベクトルが属する座標平面は**消費平面**と呼ばれる．消費平面の中のそれぞれの点は特定の消費バスケットに対応しており，**消費点**と呼ばれることもある．

消費平面はミカンとリンゴを並べた店先のようなものと考えるとよい．(お金さえあれば) 好きな数だけミカンとリンゴを詰め合わせてバスケットを作ってもらい，それを買って消費することができる．その詰め合わせが消費バスケットとして，消費平面の中の 1 点で示されるわけである．消費者の選択とは，消費平面の中で，どのような消費バスケットを選ぶのかを決定することであると考えることもできる．

実際には，消費者は非常に多くの種類の財を同時に消費している．したがって，実証的分析を行う際など，2 次元よりもずっと高次元の消費ベクトルを考えることが多い．そのような場合には，消費平面の代わりに**消費空間**を考えるとよい．消費空間の次元を消費の対象とされている財の種類の数に等しくとれば一般的な話が可能である．ここでは話を簡単にするために，2 次元の消費平面か，3 次元の消費空間を考えるだけにとどめる．

財の中には，1単位よりも小さく分割することのできない財もある．たとえば，自動車を半分売ってくれといっても，変な顔をされるだけだろう．基準単位より小さく分割して使うことのできない財を**非分割財**と呼ぶ．第2.4項で述べたように，基礎的な経済学では最小取引単位が無限に小さい場合を考えるのが普通なので，特に断らない限り，すべての財はいくらでも細かく分割できるとしよう．

3.1.2 選好関係

いま，目の前にミカンが3個入ったバスケット b^O とリンゴが5個入ったバスケット b^A があって，どちらか好きなほうを差し上げると言われたら，あなたならばどちらをとるだろうか．ミカンは好きだが，リンゴは嫌いというのなら，ミカンのバスケット b^O の方をとるだろうし，ミカンは嫌いだが，リンゴは好きだというのなら，リンゴのバスケット b^A の方をとるはずである．

一般に，ベクトル $b' = (x', y')$ と $b'' = (x'', y'')$ で示される2つの消費バスケットについて，b' の方を b'' より好むという場合には，

$$b' \, P \, b'' \tag{3.1}$$

と記述し，逆に，b'' の方を b' より好む場合には，

$$b'' \, P \, b' \tag{3.2}$$

と記述する．ここで，P という記号を使うのは英語で選好を意味する "preference" という言葉からきており，英語では P を "is preferred to" と読む約束になっている．つまり，(3.1)式を「消費バスケット b' は b'' よりも好ましい」と読むことにする．したがって，(3.1)のような関係が成立するならば，b' の方が選択され，(3.2)のような関係が成立するならば，b'' の方が選択される．

さらに，b' でも b'' でもどちらでもよいならば，

$$b' \, I \, b'' \tag{3.3}$$

と書くことにし，消費バスケット b' と b'' は（一方が他方よりも好ましいということはないという意味で）**無差別**であると言うことにする．ここで，I は英語

で無差別を意味する "indifference" という言葉からきており，英語では I を "is indifferent to" と読む約束になっている．

「選択肢 b' が別の選択肢 b'' より好ましい」($b'\,P\,b''$) とか，「選択肢 b' と b'' が無差別である」($b'\,I\,b''$) とかといった表現は，ある人の選好にもとづいて，対象としている2つの選択肢の間でどちらが好まれるかという関係を示している．その意味で，P と I をセットにして**選好関係**と呼び，(P, I) と書くことにする．それぞれの人はその人に固有の選好関係 (P, I) を持つ．言い換えると，同じ選択肢のペア b' と b'' のどちらかをあげるから好きな方を選んでくれと言ったとしても，「$b'\,P\,b''$」と考えるか，「$b''\,P\,b'$」と考えるか，「$b'\,I\,b''$」と考えるかは相手によってマチマチだということである．

消費バスケット b' が b'' と少なくとも同じぐらいに好ましい場合には「$b'\,R\,b''$」と書くことにしよう．消費バスケット b' が b'' と少なくとも同じぐらいに好ましいというのは b' の方が好ましい ($b'\,P\,b''$) か，または，b' と b'' が無差別だ ($b'\,I\,b''$) ということである．つまり，

$$b'\,P\,b'' \text{ または } b'\,I\,b'' \Leftrightarrow b'\,R\,b'' \qquad (3.4)$$

である．もし，$b'\,R\,b''$ ならば b' の方が b'' よりも**弱い意味**で選好されると言い，$b'\,P\,b''$ ならば b' の方が b'' よりも**強い意味**で選好されると言うことにして区別する．

3.1.3 選好関係の基本的性質

どの人の選好関係 (P, I) も，以下で考える2つの基本的な性質を満たすと仮定するのが普通である．第1の仮定は，どの消費者も，どんな2つの消費バスケット b' と b'' を出されても，「b' の方が b'' よりも好き」か，「b'' の方が b' よりも好き」か，「b' と b'' は無差別」か，のどれかが当てはまると判断できるという仮定である．つまり，どんな消費バスケット b' と b'' についても，

$$b''\,P\,b' \text{ か } b'\,P\,b'' \text{ か } b'\,I\,b'' \qquad (3.5)$$

のうちどれかが成立している．この性質は，どんな2つの消費対象が提示されても，消費者はそれを比較衡量して，片方の方が好ましいか，両者は無差別で

あるかが判断できるという意味である．何を提示されても比較衡量できるという意味で，この性質は**選好の完備性**と呼ばれる．

第2に，ある消費者にとって，バスケット b が b' よりも好ましく，さらに，b' が b'' よりも好ましいならば，b が b'' よりも好ましいとその消費者は判断すると仮定する．つまり，

$$b P b' \quad \text{かつ} \quad b' P b'' \Rightarrow b P b'' \tag{3.6}$$

という関係が成り立つ．これは**選好の推移性**の仮定と呼ばれる．推移性は無差別なものも含めて成立すると仮定されている．つまり，b と b' が無差別で，b' が b'' より好ましいならば，b は b'' よりも好ましい．つまり，

$$b I b' \quad \text{かつ} \quad b' P b'' \Rightarrow b P b''. \tag{3.7}$$

さらに，b と b' が無差別で，b' と b'' が無差別ならば，b と b'' も無差別である．つまり，

$$b I b' \quad \text{かつ} \quad b' I b'' \Rightarrow b I b''. \tag{3.8}$$

これらの仮定は，各消費者が十分な判断力を持ち，合理的であるならば，成り立っていると考えて当然だろう．

3.2 選好と無差別曲線

個別の消費者の好みはその消費者の持つ選好関係 (P, I) によって特徴づけられる．好みは人によって千差万別なので，それを反映して無数の選好関係が存在する．しかし，前節で考えた完備性や推移性のように，多くの人の持つ選好関係に共通する性質も少なくない．その他にも多くの人の選好に共通の性質があると考えられ，それらにもとづいて消費の分析が行われる．以下では，そうした共通の性質を検討しよう．

3.2.1 正の財，負の財，中立財

一般に，財は正の財，負の財，中立財の3種類に区別される．

正の財とは，他の財の消費量を一定としたとき，その財の消費量が多ければ多いほど望ましい財のことである．つまり，Xが正の財であるということは，消費バスケットに含まれるYの量yを不変として，Xの量xを増やすならば，より好ましいバスケットをつくることができるということである．数学的に記述すると，

$$x' > x \Rightarrow (x', y) \, P \, (x, y) \qquad (3.9)$$

という条件が成立することである．特殊な例外を除いて，ほとんどの財は正の財であることは明らかだろう．そのため，財と言ったときには正の財の意味であることが多い．以下では，この習慣を踏襲する．

負の財とは消費量が少ないほど望ましい財のことである．ゴミなどはそのよい例である．また，金融商品に付随する危険性や労働時間なども負の財（サービス）と考えられる．正確には，Xが負の財であるということは，消費バスケットに含まれるYの量yを不変として，Xの量xを増やすならば，もとのバスケットの方が好ましいということである．つまり，数学的には，

$$x' > x \Rightarrow (x, y) \, P \, (x', y) \qquad (3.10)$$

が成立するということである．負の財（サービス）については，それとちょうど反対の正の財（サービス）とペアにできることが多い．たとえば，危険性が減るというのは安全性が増えるというのと同じことだと考えてもよい．労働時間が減るというのは余暇の時間が増えるというのと同じことだ．危険性や労働時間が負の財，安全性や余暇はそれらとちょうど反対の意味をもつ正の財と考えることができる．

中立財とは消費量が多くても，少なくても何ら関係のない財のことである．つまり，Xが中立財であるとは，消費バスケットに含まれるYの量yを不変として，Xの量を変化させても，もとのバスケットと無差別なバスケットができるということである．つまり，数学的には，どんなxとx'についても，

$$(x, y) \, I \, (x', y) \qquad (3.11)$$

という関係が成立するということである．道端に落ちている石などはどの人に

とっても「あってもなくてもよい」財であり，中立財であると考えることができよう．また，アルコールを飲まない人にとってのお酒，音楽に興味のない人にとってのコンサートの切符など，人それぞれにいろいろな中立財を考えることができるはずである．生産過程でのみ使用可能で，消費には利用できない財の場合には，どの消費者にとっても中立財だということもあるかもしれない．たとえば，起重機やビル建設用の鉄骨を消費して，効用を得る人はいないと考えてよいだろう．

どの財を中立財とみなすかは，人によって個性が働く場合も少なくない．つまり，お酒やコンサートの切符を中立財と考えるか否かはその人の個性による．煙草については，正の財と考える人，中立財と考える人，負の財と考える人が世の中に混在している．しかし，そのような特殊な場合を除いて，正の財と負の財の区別は多くの人に共通していると考えられる．つまり，煙草のように，ある人にとって正の財であるものが他の人には負の財であるというケースは少ない．

設問 3.1 あなたにとって中立財であるような財やサービスと負の財であるような財やサービスを3つずつあげ，説明せよ．また，煙草のように評価がマチマチな財の例を1つあげよ．

3.2.2 無差別曲線

2つの財 X と Y を考えている場合，ある特定の消費バスケット b と無差別であるような消費バスケットを集めた集合は b を通る1つの曲線で示すことができるのが普通である．このような曲線のことを**無差別曲線**（indifference curve）と呼ぶ．

無差別曲線の形がもっともわかりやすいのは，正の財と中立財の組み合わせのケースである．このときは，消費平面の中で，無差別曲線は中立財に対応する座標軸に平行な直線となる．

説明のために，あなたはリンゴ（Y）は好きだが，ミカン（X）はあってもなくてもよいと考えているとしよう．つまり，ミカンは中立財，リンゴは正の財である．この場合，関係（3.11）が示すように，リンゴの消費量 y が不変であるかぎり，どんな量 x のミカンがバスケット $b = (x, y)$ に含まれていたとしても，あ

たなにとっては無差別である．前節で紹介した消費平面の考え方を使えば，図 3.2(a) で示すように，3 個のリンゴを含む消費バスケットは，ミカンをいくつ含んでいても，みんな縦軸の 3 を通る水平な直線 I 上の 1 点で示される．ミカンが中立財ならば，それらのバスケットはどれも無差別なので，縦軸の 3 を通る水平な直線 I は（X が中立財の場合における）1 つの無差別曲線を示す．リンゴの量には関わりなくミカンはいつでも中立財だというのならば，あなたの無差別曲線はどれも水平な直線で示されなくてはならない．

リンゴは正の財であるとしたので，バスケットに含まれるリンゴの量が多ければ多いほど望ましい．より多くのリンゴを含むバスケットほど，消費平面上の横軸からの距離が大きいので，より強く選好される消費バスケットに対応する無差別曲線ほど高い位置にある水平線で示される（図 3.2(a) では，より強く選好される方向を矢印で示している）．つまり，図 3.2(a) の無差別曲線 I' 上にある消費バスケットは I 上の消費バスケットよりも強い意味で望ましい．また，水平線 I'' 上にある消費バスケットと比べると，I 上にあるバスケットの方が強い意味で望ましい．

両方の財が中立財であるならば，X と Y の空間内のすべての消費バスケットが無差別になって，無差別曲線を描くことができないことに注意しよう．これは非常に極端な場合である．もし世の中に存在するすべての財が中立財だとしたら，すべての財があってもなくてもよいということなる．その場合には，経済学の必要性がなくなってしまう．

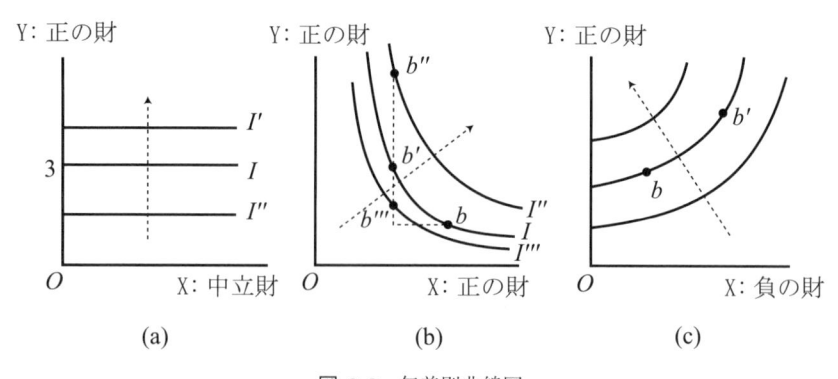

図 **3.2** 無差別曲線図

両方の財が正の財であるならば，図 3.2(b) にあるように，無差別曲線は右下がりの曲線になる．これは，正の財の間では，片方の財の消費をもう片方の財の消費で代替できることを示している．

説明のために，今度はミカン (X) もリンゴ (Y) も正の財であるとしよう．はじめにミカンを x 単位，リンゴを y 単位含むバスケット $b = (x, y)$ を持っているとして，何らかの理由でミカンの消費を 5 個だけ諦めなくてはならないとする．そうだとしても，その補償に十分な数のリンゴを貰えるならば，諦めた後の方が望ましくなるはずである．たとえば，10 個のリンゴを貰えるならば，ミカンを 5 個諦めて 10 個のリンゴを貰った状態の方がもとの状態よりも望ましいと考える人も多いだろう．ミカンを 5 個諦める代わりに 10 個のリンゴを貰ったあとの消費バスケットは $(x-5, y+10)$ である．このバスケットと元のバスケット $b = (x, y)$ の間に

$$(x-5, y+10)\, P\, (x, y) \tag{3.12}$$

という関係を満たす選好を持つ人も多いだろうということである．補償に貰えるリンゴの数が 10 個ではなく，3 個だけならば，ミカンを諦める前の状態の方が望ましいと考える人も少なくないはずである．つまり，

$$(x, y)\, P\, (x-5, y+3) \tag{3.13}$$

という関係が成立する人も多いだろう．

もし，(3.12) と (3.13) が同時に成立するならば，補償するリンゴの量を適切に選べば，もとの状態と補償後の状態が無差別になるようにすることができるはずである．たとえば，あなたにとっては 5 個のミカンを諦めなくてはならないとしても，5 個のリンゴを補償してもらえるならば，もとの状態と後の状態が無差別だというのならば，

$$(x-5, y+5)\, I\, (x, y) \tag{3.14}$$

という関係が成立する．

上で紹介したように，無差別曲線とは互いに無差別な消費バスケットを集めてできる曲線のことである．したがって，関係 (3.14) が成立するならば，図

3.2(b)にあるように，消費バスケット $b=(x,y)$ と $b'=(x-5,y+5)$ は同じ無差別曲線 I 上にのっていなくてはならない．消費バスケット b と比べ，b' に含まれる X の量は 5 個だけ少なく，Y の量は 5 個だけ多いので，図 3.2(b) が示すように，消費平面において b' は b の左上方に位置している．したがって，b' と b を通る無差別曲線 I は右下がりである．

以上の議論は 2 つの正の財の間の無差別曲線は右下がりであることを示している．

1 つの無差別曲線は同程度に選好される消費ベクトルを集めたものである．この概念は，地図の上で，同じ海抜にある地点を結んだ等高線のようなものだと考えられる．地図の上には(理論的には)等高線を無数に引くことができ，その等高線群によって地形を示すことができる．同様にして，同じ程度に選好される財のバスケットを結んで無数の無差別曲線を描き，その**無差別曲線群**によって消費者の選好を示すことができる．このような意味で，消費ベクトルの空間の中にたくさんの無差別曲線(無差別曲線群)を描いて消費者の選好を図示したものは**無差別曲線図**とか**選好図**と呼ばれる．2 つの消費バスケットを考えたとき，より強く選好されるバスケットがのっている方をより高い無差別曲線と表現する．図 3.2(b) では，(3.12) にあるように，バスケット $b''=(x-5,y+10)$ は $b=(x,y)$ や $b'=(x-5,y+5)$ よりも強い意味で選好されるので，b'' を通る無差別曲線 I'' は I よりも上方に位置している．また，(3.13) が示すように，バスケット $b'''=(x-5,y+3)$ と比べると，b や b' の方が選好されるので，b''' を通る無差別曲線 I''' は I よりも下方に位置しなくてはならない．

地図上の等高線が交わらないのと同じように，2 つの無差別曲線が互いに交わることはない．以下では，X と Y がともに正の財である場合について，無差別曲線が交差しないことを背理法を使って説明しよう．そのために，図 3.3 のように無差別曲線 I と I' が交わってしまったとしよう．この場合，I の上の消費バスケット b も I' の上のバスケット b' も交点にあるバスケット b_0 と無差別である．したがって，選好の推移性から，b と b' も無差別になる．しかし，図のような b と b' の取り方では，X も Y もより多く含んでいるバスケット b' の方が望ましいことになり矛盾がおきる．したがって，2 つの無差別曲線が交わることはない．

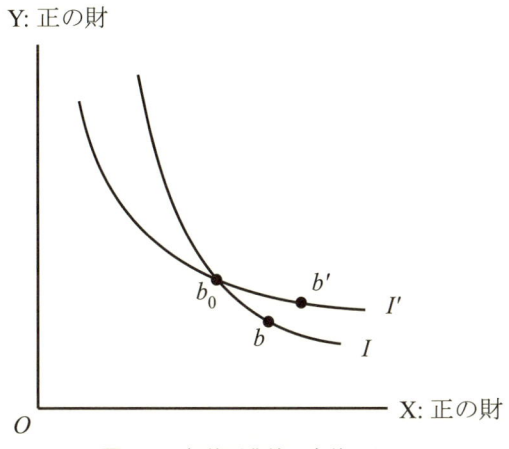

図 3.3 無差別曲線は交差しない

　片方の財（X）の消費を一定量 Δx だけ諦めなくてはならないとしても，もう片方の財（Y）を適切な量 Δy だけ補償してもらえるならば前の状態と後の状態が無差別になるとき，Δx 単位の X が Δy 単位の Y によって代替されると言われる．これが代替という言葉の正確な定義である．上の例では，あなたが b という消費バスケットを持っているときには，5 個のミカンが 5 個のリンゴで代替されるわけである．上で述べた代替や補償という概念は経済分析では非常に重要な概念である．これらの概念については，この章の後半や次の章で詳しく検討する．

　本項の終わりに，負の財と正の財の間の無差別曲線を考えておこう．例として，金融商品を取り上げよう．1 つの金融商品はそれに付随する危険と収益（risk and return）のバスケットであると考えることができる．たとえば，株式などの金融商品を保有すると，多少の危険があっても大きな収益を見込むことができる．他方，国債のような金融商品を保有すれば，危険は小さくても小さな収益しか見込めない．このように考えると，ある金融商品に付随する危険性を x，収益性を y とすると，その金融証券を保有するというのは危険と収益で構成される消費バスケット $b = (x, y)$ を「消費する」ことであると解釈できる．

　何らかの理由で，最初に保有しているバスケット $b = (x, y)$ と比べ，Δx だけ大きな危険を負担するように頼まれたとしよう．あなたがそのような立場にた

てば、代わりに収益を増加して貰えるのでなければ、追加的危険負担はとても
ゴメンだと考えるはずである。たとえば、Δy だけの収益を補償して貰えるな
らば、はじめのバスケット b と無差別になるとしよう。つまり、

$$(x+\Delta x,\ y+\Delta y)\ I\ (x,y) \qquad (3.15)$$

ということである。この場合、補償後の消費バスケット $b' = (x+\Delta x,\ y+\Delta y)$ は
危険も（$\Delta x > 0$ だけ）大きく、収益も（$\Delta y > 0$ だけ）大きいので、図3.2(c)の
消費平面において、バスケット b' は b の右上方に位置していなくてはならない。
この2つのバスケットは無差別であると仮定したのだから、同じ無差別曲線上
にのっていなくてはならない。つまり、負の財と正の財の間の無差別曲線は右
上がりだということである。

3.2.3 無差別曲線図

選好関係 (P, I) は完備性や推移性以外にも、いくつかの基本的な性質を持つ
と考えられている。2種類の財の間の無差別曲線図に焦点をあて、上ですでに
検討した性質も含めて、それらを列挙しておこう。

まず、第1に指摘しておくべきなのは、たとえば、ある消費バスケットに含
まれる正の財については、その財の量を少しでも増加させれば、より好ましい
消費バスケットを作ることができるという性質である。また、負の財について
は、量を少しでも減少させれば、より好ましい消費バスケットに変化する。こ
の性質を一般的に言い換えて、ある消費バスケットと無差別なものの集まりが
帯状にはならないと言ってもよい（だからこそ、無差別「曲線」と言うわけで
ある）。図3.4のように、帯状の無差別曲線があるならば、あるバスケットの中
味をほんの少し変更するだけでは、より好ましいバスケットを作ることはでき
ない。他方、互いに無差別なバスケットの集まりが曲線で描けるならば、どの
バスケットも中味をほんの少しだけ変更するだけで、より好ましいものを作る
ことができる。

性質1 どんなバスケットについても、それと無差別な消費バスケットの集ま
りは曲線で描くことができる。

第3章 消費者の選好 — 101

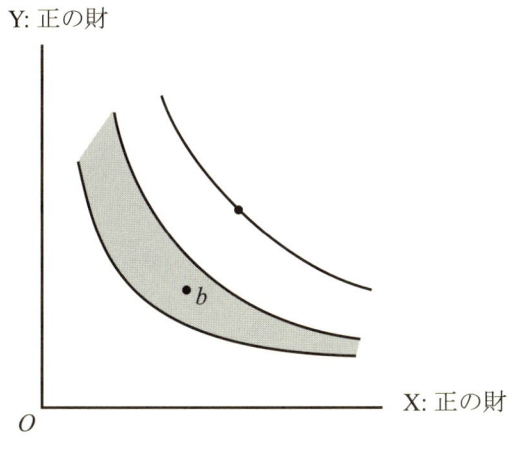

図 3.4 無差別曲線は幅を持たない

次に指摘しておくべきなのは，互いに無差別な2つの消費バスケットの方がそれらを平均化してできる消費バスケットよりも好まれることはないはずだということである．2つの消費バスケットを平均化するとは，それぞれの財について，2つのバスケットに含まれる量を足して2で割った（平均化した）量を含むバスケットを作ることである．つまり，財 X を x' 単位，財 Y を y' 単位だけ含むバスケット $b' = (x', y')$ とそれぞれを x'' 単位と y'' 単位だけ含むバスケット $b'' = (x'', y'')$ を考えると，バスケット b' と b'' を平均化するとは X を $(x' + x'')/2$ 単位と Y を $(y' + y'')/2$ 単位含むバスケット

$$b = \left(\frac{x' + x''}{2}, \frac{y' + y''}{2} \right) \tag{3.16}$$

を作るということである．バスケット b' と b'' が無差別ならば，b は b' や b'' と無差別であるか，b' や b'' よりも好ましいというのが，通常の経済分析において，選好に関しておかれる仮定である．さらに，バスケット b' とそれよりも望ましいバスケット b'' ($b'' P b'$) を平均化したバスケット b は b' よりも望ましい（つまり，$b P b'$ である）という仮定もおかれる．これらの仮定を次のようにまとめておこう．

性質 2（**選好の凸性**） 2つの消費バスケット b' と b'' の両方が2つを平均化してできる消費バスケット b よりも好ましいということはない．

経済学では，この仮定は**選好の凸性**という言葉で表現される．なぜ選好が凸性を持つかという問題を考えるのは次節にまわして，以下では，なぜ凸性という言葉が使われるのかを考えておこう．

一般に，ある図形の中に任意の2点をとったとき，その2点のちょうど真ん中の点（中点）もその図形の中に入っているときには，凸形をしていると言われる．そのような場合には，凹んだ部分がないからである．例えば，図3.5の図形Aでは点 P と Q の中点 M はAの外側にある．このような性質を持つ2点が1組でも見つけられば，図形は凹んだ部分を持つので，凸形ではない．これと比べ，図形Bでは，どの2点をとっても中点 M が図形の中に入っている．そのような図形は凸形をしていると言うのである．

選好が性質2を満たす場合，どの無差別曲線についても，その曲線とそれより好ましいバスケットを集めた図形は凸形をしている．この事実を説明するためには，実際に，2つの消費バスケットを平均化したバスケットを消費平面の中で描いてみるとよい．そのために，図3.6では点 b' と b'' によって，2つの消費バスケットを示している．これらを平均化したバスケット b には $(x'+x'')/2$ 単位の財 X と $(y'+y'')/2$ 単位の財 Y が含まれるので，点 b' と点 b'' を結んだ線分の中点に点 b が来ることがわかる．

性質2のもとでは，b'' の方が b' よりも弱く選好されるならば（つまり，$b'' P b'$

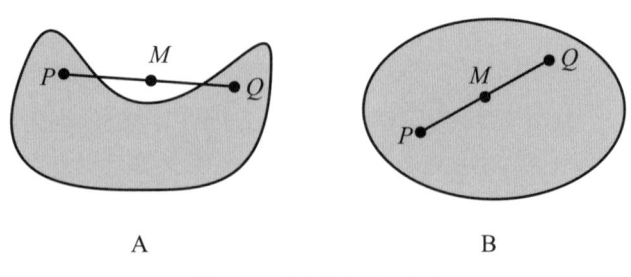

図 3.5 非凸集合と凸集合

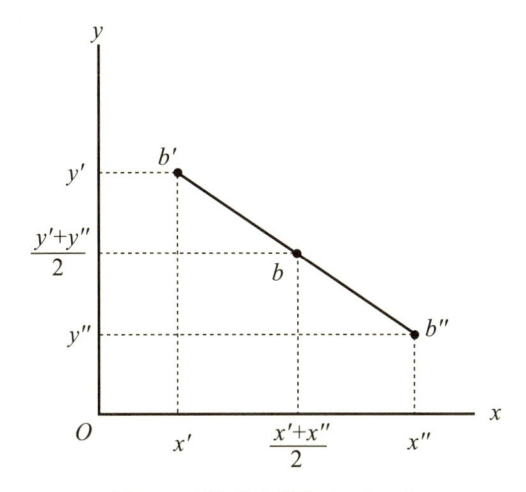

図 3.6 平均的な消費バスケット

か $b'' \, I \, b'$ ならば），b は b' を通る無差別曲線にのっているか，それよりも上方に位置していなくてはならない．この事実は，ある無差別曲線とそれより上方の部分からなる図形を考えると，その中にあるどんな 2 点をとっても，中点がやはりその図形の中に含まれていることを意味している．つまり，凸形をしているわけである．

設問 3.2 性質 2 のもとでは，ある無差別曲線より好ましい消費バスケットを集めた図形が凸形をしていることを選好の完備性と推移性を使って証明せよ．

図 3.2(a)，3.2(b)，3.2(c) では，選好の凸性を反映するような無差別曲線図が描かれていることに注意しよう．性質 1 と 2 以外にも，いくつかの重要な性質を満たす．それらを列挙しておこう．

性質 3 2 つの正の財の間の無差別曲線は右下がりであり，より上方の無差別曲線ほど強く選好される消費バスケットに対応する．

すでに指摘したとおり，この性質は正の財の定義から明らかである．

性質4 同じ選好図に属する2つの無差別曲線が交わることはありえない．

設問 3.3 前項では，性質4を2つの財が正の財であるという性質を使って証明した．しかし，同じ性質を上の性質1と2だけを使って証明することもできる．そのような証明を与えよ．

3.2.4 特殊な選好関係

以下では，とくに断らないかぎり，消費者の選好が無差別曲線によって記述できるという仮定のもとで分析が進められる．しかし，選好のタイプによっては，無差別曲線では記述できないものもある．選好の多様性を示すためにも，そのような例を検討しておくのは有益だろう．

たとえば，「わたしはミカン(X)が大好きで，リンゴ(Y)は二の次だ．何がなくてもミカンさえあればよい」という人がいることも考えられる．そのような人にとっては，リンゴの量はどんな値に設定されていても，ミカンの量が多い方のバスケットを好むはずである．ところが，そういう人でも，2つのバスケットに同数のミカンが入っていれば，リンゴの数を数えて，リンゴが多く入っているほうを選ぶかもしれない．このような場合，リンゴは中立財であるとは言えない．

一般的に言い換えると，2つの消費バスケット $b = (x, y)$ と $b' = (x', y')$ が提示されたとき，まず x と x' (ミカンの量)を比べて $x > x'$ ならば b を好み，そうではなく $x = x'$ ならば，続いて y と y' (リンゴの量)を比べ，$y > y'$ のときには b を好むというような選好を考えることができる．つまり，

$$b \, P \, b' \Leftrightarrow \text{``}x > x'\text{''} \quad \text{または} \quad \text{``}x = x' \quad \text{かつ} \quad y > y'\text{''},$$

$$b \, I \, b' \Leftrightarrow \text{``}x = x' \quad \text{かつ} \quad y = y'\text{''}$$

という条件で記述できる選好を持つ人がいるかも知れない．(ここで，記号 $A \Leftrightarrow B$ は A と B が同値であることを示している．つまり，A という命題が成立すれば，B という命題も成立し，逆に B が成立すれば，A も成立するということである．)

このような選好は**辞書式順序**と呼ばれるものである．この名前は，読んで字のごとく，辞書の単語の記載の順序づけに由来している．たとえば，英和辞典では，単語の記載される順序はまず第1の文字のアルファベット順によっている．"apple" と "orange" の最初の文字は "a" と "o" であり，アルファベット順によれば，"apple" が先に記載されるべきだということになる．これが "apple" と "avocado" であれば，最初の文字を比べても記載順序は決定できない．その場合には第2の文字である "p" と "v" を比べると "apple" が先にくることがわかる．

選好が辞書式順序にもとづく場合，選好を無差別曲線で図示することはできない．これは，辞書式順序の選好では，どのような相異なる2つの消費ベクトルをとっても，一方が他方よりも好ましいので，両者が無差別だということはありえないからである．

3.3 無差別曲線図と効用関数

消費バスケットに関する選好の強さを1つの指標によって表しておくと分析上便利である．前章で紹介した総支払用意という概念もそのような指標の1つである．また，経済分析では，効用関数という概念が用いられることも多い．以下では，これらの指標の性質を紹介し，相互関係を検討しよう．

3.3.1 選好関係と支払用意

この項では，財 Y のみを保有し，財 X を手に入れようとしている人を考えよう．

総支払用意とは，x 単位の財 X を手に入れるために代価として提供してもよいとその人が考える Y の最大量のことである．前章ではお金と財との交換を考えたが，ここではリンゴ（Y）を保有し，それと交換にミカン（X）を手に入れようとしている人を考えることにする．リンゴの保有量を v 単位とすると，図 3.7 で示すように，

$$e = (0, v) \tag{3.17}$$

という消費バスケットをこの人は最初に保有しているわけである．

この消費者はリンゴしか持っていないのだから，ミカンを譲ってくれる人がいるならば，自分のリンゴをいくつか提供してもよいと考えてもおかしくない．では，x 単位のミカンを譲ってもらえるとき，最大限，どれだけのリンゴを提供してもよいと考えるだろうか．つまり，x 単位のミカンへの総支払用意はリンゴ何単位分になるのだろうか．

リンゴで計ったミカンへの総支払用意を見つけるためには，交換後の消費バスケットが交換前のバスケット e とちょうど無差別になるように，リンゴの提供量 w^* を見つければよい．つまり，

$$(x, v - w^*)\ I\ (0, v) \tag{3.18}$$

を満たすとすると，w^* が x 単位のミカンへの（リンゴで計った）総支払用意である．

この事実を説明するために，x 単位のミカンを譲ってもらうために提供するリンゴの量を w と書くことにしよう．そうすると，交換後の消費バスケットは

$$b = (x, v - w) \tag{3.19}$$

となる．交換前の消費バスケット e と交換後の消費バスケット b の間に $b\,P\,e$

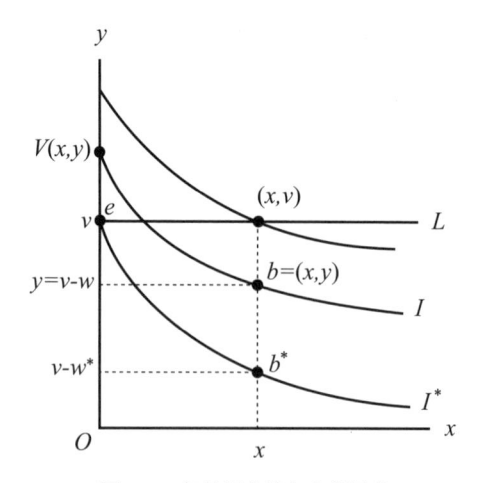

図 **3.7** 無差別曲線と支払用意

という関係が成り立つかぎり，この消費者にとって交換は望ましいものである．逆に，ePb であれば望ましくない．ここで，(3.18) の左辺の消費バスケットを

$$b^* = (x, v - w^*) \tag{3.20}$$

と記述しよう．そうすると，消費バスケット e と b^* は同じ無差別上になくてはならない．消費バスケット b と b^* はどちらも x 単位の X を含んでいるので，図 3.7 に描いたように，どちらも x を通る垂直線上になくてはならない．交換後の消費バスケット b が (x を通る垂直線の上で) 点 b^* よりも上方にあれば，b は b^* と同量の X を含み，b^* よりも多い量の Y を含む．財 Y が正の財の場合を考えているので，この事実は交換後の消費バスケット b が b^* よりも上方にあれば，バスケット b は b^* よりも望ましいことを意味している．バスケット b^* は e と無差別だから，その場合には，交換を通じてより望ましい状態が達成できる．逆に，b^* よりも下に b があれば，交換を通じて，もとよりも望ましくない状態になってしまう．交換前よりも望ましい状態が達成できれば交換に応じるはずだから，b が b^* よりも上にある限り，w 単位のリンゴを提供しても x 単位のミカンを貰いたいと感じるわけである．そのように感じる w の上限は w^* なので，w^* が x 単位のミカンへの総支払用意である．

図 3.7 が示すように，財 Y を v 単位だけ保有している消費者にとって，x 単位の財 X への総支払用意 w^* は交換前の消費バスケット e を通る水平線と b^* を通る無差別曲線 I^* の間の垂直方向の差で定まる．この垂直方向の差が手に入れようとしている X の量 x に依存するのは図 3.7 から明らかだろう．また，この差は初期保有量 v を通る無差別曲線の形にも依存する．したがって，総支払用意 w^* は手に入れようとする x の量と Y の初期保有量 v に依存して，

$$w^* = w(x, v) \tag{3.21}$$

という関数で書ける．

図 3.8 では，与えられた v のもとでの総支払用意 $w^* = w(x, v)$ と X の消費量 x の関係を総支払用意曲線 TW として描いてある．すでに見たように，総支払用意 $w(x, v)$ は図 3.7 の無差別曲線 I と v を通る水平な直線 L の間の垂直距離で定まる．したがって，図 3.7 の直線 L を回転軸にして曲線 I を 180 度回転

し裏返した曲線を描き，さらに，直線 L を図 3.8 の横軸に重ねあわせれば曲線 TW を描くことができる．第 2 章では，独立変数 v を落として，$w(x)$ と記述した．しかし，一般的には，総支払用意は最初に保有しているものの量 v にも依存する．支払用意は手に入れる財 X をどれだけもらえるかだけではなく，一般的には支払う方の財 Y をはじめにどれだけ持っているかにも依存するはずだからである．図 3.7 に示すように，初期保有ベクトル $e=(0,v)$ を通る無差別曲線の形が v に依存するので，図 3.8 の総支払用意曲線 TW の形も支払う方の財 Y の初期保有量 v に依存する．

ある財 X への限界支払用意はその財の消費量 x が増加するについて逓減すると考えるのが適切である．前章でも触れたように，手に入る財の量 x が大きくなるにつれ，その財のありがたみが減少するはずだからである．第 2.5 節で見たように，消費量 x における（狭い意味での）限界支払用意は総支払用意曲線 TW の x における傾きで示される．したがって，総支払用意曲線は上方に向かって凸形をしていなくてはならない．この考え方を反映して，図 2.7 の限界支払用意曲線を右下がりに描き，図 2.9 の総支払用意曲線を上方に向かって凸形に描いたわけである．この見方を踏襲すれば，図 3.8 の総支払用意曲線 TW も上方に向かって凸形でなくてはならない．総支払用意曲線 TW が上方に凸形をしているということは v を通る無差別曲線 I が下に向かって凸形をしていることを意味している．したがって，無差別曲線よりも上方の部分の図形は凸形

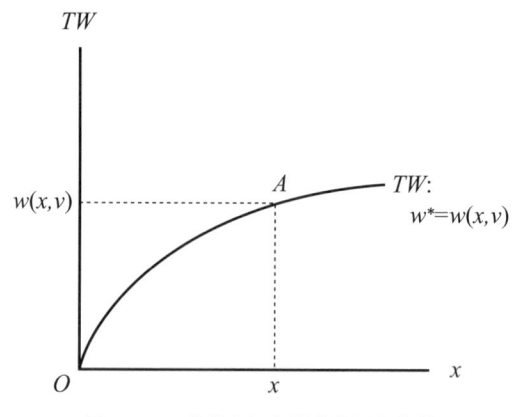

図 3.8 一般化された総支払用意曲線

になる.前節で考えた選好の凸性という性質を各無差別曲線が持つということである.

本項では,図 3.7 のように,縦軸と交わると無差別曲線にもとづいて分析を行った.しかし,図 3.2(b) にあるように,横軸や縦軸と交わらないタイプの無差別曲線にもとづいて議論が行われることも多い.しかし,軸と交わらない無差別曲線が描かれたとしても,それは図を簡略にするためであると考えるほうが妥当である.もしも,無差別曲線が決して縦軸や横軸と交わらないとすると,どちらか片方の財を含まないバスケットは,もう片方の財を何単位含んでいても,両方とも含むバスケットほど望ましくはないということを意味している.たとえば,リンゴを 100 個含んでいても,ミカンを 1 つも含まないようなバスケットと比べると,たとえ 1 つずつでも両方を含むバスケットの方が望ましいということである.現実には,そういう選好関係が成立する財の組み合わせは少ないと考えられる.

3.3.2 効用と効用関数

ここまでは,正確な定義を与えずに効用という言葉を使ってきた.しかし,多くの経済分析が効用という概念にもとづいて行われるので,効用とは何かについて詳しく考えておくのも重要だろう.

効用とは物の消費から発生する満足感の強さを示す心理的な尺度である.消費の満足感を示すのだから,第 2 章で考えた選好の絶対的尺度の 1 つである.経済学では,消費者 1 人 1 人がそのような尺度にもとづいて消費に関する選択を行っていると仮定されることが多い.しかし,ある人が特定の消費からどのような効用を受けるのかを知るのは,その人自身にも困難な場合が多い.「あなたはミカン 3 個とリンゴ 5 個の消費からどれだけの効用を受けますか」と問われても,自分でも返答に窮してしまう.せいぜい,「あまり大きくない」とか,「非常に大きい」といった抽象的な答え方ができるだけだ.

そうは言っても,消費者は消費から一定の満足感を受け,その満足感の大きさにもとづいて消費に関する意思決定を行っていると考えるのが自然である.ある消費バスケット b' の方がもう 1 つのバスケット b'' よりも選好されるとしたら,b' の方が b'' よりも大きい満足感を与えるからであると考えて差し支えな

いはずだということである．そこで，消費ベクトル $b = (x, y)$ に対する消費者の満足感の大きさを効用という尺度で計測することにして，効用を $u = u(x, y)$ と書き表すことにしよう．効用は満足感の大きさを示す尺度なのだから，消費ベクトル $b' = (x', y')$ の方がもう 1 つの消費ベクトル $b'' = (x'', y'')$ よりも望ましい場合には，前者の方が高い効用をもたらすものでなくてはならない．つまり，関数 $u(x, y)$ について，

$$u(x', y') > u(x'', y'') \quad \Leftrightarrow \quad (x', y') \, P \, (x'', y'') \qquad (3.22)$$

という関係が成立しなくてはならない．また，2 つの消費ベクトルが無差別であるならば，同じ効用を与えていなくてはならない．つまり，

$$u(x', y') = u(x'', y'') \quad \Leftrightarrow \quad (x', y') \, I \, (x'', y'') \qquad (3.23)$$

という関係も成立しなくてはならない．

　一般に，選好関係 (P, I) が与えられているとき，条件 (3.22) と (3.23) を満たすような関数 u は **効用関数** (utility function) と呼ばれる．ある消費者の選好関係 P と I が与えられていても，それと整合的な効用関数は無数に存在することに注意しよう．例として，

$$u = xy$$

という効用関数と

$$v = (xy)^{1/2}$$

という効用関数を考えてみよう．そうすると，

$$x'y' > xy \Leftrightarrow (x', y') \, P \, (x, y) \Leftrightarrow (x'y')^{1/2} > (xy)^{1/2}$$

という関係が成立するので，この 2 つの効用関数はまったく同じ選好関係を記述するものだということがわかる．1 つの選好関係を記述する効用関数が無数にあるということは，消費から受ける満足感をある 1 つの効用関数として記述するのが非常に難しいことを示唆するものである．

3.3.3 効用関数の実物化と総支払用意

すでに指摘したように，効用というのは消費から発生する満足感の主観的な尺度であって，自分の効用を他人に伝えるのは非常に難しい．これは良い音楽を聞いたり良い絵画を見たりした後で自分が受けた感動を他人に伝えるのが難しいのと同じことである．しかし，どうしても自分の効用の大きさを他人に伝える必要があるとしたら，効用を何らかの客観的な尺度に置き換えて説明するのも1つのアイディアである．

たとえば，ゴッホの絵とセザンヌの絵を所有している人に，「ゴッホの絵は大好きだし，セザンヌの絵もとても好きだ」と言われてもそれぞれをどれほど好きなのかよくわからない．その代わりに，「ゴッホの絵は大好きで何物にも代え難い」とか，「セザンヌの絵はとても好きで，そう簡単には手放すことはできない」と言ってくれるならば，それぞれをどれほど好きなのかある程度は理解できる．ゴッホについては何を代わりにくれると言われても交換には応じられないと言っているわけだし，セザンヌについては十分な補償があれば手放してもよいと言うことを意味しているからである．このような言い方では，それぞれの絵から受ける満足感を他人にもわかる客観的なものに置き換えて表現しているわけである．

そこで，消費バスケットの消費から発生する効用を実物単位に置き換えて表す方法を考えてみることにしよう．そのためには，総支払用意の概念を用いると便利である．たとえば，無差別曲線図にもとづいて，財 Y のみを v 単位だけ保有していることを想定し，x 単位の財 X への総支払用意 $w(x,v)$ を計ることができたとしよう．そのときには，消費バスケット $b=(x,y)$ の効用をバスケット b を通る無差別曲線の縦軸切片で表し，

$$v = V(x,y) \qquad (3.24)$$

とおく．以下で示すように，この関数は消費バスケット (x,y) から発生する効用を Y の量に置き換えて計測したものである．

この事実を示すためには，関数 $V(x,y)$ が効用関数としての要件 (3.22) と (3.23) をともに満たしていることを示せばよい．説明のために，$v'=V(x',y')$，$v''=$

$V(x'', y'')$ であるとしよう．そうすると，総支払用意の定義から，(x', y') と $(0, v')$ は同じ無差別曲線上になくてはならず，(x'', y'') と $(0, v'')$ は同じ無差別曲線上になくてはならない．したがって，(x', y') が (x'', y'') よりも選好されているならば，$(0, v')$ が $(0, v'')$ よりも選好されなくてはならない．これは，財 Y は正の財なので，v' の方が v'' よりも大きい ($v' > v''$) ことを意味している．したがって，$V(x', y') > V(x'', y'')$ という関係が成り立つ．これは，関数 u を V に置き換えると，（3.22）という関係が成り立つことを示している．また，(x', y') と (x'', y'') が無差別ならば，$(0, v')$ と $(0, v'')$ も無差別でなくてはならない．そのためには，v' と v'' は同じ値でなくてはならないので，$v' = v''$ が成り立つ．つまり，$V(x', y') = V(x'', y'')$ という関係が成り立つので，関数 u を V に置き換えても，（3.23）という関係が成り立つ．したがって，関数 $V(x, y)$ は選好を示す効用関数の1つである．

効用関数 $V(x, y)$ も，総支払用意関数 $w(x, v)$ も，消費から発生する満足感（効用）を計測したものである．しかし，両者は計測する対象も計測の仕方も異なっているので，その違いを図を使って説明しておこう．

上でみたように，効用関数 $V(x, y)$ では，消費バスケット $b = (x, y)$ を通る無差別曲線が縦軸と交わる点（縦軸切片）の座標でバスケット b の効用を計測している．つまり，効用関数 $V(x, y)$ は財 Y だけを含むバスケットの中でバスケット (x, y) と無差別になるものを見つけ，そのバスケット $(0, v)$ に含まれる Y の量 v をもって b の効用と考えているわけである．

他方，総支払用意関数 $w(x, v)$ は，与えられた Y の初期保有量 v のもとで，$b = (x, v)$ という消費バスケットの効用を計測するものである．初期保有量 v は固定しているので，X の購入量 x の効用を（財 Y の単位で）計測したものであると考えてもよい．この解釈は，図 3.7 において，x の総支払用意が縦軸の v を通る水平線 L と同じく縦軸の v を通る無差別曲線 I の垂直方向の距離で計測されていることにもとづいている．消費バスケット $b = (x, v)$ は x が増加するにつれ，水平線 L の上を右方向へ移動する．この変化につれて，消費バスケット b はより高い無差別曲線に移動し，b の消費から発生する心理的な効用が増加する．この効用の増加が水平線 L と無差別曲線 I との距離（つまり，x への総支払用意 $w(x, v)$）で計測されていると解釈しているわけである．

3.3.4　代替と補完

第 3.2.2 項において，すでに代替という言葉に触れた．財 X の消費を Y の消費で代替するというのは，正確には，同じ無差別曲線上に留まるように，X の消費量を減らし Y の消費量を増やすことである．代替というのは効用水準を変化させずに 1 つの財の消費を別の財の消費で置き換えることであると言い換えてもよい．たとえば図 3.9 において，財 X の消費を $|\Delta x|$ 単位だけ諦めなくてはならないとしても，財 Y の消費を $|\Delta y|$ 単位だけ増やすことによって，もとと同じ満足の水準を保てるとしたら，$|\Delta x|$ 単位の財 X は $|\Delta y|$ 単位の財 Y で代替されるわけである．

（ここで利用した $|\ |$ というのは数の絶対値を示す記号である．数の絶対値というのは，ゼロとその数との間の間隔（距離）のことである．たとえば，-5 と 0 の間の間隔は 5 なので，$|-5|=5$ である．また，5 と 0 の間隔も 5 なので，$|5|=5$ である．より一般的には，α が負の値ならば $|\alpha|=-\alpha$ であり，α が正の数ならば $|\alpha|=\alpha$ である．それぞれの変数の前につけた Δ という記号は，第 2 章でも利用したが，変数の変化を示す記号である．2 つの財の間の代替というのは一方の財の量が増加し他方の財が減少するという関係を意味する．その場合には，増加するほうの財の変化は正であり，減少するほうの財の変化は

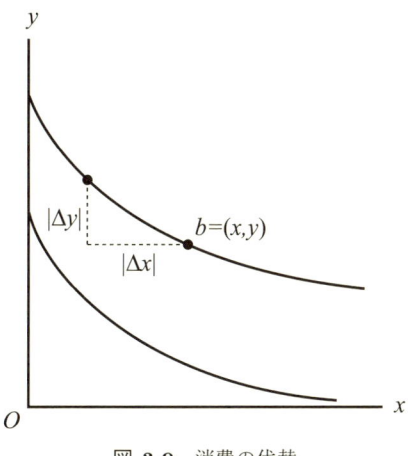

図 **3.9**　消費の代替

Y: 10円玉

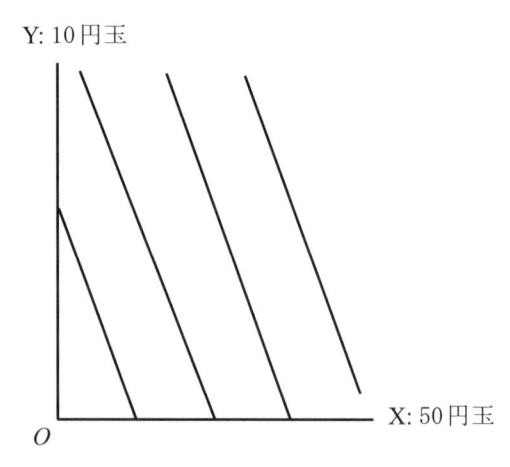

X: 50円玉

図 **3.10** 完全代替財の間の無差別曲線

負である．したがって，2つの変数の変化の大きさの関係を考えるためには絶対値の記号が便利であり，以下でも繰り返し利用するので注意しよう．）

　ある財と別の財が一定の比率で代替されるときには2つの財は**完全代替的**であるという．したがって，2つの財が完全代替的ならば，図3.10で示すように，その間の無差別曲線は右下がりの直線になる．

　現実の経済において，完璧な完全代替的な財のペアを見つけるのは容易ではない．もっとも完璧に近い例の1つとして，10円硬貨と50円硬貨のペアを考えよう．この場合，1個の50円硬貨はほぼ確実に5個の10円硬貨と代替できる．ほぼ確実にといったのは，10円硬貨と50円硬貨とでは，用途が少し異なっており，たとえばお釣りを50円硬貨1つでほしいか，10円硬貨5個でほしいかは人によっても，場合によっても違うかもしれない．つまり，5個の10円硬貨と1個の50円硬貨とが完全に無差別であるとは言い切れない．

　財XとYが完全代替的な場合，無差別曲線がXとYの消費量の間の直線で示されると考えることができる．言い換えると，効用関数が，正の係数 $\alpha > 0$ と $\beta > 0$ によって，

$$u = U(\alpha x + \beta y) \qquad (3.25)$$

という形にかける．この例では，Xの消費量の減少1単位につき，α/β 単位の

Yを増やせば，XとYが代替される（つまり，同じ効用水準を達成できる）．

設問 3.4 上の例で考えた，10円硬貨と50円硬貨の効用関数を効用がお金で計れると仮定して求めよ．

どのような場合でも必ず一定の割合で使われなくてはならないような財のペアも考えることができる．例として，靴をとって考えてみよう．靴は左右1つずつ揃わないとまったく意味をもたない．たとえば，右の靴が2つと左の靴が1つあっても，右靴1つが余ってしまう．また右靴が1つのときに，左靴が3つあっても，左が2つ余ることになる．このように靴の場合，右靴と左靴を別々に考えると，かならず，1対1の割合で消費されている．

図3.11では，右靴をX，左靴をYと考えて無差別曲線群が描かれている．片方の靴が1つある場合には，もう片方も1つありさえすればよく，それ以上いくつあっても，両方が1つずつ揃っている場合と同じ効用しか与えない．したがって，無差別曲線はL字型になり，45度線上で折れ曲がっていることになる．

このように，L字型の無差別曲線群を構成するような財のペアは**完全補完的**であると言われる．片方の財があっても，もう片方も使って互いの足りない部分を補完しなければ，財として全く役に立たないという意味である．

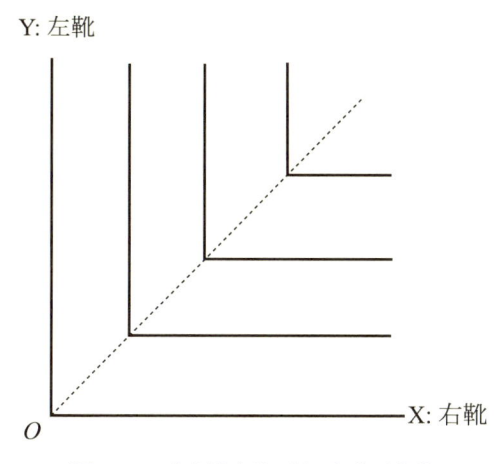

図 **3.11** 完全補完財の間の無差別曲線

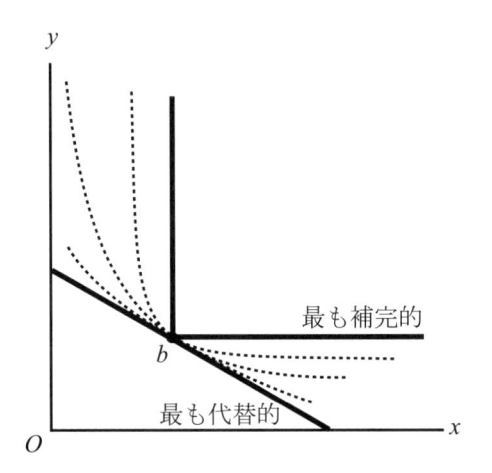

図 3.12 代替性，補完性の強さ

財 X と Y が完全補完的な場合，2 つの財の間の効用関数は

$$u = U(\min\{\alpha x, \beta y\}) \tag{3.26}$$

と表現することができる．ここで，$\min\{a,b\}$ というのは a と b の小さいほうの値を指している．また，a と b が等しい場合には，$\min\{a,b\}$ は $a = b$ の値それ自身のことである（たとえば，$\min\{4,5\} = 4$ であり，$\min\{3,3\} = 3$ である）．この場合，1 単位の X について，α/β 単位の Y が必ず消費される．

ふつうの場合，2 つの財は完全代替と完全補完の中間の関係をもつと考えられる．この場合，無差別曲線は直線と L 字型の中間になり，これまで見てきたような，原点に向かって凸の形をしている．2 つの財の代替性が強いほど無差別曲線は直線に近く，補完性が強いほど L 字型に近いと言ってよい．図 3.12 では，消費バスケット b を通るさまざまな無差別曲線がもっとも代替性の強い直線のものから，もっとも代替性の弱い L 字型のものまで並べて描いてある．

3.4 顕示選好

前節で指摘したように，効用は消費からの心理的満足感を示す尺度なので，実際に計測するのは困難である．他方，無差別曲線図や総支払用意関数で示され

る選好関係は計測が不可能ではない．無差別曲線図を描くためには，消費ベクトルのペアを提示して実際に選んでもらうという実験を，何度も，繰り返し行えばよいわけである．しかし，そのような実験によって，消費者の選好を実際に記述するのはそれほど簡単ではない．実験の際の意思決定と実際の経済活動における意思決定が同じである保証はないからである．また，自分の本当の選好にもとづいて真剣に実験に協力してくれるかどうかもわからない．

このような観点に立つと，実験に頼らず消費者の経済活動から直接的にその消費者の選好に関する情報を汲み取ることができないかと考えてみるのも有意義である．そのための手法を与えるのが**顕示選好**の理論である．

3.4.1 初鰹かトンカツか

顕示選好の理論は非常に簡単な直感にもとづいている．はじめに次のような例を考えてみよう．

毎年，初夏は初鰹の季節である．初鰹の刺し身は高価ではあるが，季節感があってそれを食べるのを楽しみにしている人は多い．ある年，あなたは初鰹に2000円支払ったとしよう．1回の夕食のおかずに2000円も払うならば，他にもいろいろのものが食べられるはずである．たとえば，その日は鰹の刺し身にしようかトンカツにしようか迷ったと仮定しよう．トンカツならば家族全員のために買っても1000円の出費ですむとする．

次の年になれば，また初鰹の季節が巡ってくる．今年も，去年と同様に初鰹にするかトンカツにするかと迷ったけれども，結局，1000円払ってトンカツを食べることにしたと仮定する．このとき，今年の初鰹の値段，あなたの所得や家族の選好などについて何か言えることがあるだろうか．

この問の第1の答えはあなたの家族にとっては，初鰹の季節には，1度は夕飯のおかずに初鰹を食する方がトンカツよりも好ましいということである．そうでなければ，トンカツを買うことができたにも関わらず高いお金を出して初鰹を買った理由が合理的に説明できない．

次に，もし家族の選好に変化がなかったのならば，今年の初鰹の値段 P は2000円以下ではありえないという事実もわかる（つまり，$P > 2000$ だということである）．去年は，2000円払って初鰹にするか，1000円払ってトンカツにし

て1000円分の節約をするかという2つの選択肢を考えた上で鰹を選択したわけである．したがって，もしも今年の初鰹が2000円以下であれば，今年も，トンカツに1000円払う代わりに初鰹を買っていたはずである．したがって，家族の選好に変化がなければ，鰹の値段は2000円以下ではない．トンカツを買わざるを得なかった理由は，今年はあなたの懐具合がさびしくて，鰹には手が出なかったか，鰹が高すぎて断念したかのどちらかであろう．

以上の説明からもわかるように，市場における消費者の活動に関するデータはその消費者の選好に関する情報を顕示する性質を持つ．この意味で，市場活動のデータだけから論理的に演繹された消費者の選好関係は顕示選好と呼ばれる．

3.4.2 選好の顕示

前項で検討したような直感を整理したのが顕示選好の理論である．説明のために，財Xの価格をp，財Yの価格をqと記述することにしよう．顕示選好の理論は，実際に，市場で観察されるデータにもとづくものである．つまり，ある価格ベクトル(p,q)が市場で成立しているときに，ある消費者Aがどのような消費ベクトルを選択するかというデータに基づいて理論が構築される．そこで，価格ベクトルとその時に選択される消費ベクトルのペアを$\delta = (x,y,p,q)$と書いて，消費データと呼ぶことにしよう．

前項の例にもどって，初鰹を財X，トンカツを財Yと考えよう．はじめの年には，初鰹が1尾$p' = 4000$円，トンカツは1枚$q' = 250$円で売っていたと仮定した．はじめの年には，トンカツはやめて$(y' = 0)$，鰹を片身$(x' = 0.5)$買ったので，その年の消費データは

$$\delta' = (0.5, 0, 4000, 250) \tag{3.27}$$

と書ける．また，片身の鰹の消費バスケットは$b' = (x', y') = (0.5, 0)$である．家族が4人いて，トンカツをおかずにするならば，4枚必要であるとしよう．4枚のトンカツを含むバスケットは$b'' = (x'', y'') = (0, 4)$である．

鰹を買った年には，4枚のトンカツを買うこともできたことは明らかである．

$$\text{トンカツへの出費} = 250 \times 4 < \text{鰹への出費} = 4000 \times 0.5 \tag{3.28}$$

という関係があるからである．では，鰹のバスケット b' とトンカツのバスケット b'' のどちらが望ましかったのだろうか．トンカツのバスケットの方が望ましいとしたら，鰹のバスケットを選んだはずはない．したがって，そういうことはありえない．また，2つのバスケットが無差別だったはずもない．2つが無差別ならば，トンカツを買えば，鰹よりも少ない出費でおかずが買えたので，余ったお金でいつもより厚いトンカツを家族に食べさせてあげることもできたはずだからである．したがって，鰹のバスケットの方がトンカツのバスケットよりも強い意味で好ましくなくてはならず，

$$(0.5, 0) \; P \; (0, 4) \tag{3.29}$$

という関係が成立する．

この事実が示すように，ある消費者の消費に関して，たった1つの消費データ $\delta = (x, y, p, q)$ が手元にあるだけでも，その消費者の持つ選好について一定の情報をもたらしてくれる．次に，この情報がどのようなものかを考えてみよう．

消費データ δ' では，初鰹が2000円で購入されたことが示されているので，初鰹を買ったときには，どんな消費バスケットでも2000円以下で購入できる限り，消費することができたと考えられる．ここでは，初鰹（X）とトンカツ（Y）だけを考慮の対象にしているので，鰹の購入量を x, トンカツの購入枚数を y とおくと，鰹の単価が4000円，トンカツの単価が250円なので，鰹を選んだ年には，

$$4000x + 250y \leq 2000 \tag{3.30}$$

という関係を満たすバスケット $b = (x, y)$ ならば，どれでも購入可能であった．この関係を満たす消費バスケット b を全部集めた集合を集合 B と書くことにしよう．第1.2節の言葉づかいによれば，集合 B は鰹の購入を選択した年の選択肢の実行可能集合である．

次に，この実行可能集合 B を消費平面の中に図示してみよう．まず，(3.30)を等号で満たす場合を考え，

$$4000x + 250y = 2000 \tag{3.31}$$

という関係を満たすバスケット (x, y) を図示しよう．そのためには，(3.31)

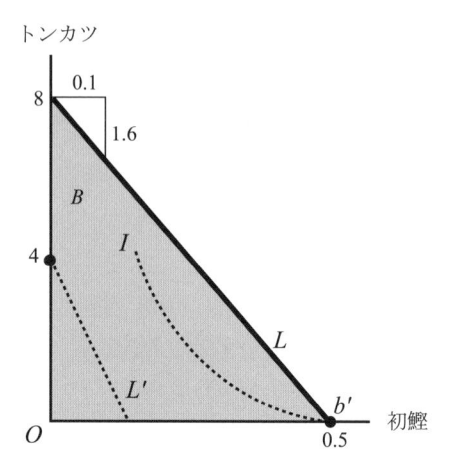

図 3.13 初鰹かトンカツ

で $y = 0$ とおいて，そのときの x の値（つまり，$x = 0.5$）を求め，図 3.13 の横軸上の 0.5 の点を取る．次に，$x = 0$ とおいて，そのときの y の値（つまり，$y = 8$）を求め，図 3.13 の縦軸上の 8 の点を取る．こうしてできる横軸上の点と縦軸上の点を結んだ直線 L によって，(3.31) を満たすバスケットの集まりが示される．

この事実を説明するためには，(3.31) を変形して

$$y = -16x + 8 \tag{3.32}$$

と書くとよいだろう．この関係は x を 1 増やすごとに y が必ず 16 減少することを意味している．つまり，x と y の関係は傾き -16 の直線で示されるということである．経済学的に言えば，関係 (3.32) を満たすようにバスケットを組み替えるならば，鰹とトンカツへの出費は 2000 円ピッタリに留めておくことができる．鰹の消費を 0.1 尾分増やすごとに，1.6 枚のトンカツを諦めなくてはならないということである（鰹 0.1 尾につき，トンカツ 1.6 枚という数字は鰹の**相対価格**と呼ばれる．相対価格の概念は非常に重要なので，次章で改めて検討する）．

直線のグラフを決定するためには，傾き以外に，その直線が通る点を 1 つ決定すればよい．そこで，x がゼロの場合を考えれば，y の値は 8 なので，図 3.13

の縦軸の $y=8$ の点を通るということである.直線が縦軸と交わる点は**縦軸切片**と呼ばれる(横軸と交わる点は**横軸切片**である).図3.13に示すように,1次式(3.32)の示す直線は縦軸切片を8とし,傾きが -16 の直線 L である.横軸切片は(3.32)で $y=0$ とおけば求まり,$x=0.5$ であることもわかる.

等式(3.31)を満たすバスケットの集まりというのは総額2000円の出費で購入できるバスケットの集まりである.また,不等式(3.30)を満たすバスケットの集まりというのは2000円以下の出費で購入できるバスケットの集まりである.前者が図3.13の直線 L で描けるので,後者は直線 L とそれよりも下側の領域で描けるということになる.以上の分析より,条件(3.30)を満たす消費バスケット (x,y) の集まり B は図のグレーに塗った三角形 B で示すことができる.

三角形 B に含まれる消費バスケットならばどれをとっても,初鰹のバスケット $(0.5,0)$ を買う代わりに,買うことができたはずである.それにも関わらず,初鰹のバスケット $(0.5,0)$ を購入したというのは,その方が望ましかったため,と考えてよい.より厳密に言うと,三角形 B の中で直線 L よりも下にある消費バスケットは初鰹のバスケット $(0.5,0)$ ほど望ましくはないということである.そのようなバスケットは2000円未満の出費で購入できるので,初鰹のバスケットと同程度以上に望ましいならば,初鰹のバスケットを購入することはなかったはずだからである.そうしていれば,初鰹のバスケットと同程度以上に望ましいものが購入でき,お釣りがきたはずだということである.

以上の議論からわかるように,図3.13の三角形 B の内部にある消費バスケットと比べると,初鰹のバスケット $b'=(0.5,0)$ の方が望ましい.したがって,バスケット b' を通る無差別曲線がグレーに塗った三角形 B と交わることはありえない.つまり,図3.13の曲線 I のような無差別曲線はありえない,ということを消費データ δ' は教えてくれている(顕示している)わけである.

3.4.3 顕示選好の理論*

顕示選好の理論は,選好や消費の分析の基礎を与えるものとして,非常に重要である.そこで,話は少し込み入ってしまうが,この理論を一般的な形で紹介しておこう.(込み入った話を避けたい読者のために,以下の部分は後回しにして,このまま第4章へ進むこともできるような構成をとっている.)

一般的な話をするために，消費者 A の行動を観察し，

$$\delta' = (x', y', p', q') \tag{3.33}$$

という消費データが得られたとしよう．つまり，X と Y の価格が p' と q' とであったときに，消費者 A は $b' = (x', y')$ という消費バスケットを購入したというデータが手元にあるとしようということである．

このとき消費者が X と Y に使ったお金は x' を購入するための $p'x'$ 円と y' を購入するための $q'y'$ 円を合わせた

$$M' = p'x' + q'y' \tag{3.34}$$

である．この場合，M' 円以下の消費バスケットならばどれでも買うことができたはずである．つまり，

$$p'x + q'y \leq M' \tag{3.35}$$

という関係を満たす消費バスケット $b = (x, y)$ ならば，どれでも購入できたわけである．そのなかでバスケット b' を選んだということは，(3.35) を満たすバスケットのうちに b' よりも望ましいものがあったはずはない．したがって，(3.35) を満たすバスケット b と比べると，b' の方がより望ましい($b'\,P\,b$)か，無差別($b'\,I\,b$)でなくてはならない．つまり，(3.10) で導入した記号を使うと，(3.35) を満たすバスケット b については $b'\,R\,b$ が成立しなくてはならない．

また，M' 円よりも小さい出費で買える消費バスケット $b = (x, y)$ については，実際に購入されたバスケット b' の方が強い意味で望ましいこともわかる．出費が M' 円より小さいということは

$$p'x + q'y < M' \tag{3.36}$$

だということである．この場合にも，上と同じ理由で，$b'\,P\,b$ か $b'\,I\,b$ かのどちらかが成立する．もし b' と b が無差別($b'\,I\,b$)ならば，(3.36) のもとでは，b を購入すれば b' を買うよりもお金を節約できたはずである．したがって，その節約分を利用すれば消費を増やすことができ，b よりも望ましい消費バスケットを購入できたはずである．このバスケットは(b' と b が無差別なので）b' よりも望

ましい．したがって，b' が購入されることはありえない．これは b' を選んだという最初の仮定と矛盾するので $b'\,I\,b$ でない．つまり b' は (3.36) を満たすバスケット b よりも強い意味で望ましくなくてはならないので，$b'\,P\,b$ である．

以上の分析の結果は次のようにまとめることができる．

定理 3.1 財 X と Y の価格が p' と q' であるときに消費バスケット $b'=(x',y')$ が購入されるならば，次の 2 つの性質が成立しなくてはならない．

$$p'x + q'y \leq p'x' + q'y' \quad \text{ならば} \quad (x',y')\,R\,(x,y). \qquad (3.37)$$
$$p'x + q'y < p'x' + q'y' \quad \text{ならば} \quad (x',y')\,P\,(x,y). \qquad (3.38)$$

図 3.13 のような図を使って，この定理を説明しよう．消費者が $b'=(x',y')$ を購入するという意思決定を行った際には，(3.34) の M' 円以下で購入できる消費バスケットは，どれも実行可能集合の中に入っていたと考えられる．この実行可能集合は

$$p'x + q'y \leq M' \qquad (3.39)$$

という関係を満たすバスケット $b=(x,y)$ の集合である．この集合を簡単に図示するためには，(3.39) を等号で満たす 1 次式を (3.32) のように変形してもよい．もっと簡単な方法は，その 1 次式の横軸切片と縦軸切片を見つけ，直線で結べばよい．その直線上と下側の部分が (3.39) が満たされる領域である．横軸切片は (3.39) で $y=0$ とおけば，$x=M'/p'$ と求まり，縦軸切片は $x=0$ とおけば，$y=M'/q'$ と求まる．したがって，図 3.14 で示すように，(3.39) を満たす領域は横軸の M'/p' と縦軸の M'/q' を結んだ線分 L より下の三角形の領域 B' で示される．

上の例でも見たように，消費者 A がバスケット b' を購入するという意思決定を行った際には，この消費者の実行可能集合が図 3.14 の三角形 B' であったと考えられる．その中にあるいろいろな消費バスケットと比較して，b' という消費バスケットを選択したわけである．そうだとすると，消費者 A の b' を通る無差別曲線が線分 L と交差してはならないことになる．もし，図 3.14 で，点線 I で示したような無差別曲線が b' を通るとすると，点 b'' のように，b' よりも

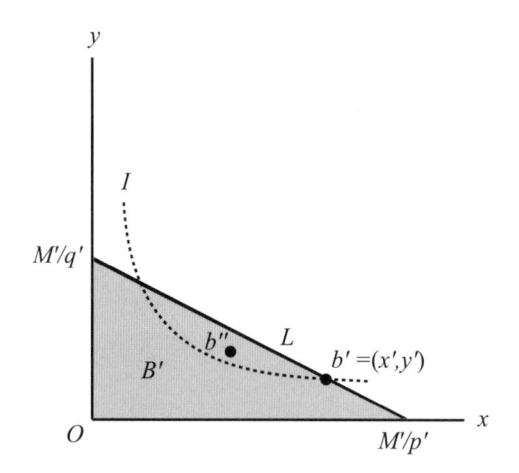

図 3.14 消費データによる無差別曲線の形の顕示

望ましく，同時に実行可能なバスケットが存在していたことになってしまうので，バスケット b' が消費者 A によって選択されたはずがないからである．

以上の分析が示すように，X と Y の価格が p' と q' であり，そのとき x' 単位の X と y' 単位の Y が購入されるならば，点 b' を通る無差別曲線は直線 L より上方に位置していなくてはならない．

3.4.4 顕示選好の弱公準と無差別曲線の顕示*

前項で見たように，消費データ δ' は点 b' を通る無差別曲線が直線 L より上方に位置することを顕示している．しかし，そのような無差別曲線にも，X と Y が完全代替的な場合の直線の無差別曲線（つまり，線分 L 自身のことである）から完全補完的な場合の L 字型の無差別曲線（折れた点が b' にくる）まで千差万別のものがある．そこで出てくるのは，市場で観察される別のデータを使って b' を通る無差別曲線の形をもっと精密に知るできないかという疑問である．

無差別曲線のより詳しい形を知るためには，消費者 A のいろいろな時点で行った消費活動のデータから，実行可能集合 B' に入っているものを探してくるとよい．たとえば，図 3.14 が示す $b'' = (x'', y'')$ のような消費バスケットを購入したという消費データ

$$\delta'' = (x'', y'', p'', q'') \tag{3.40}$$

が見つかったとしよう．図 3.14 が示すように，バスケット b'' が三角形 B' の境界線の内側に入っているとするならば，$x = x''$ と $y = y''$ は (3.36) の不等式を満たしている．つまり，

$$p'x'' + q'y'' < p'x' + q'y' \tag{3.41}$$

という関係が満たされている．この場合には，定理 3.1 にまとめたように，消費バスケット b' の方が b'' よりも強い意味で望ましい（つまり，$b' P b''$ である）．したがって，バスケット b'' の方を購入した時点では，b' は実行可能集合に入っていなかったと考えざるを得ない（そうでなければ，b' の方を買っていたはずだからである）．つまり，(3.41) が成立するならば，

$$p''x'' + q''y'' < p''x' + q''y' \tag{3.42}$$

という関係も成立しなくてはならない．

　言い換えると，バスケット b' を購入したときにそれよりも安い費用で購入することができたバスケット b'' を別の機会に購入したとするならば，その別の機会には b' の方は（財の価格が高すぎたか所得が小さすぎたかで）購入できなかったと考えざるを得ない．消費の理論では，この結論は**顕示選好の弱公準**と呼ばれる．この公準は「(3.41) が成立するならば，(3.42) も成立する」という命題として表現されるのが普通である．はじめに検討した例では，初鰹を買った年にトンカツも買えていたとすると，初鰹はやめてトンカツにした年には初鰹を買うお金がなかったか価格が高すぎたかで買えなかったはずだと考えた．これは弱公準の考え方を応用したものである．

　顕示選好の弱公準を満たすような 2 組のデータを見つけることができれば，はじめに選択されたバスケット b' を通る無差別曲線の形をより正確に知ることができる．バスケット b'' が選択されたときの実行可能集合の中にはじめのバスケット b' が入ることはありえないからである．バスケット b'' が選択されたときの費用と同じかそれ以下で購入できる消費バスケットを $b = (x, y)$ とすると，x と y は

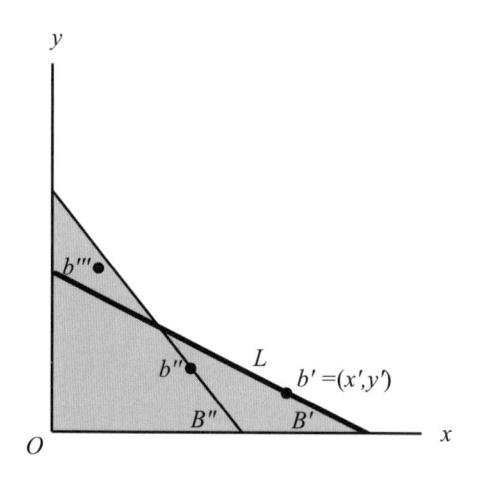

図 3.15　顕示選好の弱公準を使った無差別曲線の顕示

$$p''x + q''y \leq p''x'' + q''y'' \tag{3.43}$$

という関係を満たさなくてはならない．この関係を満たす消費バスケットの集まりは図 3.15 の三角形 B'' で示される．この三角形がはじめの消費バスケット b' を含むことはありえないということを関係 (3.42) は意味している．さらに，定理 3.1 によれば，三角形 B'' に入る消費バスケット b''' が b'' より好ましいということはない（つまり，$b'' R b'''$ である）．はじめに見たように，b' は b'' よりも好ましい ($b' P b''$) のだから，b' は b''' よりも好ましいことになる．したがって，b' を通る無差別曲線は (B' だけでなく) B'' という三角形とも交わってはならないことになる．つまり，b' を通る無差別曲線は図 3.15 のグレーに塗った部分よりも上方に位置していなくてはならない．

　このようにして，三角形 B' の中に入っている消費データをいくつも探し出し，それぞれの価格データを見つけることで，b' を通る無差別曲線が位置することのできる領域を狭めていくことができる．

　次のテーマに移る前に，三角形 B' の中に入る消費データのすべてが無差別曲線の通る領域を狭めるのに役立つわけではないことに注意しておこう．説明のために，初鰹とトンカツの例に戻ってみよう．これまでの設定によれば，初鰹を選んだ年の消費バスケットは $(x', y') = (0.5, 0)$ であり，その時の価格

は $(p', q') = (4000, 250)$ であった．また，トンカツを選んだ年にはトンカツ 4 枚を 1000 円払って購入したと考えられる．したがって，消費バスケットは $(x'', y'') = (0, 4)$ であり，トンカツの単価は $q'' = 250$ 円ということである．したがって，トンカツを選んだ年の初鰹の価格を p'' 円とすると，顕示選好の弱公準 (3.42) から，

$$1000 = p'' \times 0 + 250 \times 4 < p'' \times 0.5 + 250 \times 0 = 0.5 p''$$

という関係が成立しなくてはならない．つまり，トンカツを選んだ年には，初鰹のバスケットは実行可能集合に含まれていてはならない．また，その年の実行可能な消費バスケットは，(3.43) から，

$$p'' x + 250 y \leq p'' \times 0 + 250 \times 4 = 1000$$

という条件を満たすものでなくてはならない．この実行可能集合は，図 3.13 において，縦軸の 4 を通り，横軸の 0.5 より低い点と交わる点線 L'，縦軸，横軸で囲まれる三角形である．この三角形は初鰹を選んだ年の実行可能集合 B の中に完全に含まれているので，初鰹を購入した年の無差別曲線の領域を狭めるものではない．

設問 3.5 2 つ上の不等式から，鰹 1 尾の単価は $p'' > 2000$ という関係を満たさなくてはならない．したがって，トンカツを買った年の鰹半身の値段は 1000 円より大きい．他方，第 3.4.1 節の議論からは，鰹半身の値段は 2000 円より大きいという結論が出る．この 2 つの結論の違いを，弱公準にもとづいて，整合的に説明せよ．（ヒント：第 3.4.1 節の議論では，トンカツを買っていれば，1000 円という現金が手元に残ることも考慮している．つまり，鰹，トンカツ，現金という 3 次元の消費ベクトルを扱っていたと考えればよい．）

設問 3.6 トンカツを買った年に初鰹も買っているならば，初鰹を買った年の無差別曲線の形の決定に追加的情報をもたらす可能性がある．たとえば，トンカツを買った年に，5 分の 1 尾分の鰹の刺し身も買っていたとしよう．そのときの鰹の価格がどんな範囲にあれば，追加的情報をもたらすか．

3.4.5 顕示選好の強公準と無差別曲線の顕示*

ここまでは，バスケット b' が買われたときにも購入可能であったバスケット $b'' = (x'', y'')$ が買われたときのデータ $\delta'' = (x'', y'', p'', q'')$ が，b' を通る無差別曲線の形に関して，どのような情報をもたらしてくれるかを考えた．しかし，b' が買われたときには購入可能ではなかった消費バスケット b''' が買われたときの消費データ

$$\delta''' = (x''', y''', p''', q''') \tag{3.44}$$

でも，b'' が買われたときには購入可能であったとすれば，b' を通る無差別曲線の形に関する追加的な情報をもたらしてくれる．

説明のために，図 3.15 の $b''' = (x''', y''')$ を含む消費データがあるとしよう．この点は三角形 B' の外側にあるので，b' を購入したときには，購入できなかったはずである．しかし，三角形 B'' の中には入っているので，b'' を買ったときには購入することもできたものである．つまり，不等式 (3.42) だけでなく，

$$p''x''' + q''y''' < p''x'' + q''y'' \tag{3.45}$$

という関係も成立する．したがって，(3.42) からバスケット b' は b'' より好ましく，(3.45) から b'' は b''' よりも好ましいので，b' は b''' よりも好ましいことがわかる（つまり，$b' \, P \, b'''$ である）．したがって，b''' を買ったときには b' が購入できたはずがないので，

$$p'''x''' + q'''y''' < p'''x' + q'''y' \tag{3.46}$$

という関係が成立しなくてはならない．したがって，b''' を購入したときに実行可能であった消費バスケットの集まりを B''' で示すと，図 3.16 に示すように，B''' は b' も b'' も含まない．また，b' を通る無差別曲線は三角形 B''' と交わることもないので，図 3.16 のグレーに塗った部分の上方に位置しなくてはならないことがわかる．

以上で示したように，条件 (3.41) と (3.45) が成立するならば，(3.46) も成立する．この命題は，顕示選好の弱公準と対比して，**顕示選好の強公準**と呼ばれ

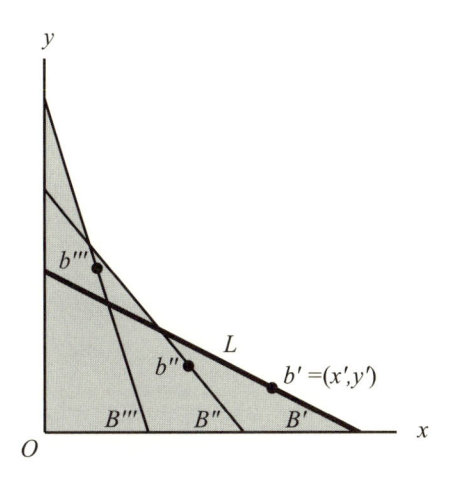

図 **3.16** 顕示選好の強公準を使った無差別曲線の顕示

るものである．3種類の財の消費に議論を拡張して強公準を説明すれば，初鰹を買った年には鯛の刺し身は買うことができなかったとしても，トンカツを買った年に鯛を買うこともできたとすれば，夕飯のおかずを鯛にしようと決めた年には初鰹は買えなかったはずだということになる．

以上の説明が示すように，十分な数の消費データが存在すれば，顕示選好の弱公準や強公準を利用して，非常に正確に無差別曲線の形を知ることができる．最後に，時間とともに選好が変化しないという仮定と消費者は価格受容者であるという仮定に上の分析はもとづいていることを指摘しておこう．

設問 3.7 もし，消費者の選好が時間とともに変化したり，消費者が価格受容者ではないならば，上の議論は成立しないことを説明せよ．

3.4.6 国民所得統計と顕示選好*

2つの消費データ δ' と δ'' が存在したとき，どちらの消費活動の方がより望ましいのかを示す指標が作れないかという疑問が出てきて当然である．去年の経済活動と今年の経済活動とを比べて，どちらがどの程度活発であったかを示す指標が欲しいというわけである．このような疑問に答えるために，**実質国民所得**という概念が考案されている．実質国民所得の計算の基礎にも顕示選好の

理論がある．

実質国民所得の概念は消費の効用がより高いことをもって経済活動がより活発であるとみなすという考え方にもとづいている．2つの消費データ

$$\delta' = (x', y', p', q') \quad と \quad \delta'' = (x'', y'', p'', q'') \tag{3.47}$$

が存在するとしよう．この2つの消費データから，それぞれの消費ベクトルの価値を計算して，

$$M' = p'x' + q'x' \quad と \quad M'' = p''x'' + q''y'' \tag{3.48}$$

という2つの値を比べても，2つの消費活動 (x', y') と (x'', y'') の活発さを比較するためには意味がない．支出 M' が M'' よりも大きいとしても，価格 p' や q' が価格 p'' や q'' よりも大きかったためかもしれない．そうだとしたら，X の消費量も Y の消費量も δ' の方が小さかったとしたも，M' の方が M'' よりも大きい可能性もある．その場合には，δ' における消費活動の方が δ'' よりも活発だったとは言いがたい．

このような問題に対処するためには，片方のデータの価格で両方の消費バスケットの価値を比べればよい．たとえば，δ' の価格データで両方の消費ベクトルを評価すれば，次のどれかが成立する．

$$p'x' + p'y' > p'x'' + p'y'', \tag{3.49}$$

$$p'x' + p'y' = p'x'' + p'y'', \tag{3.50}$$

$$p'x' + p'y' < p'x'' + p'y''. \tag{3.51}$$

顕示選好の理論によれば，定理 3.1 より，(3.49) が成立すれば，(x', y') の方が (x'', y'') より望ましい消費ベクトルである．したがって，δ' のときの方が消費活動が活発だったと考えてもよい．図 3.17 に，もう 1 度，図 3.14 で描いた条件 (3.39) を満たす実行可能集合を三角形 B' で示すと，図 3.17 の b_A のような直線 L より下に位置する点で (3.49) を満たす (x'', y'') が示される．この場合，$b' = (x', y')$ の方が b_A より望ましいのは図からも明らかだろう．

条件 (3.50) や (3.51) が成立するときに，(x', y') と (x'', y'') のどちらが望ましいかを判定するためには，無差別曲線が滑らかな曲線であるという性質を利

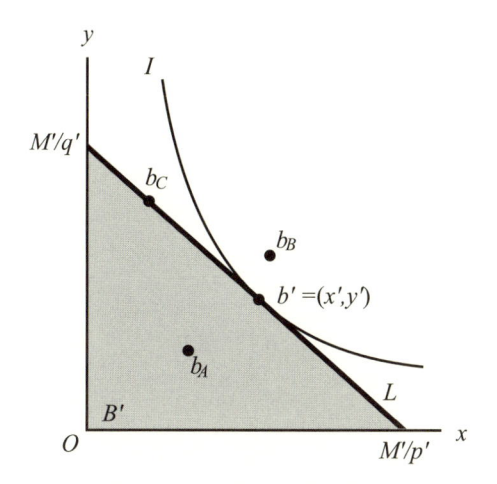

図 **3.17**　国民所得と効用水準

用すればよい．図 3.13 でも説明したように，価格が p' と q' であるときに選ばれた消費ベクトル $b' = (x', y')$ を通る無差別曲線 I は三角形 B' と交わってはならない．つまり，図の直線 L に接していなくてはならないということである．

滑らかな無差別曲線 I が (x', y') で L に接しているということは，(x', y') に十分近い領域では無差別曲線 I の形と直線 L の形がほぼ同じであるということである．条件 (3.51) を満たす消費点 (x'', y'') は，図 3.17 の点 b_B のように，直線 L よりも上方にある．無差別曲線が滑らかなので，b_B が (x', y') に十分近いならば，b_B は無差別曲線 I よりも上方になくてはならない．つまり，b_B が $b' = (x', y')$ に十分近いときに (3.51) が成立するならば，δ'' のときの方が消費が活発だった（効用が高かった）と考えてもよい．

また，無差別曲線が原点に向かって滑らかに湾曲しているならば，無差別曲線 I と直線 L は (x', y') ただ 1 点で接することになる．その場合，(3.50) が成立して点 b_C が示すように (x'', y'') が直線 L 上にあったとしても，$b_C \neq b'$ ならば b' の方が高い無差別曲線上にあり，より活発な消費活動であった（効用が高かった）ことがわかる．

以上の例のように，国民所得統計では，ある年を定め（上の例では，δ' というデータが採られた年である），その年の消費データにおける価格（p' と q' のことである）を使ってその他の年の消費データの中の消費ベクトル（x'' と y'' の

ことである)の価値を計り,その年の実質国民支出を計算する.

計算方法には,過去のある年の消費データを利用して,その後の消費データを評価する**ラスパイレス型**のものと,今年の消費データを利用して,過去の消費データを評価する**パーシェ型**のものとがある.説明のために,δ' が過去のある年の消費データであり,δ'' が今年の消費データであるとしよう.そうすると,今年のラスパイレス型の国民所得指数は,過去の年の国民所得を 1 として

$$y_L = \frac{p'x'' + q'x''}{p'x' + q'y'}$$

と定義される.また,今年のパーシェ型の国民所得指数は,過去の年の国民所得を 1 として,

$$y_P = \frac{p''x'' + q''y''}{p''x' + q''y'}$$

と書ける.つまり,ラスパイレス型の国民所得指数は過去の年の価格 p' と q' でその年の消費ベクトルと今年の消費ベクトルを評価し,比べたものである.他方,パーシェ型の国民所得指数は今年の価格 p'' と q'' で過去の年の消費ベクトルと今年の消費ベクトルを評価し,比べたものである.

物価水準も同じような方法で計算される.つまり,ラスパイレス型の物価指数は

$$\pi_L = \frac{p''x' + q''x'}{p'x' + q'y'}$$

と定義され,パーシェ型の物価指数は

$$\pi_P = \frac{p''x'' + q''y''}{p'x'' + q'y''}$$

と定義される.ラスパイレス型の物価指数は過去のその年の消費ベクトル (x', y') を今年の価格 p'' と q'' で買うとしたら,その年の何倍の費用がかかるかを示している.他方,パーシェ型の物価指数は今年の消費ベクトル (x'', y'') を過去の価格 p' と q' で買っていたら,現在の消費は過去の何倍の金額になっていたかを計算している.

第 4 章
効用最大化からみた消費行動

4.1 消費の実行可能性と予算制約
    4.1.1 予算制約式
    4.1.2 相対価格と機会費用
4.2 効用最大化モデルと需要
    4.2.1 最適消費バスケットと効用最大化の 1 次条件
    4.2.2 効用最大化と限界原理
    4.2.3 限界代替率と効用最大化の 1 次条件
    4.2.4 需要関数と間接効用関数
4.3 最適消費バスケットの比較静学
    4.3.1 一般インフレと消費のゼロ次同次性
    4.3.2 所得の上昇
    4.3.3 価格の下落
4.4 需要の法則をめぐって
    4.4.1 需要の法則と交差効果
    4.4.2 完全代替財，完全補完財における交差効果
    4.4.3 需要の弾力性
    4.4.4 余暇の需要と労働の供給
4.5 効用最大化と消費者余剰最大化
    4.5.1 一般化された消費者余剰最大化モデル
    4.5.2 部分均衡分析の仮定
    4.5.3 総支払用意と総補償要求*
    4.5.4 部分均衡分析の条件*

　本章で見るように，消費の一般理論では消費者は**予算制約**のもとで効用を最大化する消費バスケットを選び，消費を行うと想定される．この行動基準を**効用最大化仮説**と呼んで，第 2 章で紹介した消費者余剰最大化仮説と区別しよう．本章では，効用最大化仮説のもとでの消費行動の性質を説明し，最後に消費者

余剰最大化仮説のもとでの消費行動と比較する.

第1章で見たように,消費者がインフォームド・デシジョン(知悉的意思決定)を行うためには,合理的選択の4つのステップを踏む必要がある.つまり,(1)消費者の選択肢の空間を確定し,(2)それらの選択肢が消費者によってどう評価されるのかを考え,(3)選択肢の実行可能性集合を確定した上で,はじめて(4)自分の選択肢を選ぶことができる.

消費における知悉的意思決定では,これらの4つのステップを以下のように言い換えてもよいだろう.

消費のステップ1:何を購入対象としているのかを考える.
消費のステップ2:購入対象の品質を検討し,評価する.
消費のステップ3:自分にとって何が購入可能かを考える.
消費のステップ4:自分の買うものを定める.

消費者の行動を経済学的に分析するためには,それぞれのステップで消費者がどのような判断を下しているかを説明する必要がある.

前章において,消費バスケットの空間を消費者の選択肢の空間として紹介し,消費バスケットを評価する基準として選好や効用関数を導入した.つまり,ステップ1と2はすでに完了している.したがって,次に行うべきことは,ステップ3として,どんな消費バスケットの消費が実行可能なのかを考え,ステップ4として,その中からどのバスケットを選択するかを説明することである.

4.1 消費の実行可能性と予算制約

効用最大化仮説のもとでは,消費の実行可能性を制約するのは**予算**である.したがって,合理的選択のステップ3を検討するためには,消費者の予算の構造を検討する必要がある.

4.1.1 予算制約式

消費者の予算は所得に制約されると考えてよいだろう.いくらたくさん消費

がしたいからといっても，それに見合った所得がなくては不可能だということである．逆に，たくさん所得があったとしても，それを有効に使わなくては意味がない．どんなにミカンが好きだといっても，稼いだ所得をすべてミカンの購入にあててしまっては不合理で，ふつうの消費者はそんなことはしない．合理的な消費を行うためには，所得をいろいろな財にうまく振り分けて使う必要があるわけだ．そのためには，まず，どのように**予算**（budget）を立てるかを知る必要がある．

予算をたてるためには，どのような期間にわたる予算なのかを設定し，その期間にいくら支出できるかを決定しなくてはならない．その期間に支出できるお金が**予算総額**である．1年間の予算計画を立てる場合と今日1日の予算計画を立てる場合では予算総額が異なるのは当然である．次に，その期間に買おうと考えている財の種類を決定し，それぞれの価格（単価）を知る必要もある．たとえば，今日1日の予算を立てようとしているときには，今日，使えるお金の総額（予算総額）を定め，どのような財を買うのかを考え，それらの財の価格を調査する必要がある．こうした作業を完了してはじめて，予算総額からどれだけをそれぞれの財の購入にあてるかを考えることができる．

具体的な説明のために，第3.4節で考えた初鰹とトンカツの例に話を戻そう．第3.4節では，消費が行われた後に観察される消費データを使って無差別曲線の形状を知るために，初鰹とトンカツの例を利用した．以下では，それとは異なり，消費が行われる以前の状況を考える．つまり，今夜の夕飯のおかずの買い物に出かける直前である．

買い物に出かける直前に，今夜のおかずの予算総額は 2000 円であると定めたとしよう．お店に来てみると，値段表に，鰹の価格が1尾あたり4000円，トンカツの価格が1枚250円であると出ているとする．仮に，鰹の購入量を x 尾，トンカツの購入量を y 枚と書くと，総支出は $4000x + 250y$ 円である．はじめの予算総額は2000円なので，夕飯のおかずとして購入できる消費バスケット (x, y) は

$$4000x + 250y \leq 2000 \qquad (4.1)$$

という関係を満たさねばならない．この条件は**予算制約式**（budget constraint）と

呼ばれる．予算制約式を満たす消費バスケットをすべて集めた集合は**予算集合**と呼ばれる．第 1.2 節の言葉づかいをすれば，予算集合は実行可能集合と呼ぶこともできる．予算をちょうど使い切る場合には，

$$4000x + 250y = 2000 \qquad (4.2)$$

という 1 次式を満たさなくはならない．この式は**予算方程式**と呼ばれる．

第 3.4 節でも説明したように，予算方程式 (4.2) のグラフは直線なので，**予算線**と呼ばれる．この直線を図示するためには，$x = 0$ とおいて縦軸切片 $y = 8$ を求め，$y = 0$ とおいて横軸切片 0.5 を求め，2 つの切片をつないだ直線を描けばよい．図 4.1 では，図 3.13 と同様に，この直線がグレーに塗った三角形 B の斜辺 L で示されている．また，予算制約式 (4.1) を満たす予算集合は三角形 B である．この三角形 B が夕飯のおかずの選択における予算集合である．

一般的な場合の分析を行うために，M 円の所得を持つ消費者がいて，それをすべて財 X と Y の消費にあてると仮定して消費計画がどのように設定されるかを検討しよう．もしくは，X と Y を消費するための予算総額を M と決定している消費者がどのようにそのお金を X と Y に割り振るかを検討すると考えてもよい．

予算をたてるためには，X と Y の単価を知る必要がある．価格調査がすん

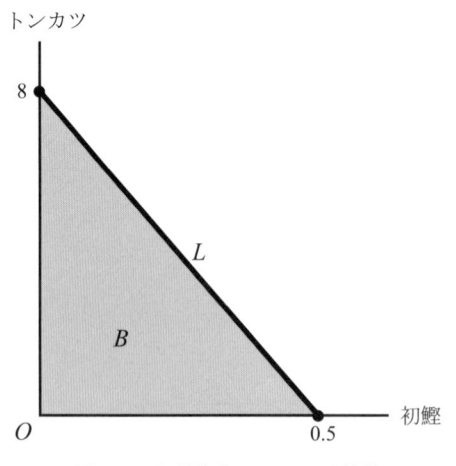

図 4.1 初鰹とトンカツの予算線

で，p と q が X と Y の単価であることが分かったとしよう．それぞれの財の消費量＝購入量を x と y と書いて，消費バスケット (x,y) を考えよう．このバスケットを購入するためにかかる費用（支出）は $px+qy$ 円である．この支出額は，はじめに定めた X と Y の購入のための予算総額 M 円を超してはいけない．つまり，価格 p と q および予算総額 M が与えられれば，購入可能な消費バスケット (x,y) は

$$px + qy \leq M \tag{4.3}$$

という条件を満たさなくてはならない．この不等式 (4.3) が一般的なケースにおける予算制約式であり，この予算制約を満たす消費バスケットの集合が予算集合である．予算総額を完全に使い切った状態では，

$$px + qy = M \tag{4.4}$$

という関係が成立する．これが予算方程式である．

　一般のケースでは，(4.4) において $y=0$ として横軸切片 $x=M/p$ を求め，$x=0$ として縦軸切片 $y=M/q$ を求め，2 つの切片をつないだ直線が予算線である．図 4.2 では，この予算線が直線 L で示されている．また直線 L の下側のグレーに塗った三角形 B が一般のケースにおける予算集合である．

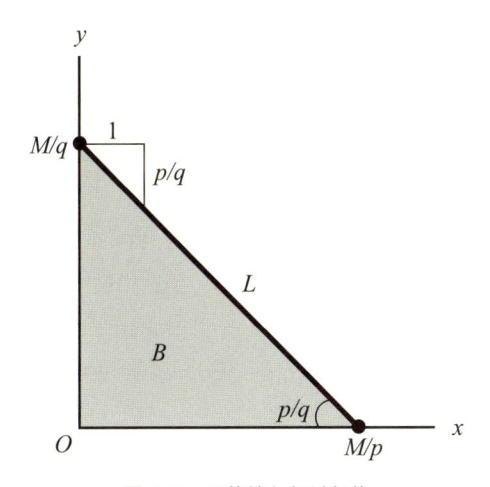

図 **4.2**　予算線と相対価格

4.1.2 相対価格と機会費用

経済学では，財 X と Y の間の価格比 p/q を Y で計った X の**相対価格**と呼ぶ．初鰹とトンカツのケースでは，鰹が 4000 円，トンカツが 250 円なので，鰹 1 尾につき 16 枚のトンカツというのがトンカツで計った鰹の相対価格である．これは，同じ金額（つまり，4000 円）を出すならば，鰹 1 尾を買う代わりにトンカツを 16 枚購入できることを意味している．トンカツ 16 枚という数字はトンカツで計った鰹の価値であると考えてもよい．お金で計った鰹 1 尾の価値が 4000 円だというのは誰でも認めるだろう．これは鰹を 1 尾消費するためには自分の保有しているお金のうちから 4000 円を手放さなくてはならないということを意味している．同様に，鰹の価値をトンカツで計るためには，鰹を 1 尾消費するために何枚のトンカツを消費する機会を犠牲にしなくてはならないかを知ればよい．それがトンカツ 16 枚という数字である．つまり，トンカツで計った鰹の相対価格（トンカツ 16 枚）を知れば，トンカツで計った鰹 1 尾の価値が分かるということである．それが相対価格の意味である．

上の例が示すように，総支出額 M を一定に保ったまま，X の消費を 1 単位増加するためには Y の消費を何単位か諦める必要がある．その諦めなくてはならない Y の量が Y で計った X の相対価格である．これは Y をお金と考えれば普通に理解できる．つまり，X の消費を 1 単位増加するためには，X の単価にあたる p 円のお金の保有を諦めなくてはならない．これがお金で計った X の価格である．もし，Y が財であったとしても，同じようなことが考えられる．1 単位だけ X の消費を増加させるためには，p 円のお金が必要である．総支出額を一定に保つために p 円分のお金を Y の消費を減らすことで捻出するためには，Y の単価が q 円なので p/q 単位の Y の消費を諦める必要がある．したがって，財 X の 1 単位につき Y の量にして p/q 単位というのが Y で計った X の相対価格である．

相対価格 p/q は予算線 L の傾きで示される．第 2.5 節や 3.4 節で説明したように，直線の傾きとはその直線上の横方向の変化 1 単位あたりに対する縦方向の変化のことである．したがって，縦軸切片 M/q を横軸切片 M/p で割った値（つまり，p/q）が傾きである．（予算線は右下がりなので，この傾きは $-p/q$ であ

ると言った方が数学的には正確である．しかし，以下では，話を簡単にするため p/q を予算線 L の傾きと呼ぼう．)

予算線 L の傾きが相対価格 p/q であるという事実は，支出総額 M を変化させることなく，消費バスケットの中味の構成を変化させるためには，X の増加 1 単位につき p/q 単位だけ Y の消費を減らさなくてはならないということを示している．支出総額を変化させずに消費バスケットを組み替えるためには，予算方程式 (4.4) が満たされるようにバスケットを組み替えなくてはならないからである．そのためには，予算線にそって消費バスケットを組み替えればよい．したがって，予算線の傾き p/q が消費バスケットの中の X を 1 単位増加させるごとに減らさねばならない Y の量を示している．つまり，予算線の傾きで (横軸方向にとった財の価値を縦軸方向にとった財で計った) 相対価格が示される．

以下の分析では，相対価格の単位が Y の単位と X の単位との比率であることを確認しておくことが重要になる．第 2 章でも触れたように，積 mn の単位と数 n の単位が分かっている場合には，m の単位は mn の単位と n の単位の比率であるとされる．相対価格の概念にもとづくと，x 単位の X に相当する Y の量は相対価格 p/q と X の量 x の積で示される．したがって，X の単位と相対価格の単位を掛け合わせたものが Y の単位であると考えられるので，相対価格の単位は Y の単位と X の単位の比率である．つまり，

$$\text{X と Y の相対価格の単位} = \frac{\text{Y の単位}}{\text{X の単位}}$$

である．

財 Y で計った X の相対価格は (Y で計った) X の **機会費用** であるという表現が用いられることもある．第 1 章で説明したように，ある選択肢を選ぶことで，もろもろの選択肢を選択する機会が喪失される．そのようにして選択機会が失われる選択肢の中で，もっとも望ましいものを機会費用と呼ぶわけである．

初鰹とトンカツの例を使って，機会費用が相対価格で示されるという意味を説明しよう．「このお金で夕飯のおかずに鰹かトンカツを買ってきて欲しい」と頼まれたとしよう．そのお金で鰹を x 尾買えるとしたら，(鰹の単価は 4000 円なので) 貰ったお金は $4000x$ 円である．したがって，鰹を買えば $4000x$ 円分のお金をトンカツに支出する機会を失う．(余ったお金は返さなくてはならない

としたら）失われた機会のなかで最も望ましいのは，(4000x 円のお金を 1 枚 250 円のトンカツに余さず使って) トンカツを 16x 枚購入することである．つまり，鰹とトンカツという選択肢を考えているならば，鰹をとれば 1 尾あたり 16 枚のトンカツを諦めなくてはならない．この 1 尾あたり 16 枚という数字が鰹を選ぶことの機会費用でもあり，鰹の相対価格でもある．

4.2 効用最大化モデルと需要

前節では，消費者の合理的選択のステップ 3 を説明した．最後に残るのは，ステップ 4——つまり，実行可能な選択肢の中からもっとも望ましいものを選ぶ——という行動を説明することである．

4.2.1 最適消費バスケットと効用最大化の 1 次条件

第 3.3 節で説明したように，消費バスケット (x,y) の消費から発生する満足感を計るのが効用関数 $u(x,y)$ である．効用最大化仮説のもとでは，予算制約 (4.3) を満たす消費バスケット (x,y) の中から，もっとも高い効用 $u(x,y)$ を得られる消費バスケットが消費者によって選ばれるとされる．第 1.2 節の記号を使うと，この行動は以下のようなモデルで記述される．

効用最大化モデル：

$$\max_{(x,y)} u(x,y) \text{ s.t. } px + qy \leq M . \tag{4.5}$$

第 1.2 節でも説明したが，この書き方の max というのは次にくる関数 $u(x,y)$（目的関数）の値を最大化せよという意味である．記号 max の下に書かれた (x,y) はその際に消費者が選択できる選択肢を示している．また，s.t. という記号のあとにくる式は選択肢 (x,y) が満たすべき制約条件である．つまり，予算制約 $px + qy \leq M$ を満たすような消費バスケット (x,y) の中から効用 $u(x,y)$ を最大にするものを選べというのが最適化問題 (4.5) の意図することである．

この最適化問題は**効用最大化問題**と呼ばれ，その解にあたる消費バスケットは**最適消費バスケット**と呼ばれる．つまり，最適消費バスケットとは予算内で

買えるバスケットのなかでもっとも望ましいもののことである．

効用最大化モデルを説明するために，第3.4節で考えた初鰹とトンカツの例をもう1度利用することにしよう．第3.4節の顕示選好の理論では消費データから無差別曲線の形状を見出す方法を考えるのがテーマであったが，効用最大化モデルの分析では与えられた無差別曲線図から最適消費バスケットを見つけるというのがテーマである．そこで，初鰹とトンカツに関して，消費者が図4.3の無差別曲線で示されるような選好を保有しているとしよう．

夕飯のおかずの選択における最適消費ベクトルを決定するためには，図4.3の無差別曲線図を図4.1の予算集合の図に重ね合わせて利用すればよい．そのようにしてできたのが図4.4である．より高い無差別曲線ほど高い効用水準に対応するので，最適消費ベクトルを決定するためには，予算集合の中の消費バスケットのなかでもっとも高い無差別曲線に乗っているものを見つければよい．したがって，最適消費バスケットは図の $b^* = (0.5, 0)$ である．つまり，鰹とトンカツへの選好が図4.4の無差別曲線で描けるならば，(4.1) の予算制約のもとでは片身の鰹を夕飯のおかずにするのが最適である．

以上の例では，最適消費バスケットに片方の財しか含まれない場合が考えられている．しかし，両方の財が含まれるケースも多い．そのようなケースを一般的な予算集合と無差別曲線の場合について考えておこう．たとえば，XとY

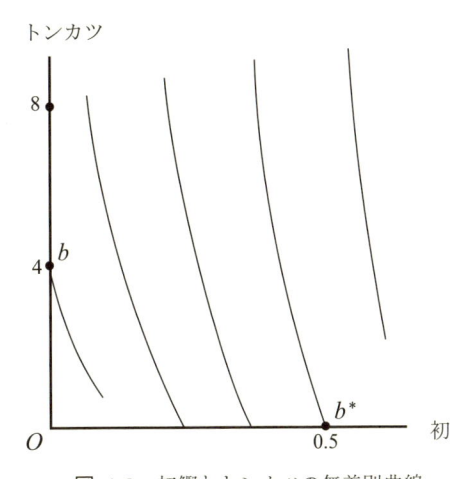

図 **4.3** 初鰹とトンカツの無差別曲線

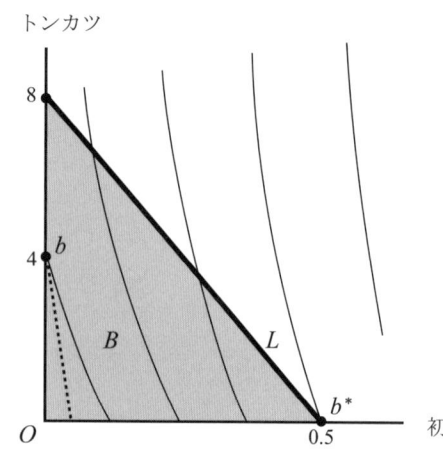

図 4.4　初鰹とトンカツの選択

の間に図 3.2 (b) の無差別曲線で示されるような選好を持つ消費者がいるとしよう．また，X の価格は p，Y の価格は q として予算制約式が (4.3) で与えられている．その場合，予算集合は図 4.2 のグレーに塗った三角形 B で示される．効用最大化問題の解を図示するためには，上の例と同様に，図 3.2 (b) の無差別曲線群のグラフを図 4.2 の予算集合のグラフと重ねあわせて使えばよい．図 4.5 は 2 つのグラフを重ねた図である．

　この図では，最適消費バスケットが点 E で示される．説明のために，それ以外の消費バスケットを考えてみよう．点 C で示されるような消費バスケットは予算制約を超過しており，最適化問題 (4.5) の解ではありえない．では，点 D で示される消費バスケットはどうであろうか．この点は予算集合の中に入ってはいるが，予算線より下に位置している．この場合，消費バスケットを組み替えて点 E の方向へ移動することで効用を増加させることができるので，最適ではない．たとえ，予算線の上に消費バスケットがあるとしても，点 S や T のように無差別曲線と予算線が交差するような点での消費バスケットを組むのも最適ではない．予算線にそって点 E の方向へ消費バスケットを組み替えることで，効用を高めることができるからである．このように考えると，予算線に無差別曲線の接する点 E が最適化問題 (4.5) を解く最適消費バスケットであることがわかる．つまり，予算制約のもとで効用を最大化するためには，

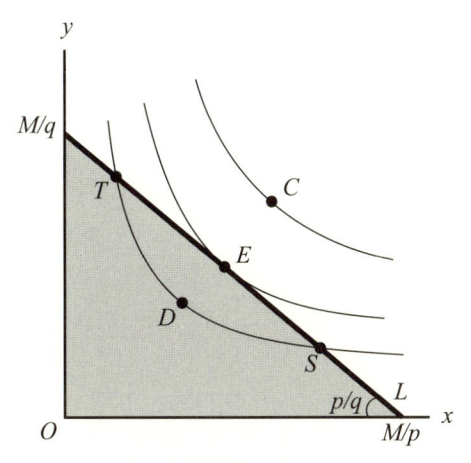

図 4.5 最適消費バスケット

効用最大化の 1 次条件：予算線に無差別曲線が接する

という条件が満たされなくてはならない．ふつう，この条件は効用最大化の 1 次条件と呼ばれる．（接するというのは同 4.4 の b^* における状態も含むことに注意しよう．）

4.2.2 効用最大化と限界原理

前項でみたように，効用最大化の 1 次条件は無差別曲線と予算線の接点が最適消費バスケットであることを示している．これは経済分析の基礎として非常に重要な条件であり，これに多くの経済分析が立脚している．しかし，図を使って条件を機械的に理解しただけでは日常の経済活動の指針としてはあまり役に立たない．紙と鉛筆を使って自分の予算線と無差別曲線図を描き接点を探してから買い物に出かける人はほとんどいないはずだし，そのような作業が日々の暮らしを改善するわけでもなさそうである．

それにも関わらず，経済学において，現実の経済活動の記述として効用最大化の 1 次条件が重視されるのは私たちの日々の経済活動の記述として適切だとみなされているからである．第 2.3.2 項で触れたような意味で，「真の経済人」の合理的な意思決定の結果を的確に捉えていると考えられているわけである．

では,「真の経済人」なら,どのような意思決定を行うのだろうか.この疑問に答えて,はじめて,無差別曲線と予算線が接するという効用最大化の1次条件の背後にある本当の意味の経済学を理解できる.

以下で見るように,「真の経済人」として消費バスケットを選択するためには,バスケットに含まれる品目の間の**相対限界支払用意**が**相対単価**に等しくなるように消費バスケットを設計する必要がある.これが前項でみた効用最大化の1次条件の背後にある経済学である.第2.4節で詳しく分析したように,消費者が消費者余剰最大化仮説に従うならば,財への限界支払用意 MW がその財の単価 p に一致するように財の消費量を決定する必要がある.それと同じような条件が1つのバスケットに含まれる財の間に成立するということである.

第2.4節で示したように,限界支払用意=単価という最適化の1次条件は限界原理によって説明できる.つまり,どのようなルールに従えば現状を改善できるかを考え,現状改善の余地が存在しない状態が達成されていれば現状を最適だとみなせるというわけである.そのようなルールは(総支払用意ではなく)限界支払用意にもとづいて形成されるというのが第2章のポイントである.

同じような限界原理によって効用最大化の1次条件を説明するためには,まず現状を設定し現状から少しだけ経済活動を変更したときの限界効果を調べる必要がある.そこで,すでに x 単位のXと y 単位のYを購入した状態を考えてみよう.つまり,$b=(x,y)$ というバスケットをすでに購入した状態である.

消費バスケットの選択における限界原理を説明するためには,相対限界支払用意と相対単価という考え方をきちんと説明する必要がある.

相対単価とは,前節で紹介した相対価格を正確に言い換えたものである.第2章で強調したように,物の単位あたりの価値を表現するためには価格という言葉よりも単価(単位価格)という言葉の方が正確である.相対単価の意味をもう1度考えるために,消費バスケット $b=(x,y)$ を組み替えて,Xの購入量を Δx 単位,Yの購入量を Δy 単位だけ変化させるとしよう.はじめの消費バスケット $b=(x,y)$ から支出総額を変更しないとすると,Xへの支出額の変化 $p\Delta x$ とYへの支出額の変化 $q\Delta y$ はちょうどバランスしなくてはならない.つまり,

$$-\Delta y = \frac{p}{q}\Delta x \qquad (4.6)$$

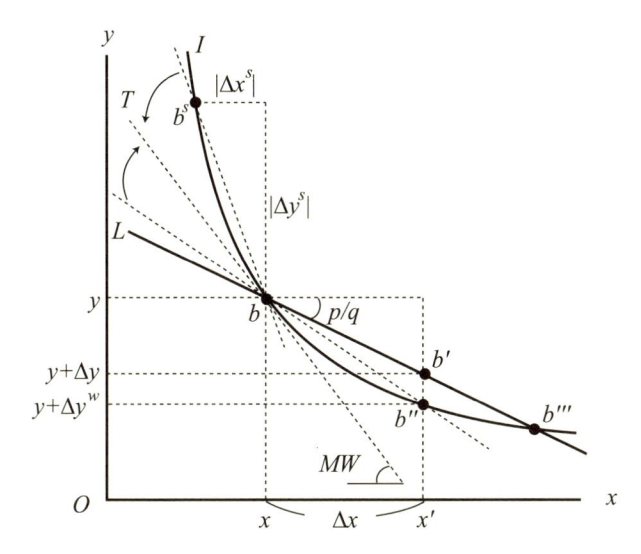

図 4.6 限界支払用意と限界代替率

を満たすように消費バスケットを組み替えなくてはならない．図4.6のようにYで計ったXの相対価格p/qをバスケット$b=(x,y)$を通る直線Lの傾きで示すと，支出総額を一定にとどめるならば，組み替え後の消費バスケット$b'=(x+\Delta x, y+\Delta y)$も直線$L$上にある．第(4.6)式が示すように，Xの消費を増加させるためには，Xの増加1単位あたりにしてp/q単位のYの消費を諦めなくてはならない．このp/qがYで計ったXの相対単価（相対価格）である．つまり，Δx単位だけXの消費を増やすためには，Yに換算した実支払（つまり，消費を諦めなくてはならないYの量）が$\frac{p}{q}\Delta x$であると考えてもよい．

第2章で強調したように，支払用意と実支払は同じ額ではない．ある物を手に入れるために実際に支払う対価（実支払）と支払ってもよいと感じる対価（支払用意）とは別のものだということである．そこで，追加的にΔx単位だけXの消費を増加するために犠牲にしてもよいと考える最大限のYの量（支払用意）を$|\Delta y^w|$とする．第3.3.1項で説明したように，$|\Delta y^w|$というのはΔy^wの絶対値である．

第3.3.1項の分析が示唆するように，最大限の支払用意を実際に支払った後の消費バスケットと元の消費バスケットは同じ効用を達成しなくてはならない．

言い換えると，与えられた Δx について，

$$u(x+\Delta x, y+\Delta y^w) = u(x,y) \qquad (4.7)$$

を満たす $|\Delta y^w|$ が最大限の支払用意である．財 X と Y は代替関係にあるので，$\Delta x > 0$ ならば $\Delta y^w < 0$ となり，Δy^w ではなく $|\Delta y^w|$ が支払用意を示すことに注意しよう．

つまり，$|\Delta y^w|$ は追加的な Δx 単位の X への追加的な支払用意を Y で計ったものである．第 2.4 節でみたように，追加的購入量 1 単位あたりの追加的支払用意のことを（広い意味での）限界支払用意と呼ぶ．したがって，$\left|\frac{\Delta y^w}{\Delta x}\right|$ が Y で計った X への限界支払用意を示す．相対単価という言葉との対応を考えると，この概念を相対限界支払用意と呼ぶのが正確である（表現が長くなるので，相対という言葉なしでも意味が明確な場合には単に限界支払用意と呼ぶ）．第 4.1.2 項で説明したように，相対価格の単位は Y の単位と X の単位の比率である．相対限界支払用意も Y の量を X の量で割ったものだから，その単位は Y の単位と X の単位の比率である．したがって，相対限界支払用意と相対単価を比較することで，次のような消費バスケットの改善の基準を作ることができる．

消費における限界原理：

$$\left|\frac{\Delta y^w}{\Delta x}\right| > \frac{p}{q} \quad \text{ならば} \quad p\Delta x = -q\Delta y > 0 \qquad (4.8)$$

$$\left|\frac{\Delta y^w}{\Delta x}\right| < \frac{p}{q} \quad \text{ならば} \quad p\Delta x = -q\Delta y < 0 \qquad (4.9)$$

この原理は第 2.4 節でみた購入量の決定における限界原理 (2.15) と (2.16) と基本的には同じ意味を持つ．つまり，ある財の追加的 1 単位あたりの追加的支払用意（つまり，$\left|\frac{\Delta y^w}{\Delta x}\right|$）がその財の単価よりも高ければ，その財を追加的に購入すべきであるというのが (4.8) の意味するところである．また，追加的支払用意が単価よりも低ければ，その財の購入量を減らすべきだというのが (4.9) の意味するところである．そうすれば効用を増大できるというわけである．

第2章の限界原理と異なるのは，片方の財の消費量を増加するために（第2章の場合のようにお金の保有量を減らすのではなく），もう1つの財の消費量を減らすことを求めている点である．つまり，Δx だけ X の消費量を増やすときには，Y の消費量を $|\Delta y| = \frac{p}{q}\Delta x$ だけ減らすことが条件 (4.8) と (4.9) では求められている．これは消費者余剰最大化仮説とは異なり，財 X への支払用意や単価が（お金ではなく）別の財 Y によって計られていることで説明できる．したがって，Y で計った X への限界支払用意が Y で計った X の相対単価よりも大きいならば，X 1 単位あたり相対単価分だけの Y を支払えば（つまり，Y の消費を諦めれば），効用が上がるということである．

この事実は図 4.6 を使っても簡単に示すことができる．図では，はじめの消費バスケット (x, y) を点 b で示している．財 X の消費量を Δx だけ追加するための追加的支払用意を Y で計った値が y と $y + \Delta y^w$ の垂直方向の差で示される．財 Y で計った X の相対価格 p/q が直線 L の傾きで示されるならば，限界支払用意 $\left|\frac{\Delta y^w}{\Delta x}\right|$ が相対価格 p/q よりも大きい．この場合には，$\Delta x = -\frac{q}{p}\Delta y > 0$ に設定して，X の消費量を増やすように直線 L にそって消費バスケットを組み替えよというのが限界原理 (4.8) の意味するところである．そのように消費バスケットを組み替えることで，効用が増加するのは図から明らかだろう．はじめの消費バスケット (x, y) が予算制約を満たすならば，支出総額を一定に留めるようなバスケットの組み替えによって予算制約から外れることもありえない．したがって，(4.8) が成立するなら，X の消費を増やしながら予算制約を守って効用を増大することが可能である．

同様にして，(4.9) も説明できる．限界支払用意 $\left|\frac{\Delta y^w}{\Delta x}\right|$ が相対価格 p/q よりも小さい場合には，はじめの消費バスケットは図 4.6 の点 b''' のような点になくてはならない．その場合には，X の購入量を減らすことで効用が上がることも図から明らかだろう．

上でも触れたように，$\left|\frac{\Delta y^w}{\Delta x}\right|$ は広い意味での限界支払用意である．第 2.4 節でも見たように，どんなに小さな量でも消費量を変更できる場合には，消費量の変化 Δx が限りなくゼロに近づくときに，広い意味での限界支払用意が限りなく近づく値を狭い意味の限界支払用意と呼ぶ．つまり，

$$MW = \lim_{\Delta x \to 0} \left| \frac{\Delta y^w}{\Delta x} \right| \qquad (4.10)$$

が狭い意味の限界支払用意である．

　第 2.4 節でみた消費者余剰の最大化の場合と同様に，どんなに小さな量でも消費量を変更できる場合に最適消費バスケットをデザインするためには，限界支払用意を相対単価に一致させなくてはならない．つまり，

$$MW = p/q \qquad (4.11)$$

という条件が成立することが必要である．この事実を説明するためには，第 2.4 節の議論と同様に，現状の消費バスケットでは (4.11) が成立しないケースを考えればよい．たとえば，$MW > p/q$ ならば，消費量の変化 Δx を十分小さく設定すると，(4.8) の不等式が成立する．したがって，$\Delta x = -\frac{q}{p}\Delta y > 0$ とすることで，効用を増加できる．つまり，現状の消費バスケットは最適ではない．同じことは $MW < p/q$ の場合にも言えるので，現状で (4.11) が成立していなければ最適ではない．

　狭い意味での限界支払用意 MW は無差別曲線の傾きを示すものである．この事実は図 4.6 を使って説明できる．財 X の消費量の変化が図 4.6 の Δx で示される場合，広い意味での限界支払用意 $\left|\frac{\Delta y^w}{\Delta x}\right|$ は消費バスケット b と b'' を通る直線 L の傾きで示される．消費量の変化 Δx がゼロに限りなく近づくならば，点 b'' は無差別曲線 I にそって点 b に限りなく近づく．その結果，直線 L は点 b のまわりで時計方向に回転し，点 b で無差別曲線 I に接する直線 T に限りなく近づく．直線 L の傾きで広い意味での限界支払用意が示されるので，直線 T の傾きで狭い意味での限界支払用意 MW が示されるわけである．

　前項で考えた，効用最大化の 1 次条件は 2 つの部分から成り立っていると解釈できる．1 つは無差別曲線の傾きと予算線の傾きが一致するという条件である．上でみたように，無差別曲線の傾きは限界支払用意 MW で示される．また，第 4.1 節で見たように，予算線の傾きは Y で計った X の相対価格 p/q で示される．したがって，予算線と無差別曲線の傾きが等しいという条件は

条件 A：限界支払用意 ＝ 相対価格

ということである．この条件が (4.11) である．

　もう1つは予算線に消費バスケットが乗っているという条件である．予算線より上の消費バスケットは購入不可能である．予算線よりも下に消費バスケットが位置していて，支出総額 $(px+qy)$ が予算総額 (M) を下回る場合は最適ではない．これは図4.5の点 D が示すとおりである．したがって，

条件B：支出総額 ＝ 予算総額

という関係が成立していなくてはならない．これが予算方程式 (4.4) の意味するところである．

　前章でも指摘したように，ここでは，複数の消費対象を1つのバスケットとして購入して消費するようなケースを考えている．たとえば，今年1年間の家族のレクリエーションの計画を立てる場合など，いろいろなレクリエーションを含む消費バスケットを考えた上で消費計画を立てるのが普通である．何回の家族旅行をするか，家族そろって食事に出かけるとしたら何回ぐらい行けるか，家族を何回遊園地につれて行くか，などといった計画は相互関連が強いからだ．

　そのような場合，消費対象の間の相対単価と相対支払用意を考えて消費バスケットを作るのが合理的，ということを上の分析は示している．遊園地に何回行き，レストランで何度食事するかを考えるためには，遊園地に1回行く代わり(同じ費用で)何回レストランに行けるかを考える必要がある．たとえば，遊園地に行く回数を1回減らすごとにレストランで2度食事を楽しめるとしよう．その場合には，2度以上の食事を犠牲にしても1回遊園地へ行きたいと思っているのでない限り，レストランへ行く回数を増やした方がよい．レストランの食事で計った遊園地への相対限界支払用意の方が遊園地の相対価格(遊園地1回につき2度の食事)より小さいからである．

　去年は3回遊園地へ行きレストランには1度しか行けなかったけれど，今年は子供も大きくなったので，遊園地は2回に減らして3度レストランで食事をしようといった計画を立てることもあるかもしれない．その場合には，子供の成長とともに，あなたにとっての(レストランで計った)遊園地への相対限界支払用意(つまり，主観的な相対価値)が低下しているということである．

　第2章でも見たように，あなたが第2.3.2項の意味での「真の経済人」とし

て成熟しているならば，このような相対限界支払用意と相対価格の関係に関する考察にもとづいて，消費バスケットの選択を行っているはずである．このような経済原理が効用最大化の 1 次条件の背後に存在するのを学ぶことで，「真の経済人」となるために必要な合理的な意思決定のすべを身につけることができると言ってもよい．

4.2.3　限界代替率と効用最大化の 1 次条件

第 3 章でも見たように，支払用意と代替という 2 つの考え方に基づいて無差別曲線の形状を説明できる．第 3 章では，交換前には消費者が財 Y だけを v 単位保有するとして，財 Y で計った x 単位の X への総支払用意を $w^* = w(x,v)$ と書いた．本節の説明では総支払用意を第 2 章に合わせて TW と記述する方がわかりやすいので，

$$TW = w(x,v) \qquad (4.12)$$

と書こう．

与えられた v のもとで，関数 $TW = w(x,v)$ における x と TW の関係を総支払用意曲線 TW として示したのが図 3.8 である．横軸を回転軸として曲線 TW を裏返し，v だけ上方に移動したグラフが図 3.7 の無差別曲線 I であると解釈できる．

第 2.5 節でも説明したように，総支払用意曲線の傾きが限界支払用意を示す．併せて説明したように，関数のグラフの傾きはその関数の微係数で示される．総支払用意関数 $w(x,v)$ では，v は値が固定されたパラメター，x は独立変数と考えているので，関数 $w(x,v)$ の x に関する微係数を $w_x(x,v)$ と書くと，限界支払用意は

$$MW = w_x(x,v) \qquad (4.13)$$

と記述できる．この値が図 3.7 の無差別曲線 I の点 b^* での傾きを示すことも曲線 MW と曲線 I の間の上で述べた関係から明らかだろう．

（数学的には，$w_x(x,v)$ は関数 $w(x,v)$ の偏微係数と呼ばれる．偏微係数とは，関数が複数の変数に依存するときに，ある 1 つの変数以外の変数の値は固定し

ていると考えて，値を固定していない変数について関数を微分した値のことである．偏微係数の書き方にはいろいろあるが，$w_x(x,v)$ や $\frac{\partial}{\partial x}w(x,v)$ というのが代表的な表記方法である.)

無差別曲線に関する2つ目の考え方は財の間の代替関係を示すというものである．第3章でも見たように，代替というのは，効用水準を変化させずに1つの財の消費を別の財の消費で置き換えることである．図3.9のように，ある財Xの消費を $|\Delta x|$ 単位だけ諦めなくてはならないとしても，財Yの消費を $|\Delta y|$ 単位だけ増やすことによって，もとと同じ満足の水準を保てるとしたら，$|\Delta x|$ 単位の財Xは $|\Delta y|$ 単位の財Yで代替できると言う．

消費バスケットの組み替えによって財の間の代替が行われる場合には，消費量が増加する方の財の増加分を消費量が減少する方の財の減少分1単位あたりに換算した値を**限界代替率**と呼ぶ．図4.6の点 $b=(x,y)$ から点 $b^s = (x+\Delta x^s, y+\Delta y^s)$ に組み替えるときには，Xの消費量が減ってYの消費量が増えている．この場合には，$|\Delta x^s|$ 単位のXが $|\Delta y^s|$ 単位のYが代替されている．そのときには，XのYによる限界代替率は $\left|\frac{\Delta y^s}{\Delta x^s}\right|$ である．

この値は広い意味での限界代替率を示す．どんなに小さな消費バスケットの組み替えも可能な場合には，これまでの用語にならって，消費の組み替えが限りなく小さくなるときに，広い意味での限界代替率が限りなく近づく値を狭い意味での限界代替率と呼ぶ．英語では，代替という言葉は "substitution" と表現され，限界代替率は "marginal rate of substitution" と呼ばれるので，狭い意味での限界代替率を MRS と記述することにしよう．財Xの消費がYの消費によって代替される場合には，MRS は

$$MRS = \lim_{\Delta x \to 0} \left|\frac{\Delta y^s}{\Delta x^s}\right| \qquad (4.14)$$

と定義される．

財Xの消費がYの消費によって代替される場合には，狭い意味での限界代替率 MRS は消費点 $b=(x,y)$ における無差別曲線 I の傾きによって示される．この事実は (4.14) と図4.6から明らかだろう．また，上で触れたように，(Yで計った) Xへの限界支払用意 MW も消費点 b における無差別曲線 I の傾きによって示される．したがって，両者は基本的には同じ物を示している．しかし，

2つの概念には若干の解釈上の違いがある．

この解釈上の違いを説明するためには，図 3.7 が便利である．一方で，限界代替率は 1 つの消費バスケット $b = (x, y)$ を組み替えるときに発生する X と Y の間の代替関係を示すものであると解釈される．狭い意味での限界代替率（つまり，無差別曲線の傾き）は現在の消費バスケット $b = (x, y)$ に依存するので，x と y の関数として

$$MRS = \sigma(x, y) \qquad (4.15)$$

と記述されるのが普通である．つまり，限界代替率関数 $\sigma(x, y)$ は財の消費量 x と y に依存する関数である．他方，上でも述べたとおり，限界支払用意は $MW = w_x(x, v)$ と表される．つまり，限界支払用意関数 $w_x(x, v)$ は最初に保有する Y の量 v と，これから入手する X の量 x とに依存する関数である．

図 3.7 が示すように，自分の保有する Y の量が v であり，そこから総支払用意 $w^* = TW$ 単位だけの Y を支払った後に手元に残る Y を消費するならば，Y の消費量は

$$y = v - w(x, v) \qquad (4.16)$$

である．限界支払用意 $w_x(x, v)$ は図 3.7 の無差別曲線 I 上の点 $b^* = (x, v - w^*)$ における傾きで示される．また，限界代替率 $\sigma(x, y)$ は消費点 (x, y) での無差別曲線の傾きである．したがって，x, y, v が (4.16) を満たせば $y = v - w^*$ なので，(4.13) で定まる限界支払用意 MW と (4.15) で定まる限界代替率 MRS は一致する．つまり，

$$y = v - w(x, v) \quad \text{ならば} \quad w_x(x, v) = \sigma(x, y) \qquad (4.17)$$

である．

例題 4.1 効用関数が $u(x, y) = (x + 1)y \,(x \geq 0,\ y \geq 0)$ である消費者を考え，つぎの問に答えよ．

A. はじめに財 Y だけを $v = 10$ 単位だけ保有し，$x = 5$ 単位の財 X に対する総支払用意を求めよ．

B. はじめに財 Y だけを v 単位だけ保有している消費者を考え，総支払用意と限界支払用意を x と v の関数として求めよ．

C. 問 B で求めた限界支払用意が x と y の関数でも書けることを示せ（このようにして求めた関数が限界代替率と消費ベクトル $b=(x,y)$ の関係を示す $\sigma(x,y)$ であることに注意せよ）．

解答 A. はじめに保有している消費バスケット $(0,10)$ である．したがって，総支払用意を求めるには，(3.18) から，$u(0,10)=u(5,10-w)$ を満たす w を求めればよいことがわかる．この式は，$10=6(10-w)$ という関係に帰着するので，求める支払用意は $w=25/3$ である．

B. 限界支払用意関数は (4.13) が示すように，入手する方の財 X の量 x と支払うほうの財 Y の初期保有量 v の関数であり，限界代替率は 2 つの財の消費量 x と y の関数と定義されていることに注意しよう．効用関数 $u=(x+1)y$ のもとでは，(3.18) は

$$v=(x+1)(v-w)$$

という関係に帰着する．この式を w について解くことで，総支払用意

$$TW=vx/(x+1) \tag{4.18}$$

が求められる．したがって，限界支払用意は

$$MW=\frac{\partial}{\partial x}\frac{vx}{x+1}=\frac{v}{(x+1)^2} \tag{4.19}$$

である．

C. はじめに v 単位の Y を保有しているので，総支払用意 $TW=vx/(x+1)$ を支払った後の Y の消費量を y とすると，

$$y=v-vx/(x+1)$$

となる．したがって，

$$v=(x+1)y \tag{4.20}$$

である．限界支払用意と限界代替率はどちらも無差別曲線の傾きを示すので，

(4.19) において，$MRS = MW$ とおき，(4.20) を v に代入すると

$$MRS = \frac{y}{x+1} = \sigma(x, y) \qquad (4.21)$$

という関係が得られる．**解答終わり**

限界支払用意 MW も限界代替率 MRS も無差別曲線の傾きを示すので，限界代替率 $\sigma(x,y)$ を使うと，予算線に無差別曲線が接するという条件を

$$\begin{cases} \sigma(x,y) = p/q \\ px + qy = M \end{cases} \qquad (4.22)$$

と書くこともできる．この条件のはじめの式は前項の条件 A を意味しており，2つ目の式は条件 B を意味している．これらの条件を満たす消費バスケット (x,y) が最適消費バスケットである．

限界支払用意＝相対価格という条件 (4.11) は消費バスケットに含まれる 2 つの財の量がどちらも正である場合の最適化の条件である．図 4.4 で示した初鰹とトンカツの例のように，片方の財（Y ＝トンカツ）の消費量がゼロ（$y = 0$）である場合も少なくない．そのように，予算制約線 L の端点に最適解が来るときには，**端点解**と呼ばれる．

財 Y の消費量＝購入量がゼロ（$y = 0$）の場合には，たとえ，財 X への限界支払用意が財 X の相対価格を上回っていたとしても（つまり，$MW > p/q$ であっても），X の消費量を増やして効用を増大させることはできない．したがって，予算総額をすべて X の購入にあてる（つまり，$y = 0$ とする）のが最適である．予算をすべて X の購入のために使いきっているので，それ以上 x の消費量を増やすことができないからである．したがって，$y = 0$ が最適ならば，$MW > p/q$ か $MW = p/q$ が成立する．つまり，$MW \geq p/q$ である．上で見たように，限界支払用意 MW と限界代替率 MRS は同じものを指す．したがって，限界代替率 $MRS = \sigma(x,y)$ を使えば，$y = 0$ のときには前項の最適化の条件の A は

$$\sigma(x, 0) \geq p/q \qquad (4.23)$$

と書き換えられなくてはならない．図 4.4 の初鰹のバスケット $b^* = (0.5, 0)$ に

おいては，無差別曲線の傾きが予算線の傾きより大きいので，この条件が成立している．

端点解は縦軸上にもあらわれることがある．つまり，トンカツだけを買うのが最適である場合もありうるということである．たとえば，予算線が図4.4の $b = (0, 4)$ を通る点線で与えられているならば，トンカツを4枚買うのが最適である．トンカツの消費バスケット $b = (0, 4)$ における鰹への限界支払用意 MW は b を通る無差別曲線の傾きで示され，鰹の相対価格は点線の予算線の傾きで示される．点 b では無差別曲線の傾きが予算線の傾きより小さいので，鰹の限界支払用意が相対価格より小さい．したがって，普通ならば，鰹の消費量を減らすのが望ましい．しかし，トンカツのバスケット $b = (0, 4)$ では，すでに鰹の消費量はゼロになっており，さらに鰹の消費量を減らすことはできない．したがって，トンカツのバスケット b が最適である．

この事実は $x = 0$ のときには前項の最適化の条件の A を

$$\sigma(0, y) \leq p/q \tag{4.24}$$

と書き換える必要があることを示している．

端点解では最適化の1次条件が不等号で与えられるという事実は，定理2.1においてすでに指摘されている．定理2.1に平行して，消費者の効用最大化の1次条件を以下のようにまとめることができる．

定理 4.1（効用最大化の1次条件） 消費バスケット (x, y) が予算線上にあるならば（つまり，(4.4)を満たすならば），次のことが成り立つ．

A： $x > 0, y > 0$ とせよ．バスケット (x, y) が最適ならば，

$$\sigma(x, y) = p/q.$$

B： $y = 0$ であるとせよ．バスケット (x, y) が最適ならば，

$$\sigma(x, 0) \geq p/q.$$

C： $x = 0$ であるとせよ．バスケット (x, y) が最適ならば，

$$\sigma(0,y) \leq p/q.$$

また命題 A, B, C の逆も成立する．

例題 4.2 例題 4.1 と同様に，効用関数が

$$u(x,y) = (x+1)y, \quad (x \geq 0, \; y \geq 0)$$

である消費者を考え，その消費者が X と Y の消費に総額 10 の予算をあてようとしている．次の問に答えよ．
A. 財 X の価格は p，財 Y の価格は 2 であると仮定し，予算制約式を求めよ．
B. 最適消費バスケットを求めよ．

解答 A. $px + 2y \leq 10$.
 B. 最適消費バスケットは予算線上になくてはならないことは明らかである．したがって，予算制約式が等号で満たされなくてはならない．つまり，

$$px + 2y = 10. \tag{4.25}$$

また最大化の 1 次条件は，例題 4.1 で求めた限界代替率を使うと（$x > 0, \; y > 0$ が成立し，1 次条件が等号で成り立つ場合），

$$\frac{y}{x+1} = \frac{p}{2}. \tag{4.26}$$

最適消費バスケットは (4.25), (4.26) を連立して，変数 x, y について解くことで，

$$p < 10 \text{ の場合には，} (x, y) = \left(\frac{10-p}{2p}, \frac{p+10}{4} \right)$$

となることがわかる．価格が $p \geq 10$ の場合には，消費ベクトル $(x,y) = (0,5)$ を考えると予算制約を満たし，限界支払用意が $MW = \frac{y}{x+1} = 5$ であるから，最適化の 1 次条件 $MW = 5 \leq p/2$ を満たすことがわかる．つまり，

$$p \geq 10 \text{ の場合には，} (x, y) = (0, 5)$$

が最適消費バスケットである．**解答終わり**

設問 4.1 消費バスケット $b = (0, M/q)$ が最適化問題の端点解になるとき，条件 (4.24) が満たされることを，図 4.4 のようなグラフを使って説明せよ．

4.2.4 需要関数と間接効用関数

最適化問題 (4.5) では，価格 p, q や所得 M はパラメターであると考えられている．つまり，効用最大化モデルでは，財の価格，消費者の所得（予算総額）などが外生的に与えられているとして，そのとき各財の消費がどのように決定されるかを考えているわけである．したがって，最適消費バスケットはパラメター p, q, M に依存して定まる．そこで，最適消費バスケットを

$$b(p, q, M) = (x(p, q, M), y(p, q, M))$$

と記述することにしよう．つまり，第 1.2 節で導入した最適化問題の解の書き方を利用すると，

$$(x(p,q,M), y(p,q,M)) = \arg\max_{(x,y)} u(x,y) \quad \text{s.t} \quad px + qy \leq M \quad (4.27)$$

となる（第 1.2 節で紹介したように，記号 arg はそのあとに来る最大化問題の解のことを意味している）．

関数 $x(p,q,M)$ や $y(p,q,M)$ は価格 p, q や所得 M と X や Y への需要との関係を示しており，**需要関数**と呼ばれる．第 2.5 節では，消費者余剰最大化仮説のもとでの X の需要関数が X の価格 p だけの関数として，$x = D(p)$ と書けることを示した．しかし，本章で考えている効用最大化仮説が示すように，ある財の需要は（理論的には）その財の価格だけではなく所得や別の財の価格にも依存する可能性がある．

最適消費バスケットを選んだときに消費者が達成できる効用レベルは効用関数 $u(x,y)$ の中に最適消費バスケット $(x(p,q,M), y(p,q,M))$ を代入することで求められる．この値を

$$v(p,q,M) = u(x(p,q,M), y(p,q,M)) \quad (4.28)$$

と示すことにしよう．関数 $v(p,q,M)$ は消費者の効用が最適化行動を通じて，間

接的には価格 (p,q) と所得 M に依存しているということを示しており，**間接効用関数**と呼ばれる．

4.3 最適消費バスケットの比較静学

経済学では，外生変数（パラメーター）の変化の内生変数への影響を分析することを**比較静学**と呼ぶ．第 1.1 節で触れたように，経済現象とは個々の経済活動の変化やその集積として発生する現象のことである．したがって，経済現象の分析（つまり，経済分析）の主眼は比較静学にあると言っても過言ではない．

消費者の効用最大化モデルでは，消費者が消費量 x と y を内生変数として選択し，効用 u を得ることを消費活動と考える．その際に消費者が直面する経済環境を規定しているのが財の価格 p や q，および所得 M である．したがって，p, q, M といった変数の変化が消費活動の変化の直接的な原因となる．以下では，比較静学の例として，この変化の内生変数 x, y, u への影響を比較静学として分析しよう．この比較静学は需要関数 $x(p,q,M)$，$y(p,q,M)$ や，間接効用関数 $v(p,q,M)$ の形状を分析するためのものであると考えてもよいことに注意しよう．

4.3.1 一般インフレと消費のゼロ次同次性

賃金率なども含めて，あらゆる財の価格が一律に上昇する場合，一般インフレが起きていると言われる．消費者が合理的な場合，一般インフレは消費者の行動に何らの影響も与えないことが知られている．はじめに，この結論を効用最大化モデルにもとづいて説明しよう．

一般インフレが起きるということは，所得 M の源泉となっているものの価格（たとえば，賃金率）も財の価格と同率で上昇するということである．このため，X と Y の価格 p と q と予算総額 M は同率で上昇すると考えられる．例として，価格も所得も 2 倍になったと仮定しよう．そうすると価格上昇後の予算制約式は

$$(2p)x + (2q)y \leq 2M \tag{4.29}$$

となる.この予算制約式の両辺を2で割れば,一般インフレ以前の予算制約式(4.3)に帰着する.したがって,一般インフレは消費者の最適化問題(4.5)に何ら実質的な影響を及ぼさないので,消費者の需要(最適消費バスケット)に影響することもありえない.

この関係は価格と所得が何倍になっても同じである.つまり,価格 p と q および所得 M が π 倍の $\pi p, \pi q, \pi M$ に変化しても,需要には何の影響も与えない.つまり,$\pi > 0$ ならば,

$$(x(p,q,M), y(p,q,M)) = (x(\pi p, \pi q, \pi M), y(\pi p, \pi q, \pi M)) \qquad (4.30)$$

という関係が成立しなくてはならない.

一般に,すべての独立変数を一定率で変化させたとき,従属変数の値に変化がおきないような関数は**ゼロ次同次関数**と呼ばれる.需要関数 $x = x(p,q,M)$ や $y = y(p,q,M)$ では,価格 p, q と所得 M が独立変数,需要 x と y は従属変数である.したがって,(4.30)が示すように,需要関数はゼロ次同次関数である.

設問 4.2 需要関数がゼロ次同次性を持つことを,上の $\pi = 2$ のケースの分析を拡張して,証明せよ.

需要関数がゼロ次同次性を持つのは,消費者の効用関数 $u(x,y)$ が財の消費量のみに依存して,価格や所得の大きさに直接影響されることがないからである.最適化問題(4.5)が示すように,価格や所得が影響するのは予算制約式だけであり,一般インフレは予算制約に影響しないので,需要にも影響しない.

言い換えると,ゼロ次同次性を持たない需要関数では,価格や所得が効用関数に直接の影響を持っていると考えなくてはならない.たとえば,服飾品や贈答品などの場合,同じ製品でも値段を高くつけるときに,かえって需要が増加するという現象が知られている.その場合には,その製品の値段が高いことが直接的に効用関数に影響し,製品の購買意欲を高めていると考えられる.そのような場合の需要を**見せびらかすための消費**(ostentatious consumption)などと呼ぶこともある.

4.3.2 所得の上昇

次に，XとYの購入にあてられる予算総額が拡大したときの効果を考えよう．予算総額が所得に等しいと考えるならば，所得の増加を分析すると考えてもよい．

予算総額 M が M' に ΔM だけ上昇すると，予算制約式 (4.3) の右辺は M から $M' = M + \Delta M$ に変化して，

$$px + qy \leq M + \Delta M \tag{4.31}$$

に代わる．その結果，図 4.7(a) に示すように，予算線 L_0 の横軸切片 M/p が $\Delta M/p$ だけ上方にシフトし，縦軸切片 M/q が $\Delta M/q$ だけ右方向にシフトする．財XとYの間の相対価格 p/q は変化しないので，予算線 L_0 は傾きを一定に保ったまま，上方の予算線 L へと平行シフトする．その結果，予算集合がグレーに塗った B_0 から相似的に拡大する．したがって，最適消費バスケットは点 b_0 から b へシフトし，財XとYの消費から生まれる効用も上昇する．

予算集合が相似的に拡大しても，必ずしもすべての財の需要が拡大するとは限らない．たとえば，図 4.7(b) のような無差別曲線群で示される選好のもとで

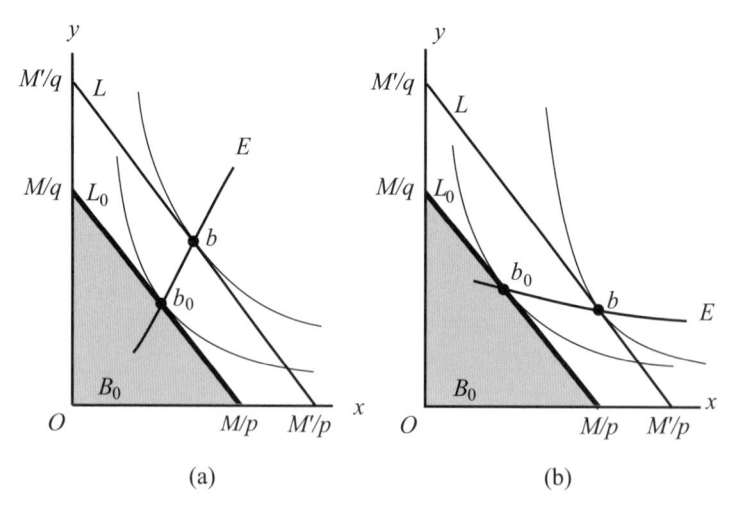

図 **4.7** 所得変化の比較静学

は，最適消費バスケットが b_0 から b に変化し，財 Y の消費は減少する．

このように，予算総額の増大につれて消費量が減少する財は**下級財**と呼ばれる．そのような財の場合には，消費者が豊かになり，所得が上昇するにつれて，消費が減少していくからである．社会が豊かになって食品への予算総額が拡大しても，現実の経済では，米，ジャガイモなど炭水化物の食品の消費は減少する傾向にあることが知られている．もし，実際に消費が減少しているならば，それらの財は下級財である．

図 4.7(a) と (b) では，予算総額が増加するとき，最適消費ベクトルがどのように変化していくかを，曲線 E で示している．この曲線 E は**所得・消費経路**と呼ばれる．下級財が存在する場合には，所得・消費経路は右下がりの曲線を描く．

予算総額が増加するとき，消費量の増加する財は**正常財**と呼ばれる．消費バスケットの中のすべての財が下級財であるということはありえないが，すべての財が正常財であるというケースはごく普通である．図 4.7(a) はこのケースの所得・消費経路を描いている．

所得 M を一定として，消費財の価格が同率で下落するときには，所得が増加するのと同じ効果を持つ．たとえば，所得 M を一定として，p と q が π 倍になるならば，予算制約式 (4.3) は

$$\pi p x + \pi q y \leq M \tag{4.32}$$

に変化する．この予算制約式は

$$p x + q y \leq M + \frac{1-\pi}{\pi} M \tag{4.33}$$

と変形できる．したがって，(4.31) と比較すると，所得を一定にしたまま消費財の価格が π 倍になるときには，所得が M から $\Delta M = \frac{1-\pi}{\pi} M$ だけ増加するのと同じ効果を持つことがわかる．価格が下落すれば，$\pi < 1$ なので，$\frac{1-\pi}{\pi} M > 0$ となって，所得が増大したとき ($\Delta M > 0$) と同じ効果を持つ．

4.3.3　価格の下落

次に，ある特定の財の価格の下落の影響を分析しよう．そのため，財 X の価格 p が $|\Delta p|$ だけ下がったとしよう．つまり，$\Delta p < 0$ である（第 3.3.4 項で見

たように，$|\Delta p|$ は Δp の絶対値である）．このとき，予算制約式 (4.3) の p が $p + \Delta p$ に変化して，

$$(p + \Delta p)x + qy \leq M \tag{4.34}$$

となる．したがって，予算線の縦軸切片 M/q のままに保たれるが，横軸切片は M/p から $M/(p+\Delta p)$ に上昇する．図 4.8 に示すように，予算線 L_0 は縦軸切片を中心に L まで回転し，予算集合がグレーに塗った B_0 から拡大する．その結果，最適消費バスケットは b_0 から b へと変化する．図 4.8 に示したように，価格変化に対応しておきる最適消費バスケットの変化をなぞることで描かれる曲線 P を**価格・消費経路**と呼ぶ．

価格変化の消費バスケットへの影響は**所得効果**と**代替効果**を総合したものとして説明される．図 4.8 が示すように，製品の価格下落は予算集合を拡大し，消費者の効用水準を上昇させる．そのような効果が所得効果と呼ばれる．同時に，価格下落はその財への購買意欲を増し，別の財からの消費の代替を誘発する．そのような効果が代替効果と呼ばれる．所得効果と代替効果が総合されて，消費バスケットの b_0 から b への変化が起きると考えられるわけである．

所得効果と代替効果を詳しく説明するためには，それぞれの効果をきちんと

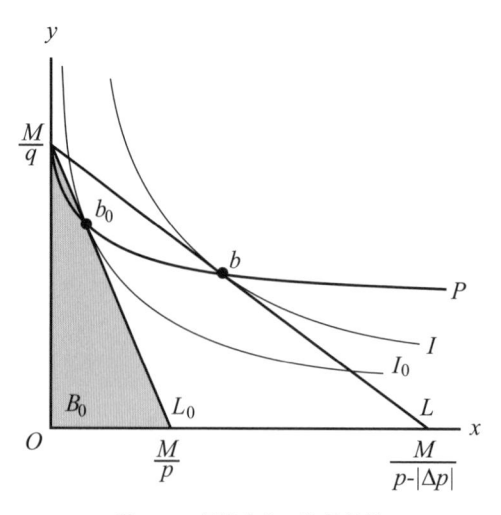

図 **4.8** 価格変化の比較静学

定義する必要がある．第 3.2 節で説明したように，代替というのは，同じ無差別曲線上における消費バスケットの組み替えを指したものである．図 3.9 で見たように，財 X の消費量を Δx 単位だけ減少するとしても，Y の消費量を Δy だけ増加することで同じ無差別曲線上に消費バスケットを留めることができるならば，Δx の X が Δy の Y によって代替できると言うわけである．

また，所得効果というのは与えられた価格のもとで予算総額 M が増加するときに起きる消費バスケットの組み替えを指したものである．つまり，予算線が平行移動するときに発生する消費バスケットの変化で所得効果は計測される．

相対価格の変化が消費に及ぼす代替効果は，変化後も変化前と同じ無差別曲線上に消費バスケットが留まると想定して，変化の前と後の消費バスケットの差によって計測される．たとえば，X の価格 p が $|\Delta p|$ だけ下落すると想定しても，消費バスケットが図 4.9 の最初の消費点 b_0 を通る無差別曲線 I_0 上に留まるとしよう．相対価格は予算線の傾きで示されるので，価格変化後の相対価格 $(p+\Delta p)/q$ は直線 L の傾きに等しい．したがって，消費バスケットが無差別曲線 I_0 上に留まるならば，価格変化後の消費バスケットにおける無差別曲線の傾きは直線 L の傾き $(p+\Delta p)/q$ と一致しなくてはならない．つまり，変化後の消費バスケットは図 4.9 の b' で示される．したがって，価格が p から $p+\Delta p$

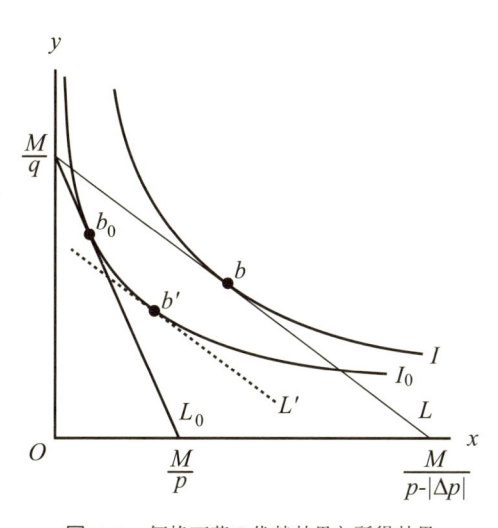

図 4.9　価格下落の代替効果と所得効果

へ下落するとき，価格下落の及ぼす代替効果は b_0 から b' への消費バスケットの変化で計測される．

図 4.9 が示すように，X の価格下落は代替効果を通じて X の需要を必ず増加させる．その結果，他の財 Y の需要が減少するわけである．この事実は b_0 から b' へ消費バスケットの組み替えられるとき，バスケットに含まれる X の量が増加し，Y の量が減少することから明らかだろう．

図 4.8 が示すように，予算総額 M が一定のときに，X の価格下落が起きれば予算線が L に回転移動して予算集合が拡大する．その結果，消費バスケットは b_0 から b へ移動し，効用も増大する．この変化を 2 つのステップに分解して，まず，代替効果を通じて消費バスケットが b_0 から b' へと変化し，その後に b' から b へ変化すると考えることにしよう．そうすると，実際の予算線 L と点 b' で無差別曲線に接する予算線 L' は平行だから，b' から b への消費の変化は同じ相対価格のもとでの所得の変化の結果を示している．つまり，所得効果を示すものである．この所得効果は予算線の L' から L への上方移動に対応しており，この上方移動が価格下落に起因する効用の増大に対応していると考えることができる．

つまり，価格下落は，代替効果を通じて消費バスケットを b_0 から b' へと変化させ，所得効果を通じて b' から b へと変化させると解釈される．その効果を複合したものが，消費バスケットの b_0 から b へのシフトという価格下落の実際の効果である．

4.4 需要の法則をめぐって

第 2 章でも指摘したとおり，一般に，需要曲線は右下がりであり，価格上昇とともに需要が減少する．つまり，需要の法則が成立するのが普通である．第 2 章で説明した消費者余剰の最大化モデルにもとづくと，需要の法則は限界支払用意の逓減によって完全に説明される．しかし，効用の最大化モデルを使うと，需要の法則の背後には限界支払用意の逓減という要素だけでなく，もっと複雑な要素が働いている可能性があることがわかる．本節では，そうした要素を詳しく分析してみよう．

4.4.1 需要の法則と交差効果

価格変化とそれぞれの財の需要の変化を詳しく分析するためにまず強調されるべきなのは，ある財の需要がその財の価格だけでなく，他の財の価格にも影響される可能性があるという事実である．たとえば図 4.8 をみると，X の価格下落が Y の需要変化も引き起こしていることがわかる．このような効果を価格変化の**交差効果**という．また，ある財の価格のその財の需要への効果を**自己効果**と呼ぶ．さらに，ある財の需要と別の財の価格の関係を示すグラフを**交差需要曲線**と呼んで，その財自身の価格との関係を示すグラフである需要曲線と区別する．

図 4.9 が示すように，正常財のみに注目する場合，需要曲線はかならず右下がりになる．つまり，価格上昇は需要の減少をもたらし，需要の法則が成立する．また，交差需要曲線の傾きは財の間の代替性・補完性の強さに依存している．代替性が強い場合には右上がりになるが，補完性が強い場合には右下がりになる．つぎに，こうした点をもう少し詳しく検討しよう．

財 X の価格が変化したとき，X の需要はその需要曲線にそって変化する．この変化の分析のために，前項と同様に，X の価格が p から $p + \Delta p$ へと $|\Delta p|$ だけ下落する（$\Delta p < 0$）と考えよう．そのとき，図 4.8 に示すように，消費バスケットは b_0 から b へと組み替えられる．この組み替えによっておきる X の需要変化を Δx と書こう．さらに，図 4.9 に示したように，価格変化に起因する消費バスケットの変化は代替効果と所得効果に分解できる．まず，代替効果を通じて，消費バスケットの b_0 から b' への組み替えが発生する．この組み替えに伴う X の需要の変化を Δx^S と書く．さらに，所得効果を通じて，消費バスケットの b' から b への組み替えが発生する．この組み替えに伴う X の需要の変化を Δx^M と書く．需要の変化 Δx は代替効果による変化 Δx^S と所得効果による変化 Δx^M を合計したものだから，

$$\frac{\Delta x}{\Delta p} = \underbrace{\frac{\Delta x^S}{\Delta p}}_{(-)} + \underbrace{\frac{\Delta x^M}{\Delta p}}_{\text{(正常財ならば, }-\text{)}} \quad (4.35)$$

という関係が成立する．

以下で説明するように，正常財については必ず需要の法則が成立することがこの関係から分かる．一般に，代替効果を通じて発生する財の消費量の変化（Δx^S）の方向はその財の価格変化（Δp）の方向とは逆である．無差別曲線の形をみれば明らかなように，価格が上がればその財の消費は他の財で代替されるし，下がれば他の財の消費を代替する（つまり，Δx^S と Δp は反対の符号を持つ）からである．したがって，(4.35) において代替効果の大きさを示す $\Delta x^S/\Delta p$ は負の符号を持つ．また，価格変化のおきた財が正常財であるならば，その財の消費と価格も反対方向へ変化する．価格上昇は負の所得効果をもち，負の所得効果を通じて正常財の消費は縮小するからである．したがって，X が正常財ならば，Δx^M と Δp は反対の符号を持つので，所得効果の大きさを示す $\Delta x^M/\Delta p$ も負の符号をもつ．したがって，$\Delta x/\Delta p$ の符号は負である．これらの事実は価格上昇が需要の縮小につながることを意味しており，需要の法則が成立することが分かる．

　上の分析は，理論的には，下級財のときは需要法則が成立しない場合もあることを意味している．これは下級財の場合には，代替効果と所得効果が反対の方向に消費を動かす力を持つからである．所得効果が代替効果を打ち消すほど大きい場合，（つまり，

$$\Delta x^M/\Delta p > -\Delta x^S/\Delta p$$

の場合）には，価格下落が財の消費をかえって縮小してしまうケースも考えられる．このような理由で需要の法則に従わない財は**ギッフェン財**と呼ばれる．

　ギッフェン財は，価格や所得が効用関数に直接の影響を持たないにも関わらず，需要の法則が成立しない可能性が存在することを理論的に示唆している．しかし，現実の経済ではギッフェン財の明らかな例は知られておらず，需要の法則を成立させないほど強い下級財は見つけにくい．現実の経済で需要法則が成立しないケースも観察されるが，第 4.3.1 項で考えた見せびらかしのための需要に関係しているものが多いようである．

設問 4.3 財 X がギッフェン財である場合の X の価格下落の所得効果と代替効果の働き方を，図 4.8 のような図を使って，無差別曲線と所得・消費経路の

関係で示せ．

つぎに，財 X の価格が変化したときにおける Y の需要の変化（つまり交差効果）について考えておこう．上の分析と同様に，X の価格が p から $p+\Delta p$ へと $|\Delta p|$ だけ下落する（$\Delta p < 0$）と考えよう．消費バスケットが b_0 から b へ組み替えられ，それに伴って Y の需要変化が Δy だけ変化するとしよう．代替効果を通じた消費バスケットの組み替え（b_0 から b' へ組み替え）に伴う Y の需要の変化を Δy^S と書き，所得効果を通じた消費バスケットの組み替え（b' から b への組み替え）に伴う Y の需要の変化を Δy^M と書く．そうすると，Y への需要の変化 Δy は代替効果による変化 Δy^S と所得効果による変化 Δy^M を合計したものだから，

$$\frac{\Delta y}{\Delta p} = \underset{(+)}{\frac{\Delta y^S}{\Delta p}} + \underset{(\text{正常財ならば，}-)}{\frac{\Delta y^M}{\Delta p}} \quad (4.36)$$

という関係が成り立つことがわかる．

2つの財の間の代替を考えているので，完全補完のケースを除けば，X の価格下落から発生する代替効果は Y の需要の減少を意味する．つまり，Δp と Δy^S は同じ符号を持つので，(4.36) において代替効果の大きさを示す $\Delta y^S / \Delta p$ は正の符号を持つ．また，X の価格下落は，実質所得を増大させる効果を持つので，Y が正常財ならばその需要を拡大する．したがって，Δp と Δy^M は異なる符号を持つので，所得効果の大きさを示す $\Delta y^M / \Delta p$ は負の符号を持つ．この場合には，$\Delta y / \Delta p$ は正の項（第1項）と負の項（第2項）との合計なので，その符号は不確定である．

以上の分析で検討した財の価格下落の自己効果と交差効果をまとめておこう．ある財の価格下落は実質所得を増加させることで，どの正常財に対しても需要拡大的な所得効果を持つ．それに対して，価格の下落した財に対しては需要拡大的な代替効果を持ち，もう一方の財に対しては需要縮小的な代替効果を持つ．したがって，ある財の価格下落はその財の需要を拡大する効果を持つのに対し，もう1つの財の需要への効果は不確定である．図 4.10 では，こうした関係がまとめてある．

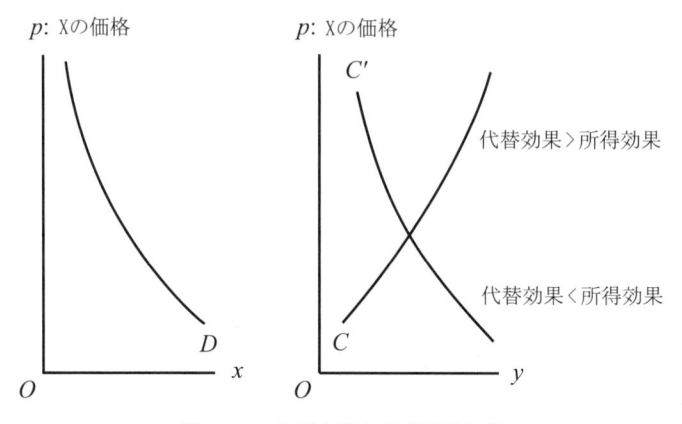

図 4.10 需要曲線と交差需要曲線

4.4.2 完全代替財，完全補完財における交差効果

前章において，財のペアに関して，完全代替と完全補完という考え方を紹介した．これらのケースをとって，価格変化の自己効果と交差効果の関係を検討しておこう．

はじめに，XとYが完全代替的であるケースを考えてみよう．第3.3.4項と同様に，Xが1単位あたりα/β単位のYで代替されるケースをとろう．この場合，図4.11(a)が示すように，すべての無差別曲線は傾きα/βをもつ右下がりの直線になる．第4.2.2項の説明からわかるように，この傾きはYで計ったXへの限界支払用意を示す．

財Yの価格qは一定として，Xの価格pが徐々に上昇するとしよう．まず，財Xの限界支払用意が相対価格p/qよりも大きい場合 ($\alpha/\beta > p/q$) を考える．この場合には，予算線の傾きのほうが無差別曲線の傾きの傾きよりもゆるやかなので，予算線は図4.11(a)の点AでとM/qをつないだ線分のように描ける．また，Xへの限界支払用意が相対価格よりも大きいので，Xを最大限に消費するのが最適である．そのためには，予算線の横軸切片で消費を行えばよい．つまり，点Aが最適消費バスケットを示す．

逆に，相対価格が限界支払用意よりも大きい場合 ($p/q > \alpha/\beta$) には，Xを全く消費しないのが最適である．この場合には，予算線の傾きの方が無差別曲線

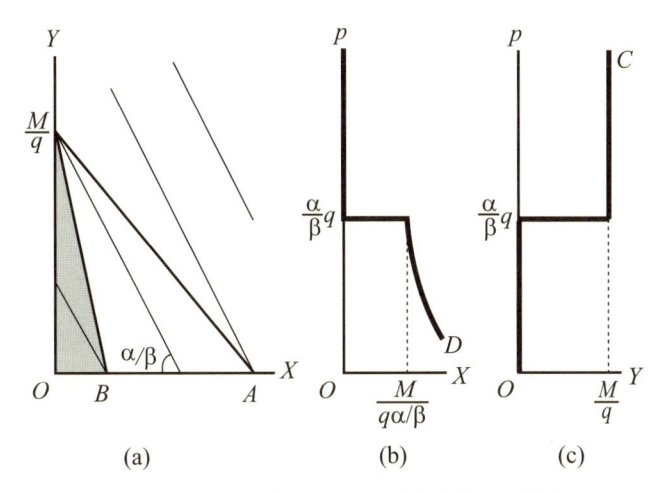

図 4.11 完全代替財の需要曲線と交差需要曲線

の傾きよりも大きく，横軸切片が図の点 B，縦軸切片が点 M/q で示されるような予算線が書ける．最適消費バスケットは予算線の縦軸切片 M/q で示される．

相対価格が限界支払用意に等しいとき（$\alpha/\beta = p/q$）には，予算線は無差別曲線と重なり，予算線上のどの消費バスケットも無差別である．つまり，予算線上のバスケットはどれも最適である．

図 4.11(b) では，この関係にもとづいて，X の需要と価格の関係を示している．価格 p が $q\alpha/\beta$ よりも小さい（$p < q\alpha/\beta$）ときには，限界支払用意が相対価格より大きいので，X の需要は予算線の横軸切片で示される．つまり，M/p に等しい．このときには，図 4.11(a) が示すように，Y の需要はゼロである．価格が上昇し，$q\alpha/\beta$ を超す（$p > q\alpha/\beta$）と，今度は，相対価格が限界支払用意よりも大きくなるので，X の需要はゼロになる．このときには，Y の需要は M/q に等しい．価格が $q\alpha/\beta$ に等しい（$p = q\alpha/\beta$）ときには，縦軸切片を M/q と横軸切片を $\frac{M}{q\alpha/\beta}$ に持つ無差別曲線上の消費バスケットはどれも最適である．したがって，X の需要はゼロと $\frac{M}{q\alpha/\beta}$ の間の水平な線分で示される．また，Y の需要はゼロと M/q の間の水平な線分で示される．

以上をまとめると，X の需要曲線は図 4.11(b) の曲線 D で示され，Y の交差需要曲線は図 4.11(c) の折れ線 C で示される．

この分析が示すように，XとYが完全代替的であるときには，財の相対価格が限界支払用意の下から上へほんの少しだけ変化するだけで，Xの需要がYに完全に代替されてしまうということがわかる．このような現象は需要の完全スワップと呼ぶ．完全スワップに近いスワップが頻繁に観察されるのは，円やドルといった通貨が取引される国際金融市場である．各国の通貨，とくに基軸通貨とよばれるドル，円，マルクといった主要な通貨は，非常に代替性が強く，そのときどきの為替レート（つまり，通貨間の相対価格）の非常に小さな変動で，通貨のスワップが行われ，需要が大きくシフトするのが普通である．つまり，円をX，ドルをYと考えたとき，図 4.11(b) と 4.11(c) の D と C の折れ線に非常に近い形を持つ曲線で需要曲線と交差需要曲線が示されると考えてよい．

次に，XとYが完全補完的で，1単位のXにつき，α/β 単位のYが必ず消費されるようなケースを考えよう．無差別曲線は図 4.12(a) に示すようなL字型をしており，原点を通る傾き α/β の直線 K の上で，折れ曲がっている．

この場合，Xの価格 p が上昇すると，最適消費バスケットは直線 K 上を原点の方向にシフトしていく．したがって，図 4.12(b) と 4.12(c) に示すように，需要曲線も交差需要曲線も右下がりの曲線になる．

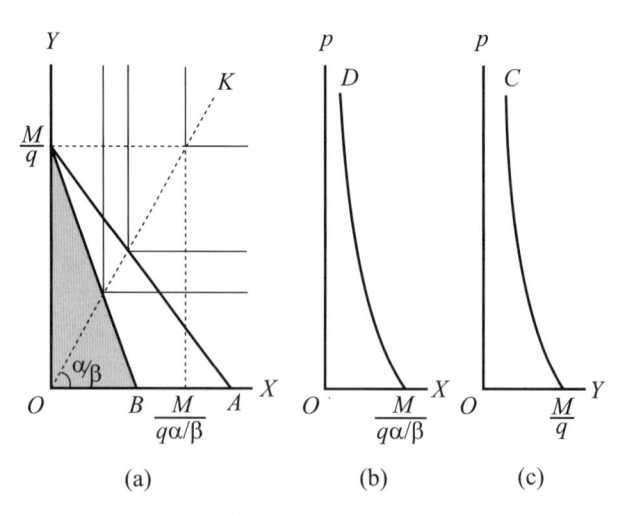

図 **4.12** 完全補完財の需要曲線と交差需要曲線

例題 4.3 上の完全補完的なケースにおけるXとYの一般化された需要関数を求めよ．

解答 1単位のXにつき，α/β単位のYが必ず消費されるので，1単位のXを買ったときの支出は$p+(\alpha/\beta)q$円である．予算総額はM円なので，XとYの価格がpとqのときに買えるXとYの量は

$$x = \frac{M}{p+(\alpha/\beta)q}, \quad y = \frac{(\alpha/\beta)M}{p+(\alpha/\beta)q}$$

で定まる．これらは価格p, qと所得Mの関数であり，XとYの需要関数と考えられる．**解答終わり**

4.4.3 需要の弾力性

経済分析においては，変数の変化の絶対的な大きさを考えるよりも，相対的な大きさを考える方が適している場合が多い．つまり，価格が1000円上がったといっても，いくらの価格から，1000円上がったのかが重要だということである．いつも昼食に食べている500円のもりそばが，1500円に値上がりしてしまっていては，びっくりするが，20万円のパソコンの値段が1000円下がったところで，それほど大きな驚きではない．このような例からわかるのは，変化の程度を元の大きさとの比較で計るほうが適当な場合が多いということである．上の例では，もりそばは200パーセントもの値上げ率であるのに対し，パソコンは0.5パーセントの値下げ率に過ぎないから，わたしたちの感じ方が異なるのである．

上の例からもわかるように，ある変数が変化するとき，その変数の**変化率**を考える方が便利な場合が多い．たとえば，需要がxから$x+\Delta x$へ変化する場合，その変化率とは$\Delta x/x$のことである．この値$\Delta x/x$を変数xの**相対変化**の大きさと呼ぶ場合もある．また，独立変数と従属変数の間の関係についても，相対変化の比率によって表現する方が便利な場合も多い．そうすれば，価格が10パーセント変化したときに需要が何パーセント変化すると期待されるかといった疑問に答えることができるからである．一般に経済学では，独立変数1パーセントあたりの従属変数の変化率を弾力性という言葉で表現する．たとえば，Xの価格がpからΔpだけ変化するとき，Xの需要がxからΔxだけ変化するならば，

$$\varepsilon = -\frac{\Delta x/x}{\Delta p/p} \qquad (4.37)$$

という値を考え，需要の**価格弾力性**と呼ぶ．また，Y の需要が y から Δy だけ変化するとき，

$$\varepsilon_{XY} = \frac{\Delta y/y}{\Delta p/p} \qquad (4.38)$$

という値は X の価格が 1 パーセント変化したときの Y の需要の変化率を示しているので，需要の**交差弾力性**と言われる．需要の交差弾力性は不完全競争市場の定義において重要な役割を果たしているので，『ミクロ経済学の応用』の独占市場の分析の際に説明する．

4.4.4　余暇の需要と労働の供給

ここまで，消費者が自分で保有しない財を市場で購入する場合を考えてきた．しかし，消費者が自分で資源を保有していて，それを市場へ販売する場合もある．その場合の説明にも，本章で検討してきた最適消費の理論は有益である．そのもっとも良い例は労働の供給である．

多くの場合，消費者は自分で労働資源を保有していて，その一部を市場に供給して所得を得ている．たとえば，1日をとると，誰もが24時間分だけの労働時間を保有していて，そのうちの一部を市場に供給し，残りを余暇として自分のために利用している．労働の供給と余暇の消費は表裏一体を成していて，その2つに利用された時間を合計すると24時間にならなくてはならない．労働供給時間を l，余暇の消費時間を h と書くと，

$$l + h = 24 \qquad (4.39)$$

という関係が満たされなくてはならないということである．消費者は余暇や消費財の消費から効用を得ている．そこで，消費財の消費量を x とすると，

$$u = U(h, x) \qquad (4.40)$$

という効用関数を考えることができる．

消費財の単価が p 円，時間あたり賃金率が w 円であるとしよう．そうすると，

1日に l 時間だけ労働を供給する際の所得は wl 円である．労働を供給する以外に所得源がないとすると，wl 円だけの所得があったときに購入できる消費財の量 x は

$$x \leq \frac{w}{p}l \tag{4.41}$$

という関係を満たさなくてはならない．関係 (4.39) を使うと，この不等式は

$$px + wh \leq 24w \tag{4.42}$$

と変形できる．

この不等式は余暇と消費財の消費に関する予算制約式であると考えることができる．不等式の右辺は 1 日，最大限働くとしたら，$24w$ 円の所得を得ることができることを示している．そのうち，h 時間は余暇として自分のために消費すると，wh 円だけの所得を犠牲にしなくてはならない．また，x 単位の消費財を購入しようとすると，px 円の所得が必要となる．余暇の消費のために犠牲にされるお金と消費財の消費のために使えるお金の合計は $24w$ 円以下であるというのが (4.42) の意味するところである．

この式は賃金率 w を余暇の価格と解釈できることも示している．これは 1 時間の余暇の機会費用が 1 時間の労働を諦めることであり，それをお金に換算すると w 円の所得を諦めることだからである．

図 4.13 では，直線 L で予算線を描いている．予算制約式 (4.42) が示すように，余暇は最大限で 24 時間だけ消費でき，消費財は最大限で $24w/p$ だけ消費できる．したがって，予算線の横軸切片は $h=24$，縦軸切片は $x=24w/p$ である．また，消費財で計った余暇の相対価格は w/p である．余暇と消費財の最適消費バスケットは点 C で示される．

余暇の価格（賃金率）w が上昇するにつれ，予算線が横軸切片 $h=24$ を中心に時計方向へ回転し予算集合が拡大する．これは消費財の価格上昇が予算集合を縮小するという図 4.8 の結果と好対照である．

この事実は非常に重要な経済原理を反映している．自分が市場へ供給しているものの価格が上がれば効用が上昇し，自分が市場から購入しているものの価格が上がれば効用が減少するという原理である．余暇の価格の上昇は実は消費

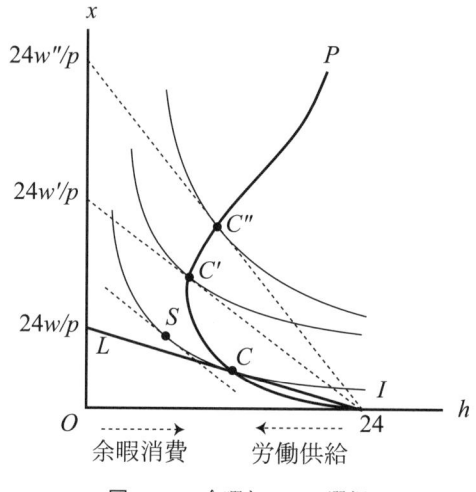

図 4.13　余暇とモノの選択

者が市場へ供給するもの（つまり，労働）の価格の上昇を意味している．他方，図 4.8 の場合には，財 X の価格上昇が消費者が市場から購入するものの価格上昇を意味している．市場へ供給する財の価格が上昇すれば予算集合が拡大し，市場から購入する財の価格が上昇すれば予算集合が縮小するというのは当然のことと理解できよう．その結果，自分が供給するものの価格が上昇すれば効用が上がり，購入するものの価格が上昇すれば効用は下がる．（市場から購入するもの価格が上がれば予算集合が縮小して，効用が下がるのは図 4.8 の分析から明らかだろう．）

以下では，余暇も消費財も正常財である場合を考えよう．図 4.13 では，賃金率 w が上昇するにつれ，余暇の需要ははじめ減少するが，その後，増加に転じる場合を示している．余暇の需要が増加する可能性があるのは，賃金率の上昇が予算集合を拡大し，正の所得効果を持つためである．そのため，余暇が正常財の場合，賃金率（余暇の価格）の上昇は代替効果を通じて余暇の消費を減少させる傾向と，所得効果を創出して余暇の消費を増加させる傾向との両方を持つ．両者のバランスを通じて，余暇の消費が減少するか増加するかが決定される．

図 4.14 では縦軸に賃金率 w をとり，横軸に労働の供給量 l をとり，図 4.13 でさだまる賃金率 w と労働供給 l の関係を曲線 S で描いている．この曲線は**労働

供給曲線と呼ばれる．図 4.13 では余暇の消費量を原点から右方向へ，労働の供給量を $h = 24$ の点から左方向へとったが，図 4.14 では労働の供給量を原点から右方向へとり，余暇の消費量を $l = 24$ から左方向へとっていることに注意しよう．

一般に，賃金率の増加にともなって，賃金率 w が低いうちは労働供給 l は増加するが，その後は減少することが多いという事実が経験的事実として知られている．図 4.14 の労働供給曲線 S はこの関係を反映している．第 5 章でもみるように，供給曲線は右上がりなのが普通なので，図 4.14 のような労働供給曲線 S は**後屈型**と呼ばれる．後屈型の労働供給曲線が発生するのは，賃金率の上昇とともに非常に大きな正の所得効果が発生して，所得を得ることよりも，余暇の消費の重要性が増すことがあるからである．この点を詳しく検討するためには図 4.13 が有益である．

上でみたように，賃金率の上昇は余暇の価格の上昇を意味する．したがって，賃金率が w から w' へ上昇すれば，代替効果が発生して，余暇の消費が縮小される．図 4.13 では，この効果が C から S への消費点の変化で示されている（代替効果とは同じ無差別曲線上の変化である）．実際には，消費点の C から C' への変化に伴い効用が増加しており，賃金率の上昇が正の所得効果を生んでいる

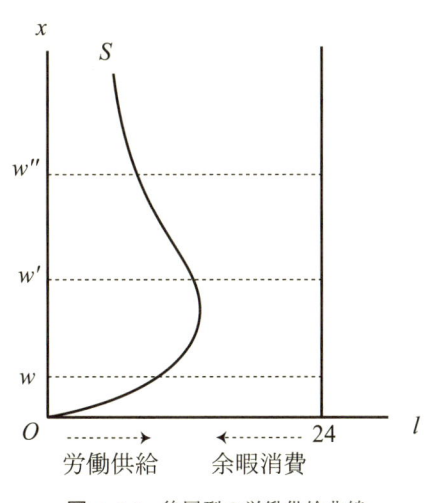

図 4.14 後屈型の労働供給曲線

ことがわかる.余暇が正常財であるならば,この正の所得効果を通じて,余暇の需要が増加する.この効果が消費点の S から C' への変化で示されている.余暇の消費について,点 C から S への代替効果と S から C' への所得効果を比べると,代替効果による余暇の消費縮小効果の方が大きいので,C から C' への消費点の変化では,余暇の需要が縮小する.しかし,同じ分析を消費点 C' と C'' と間で行えば,代替効果より所得効果が大きく,余暇の消費が拡大していることがわかる.

以上をまとめると,賃金率 w が低いうちは,賃金の上昇から発生する所得効果は小さいので,余暇の需要は縮小する.しかし,賃金率が十分に高まると逆に所得効果が大きくなり,余暇の需要を拡大することになる.その結果,労働供給曲線が後屈型になるわけである.豊かな社会ほど労働時間が少ないという一般的傾向は後屈型の労働供給曲線によって説明できる部分が大きいとされている.

設問 4.4 点 C' から C'' への消費点の変化を代替効果と所得効果に分けて図を使って分析し,実際に所得効果の方が代替効果より大きいことを説明せよ.

4.5 効用最大化と消費者余剰最大化

本章で考えてきた効用最大化仮説にもとづく消費行動と第 2 章でみた消費者余剰最大化仮説にもとづく消費行動との関係を最後に検討しておこう.このためには,(4.5) の最適化問題において,消費者がいま購入しようとしている財を X,お金を Y であると考えると便利である.お金の価格は 1 と考えられるので,(4.5) を書き換え,

効用最大化モデル:

$$\max_{(x,y)} u(x,y) \quad \text{s.t.} \quad px + y \leq M \tag{4.43}$$

という効用最大化問題を考えることにしよう.

この最大化問題では,消費者の効用 u は X の購入量 x と将来の消費のために

残しておくお金 y に依存すると仮定されている．その仮定のもとで，最初にお金を M 円だけ持っている消費者がどれだけのお金を X の消費にまわしたらよいかということが問われているわけである．もし px 円だけ X の消費にお金を回せば，手元に残るお金は $y = M - px$ になるというのが（最大化問題の s.t. の後に書かれた）制約条件の意味である．

4.5.1 一般化された消費者余剰最大化モデル

次に，効用関数 $u(x,y)$ と最初に保有するお金 M にもとづいて，消費者余剰最大化モデルを設定することにしよう．そのためには，$u(x,y)$ と M にもとづいて，総支払用意関数を求める必要がある．第 (3.18) 式を使うと，x 単位の財 X への総支払用意 W は

$$u(x, M - W) = u(0, M) \tag{4.44}$$

という関係で決定される．総支払用意の概念は第 2 章や第 3 章で説明したが，もう 1 度，繰り返しておこう．いま，x 単位の X を購入するにあたって，P 円の支払をするならば，交換前のバスケットは $(0, M)$ で，交換後のバスケットは $(x, M - P)$ で示される．したがって，交換前の効用は $u(0, M)$，交換後の効用は $u(x, M - P)$ となる．要求されている支払額 P が大きすぎ，交換後の効用の方が小さくなるようでは交換に応じるはずがない．逆に，支払額 P が十分に小さければ，交換後の効用の方が大きくなるので喜んで交換に応じるはずである．したがって，交換に応じる最大限の支払額（つまり，総支払用意）は交換の前と後とで同じ効用が達成される点で定まる．つまり，(4.44) を満たす W が総支払用意である．

この式 (4.44) を未知数 W に関する方程式として解くと，総支払用意 W は X の消費量 x と最初に保有するお金 M の関数として，

$$W = w(x, M) \tag{4.45}$$

と表現できる．

財 X の購入に実際に支払われるお金（実支払）は px である．第 2 章で導入したように，消費者余剰 CS は総支払用意 W から実支払 px を引いた値，つまり，

$$CS = w(x, M) - px \tag{4.46}$$

である．消費者余剰を最大化するような消費量 x が選択されるというのが消費者余剰最大化仮説だから，第 2 章の消費者余剰の最大化問題 (2.26) は次のように書き直すことができる．

一般化された消費者余剰最大化モデル：
$$\max_x CS = w(x, M) - px \tag{4.47}$$

一般化された消費者余剰最大化モデル (4.47) を解くためには，図 4.15 を使うとよいだろう．図 4.15 では，横軸に財 X の購入量 x，縦軸にお金 M をとり，点 M によって消費者が最初に保有するお金 M を示している．予算方程式は $y = M - px$ と書けるので，点 M を通り傾き p の直線 L が予算線である．

消費者余剰最大化モデルの解は点 M を通る無差別曲線 I の傾きが予算線 L の傾きに等しい点 b^{**} で決定される．次にこの事実を説明しよう．

そのために，まず，購入量 x に対応する総支払用意 W は点 M を通る水平な直線 H と無差別曲線 I との x における垂直方向の差で示されることに注意しよう．この事実は第 3.3.1 項で見たとおりである．また，実支払額 px は水平な

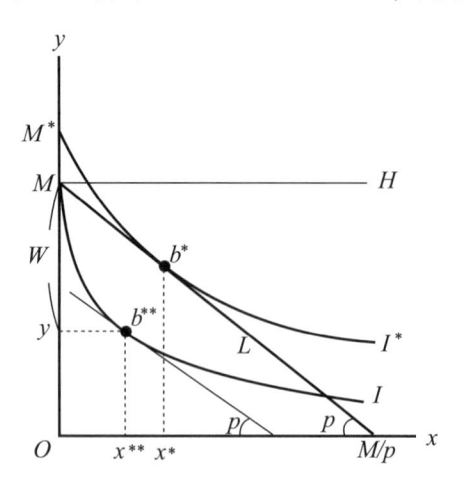

図 4.15 効用最大化仮説と消費者余剰最大化仮説

直線 H と予算線 L との垂直方向の差で示される．この事実は予算線 L が点 M を通る傾き p の直線であることからすぐにわかるだろう．

消費者余剰とは総支払用意と実支払の差である．したがって，消費者余剰 CS は無差別曲線 I と予算線 L との垂直方向の差で示される．第 2.5 節でも見たように，曲線と直線の間の垂直方向の差を最大化するためには，曲線の傾きと直線の傾きが一致する点を選ぶ必要がある．したがって，無差別曲線 I の傾きが予算線 L の傾きに等しい点 b^{**} で消費者余剰最大化モデルの解 x^{**} が決定されることがわかる．

4.5.2 部分均衡分析の仮定

第 4.2 節の分析からわかるように，効用最大化問題 (4.43) の解を与える消費バスケットは図 4.15 の予算線 L と無差別曲線が接する点 b^* で決定される．一般に，効用最大化モデルの解 b^* における X の需要 x^* と一般化された消費者余剰最大化モデルの解 b^{**} における需要 x^{**} が異なるのは図 4.15 が示すとおりである．

効用最大化仮説のもとでは，消費者は予算制約を満たす消費バスケットの中で最も高い効用を得られるバスケットを選択すると仮定されている．したがって，財 X とお金との間の選択についても，消費者が財とお金のバスケット (x, y) を選択肢と考えているならば，効用最大化モデルの方が妥当し，消費者余剰最大化仮説は妥当しない．上で指摘したように，一般化された消費者余剰最大化モデルの解は効用最大化モデルの解を与えることはないからである．しかし，財とお金との交換にあたって，消費者が自分の選択肢を財とお金のバスケットとして認識しているかどうかは必ずしも明らかではない．

本節で考えているような消費とお金の保有に関する効用最大化モデルでは，お金とは，消費者が消費する財 X 以外のもろもろの財を代表するものであると考えられる．たとえば，ジャケットとお金の交換を考えるならば，お金とはジャケット以外のすべての財を代表したものと考えられる．ジャケットの購入のために支払を済ませたあとに残るお金はジャケット以外のどんな財でも購入できるからである．したがって，財とお金のバスケットを考える際には，その財とその他もろもろの財を含むバスケットを想定して，消費の意思決定を行ってい

るとみなすべきである．

　現実の消費活動においても，そのようにして消費の意思決定がなされる場合も少なくない．たとえば，いくらの新車を買おうかなどという意思決定では，お金と新車のバスケットを考えているようで，実は，その他の耐久消費財やレジャーなどたくさんの財を含むバスケットを考えているはずである．車を買ってしまえば，旅行の規模も縮小せねばならないかもしれないし，ステレオを買うのも難しくなるかもしれないということである．しかし，ジャケットを購入する際に，わざわざジャケットとその他もろもろの種類の財からなる消費バスケットを想定して，その中から1つの消費バスケットを選んでいると消費者が認識しているかどうかは明らかではない．

　このように考えると，本章で考えてきた効用最大化モデルが妥当するケースと妥当しにくいケースがあることがわかる．効用最大化モデルの妥当性が高いのは消費の対象がバスケットで認識され，バスケットを組み替えながら最適なバスケットを求める問題を考える場合である．たとえば，本章でも考えた初鰹とトンカツの例などはその好い例である．その場合には，文字どおり，夕飯の買い物の際に買い物籠（バスケット）の中味をどのようなものにするかを考えているからである．初鰹はあきらめて，トンカツにしようという意思決定は夕飯の買い物籠の中味の組み替えを意味している．国産品を買おうか輸入品を買おうかなどという意思決定も消費バスケットの選択の問題と考えられるべきで，効用最大化モデルがうまく妥当するケースである．

　他方，特定の財とお金の交換がその財とその他の財のバスケットの選択として認識されるのでなければ，消費に関する意思決定を効用最大化問題と考える必要はない．そのようなケースの分析には，第2章で考えた基礎的な消費者余剰最大化モデルが適切な場合も多い．そこで，次に，どのような場合に消費者余剰最大化モデルによる分析が適切かを考えておこう．

　消費者余剰最大化モデル（4.47）の解と，効用最大化モデル（4.43）の解が一致するようなケースでは，消費者余剰最大化モデルが有効である．つまり，図4.15の点 x^* と x^{**} が必ず一致するようなケースである．そのためには，どの無差別曲線もある1つの無差別曲線 I を上下に平行移動した形を持てばよい．その場合には，図4.16が示すように消費者余剰最大化モデル（4.47）の解 b^{**} と，効

用最大化モデル (4.43) の解 b^* が垂直線上に並ぶので，x^* と x^{**} が一致するからである．

図 4.15 を使って説明したとおり，総支払用意とは無差別曲線と無差別曲線の縦軸切片を通る水平な直線との垂直方向の距離で示される．したがって，どの無差別曲線も 1 つの無差別曲線を上下に平行移動した形をしているならば，x 単位の X への総支払用意は初期に保有するお金の量 M に依存することなく，

$$W = w(x) \tag{4.48}$$

と書ける．この場合には，第 2 章の分析が妥当する．

ある財への総支払用意 W がその財の消費量 x のみに依存して，(4.48) のように書けるという仮定は**部分均衡分析の仮定**と呼ばれる．部分均衡分析の仮定が満たされているならば，消費の意思決定にあたって，その財の消費とお金との間の交換だけに注目すれば十分で，その財とお金によって代表される他財のバスケットを考える必要はない．つまり，X への需要を他財の需要とは切り離して分析することができる．そのような分析手法は**部分均衡分析**と呼ばれる．他方，総支払用意 W がその財の消費量 x だけでなく，はじめに保有しているお金の額 M にも依存して，(4.45) のように書ける場合には，その財の市場と（お金で代表されている）その他もろもろの財の市場を切り離して分析することはできない．その場合には，市場間の連関を考慮にいれた分析が必要となる．そのような分析手法は**一般均衡分析**と呼ばれる．この用語によれば，第 2 章で展開した議論は部分均衡分析であり，本章の議論は一般均衡分析である．

部分均衡分析の仮定のもとでは，所得・消費経路が垂直になることに注意しよう．つまり，価格が一定であるかぎり，所得が増加しても，財 X の需要には所得効果が発生しない．

第 3.3 節では効用という心理的満足感を示す尺度を客観的な尺度に置き換え，効用関数 $V(x, y)$ を計測する方法を考えた．次に説明するように，その方法を使うと総支払用意 W がお金で計って $W = w(x)$ と書けるならば，消費の満足をお金で計った効用関数は

$$V = w(x) + y \tag{4.49}$$

と書くことができる．第3.3節の方法では，無差別曲線図を描き，バスケット (x,y) を通る無差別曲線の縦軸切片の座標をそのバスケットの効用と考える．図4.15が示すように，たとえば，バスケット b^{**} を通る無差別曲線の縦軸切片は b^{**} に含まれる Y の量 y に総支払用意 W を加えた $W+y$ になる．したがって，部分均衡分析の仮定（つまり，$W=w(x)$ という仮定）のもとでは，縦軸切片は $w(x)+y$ となる．これが (4.49) が示す効用関数である．

図4.5の分析が示すように，消費者は予算集合のなかでもっとも高い無差別曲線上にある消費バスケットを選んで消費する．したがって，お金で置き換えた効用関数 $w(x)+y$ と，もとの効用関数 $u(x,y)$ が同じ無差別曲線図によって示されるならば，どちらの効用関数を最大にすると考えても，まったく同じ消費活動が行われる．つまり，総支払用意関数が $W=w(x)$ と書ける場合には，効用最大化問題 (4.5) は，(4.49) を使って，

$$\max_{(x,y)} w(x)+y \quad \text{s.t.} \quad px+y \leq M \tag{4.50}$$

と書き換えることができる．

第 (4.49) 式のように，ある財への総支払用意（つまり，$w(x)$）と他の財の消費量（つまり，y）の合計によって表された効用関数は**準線形効用関数**と呼ばれる．部分均衡分析のためには，ある財への総支払用意をその財の消費量のみの関数と考えて，消費者余剰最大化モデルを考えるか，総支払用意とお金の保有量の合計として示される準線形効用関数を予算制約のもとで最大化するという効用最大化モデルに立脚して，分析を行えばよい．

4.5.3 総支払用意と総補償要求*

部分均衡分析の仮定は，消費者余剰最大化仮説にもとづく経済分析の基礎を与え，1つの財の需要にだけ注目することを可能にしてくれる．その結果，経済分析を非常に単純化するのに役立っている．また，いくつかの例を使って第2章のはじめに説明したように，実際の消費の意思決定も非常に単純化して行うことを可能にしてくれる．このように，部分均衡分析の仮定は非常に重要な役割を果たしているので，どのような状況において，この仮定が妥当するのかを詳しく検討しておくことも重要である．以下では，総支払用意と一対をなす**総

補償要求という概念を導入して，部分均衡分析の仮定を説明しよう．

総補償要求というのは，いったん購入した品物を返却してくれといわれた場合に，どれだけのお金を補償してくれたら品物の返却に同意するかを示す指標である．何か品物を購入した後で，売り手から「お金は返すからいま売ったものを返してくれ」と言われたとしよう．そのような申し出にあなたは同意するだろうか．

喜んで同意するというならば，経済主体という観点からは，あなたは人が良すぎると言われても仕方がないだろう．交換によって利益を得たことを忘れてしまっているからだ．経済主体として「人が良すぎない」ならば，買った品物を返却する代わりに，支払った代金にそれなりの「色をつけて」もらいたいと思うはずである．別な言葉で言うと，それなりの補償があれば取引をなかったことにしてあげてもよいと考えるだろうということである．

たとえば，あなたは初めにお金を M 円だけ保有していて，そこから P 円だけ支払って財 X を x 単位だけ購入したとしよう．そのときには，

$$u(x, M-P) \geq u(0, M) \qquad (4.51)$$

という関係が成り立つ（自発的交換の条件）．自発的交換では，交換後の効用 $u(x, M-P)$ が交換前の効用 $u(0, M)$ 以上でなくてはならないからである．総支払用意は (4.44) という関係を満たす支払額 W のことであるから，実支払 P の方が総支払用意 W よりも小さいとするならば，

$$u(x, M-P) > u(x, M-W) = u(0, M) \qquad (4.52)$$

となって，交換を通じて正の交換の利益＝消費者余剰が発生していたことになる．したがって，支払ったお金 P 円を返してもらう代わりに購入した x を返却することは交換から獲得した利益＝消費者余剰を放棄することを意味する．

もし，交換の利益を放棄しなければならないとしたら，それなりの補償をしてもらいたいと思って当然である．では，どれだけの補償が必要なのだろうか．

はじめの交換を通じて，すでにあなたは $u(x, M-P)$ の効用を手にしているわけだから，購入した品物 x を返却したあとで，少なくとも，その効用水準が補償されなくては返却には応じないはずである．つまり，補償額を C 円とすると，

$$u(0, M - P + C) \geq u(x, M - P) \qquad (4.53)$$

という条件を満たさなければ，買い手が x の返却に同意することはない．この関係の左辺は x を放棄してその代わりに C 円の補償金をもらったときの効用を示し，右辺ははじめの交換後の効用を示すからである．自発的交換の条件 (4.51) が満たされるときには，補償額 C は支払額 P 以上であることに注意しよう．

設問 4.5 補償額が支払った代金 P 以上であることを示せ．

補償額を C としたのは補償という言葉が英語の "compensation" に相当するからである．以下では，(4.53) を満たす最小の C を買い手の総補償要求（total compensation required, TCR）と呼ぶことにしよう．つまり，条件

$$u(0, M - P + C) = u(x, M - P) \qquad (4.54)$$

を満たす C が総補償要求である．

一般に，総補償要求 C と総支払用意 W は同じ額ではない．しかし，よく考えてみると，この両者の値が大きく異なるとも考えにくい．

たとえば，どこかの骨董品店で簞笥を買うことを考えよう．お店に展示してある簞笥が気に入って，10 万円までならば買いたいと考えたとする．つまり，簞笥への総支払用意は 10 万円である．店の主人に値段を尋ねると，6 万円ですと言われたので，お金を払い，後で届けてもらうことにして，家に帰ったとしよう．そこで，店の主人から電話がかかってきて，実は，あの直後にお得意さんが店にやってきて，あの簞笥をぜひ買いたいと言っている．ついては，お金はお返しするから，取引はなかったことにしてほしいと言われたとしたら，どうするだろうか．

ここまでの話をよく理解された方ならば，この申し出に応じると答えはしないはずである．総支払用意が 10 万円のものを，6 万円で買うことができ，結果として，4 万円分の消費者余剰を手にいれたのだから，自分の実支払（6 万円）に「色をつけて」くれるのでなければ，とても返却はできないと感じるはずだからである．では，どれだけお金を払ってくれたら，返却に応じるのだろうか．

1つの目安は総支払用意の10万円である．もともと，この箪笥を手にいれるためには，最大限10万円払ってもよいと考えていたのだから，箪笥を手放すとしたら，最低でも10万円は払って欲しいと感じても不思議はないからである．この場合には，総支払用意＝総補償要求という関係が成立する．

実際には，この関係が成立しないこともあるはずである．家に帰ってみたら，すでに箪笥に非常な愛着が生まれていて，たとえ，20万円出してくれても返却には応じられないと考えるかもしれない．逆に，店では総支払用意10万円の価値があると考えたけれども，あれは一時の気の迷いで6万円を返してもらえるなら，箪笥を引き取ってもらいたいと考えるかもしれない．

このように自分の総補償要求がはじめに考えた総支払用意と異なる値であったとしたら，はじめの総支払用意の評価が誤りであった可能性もある．たとえば，6万円返してもらえれば喜んで返却したいと考える人は，真の総支払用意は6万円より小さいはずで，もう1度，同じ箪笥が6万円で売られているのを見つけたとしても，それを購入したりはしないはずである．他方，20万円出してくれなくては，とてもこの箪笥は手放せないと感じる人は，買う前に冷静に自分の総支払用意を評価すれば，10万円は過小評価で，20万円ぐらいの総支払用意があったはずだと感じるかもしれない．もし，盗難などでその箪笥を失ったあとで同じような箪笥を見つけた場合には，20万円出しても欲しいと思っても不思議ではない．つまり，真の支払用意は20万円以上だった可能性がある．

以上の分析が示すように，総支払用意や総補償要求が交換前と交換後で整合的に評価されているならば，

$$総支払用意 = 総補償要求$$

という関係が満たされている可能性が高い．

4.5.4 部分均衡分析の条件*

以下で示すように，総支払用意＝総補償要求という関係が常に満たされているならば，部分均衡分析の仮定が成立する．前項で述べたように，総支払用意と総補償要求とはそれほど大きな違いがないケースも多いと考えられる．その場合には，部分均衡分析を行ってもよいということである．

どのような M, x, P についても,

$$u(x, M - W) = u(0, M) \text{ かつ } u(0, M - P + C) = u(x, M - P)$$
$$\Rightarrow \quad W = C \tag{4.55}$$

という関係が成り立つというのが総支払用意＝総補償要求という条件を厳密に記述したものである．条件 (4.55) の第 1 の式は W が M というお金を最初に保有する場合の x への総支払用意であることを意味しており，第 2 の式は P を支払って x を手に入れた後の総補償要求が C であることを意味している．その場合，総支払用意 W と総補償要求 C が相等しいというのが条件 (4.55) の意味するところである．この仮定のもとでは，(4.48) のように，総支払用意が $W = w(x)$ と書けるという部分均衡分析の仮定が満たされる．以下では，この事実を説明しよう．

説明のために，消費者の所得を M とし，$W = w(x, M)$ が x 単位の財 X への総支払用意であるとしよう．条件 (4.55) のもとでは，総補償要求 C が総支払用意 W に等しいので，(4.55) の第 1 行目の第 2 式に $C = w(x, M)$ を代入すると，どんな M, x および P についても，

$$u(x, M - P) = u(0, M - P + w(x, M)) \tag{4.56}$$

が成立することがわかる．この式で M と P を同じだけ変化させると，$M - P$ は一定に留まるので，条件 (4.56) の左辺の値は変化しない．したがって，右辺の関数の中の第 2 項 $M - P - w(x, M)$ の値も変化してはならない．さらに，$M - P$ も変化しないので，$w(x, M)$ も変化しない．つまり，M が変化しても，$w(x, M)$ の値が変化することはない．したがって，総支払用意は x だけの関数として，(4.48) のように書ける．

この事実が示すように，条件 (4.55) は財 X の消費に関する**部分均衡分析の条件**とも呼ばれるべき条件である．この条件 (4.55) を理解するためには，無差別曲線図を使って総支払用意と総補償要求の関係を考えてみるとよいだろう．図 4.16 では，図 4.15 と同様に，最初の所得 M は点 M で示されている．また，x 単位の財 X への総支払用意を W とし，総支払用意に等しい額を支払った後で手元に残るお金を Y^M とすると，点 $M = (0, M)$ と $b^M = (x, Y^M)$ は同じ無差別

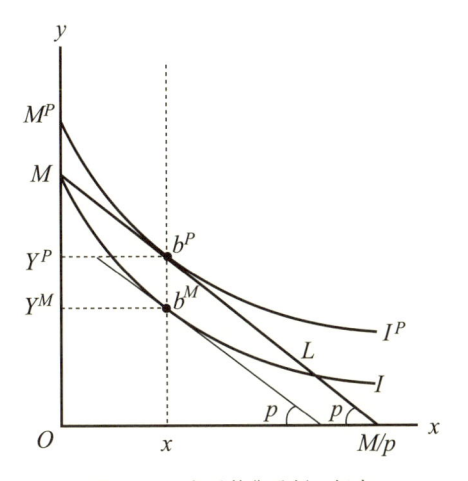

図 4.16　部分均衡分析の仮定

曲線上になくてはならない．言い換えると，総支払用意 W は点 M と Y^M の距離に等しい．これが条件 (4.55) の最初の等式の意味するところである．

実際には，買い手は P 円を支払って x 単位の X を購入したとしよう．そうすると，購入後に保有するお金は $Y^P = M - P$ 円で，また，消費バスケットは点 $b^P = (x, M-P)$ で示すことができる．このときの効用の水準を示すのが無差別曲線 I^P である．ここで，売り手が買い手から x を返却してもらいたいと考えたとしよう．買い手に P 円を返却するだけでは，買い手の消費バスケットはもとの点 M に戻ってしまう．点 M は曲線 I^P より下にあるので，P 円を返却するだけでは，買い手に x を返却してもらうことはできないはずである．返却に同意してもらうためには，売り手は十分な補償を行い，x を返却したあと買い手の消費ベクトルが無差別曲線より下側に位置しないようにしなくてはならない．そのために最低限必要な補償の額は無差別曲線 I^P と縦軸の交点である M^P と購入後に保有するお金を示す点 Y^P との差に等しい．総補償要求 C とはこの差のことである．これが条件 (4.55) の第 2 の等式の意味するところである．

条件 (4.55) のはじめの 2 つの等式が満たされるときには必ず総支払用意 W と総補償要求が一致するならば，部分均衡分析の仮定 (4.48) が満たされ，X の総支払用意が X の消費量のみに依存する．

第5章
費用と供給

5.1 供給の法則
　5.1.1 供給の法則と供給曲線
　5.1.2 企業と利潤最大化
　5.1.3 供給と限界原理
　5.1.4 供給の法則と限界費用曲線
　5.1.5 利潤と総費用曲線
5.2 費用の構造
　5.2.1 U字型限界費用曲線の法則
　5.2.2 可変費用と固定費用
　5.2.3 費用曲線の性質
5.3 完全競争的企業の行動
　5.3.1 完全競争市場
　5.3.2 完全競争的企業の行動モデルと生産者余剰
　5.3.3 利潤最大化の条件
　5.3.4 供給曲線と生産者余剰
5.4 長期と短期の企業行動
　5.4.1 供給の長期弾力化原理
　5.4.2 長期と短期の区別
　5.4.3 企業の長期的計画
　5.4.4 長期の供給曲線
　5.4.5 供給の長期弾力化原理と短期・長期の費用

　私たちが消費する財は，ほとんど例外なく，だれかの手によって生産されたものである．市場における需要は生産者たちの製品供給によって満たされる．消費と消費財市場での需要の性質を検討することにはひとまず区切りをつけて，生産物の供給に話を移すことにしよう．
　生産も人間の手によって行われるものである．多くの日本の農家のように，直

```
生産要素  ──投入─→  │生産技術│  ──産出─→  生産物
```

図 5.1 生産過程

接,家族単位で生産物を作っている場合もある.しかし,現代の生産技術を生かすためには多数の人びとの協力を必要とするのが普通である.そのため,企業と呼ばれる組織が形成されて**生産活動**が営まれる.企業には政府が所有する公企業と個人が所有する私企業とが存在する.しかし当分の間,企業とは私企業のことを指すとしよう.企業の生産活動とは**費用**をかけて生産物を作り,それを販売することで**収入**を得る活動である.収入の合計から費用の合計を差し引いた残りが**利潤**である.私企業は利潤を求めて生産活動に従事する.

生産活動の背後には,労働や資本のような生産要素とよばれる財を投入(**インプット**)し転形することによって生産物を産出(**アウトプット**)する過程が存在する.この過程は**生産過程**と呼ばれる.生産過程を単純にして図式化したのが図 5.1 である.生産要素を調達するために支払われるお金が費用であり,生産物の販売から得られる売り上げが収入である.本章では生産活動を費用と収入の側面から捉えて分析し,その背後にある生産過程の分析は次章にまわすことにしよう.

生産量と費用の関係や,生産要素のインプットと生産物のアウトプットの関係を決定しているのは**生産技術**である.より高い技術のもとで生産を行えば,同じ生産要素を投入しても,より大きな量の生産物を作りだすことができると言い換えてもよい.または,同じ量の生産物を作るにしても,より高い生産技術のもとでは,それにかかる費用は小さくてすむ.

5.1 供給の法則

市場でふつうに観察される経験的事実の背後に存在するメカニズムを解明するというのは経済学のもっとも重要な目標の 1 つである.第 2 章から第 4 章にかけては,価格が上昇すれば需要が減少するという経験的事実——つまり,需要の法則——の背後にあるメカニズムを検討した.以下では,これまでと同様

に消費財市場を取り上げ，供給の法則と呼ばれる経験的事実の解明に焦点をあてる．

5.1.1 供給の法則と供給曲線

供給とは，市場において売り手が売りたいと望む販売量のことである．この概念は需要という概念と対をなしている．需要とは買い手が買いたいと望む購入量であるという定義を思い出してもらえば，これは明らかだろう．通常の市場では，価格の上昇とともに供給は拡大する．つまり，製品をより高い価格で販売できるならば，より多く売りたいと売り手は望むものである．供給の法則とはこのような経験的事実を指す．

供給の法則：ある財の価格が上昇すれば，その財の供給は拡大する．

英語では，供給のことを "supply" と表現する．そこで，供給量——つまり，売り手が望む販売量——を S という記号で記述しよう．一般に，財の供給 S はその財の価格 p に依存しており，この依存関係を供給関数として

$$S = S(p) \tag{5.1}$$

と記述することができる．図 5.2 では，供給関数のグラフが曲線 S で示されて

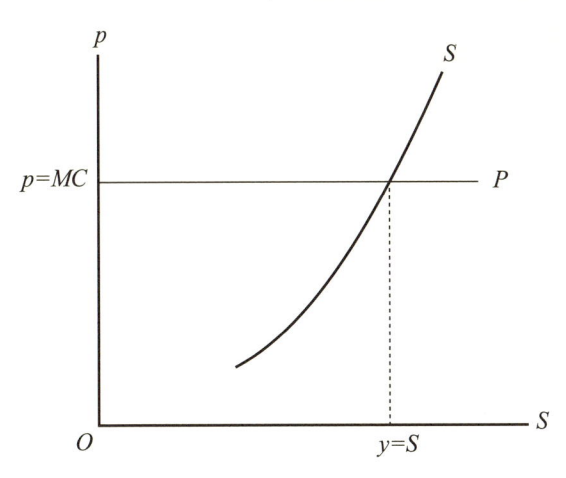

図 **5.2** 供給の法則

いる．曲線 S は**供給曲線**と呼ばれ，第 2 章の需要の分析で紹介した需要曲線に対比されるものである．第 2 章でも述べたように，価格 p の水準を示す縦軸上の点を通る水平な直線 P は価格線と呼ばれる．価格線 P と供給曲線 S の交点を通る垂直線と横軸の交点 $y=S$ が価格 p に対応する供給を示す．供給の法則のもとでは，供給関数 $S(p)$ は価格 p の増加関数であり，供給曲線は右上がりである．

よく考えてみると，供給の法則というのは少しずつ異なる複数の意味を持っている．まず，市場における供給の全体と価格の関係について，供給の法則が成り立つと考える場合も多い．市場のデータを観察すると，価格が上がれば市場全体で販売される製品の総量が拡大するという関係が見られるということである．この点については，第 7 章の市場の分析で詳しく考えよう．市場全体ではなく，個々の売り手が望む販売量と価格の間の関係にも供給の法則が成立すると考えられることも多い．この関係も市場で観察されるデータにもとづいていると考えられる場合もある．企業の販売量が価格上昇とともに増加するという現象が観察されることも多いということである．このような現実のデータの動きとは別に，単価を提示して企業にどれだけの量を販売したいかを（仮想的に）尋ねれば，提示価格が高いほど企業が「売りたい」と答える量も大きいと考えられる．そのような意味も供給の法則には含まれている．

5.1.2 企業と利潤最大化

すでに触れたとおり，本書では，生産物の供給は企業によって行われると仮定する．供給とは売り手が望む販売量のことである．したがって，供給の意味を理解するためには，企業が何を求めて生産物を作り，販売するのかを定式化する必要がある．

個々の私企業がどのような目標をもって活動しているのかという問題に関しては，いろいろな議論がありうる．しかし，現代の経済では，私企業のもっとも基本的な行動目標が**利潤の最大化**にあるという点については，異論の余地はない．本書では，企業とは自己の利潤の最大化を目標として行動するものと仮定し，その他の行動目標に関する議論に立ち入ることは避けることにする．

企業は自分の生産物を製品として市場で販売することで収入を得る．そのた

めに必要な生産要素の多くは市場で調達される．製品を販売することで得られる売り上げ（収入）の合計は**総収入**と呼ばれ，生産要素の調達のためにかかる費用の合計は**総費用**と呼ばれる．総収入から総費用をひいた残りが利潤である．英語では，総収入を "total revenue"，総費用を "total cost"，利潤を "profit" と呼ぶので，総収入を TR，総費用を TC，利潤を Π と書くことにしよう．そうすると，利潤は次のように示すことができる．

$$\Pi = TR - TC \tag{5.2}$$

5.1.3 供給と限界原理

第2章では，最適な経済活動を行うためには限界原理に則って行動する必要があるという事実を消費者の行動に関連して説明した．一般的な言葉で言うと，限界原理とは現状を変更することから発生する正の限界効果と負の限界効果を比較衡量することで，現状の改善方法を見つけよう，という原理である．本項で見るように，この原理は企業が自分の行動を決定する際にも妥当する．

話を簡単にするために，単一の製品を販売する企業を考えよう．企業の経済活動とは，簡単に言えば生産物を作って販売することである．前項でも触れたとおり，そのような経済活動を通じて企業が最終的に求めているのは利潤を生み出すことである．したがって，企業が最適な経済活動を行おうとするならば，利潤を最大にするように生産量や販売量を設定しなくてはならない．

通常の場合には，作ったものが売れ残ることをあらかじめ想定して，生産販売計画を立てるはずはない．それでは作ったものが無駄になるので，利潤を最大にするのは不可能だからである．したがって，企業が活動計画を立てる際には，生産量と販売量とは相等しいとみなすと考えるのが妥当である．そこで，生産・販売量を y と書くことにしよう．

生産・販売量 y が変化すれば，総収入も総費用も変化するはずである．前項でも見たとおり，利潤とは総収入と総費用との差のことだから，生産量の変化を通じて総収入や総費用がどのように変化するかを分析すれば，企業の行動を支配する限界原理を説明できる．

総収入（つまり，売り上げ）TR は販売量 y と製品の単価 p の積に等しいので，

$$TR = py \qquad (5.3)$$

と書ける．この関係 (5.3) を使うと，利潤 (5.2) は

$$\Pi = py - TC \qquad (5.4)$$

と書くことができる．

　本節では製品価格が与えられたとき，企業がどれだけの製品を販売したいかという問題を考えよう．顧客が一定の単価 p で何単位でも買うと言っている場合について，企業の最適生産・販売量を考えようというわけである．このような場合の最適生産・販売量の決定に際しても，第 2.4 節で考えたのと同様の限界原理が決定的な役割を果たす．

　たとえば，y 単位を生産・販売することが最適か否かを判断するためには，そこから Δy だけ生産・販売量を変化させるとして，限界効果を見ればよい．説明のために，図 5.3 では縦軸に製品の単価 p，横軸に生産・販売量 y をとってある．縦軸の点 p を通る水平な直線は（図 2.6 と同様に）製品の単価を示す価格線である．顧客が一定の単価 p で何単位でも買ってくれると言っている場合の企業の最適生産・販売量を考えているのだから，生産・販売量を y から Δy 単位増加すれば，収入は $p\Delta y$ だけ増加する．図では，この追加的収入が長方形

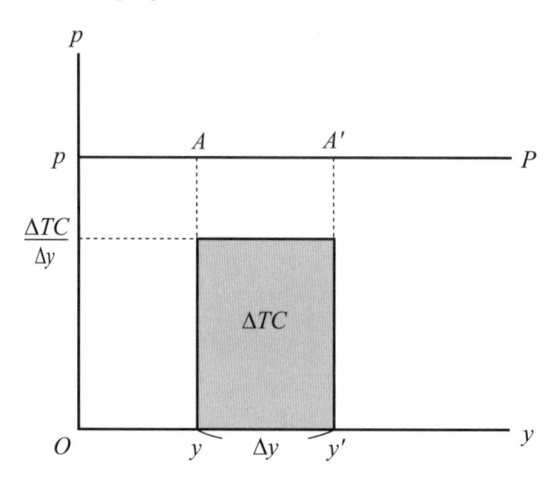

図 **5.3** 供給量の決定における限界原理

$Ayy'A'$ の面積で示されることも（図 2.6 の説明を思い出せば）すぐにわかるだろう．生産量を増加するためには，追加的な費用も発生するはずである．そこで，Δy だけの追加的生産に必要な追加的費用を ΔTC と書くことにしよう．図 5.3 では，グレーに塗った長方形の面積で追加的費用 ΔTC の大きさを示している．総収入の変化 $p\Delta y$ と総費用の変化 ΔTC は，どちらも利潤 Π に影響する．つまり，(5.4) から，利潤 Π とは総収入 py と総費用 TC との差のことなので，利潤の変化 $\Delta \Pi$ は追加的収入 $p\Delta y$ から追加的費用 ΔTC を差し引いた額に等しい．この差額が正ならば，生産・販売量を Δy だけ増やせばよい．図 5.3 のケースでは，Δy 単位の生産・販売量の増加から発生する追加的収入 $p\Delta y$ はそのための追加的費用 ΔTC よりも大きい．したがって，Δy 単位の追加的生産・販売を行うことで利潤を拡大できる．

話を一般化するためには，生産・販売量を増やす場合だけではなく，減らす場合も考えなくてはならない．そこで，ΔTC は生産量が Δy だけ変化するときの総費用の変化を示すと解釈しよう（つまり，Δy や ΔTC が正の場合も負の場合も考えるということである）．その場合には，生産・販売量を Δy だけ変化することで利潤が増加し，

$$\Delta \Pi = p\Delta y - \Delta TC > 0 \tag{5.5}$$

となるならば，Δy だけ生産・販売量を変化することが望ましいというのが限界原理である．

第 2.4 節でも見たように，最適な経済活動に関する一元的な行動基準を考えるためには，経済活動の変化から発生する限界効果を経済活動の変化 1 単位あたりに換算して考える方が便利である．そこで，(5.5) を次のような基準に書き直すことにしよう（このような書き換えができる理由は下で説明する）．

供給量の決定における限界原理：

$$\frac{\Delta TC}{\Delta y} < p \text{ ならば } \Delta y > 0, \tag{5.6}$$

$$\frac{\Delta TC}{\Delta y} > p \text{ ならば } \Delta y < 0 \tag{5.7}$$

この条件は Δy だけの生産・販売量の変化が利潤を増加させる ($\Delta \Pi > 0$ とする) 条件である. つまり, $\frac{\Delta TC}{\Delta y} < p$ のもとでは $\Delta y > 0$ とおくことで, また, $\frac{\Delta TC}{\Delta y} > p$ のもとでは $\Delta y < 0$ とおくことで, $p\Delta y > \Delta TC$ となるからである. その場合には, (5.5) が満たされる. つまり, 利潤が拡大するということである.

限界支払用意の定義にならって, **追加的生産 1 単位あたりの追加的費用** $\frac{\Delta TC}{\Delta y}$ を広い意味での**限界費用**と呼ぼう. 図 5.3 では, グレーに塗った棒グラフの高さが広い意味での限界費用 $\frac{\Delta TC}{\Delta y}$ を示す. 棒グラフの底辺の長さが追加的生産量 Δy を示し, 棒グラフの面積が Δy 単位の追加的生産に必要な追加的費用 ΔTC を示すからである. 長方形の面積は縦の辺と横の辺の長さの積に等しいから, 縦の辺の長さは ΔTC と Δy の比率 $\frac{\Delta TC}{\Delta y}$ を示す. したがって, 棒グラフの高さは広い意味での限界費用を示す.

条件 (5.6) と (5.7) では, 製品 1 単位あたりの追加的費用が製品 1 単位あたりの単価よりも小さければ生産・販売量を増やすべきだし, 単位あたりの追加的費用が単価より大きければ生産・販売量を減らすべきだということが示されている. これは当然のことだろう. 図 5.3 では, 製品の単価 p を示す価格線 P がグレーに塗った棒グラフの上辺より高い位置にある. したがって, $\Delta y > 0$ だけの追加的生産を行うべきである.

追加的な生産・販売量 Δy をどんなに小さくとることもできる場合には, Δy が限りなくゼロに近づいたときに $\frac{\Delta TC}{\Delta y}$ が近づく値を考えて, それも限界費用と呼ぶのが普通である. 第 2 章の限界支払用意の場合と同様に, この値を狭い意味での限界費用と呼んで, 広い意味での限界費用 $\frac{\Delta TC}{\Delta y}$ と区別しよう. 英語では, 限界費用を "marginal cost" と表現するので, 頭文字をとって狭い意味での限界費用を MC と記述しよう. 第 2.4 節でも見たように, Δy が限りなくゼロに近づくときに, $\frac{\Delta TC}{\Delta y}$ が限りなく近づく値は $\lim_{\Delta y \to 0} \frac{\Delta TC}{\Delta y}$ と書くので, 狭い意味での限界費用は

$$MC = \lim_{\Delta y \to 0} \frac{\Delta TC}{\Delta y} \tag{5.8}$$

と定義することもできる.

どんなに小さな量でも取引できる市場では，次に示すように，最適生産・販売量を達成するためには限界費用を価格に一致させなくてはならない．つまり，

$$MC = p \tag{5.9}$$

が成立することが必要である．

この条件は（一物一価の法則の成立する市場における）**利潤の最大化の 1 次条件**と呼ばれる．この条件が成立しなくてはならないのは (5.6) と (5.7) からすぐにわかる．条件 (5.8) から，Δy を非常にゼロに近く設定すれば，$\frac{\Delta TC}{\Delta y}$ は MC とほぼ同じ値になるからである．したがって，$MC < p$ ならば，Δy を非常にゼロに近く設定すれば，$\frac{\Delta TC}{\Delta y} < p$ が成立する．そのときには，条件 (5.6) より，$\Delta y > 0$ とすれば利潤を拡大することができる．また，$MC > p$ ならば，Δy を非常にゼロに近く設定すれば，$\frac{\Delta TC}{\Delta y} > p$ が成立する．そのときには，条件 (5.7) より，$\Delta y < 0$ とすれば利潤を拡大することができる．どちらにしても，最適は達成されていないので，(5.9) が成り立つ必要がある．

5.1.4 供給の法則と限界費用曲線

第 5.1.1 項で触れたように，総費用とは生産のために必要な生産要素を調達するために支払われる費用の総額のことである．生産量を拡大するためには，生産要素の投入量を増やさねばならない．追加的な生産要素の調達のためには追加的な費用がかかるので，生産量 y の増加は総費用 TC を増大させる．この関係を

$$TC = c(y) \tag{5.10}$$

という関数で記述し，関数 $c(y)$ を**総費用関数**と呼ぼう．

ここで，生産量 y の変化と総費用 TC の変化の関係を図 2.7 にならって図示してみよう．生産の分析で気を付ける必要があるのは，次節で詳しく検討するように，企業には実際の生産活動を始める前に一括して投下した**固定費用**が存在する場合が多いことである．つまり，生産量を $y = 0$ に設定したとしても正の総費用（つまり，固定費用）$c(0) > 0$ がかかっている場合がある．そこで，図 5.4 では曲線 M，縦軸，横軸，y を通る垂直線で囲まれる図形 V の面積によっ

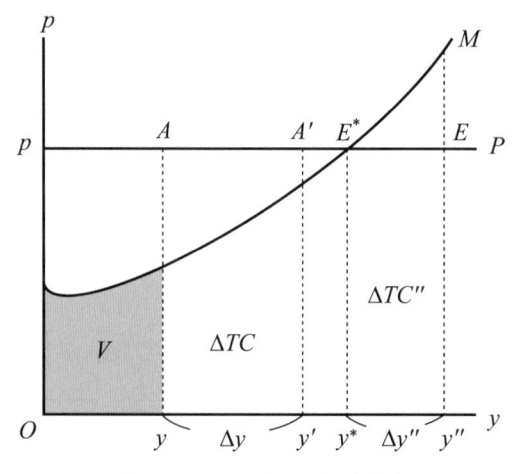

図 5.4 総可変費用と供給曲線

て，y を生産するための総費用 $c(y)$ と固定費用 $c(0)$ の差額を示すことにしよう．この差額は**総可変費用**と呼ばれる．

生産量を Δy だけ増加して $y' = y + \Delta y$ 単位の生産物を作るための追加的費用 ΔTC は曲線 M，横軸，y と y' を通る垂直線によって囲まれる図形 ΔTC によって示される．これは y' を作るための総可変費用が図 5.4 の図形 V と図形 ΔTC の面積の合計で示されるからである．図 5.3 では，グレーに塗った長方形の面積によって生産量を y から y' へ増加するための追加の費用を示した．実は，この長方形は図 5.4 の図形 ΔTC と同じ面積を持つように作図されたものであると考えることができる．

最適生産・販売量は価格線 P と曲線 M の交点 E^* で y^* に定まることは明らかだろう．たとえば，図の p の水準によって製品の単価が与えられている場合には，価格線 P は p を通る水平線で示される．この場合，図の y のような生産・販売量は過小である．生産量を Δy だけ増やすための追加的費用が図形 ΔTC の面積で示されるのに対し，それを販売して得られる追加的収入 $p\Delta y$ は図の長方形 $Ayy'A'$ の面積で示されるからである．つまり，追加的収入が追加的費用より大きいので，追加的利潤が発生するということである．生産量を y^* よりも大きな水準に設定するのも最適ではない．たとえば，生産量を y^* よりも

$\Delta y''$ だけ大きく設定しようとすると，図形 $\Delta TC''$ 分だけの追加的費用がかかる．追加的収入は長方形 $E^*y^*y''E$ の面積に過ぎないので，このような追加的生産からは負の追加的利潤が発生する．したがって，y^* を生産・販売するのが最適である．

以上の事実が示すように，最適生産・販売量は価格線 P と曲線 M の交点 y^* で定まる．つまり，曲線 M が価格 p と供給 S の関係を示すということである．条件 (5.9) が示すように，限界費用 MC が製品の単価 p と一致するように生産・販売量は定まらなくてはならない．したがって，曲線 M は**限界費用曲線**であると解釈することもできる．

つまり，図 5.4 のように，曲線 M を使って y 単位の生産物を生産するための総可変費用を，その曲線，縦軸，横軸，y を通る垂直線で囲まれる図形 V の面積で示すと，その曲線の高さは y における狭い意味での限界費用を大きさを示す．この事実は第 2.4 項の限界支払用意曲線の説明と同じようにして説明できる．

説明のため，図 5.3 と図 5.4 を重ねて描いたのが図 5.5 である．この図では，Δy 単位の追加的生産を行うための追加的費用が 2 つの図形で示されている．1 つは図 5.3 から写したグレーに塗った棒グラフの面積である．図 5.5 では，この

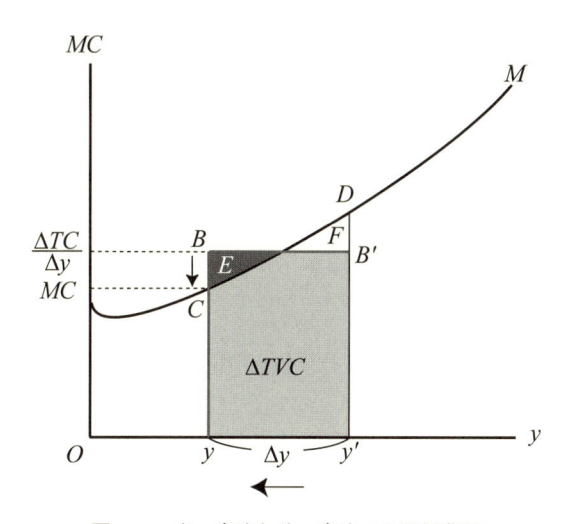

図 **5.5** 広い意味と狭い意味での限界費用

棒グラフは長方形 $Byy'B'$ として示されている．また，もう1つは図形 $Cyy'D$ の面積である．この図形は図 5.4 の図形 ΔTC を写したものである．この2つの面積は等しいので，グレーに塗った棒グラフの図形 $Cyy'D$ で覆われない部分 (E) と，図形 $Cyy'D$ の棒グラフで覆われない部分 (F) の面積は等しい．上で触れたように，広い意味での限界費用 $\frac{\Delta TC}{\Delta y}$ は図 5.5 のグレーの棒グラフの高さ（つまり，線分 Cy の長さ）で示される．

前項で述べたように，狭い意味での限界費用 MC とは追加的生産量 Δy が限りなくゼロに近づくときに，広い意味での限界費用 $\frac{\Delta TC}{\Delta y}$ が限りなく近づく値である．そこで，図 5.5 において y を固定して Δy を限りなくゼロに近づけてみよう．そうすると，点 y' が y に限りなく近づき，D が C に限りなく近づくので，線分 By は限りなく線分 Cy に近づく．点 B は図形 E と F の面積が一致するように描かれなくてはならないからである．線分 By の長さが広い意味での限界費用を示し，その長さは線分 Cy の長さに近づくので，狭い意味での限界費用 MC は y における曲線 M の高さ（線分 Cy の長さ）で示される．

上の分析が示すように，曲線 M は生産量 y と限界費用の大きさを示す限界費用曲線であると解釈できる．同時に，曲線 M は与えられた価格のもとでの供給を示すものでもある．したがって，供給の法則が成立して右上がりの供給曲線が描けるならば，その背後にある限界費用曲線も右上がりでなくてはならない．つまり，図 5.2 の供給曲線 S は図 5.4 の限界費用曲線 M に重なっていなくてはならない．しかし，限界支払用意曲線と需要曲線の間の関係とは異なり，限界費用曲線 M の全体が供給曲線を示すわけではない．この点については，第 5.3 節で詳しく分析する．

5.1.5 利潤と総費用曲線

図 5.6 では横軸に生産量，縦軸に総費用をとって，典型的な生産量 y と総費用 TC の関係を曲線 TC で示している．この曲線は**総費用曲線**と呼ばれる．上で指摘したとおり，生産量 y が増えれば総費用 TC の水準も高まる．したがって，総費用曲線は右上がりでなくてはならない．以下では，総費用曲線を使って最適生産量の決定を分析し，限界費用曲線を使った前項の分析と関連づけてみよう．

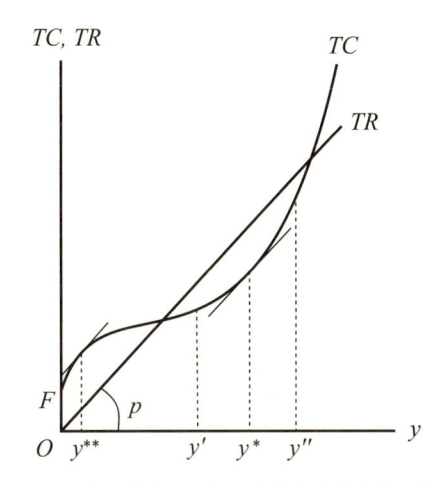

図 **5.6** 総費用曲線，総収入直線と最適生産・販売量

総費用関数 (5.10) を用いると，利潤 (5.4) は

$$\Pi = py - c(y) \tag{5.11}$$

と変形できる．第 5.1.1 項の終わりで述べたように，本節では製品価格が与えられたとき，企業がどれだけの製品を販売したいかという問題を考えている．つまり，価格 p が一定の値に与えられている場合を考えているので，(5.3) から，総収入 $TR = py$ と販売量 y の間の比率も一定であることが分かる．この関係は第 2.5.2 項で検討した実支払 $P = px$ と購入量 x の関係と同じである．したがって，図 5.6 において，縦軸に総収入 TR，横軸に販売量 y をとると，総収入 TR と販売量 y の関係は原点を通り，傾きが p の直線 TR で示される．この事実は第 2.5.2 項の実支払直線の説明から類推すれば明らかなので，ここでもう 1 度詳しく説明する必要はないだろう．直線 TR を**総収入直線**と呼ぶことにしよう．

第 (5.2) 式が示すように，利潤 Π は総収入 TR と総費用 TC の差に相当する．したがって，生産・販売量 y のそれぞれの値に対応する利潤は（y のその値における）図 5.6 の総収入直線 TR と総費用曲線 TC の間の垂直方向の差によって示すことができる．この垂直方向の差を最大にする生産・販売量が利潤を最大にする販売量である．図では，それが y^* で示されている．

第 2.5.2 項で説明したように，限界原理に則って，直線と曲線の垂直方向の差

を最大にするためには，曲線の傾きが直線の傾きに一致するような横軸上の点を選ばなくてはならない．また，ある点における曲線の傾きとはその点で曲線に接する直線の傾きのことである．

図 5.6 の生産・販売量 y' では，総費用曲線への接線を実際に引いてみれば分かるように，総収入直線 TR の傾きが総費用曲線 TC の傾きよりも大きい．そのような場合，生産・販売量をほんの少し (Δy) だけ増加することで，総収入直線 TR と総費用曲線 TC の垂直方向の差を拡大できる．つまり，追加的利潤を創出できるということである．これは生産・販売量の追加分から発生する追加収入 $(p\Delta y)$ の方がそのための追加的費用 (ΔTC) よりも大きいからである．したがって，生産・販売量を増加 $(\Delta y > 0)$ させれば利潤を拡大できる．同様に，図 5.6 の y'' では，総収入直線 TR の傾きが総費用曲線 TC の傾きよりも小さい．そのときには生産・販売量を少しだけ縮小することで，直線と曲線の間の垂直方向の差を拡大できる．つまり，追加的利潤を創出できる．これは生産・販売量の縮小から発生する費用の節約分の方が収入の減少分よりも大きいからである．したがって，最大の利潤が達成されるためには，図 5.6 の y^* が示すように，総費用曲線 TC の傾きが総収入直線 TR の傾き p に等しくなくてはならない．

条件 (5.9) によると，単価 p は限界費用に一致していなくてはならない．総費用曲線 TC の傾きも p に等しくなくてはならないということは，総費用曲線 TC の傾きは限界費用 MC に等しいはずである．第 2.5 節では，総支払用意曲線の傾きが限界支払用意を示すことを説明した．それから類推してもこの事実は明らかだが，復習も兼ねて簡単に説明しておこう．

上でも指摘したように，生産量 y における総費用曲線 TC の傾きとは y において総費用曲線に接する直線 L の傾きである．この傾きを求めるために，生産量 y を Δy だけ増加させてみよう．図 5.7 では，そのときの追加的費用 ΔTC が線分 BC の長さで示される．点 A と C を通る直線を M と呼ぼう．直線 M の傾きは線分 BC と AB の長さの比率のことだから，$\frac{\Delta TC}{\Delta y}$ に等しい．追加的生産量 Δy が限りなくゼロに近づくとき，直線 M は点 A の回りで時計方向に回転し限りなく直線 L に近づく．したがって，直線 M の傾き $\frac{\Delta TC}{\Delta y}$ は直線 L の傾きに限りなく近づく．定義式 (5.8) が示すように，限界費用 MC とは Δy が

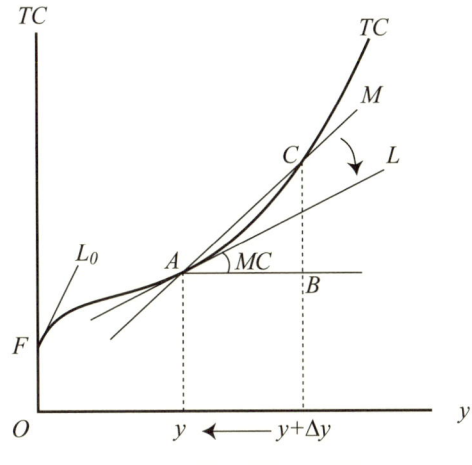

図 5.7 総費用曲線と限界費用

限りなくゼロに近づくときに $\frac{\Delta TC}{\Delta y}$ が限りなく近づく値である．したがって，限界費用 MC とは直線 M の傾きが限りなく近づく値のことであると見なせるので，MC は直線 L の傾きに等しい．

5.2　費用の構造

　前節で示したように，製品の供給と費用の間には密接な関係がある．以下では，この関係の背後に存在する費用の構造を詳しく分析しよう．

　企業の望む販売量が供給の法則を満たすならば，その企業の限界費用は逓増的でなくてはならないというのが前節の重要な結論である．しかし，図 5.4 にも示すように，実際の生産技術を考えると，どのような生産量をとっても必ず限界費用曲線が右上がりになるというわけではない．生産量が比較的小さい場合には，生産量が拡大するにしたがって効率性が高まり，限界費用が逓減する可能性が高い．以下で見るように，この事実は生産のためには固定的生産要素と可変的生産要素の両方を必要とすることに関係している．

5.2.1 U字型限界費用曲線の法則

前節の終わりで触れたように,狭い意味での限界費用 MC が総費用曲線 TC の傾きで示されることを思い出そう.第 2.5 節でも見たように,一般に,関数のグラフの傾きはその関数の微係数と呼ばれる.したがって,総費用関数 $c(y)$ の微係数を $c'(y)$ と書くと,限界費用 MC は

$$MC = c'(y) \tag{5.12}$$

と書くことができる.この関数は**限界費用関数**と呼ばれる.限界費用関数のグラフが限界費用曲線である.

図 5.8 では,典型的な限界費用曲線が曲線 MC で描かれている.限界費用 MC は総費用曲線の傾きに等しいので,生産量がゼロの場合の限界費用は図 5.7 の直線 L_0 の傾きで示される.生産量がゼロから増加すると,総費用曲線の傾きはいったんは小さくなる.しかし,その後,反転して徐々に大きくなる.言い換えると,生産量の増加につれて,限界費用は最初のうち減少するが,その後,反転して増加する.したがって,限界費用曲線は通常は図 5.8 の曲線 MC が示すように,(いったん下がって上昇する)アルファベットの U に似た形をしてい

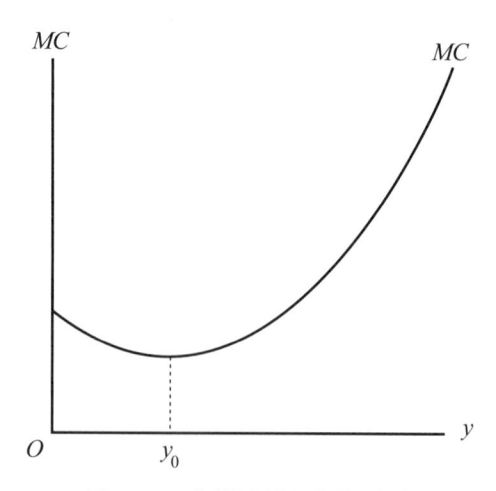

図 **5.8** U 字型限界費用曲線の仮定

る．このような限界費用曲線は U 字型の限界費用曲線と呼ばれる．

限界費用曲線が U 字型だというのは固定的生産要素の存在と深い関係がある．固定費用が存在するときには，可変的生産要素の投入量をゼロから増加させていくと，最初は**協力効果**が発生し，その後，**混雑効果**が発生すると考えられる．次に説明するように，それが反映されて U 字型の限界費用曲線が生まれる．

説明のために，工場と労働力を使って生産を行っている企業を考えてみよう．労働力はいつでも投入量を調節できるが，工場はすでに建設されていて，すぐには，その規模を変えることができないとしよう．つまり，工場建設にかかる費用は固定費用であり，労働者の雇用にかかる費用が可変費用である．

この工場で生産量を拡大するために，労働の投入量を(0から)増やしていくとしよう．はじめのうちは，労働者の協力が生産の効率化要因として働くと考えられる．工場が非常に広ければ，たった1人の労働者より，2人に働いてもらえば，2倍以上の生産量が期待できるかもしれない．また，2人より3人に働いてもらえば，1人の場合の4倍も5倍もの生産量が期待できる可能性もある．これが協力効果である．

このような協力効果があれば，たとえば，生産量をゼロから1単位に増やすときよりも，生産量を1単位から2単位に増やすときのほうが必要な労働者の数は小さい．そのような場合は，限界費用は逓減する．図5.8において，生産量が y_0 に達する以前の部分で，限界費用が逓減しているのはこのような関係を反映している．つまり，y_0 までは可変的生産要素の協力効果を通じて，限界費用が逓減するわけである．

さらに，生産量を増やしていくとしよう．そうすると，徐々に，労働者の混雑が生産の非効率化要因として働き始めると考えられる．工場がいくら広いとしても，あまり多くの労働者を雇えば，仕事がやりにくくなる．しまいには，互いの肩や腕が触れ合って，仕事にならなくなってしまうかもしれない．これが混雑効果である．その場合，追加的な1人の労働者が生産できる追加的な生産物の量は徐々に小さくなっていくはずである．

逆に言うと，混雑効果があれば，追加的に1単位の生産物を作るために必要な追加的な労働者の数は徐々に大きくなる．この結果，追加的に生産量を1単位ずつ増やしていくために必要な追加的費用は上昇する．この場合には，限界

費用が逓増していくのである．つまり，図5.8のy_0より生産量が大きいときには，可変的生産要素の混雑効果を通じて，限界費用が逓増する．

このような理由で，生産量の増加とともに限界費用はいったん減少し，その後，増加に転じる．これは多くの生産過程で観察される現象なので，U字型限界費用曲線の法則と呼ぶこともできる．

U字型限界費用の法則：限界費用は，生産量の増加とともに，いったんは逓減しその後に逓増に転じる．

5.2.2　可変費用と固定費用

固定的生産要素とは生産過程にすでに投入されていて，すぐには投入量を調節できないもののことである．可変的生産要素とは投入量の調節が可能なもののことである．たとえば，レストランの経営を考えてみると，店の調度品や椅子やテーブルは，いったん投入してしまえば，簡単には変更できない固定的要素である．他方，材料の量やアルバイトのウェーターの数などは比較的簡単に調節できる可変的生産要素だとみなすことができる．

第5.1.4項でも触れたように，可変的な生産要素と固定的な生産要素が同時に利用される場合，生産費用も可変費用と固定費用とに分けて考えることができる．**可変費用**とは生産量に依存して変化する費用のことであり，**固定費用**とは生産量とは無関係にかかる費用のことである．とくに，ある量の生産物を生産するためにかかる可変費用の総額は**総可変費用**と呼ばれる．英語では総可変費用は"total variable cost"，固定費用は"fixed cost"と呼ばれる．そこで総可変費用をTVC，固定費用をFと書くと，総費用TCは

$$TC = TVC + F \tag{5.13}$$

となる．

固定費用は総費用のうち生産量に依存しない部分のことである．したがって，生産量yをゼロに設定したとしても，固定費用だけは必要になる．つまり，(5.10)で，企業の総費用関数を$c(y)$と書いたので，

$$c(0) = F \tag{5.14}$$

という関係が成り立つということである．図5.7では，総費用曲線TCの縦軸切片（縦軸との交点）Fが固定費用の水準を示す．

総可変費用TVCとは総費用TCから固定費用Fを取り除いた残りである．関係(5.13)から，

$$TVC = TC - F \tag{5.15}$$

となるからである．総費用関数$TC = c(y)$を使うと，総可変費用を生産量yの関数として

$$c_v(y) = c(y) - F \tag{5.16}$$

と書くこともできる．関数$c_v(y)$は**総可変費用関数**である．総可変費用関数$TVC = c_v(y)$のグラフは**総可変費用曲線**と呼ばれる．総可変費用曲線は図5.7の総費用曲線TCを下方にFだけ平行移動（シフト）したものである．図5.9では，実際に総費用曲線TCをFだけ下方シフトした曲線TVCで，総可変費用曲線を示している．

前項で触れたように，限界費用$c'(y)$は生産量yにおける総費用曲線の傾き

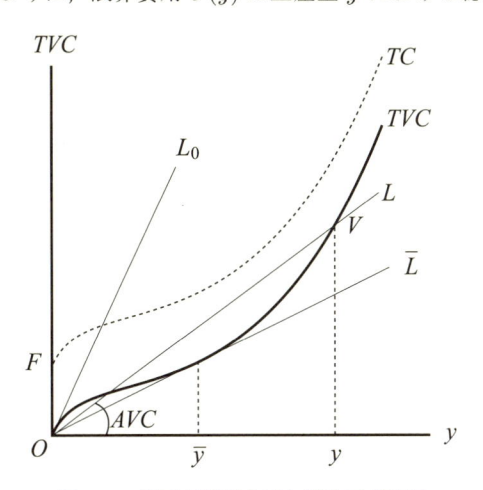

図 **5.9** 総可変費用曲線と平均可変費用

を示すものである．総可変費用曲線は総費用曲線を F だけ下方にシフトしたものなので，y における傾きは総費用曲線の y における傾きに一致している．したがって，限界費用 $c'(y)$ と「限界可変費用」は同じで，

$$c'_v(y) = c'(y) \tag{5.17}$$

が成立する．一般に，限界費用は正であると仮定してもよい．つまり，

$$c'(y) > 0 \tag{5.18}$$

と仮定する．総費用は生産量の拡大とともに増加するはずだからである．

生産物 1 単位あたりの総費用は**平均費用**と呼ばれる．英語では，平均費用は "average cost" と呼ばれるので，AC と記述しよう．そうすると，平均費用は

$$AC = \frac{TC}{y} \tag{5.19}$$

と書ける．総生産量 1 単位あたりの可変費用は**平均可変費用**と呼ばれる．英語では，平均可変費用は "average variable cost" と呼ばれるので，AVC と記述する．そうすると，平均可変費用は

$$AVC = \frac{TVC}{y} \tag{5.20}$$

と書ける．

第 5.1.3 項で説明したように，限界費用 MC とは追加的生産物 1 単位あたりの追加的費用 $\frac{\Delta TC}{\Delta y}$ を近似的に示したものである．つまり，

$$MC = \lim_{\Delta y \to 0} \frac{\Delta TC}{\Delta y}$$

である．また，平均費用 AC や平均可変費用 AVC は総費用 TC や総可変費用 TVC を総生産量 y で割って，物理的 1 単位あたりに換算したものである．さらに，第 2 章で見たとおり，単価 p とは物理的 1 単位あたりの価格のことである．したがって，価格，限界費用，平均費用，平均可変費用は，どれも同じ単位（金額/生産物の単位）で計られているので，直接，比較することが可能である．

5.2.3 費用曲線の性質

以上，総費用曲線，総可変費用曲線，限界費用曲線という生産の分析のもっとも基礎となる概念を説明した．平均費用と生産量の関係を示す曲線を**平均費用曲線**と呼び，平均可変費用と生産量の関係を示す曲線を**平均可変費用曲線**と呼ぶ．以下では，復習も含めて，これらの曲線の形状と相互関係を検討しよう．

性質1：総費用曲線は総可変費用曲線を固定費用の分だけ上方に平行移動したものである．

この事実は，すでに説明したように，総費用関数 $c(y)$ が総可変費用関数 $c_v(y)$ と固定費用 F の合計であることから明らかである．図 5.9 では，総可変費用曲線 TVC を F だけ上方へ移動したのが総費用曲線 TC である．

図 5.9 が示すように，総可変費用曲線 TVC はアルファベットの S を裏返しにしたような形をしている．つまり，図 5.9 の直線 L を回転軸にして総可変費用曲線を裏返しにすると S のような形になる．このため，総可変費用曲線は逆 S 字型をしていると言われることが多い．総費用曲線 TC は総可変費用曲線 TVC を F だけ上方にシフトしたものなので，やはり，逆 S 字型であると言われる．第 5.2.1 項で詳しく見たように，総費用曲線や総可変費用曲線が逆 S 字型であるということは限界費用曲線が U 字型であることと同じである．

性質2：総可変費用曲線や総費用曲線の傾きが限界費用を示す．したがって，限界費用曲線が U 字型をしているならば，総可変費用曲線も総費用曲線も逆 S 字型になる．

平均可変費用 AVC は総可変費用 $TVC = c_v(y)$ と生産量 y の比率なので，平均可変費用曲線は

$$AVC = \frac{c_v(y)}{y}$$

という関数のグラフである．図 5.10 では，限界費用曲線 MC の形との関連で，

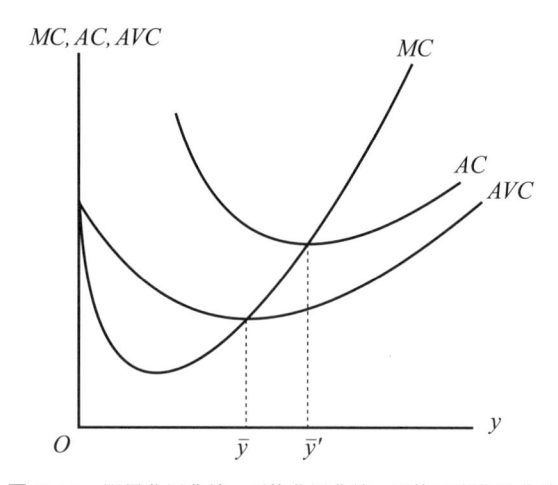

図 5.10 限界費用曲線，平均費用曲線，平均可変費用曲線

典型的な平均可変費用曲線の形が曲線 AVC で示されている．

性質 3：限界費用曲線が U 字型をしているならば，平均可変費用曲線も U 字型をしている．限界費用曲線の縦軸切片（縦軸との交点）と平均可変費用曲線の縦軸切片は一致する．

この事実は図 5.9 を使うとわかる．限界費用曲線が U 字型であるときに，総可変費用曲線 TVC が逆 S 字型になることは性質 2 で指摘した．平均可変費用は総可変費用 TVC を生産量 y で割った値だから，図 5.9 の y を生産するときの平均可変費用 AVC は線分 Vy の長さと Oy の長さの比率で示される．直線 L の傾きで示されると言ってもよい．したがって，生産量がゼロのときには，平均可変費用は直線 L_0 の傾きに等しい．第 5.1.4 節で示したように，限界費用は総費用曲線や総可変費用曲線の傾きで示されるので，図 5.9 のように，直線 L_0 の傾きは生産量がゼロのときの限界費用も示す．したがって，限界費用曲線 MC と平均費用曲線 AVC の縦軸切片は一致する．生産量がゼロから増加し $\bar{y}$ に到達するとき，平均可変費用は直線 L_0 の傾きから直線 $\bar{L}$ の傾きまで減少する．その後，増加に転じ，生産量が y のときの平均可変費用が L の傾きに等しくなり，さらに増加を続ける．したがって，AVC 曲線は U 字型になる．

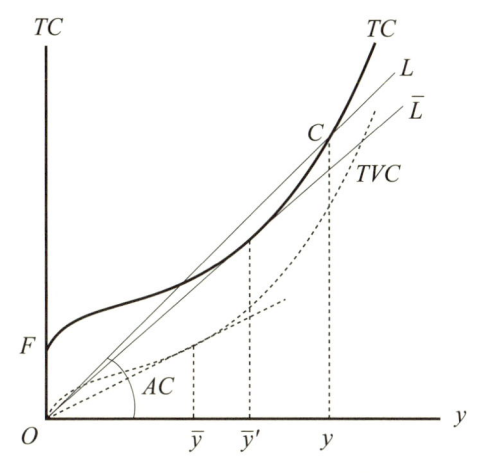

図 **5.11** 総費用曲線と平均費用

平均費用 AC は総費用 $TC = c(y)$ と生産量 y の比率なので，平均費用曲線は

$$AC = \frac{c(y)}{y}$$

いう関数のグラフである．

性質4：限界費用曲線が U 字型をしているならば，平均費用曲線も U 字型をしている．平均費用曲線の方が平均可変費用曲線よりも上方に位置し，平均費用曲線は生産量 y がゼロに近づくと無限に上昇する．

この関係は図 5.11 を使って説明できる．限界費用曲線が U 字型をしているときには，総費用曲線 TC も逆 S 字型をしていることは性質2で指摘した．平均費用は総費用 TC を生産量 y で割った値であるから，図 5.11 の y を生産するときの平均費用は線分 Cy の長さと線分 Oy の長さの比率で示される．図 5.11 の直線 L の傾きで示されると言ってもよい．平均費用 AC は，(5.13),(5.19)，(5.20) から，平均可変費用 AVC と生産量1単位あたりの固定費用 (平均固定費用) の合計に等しい．つまり，

$$AC = AVC + \frac{F}{y}$$

である．したがって，生産量がゼロに近づくときには，平均費用 TC は無限に大きくなる．これは単位あたりの固定費用 F/y が無限に拡大するからである．生産量がゼロから増加し $\bar{y}'$ に到達するとき，平均費用は図 5.11 の直線 $\bar{L}$ の傾きまで減少する．その後，増加に転じ，生産量が y のときの平均費用が L の傾きに等しくなり，さらに増加を続ける．

性質 5：限界費用曲線は平均可変費用曲線の最小点および平均費用曲線の最小点を通る．

この事実は図 5.9 や図 5.11 も示すとおりである．上でも説明したように，最小の平均可変費用は図 5.9 の生産量 $\bar{y}$ の点で達成される．そのときの平均可変費用は図 5.9 の直線 $\bar{L}$ の傾きに等しい．この直線は総可変費用曲線 TVC に接しているので，傾きは $\bar{y}$ における限界費用を示すものでもある．つまり，$\bar{y}$ では限界費用と平均可変費用が等しい．

最小の平均費用は図 5.11 の生産量 $\bar{y}'$ の点で達成される．そのときの平均費用は図 5.11 の直線 $\bar{L}$ の傾きに等しい．この直線は総費用曲線 TC に接しているので，傾きは $\bar{y}'$ における限界費用を示すものでもある．つまり，$\bar{y}'$ では限界費用と平均費用が等しい．

これらの事実は直感的にも明らかである．もっとも身近な例をとると，今回受けた試験の点数（「限界得点」）がそれまでに受けた試験の平均点よりも高ければ，平均点を上げることができるが，逆に低ければ平均点が下がってしまうことに似ている．同様に，追加的な費用が平均費用や平均可変費用よりも大きければ，追加的生産が平均費用や平均可変費用を押し上げる．逆に，追加的な費用が平均費用や平均可変費用よりも小さければ，追加的生産が平均費用や平均可変費用を押し下げる．したがって，限界費用曲線が平均費用曲線より上方にあるならば，平均費用曲線は右上がりでなくてはならない．下方にあるならば，平均費用曲線は右下がりでなくてはならない．同じことは，限界費用曲線と平均可変費用曲線の間にも成立する．

性質 6：生産量 y を達成するための総可変費用は限界費用曲線，縦軸，横軸お

および生産量 y を通る垂直線の囲む面積で示される.

この性質は第 5.1.4 項で詳しく検討したので, 説明は繰り返さない.

5.3 完全競争的企業の行動

第 5.1 節では, 提示された単価のもとで企業がどれだけの量を販売したいと望むかという問題設定の中で供給の法則を説明した. つまり, 提示された単価で何単位でも製品を売ることができるならば, 価格が高いほどたくさん売りたいと企業が考えても当然だというのが供給の法則の 1 つの意味合いである. しかし, 十分に競争的な市場では, 市場で観察される価格データと供給データの間の関係にも供給の法則が成立している場合が多い. 以下では, 第 5.1 節の記述と少し重複する部分もあるが, この事実の背後にある経済学的メカニズムを完全競争市場に話を限定して詳しく検討しよう.

5.3.1 完全競争市場

大まかに言うと, 市場の競争の度合いは市場参加者の**価格影響力**の強さに反比例する. 価格影響力とは, 企業が自社製品の販売量を変更することでどの程度まで価格に影響を与えることができるかを捉えた概念である. 第 2 章で紹介した価格受容者というのは価格影響力をまったく持たないと考える経済主体のことであると言い換えることもできる. したがって, すべての参加者が価格受容者として行動するような市場は競争の度合いがもっとも強いとみなされ, **完全競争市場**(perfectly competitive market)と呼ばれる.

広い意味では, 完全競争というのは買い手の数も売り手の数も非常に多く, 買い手同士, 売り手同士がそれぞれ互いに競争しあっているような市場の状態を指す言葉である. たとえば, 競争的な企業が数多く存在する場合, 自分だけが製品の供給量を増やしたり減らしたりしても, 市場価格には何の影響も持たないと考えるはずである. したがって, 競争的企業の数が非常に多い場合, 各企業は市場で定まっている価格以外の価格をつけることはできないと考え, 価格受容者として行動するはずである. 同様のことは買い手の間の競争についても

言える．参加者全員が価格受容者であるような市場が完全競争市場と呼ばれるのはこのためである．

企業間の競争の度合いが弱まれば，各企業には自社製品の価格への影響力が発生し，製品価格を選ぶ裁量の範囲が広がると考えられる．市場に参加する企業が価格影響力を持つと同時に競争に従事している市場は**不完全競争市場**（imperfectly competitive market）と呼ばれる．競争者を持たない単一の企業が製品を供給する場合，その企業は完全に価格を支配でき，市場は**独占市場**（monopolistic market）と呼ばれる．

5.3.2 完全競争的企業の行動モデルと生産者余剰

不完全競争市場や独占市場の分析は『ミクロ経済学の応用』に譲って，完全競争市場における企業の行動に話を戻そう．以下では，話を簡単にするため，完全競争市場で活動する企業を**完全競争的企業**と呼ぶ．

すでに指摘したとおり，完全競争企業は価格受容者である．したがって，完全競争企業の総収入 TR は販売量 y に比例し，$TR = py$ となる．そのため，利潤は (5.11) と書ける．

企業は利潤を最大にするように生産量を決定する．したがって，第 1 章で導入した最適化問題の書き方に従えば，完全競争的企業の最適化行動は，(5.11) から，

完全競争的企業の行動モデル：
$$\max_{y} \Pi = py - c(y) \tag{5.21}$$

と記述できる．この問題では，max 記号の下の選択肢を記述する欄には生産・販売量 y が指定されている．したがって，y を適切に選んで利潤 Π を最大にせよというのがこの問題の求めるところである．価格 p は選択肢の欄には入っていないので，外から値が与えられるパラメターである．つまり，この企業は価格を制御する力を持たない価格受容者であり，完全競争的だと想定されている．この問題を完全競争企業の行動モデルと呼ぶことにしよう．

総収入 TR から総可変費用 TVC をひいた残余は**生産者余剰**（producer surplus）と呼ばれる．つまり，生産者余剰を PS と書くと，

$$PS = TR - TVC \tag{5.22}$$

である.総収入は (5.3) から $TR = py$ と書けるので,総可変費用関数 $TVC = c_v(y)$ を使うと生産者余剰 (5.22) は

$$PS = py - c_v(y) \tag{5.23}$$

と書くこともできる.また,関係 (5.11) と (5.16) から,利潤は

$$\Pi = py - c_v(y) - F \tag{5.24}$$

と変形できる.したがって,生産者余剰 PS から固定費用 F を取り除けば,利潤 Π に等しいことが分かる.

関係 (5.24) が示すように,生産者余剰 PS とは固定費用 F を差し引く前の「利潤」のことである.この概念は経済分析の道具としてだけでなく,実際の生産活動においても非常に重要である.第 5.2.2 項でも述べたように,固定費用とは固定的生産要素の調達のためにかかる費用のことである.いったん固定的生産要素が投下されてしまうと,生産・販売量 y の如何にかかわらず一定の固定費用を支払わなくてはならない.したがって,日々の営業活動では,固定的生産要素のためにかかる費用(固定費用)のことは忘れて,総収入と総可変費用の差額つまり,生産者余剰を最大にすれば,利潤も最大にできる.固定費用 F は一定なので,(5.24) で示される利潤 Π を最大化するのも,(5.23) で示される生産者余剰 PS を最大化するのも,まったく同じことだと言い換えてもよい.したがって,(5.23) を使うと,完全競争的企業の行動モデルを

$$\max_{y} PS = py - c_v(y) \tag{5.25}$$

という生産者余剰 PS の最大化モデルに書き直すこともできる.

5.3.3 利潤最大化の条件

限界費用曲線が U 字型をしている場合,利潤最大化のためには,第 5.1.3 項で求めた「限界費用=価格」という利潤最大化の 1 次条件が満たされるだけでは不十分である.次にこの点を説明しよう.本論に入る前に,利潤最大化の 1

次条件を次の形にまとめておこう．

定理 5.1（利潤最大化の 1 次条件）
　A：$y > 0$ とせよ．生産量 y が最適ならば，$c'(y) = p$．
　B：$y = 0$ とせよ．生産量 y が最適ならば，$c'(y) \geq 0$．

この定理の証明は，（消費者余剰の最大化の 1 次条件を記述している）定理 2.1 の証明と類似しているので省略する．

図 5.6 は，利潤最大化の 1 次条件だけでは最適販売量を確定できないことを示している．第 5.1.5 項で述べたように，限界費用 MC は総費用曲線 TC の傾きで示される．また，価格 p は総収入線 $TR = py$ の傾きに等しい．図 5.6 では，この両者が一致する生産量を示す点が y^* と y^{**} の 2 つ存在する．点 y^{**} では利潤は負であるから，y^{**} が最適生産量であるはずはない．この事実から分かるように，企業の最適化行動を決定するためには，1 次条件とは別の条件が必要である．（この事実は定理 5.1 の逆が成立しないことを意味している．この点で定理 5.1 は定理 2.1 と異なっていることに注意しよう．）

利潤最大化の 2 つめの条件は総収入 TR が総可変費用 TVC を下回らないというものである．つまり，

$$TVC \leq TR \tag{5.26}$$

という条件である．

通常，条件(5.26)は**利潤条件**と呼ばれる．この条件が満たされなければ，生産物の販売によって得られる総収入によって総可変費用の全額を回収することはできない．そのような場合には生産を行わないほうが得なので，生産は行われない．逆に，利潤条件(5.26)が満たされるならば，生産物の販売から生じる総収入 $TR = py$ によって，総可変費用 $TVC = c_v(y)$ の全額が回収できる．前項でも述べたとおり，企業は生産活動を行っても行わなくても一定の固定費用を支払わなくてはならない．したがって，生産量の決定にあたっては，固定費用は忘れて，総収入が総可変費用をカバーできるか否かで生産を行うか行わないかを決定する必要がある．第(5.24)式が示すように，利潤 Π とは総収入 py か

ら総可変費用 $c_v(y)$ を引き，さらに固定費用 F を引いた残りである．したがって，たとえ利潤が負であっても，総収入が総可変費用より小さくならない限り生産が行われるということである．これが条件 (5.26) の意味するところである．

利潤条件 (5.26) は平均可変費用 AVC が単価 p 以下であることと言い換えてもよい．平均可変費用 AVC は総可変費用 TVC を生産量 y を割ったものであり，単価 p は総収入 TR を生産量 y で割ったものだからである．したがって，(5.26) の両辺を y で割れば

$$AVC \leq p \tag{5.27}$$

となる．つまり，平均可変費用は単価以下でなくてはならない．

また，利潤条件 (5.26) は生産者余剰 PS が負にならないことであると言い換えてもよい．つまり，(5.22) を使えば，利潤条件 (5.26) は

$$PS \geq 0 \tag{5.28}$$

と書くこともできるということである．

次の定理が示すように，利潤条件と一次条件の両方を満たす生産量で，利潤最大化が達成される．

定理 5.2 生産量 $y > 0$ において $MC = p \geq AVC$ ならば，y は最適生産量である．

証明 前項で述べたように，企業の最適化行動は生産者余剰の最大化問題 (5.25) として捉えることもできる．そこで，図 5.12 では，総収入 $TR = py$ と販売量 y の関係を総収入直線 TR で示し，総可変費用 $TVC = c_v(y)$ と生産量 y の関係を総可変費用曲線 TVC で示している．

第 5.1 節でも見たように，最適計画を作るためには，販売量と生産量は等しくなくてはならない．式 (5.22) より，生産者余剰 PS は総収入 TR と総可変費用 TVC の差と定義されるので，総収入直線 TR と総可変費用曲線 TVC の垂直方向の差で生産者余剰 PS が示される．したがって，生産者余剰 PS を最大にするためには，総可変費用曲線 TVC の傾きが総収入直線 TR の傾き p と一致する点での生産量を選ばなくてはならない．

そのような生産量を示す点は y^* と y^{**} の2つ存在する．また，上で見たように，利潤条件 $p \geq AVC$ は $TR \geq TVC$ とも記述することができるので，利潤条件を満たすのは y^* の方である．この点で，総収入直線 TR と総可変費用曲線 TVC の垂直方向の差（つまり，生産者余剰）が最大化されているのは，図 5.12 から明らかだろう．**証明終わり**

利潤最大化のためには，最大化の1次条件と利潤条件の2つが満たされなくてはならない．この事実とは対照的に，限界支払用意＝価格という消費者余剰の最大化の1次条件が満たされれば，消費者余剰の最大化が達成されていることを第2章で示した．

利潤最大化においては1次条件だけでなく利潤条件も必要とするのは，図 5.8 の曲線 MC が示すように，生産量の増加とともに限界費用がいったん減少してから反転して上昇するためである．限界費用曲線が単調に右上がりならば，総可変費用曲線 TVC の傾き（＝限界費用）は単調に増加するので，1次条件が満たされるならば利潤条件も満たされる．したがって，図 5.12 の y^{**} のような点は出現せず，1次条件だけが満たされれば利潤の最大化が達成できる．消費者余剰の最大化が「限界支払用意＝単価」という1次条件だけで保証されるのは，限界支払用意曲線は反転することなく単調に右下がりの形をしていると仮定さ

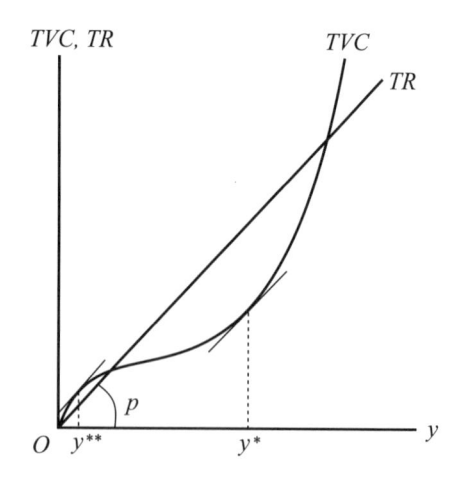

図 5.12 生産者余剰の最大化

れているからである．

5.3.4　供給曲線と生産者余剰

第 5.1 節では，単価が与えられた場合に企業がどれだけの生産量を望むかという仮想的な問題設定で供給の法則を説明した．しかし，完全競争市場においては，実際に観察される価格データと供給量のデータの間にも，供給の法則が成立すると考えられる．完全競争市場では，企業は価格受容者として行動するからである．その場合，企業の利潤最大化を通じて，実際に観察される供給量と価格を示す点が限界費用曲線上にのっていることになる．

利潤条件 (5.26) が満たされている限り，利潤最大化の 1 次条件 (5.9) が示すように，供給量は限界費用曲線 MC によって定まる．説明のために，図 5.13 の縦軸に単価 p をとり，その点を通る水平な直線 P（価格線）を描こう．価格線が平均可変費用曲線 AVC の最下点より上を通れば，限界費用曲線 MC と価格線 P との交点は平均可変費用曲線 AVC より上方にある．したがって，利潤条件 (5.26) が満たされるので，平均可変費用曲線 AVC より上方では，限界費用曲線 MC と供給曲線 S は一致する．

価格が平均可変費用曲線 AVC の最低値よりも低い値についていれば（つま

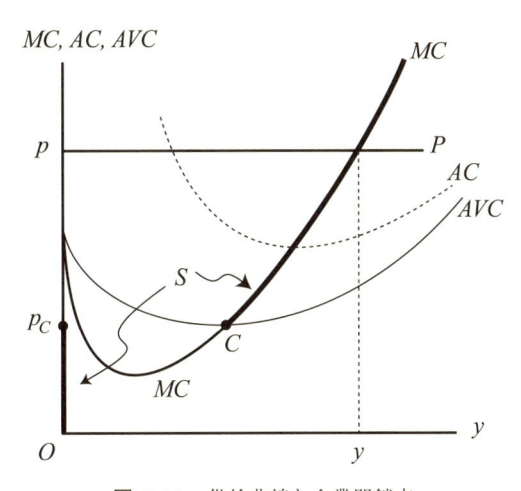

図 5.13　供給曲線と企業閉鎖点

り $p < AVC$ ならば)，どんな量の販売量を選んでも，利潤条件 (5.26) は満たされない．この場合，企業は供給量をゼロに設定することになる．つまり，図 5.13 において，価格 p が点 p_C よりも低い範囲にあるときは，供給量は縦軸で示される．価格が p_C に等しい場合は，販売量をゼロに設定しても，平均可変費用曲線の最小点 C に対応する販売量に設定しても，生産者余剰はゼロで，企業にとって無差別である．

図 5.13 の平均可変費用曲線の最小点 C は**企業閉鎖点**と呼ばれる．対応して，最小の平均可変費用 p_C は**企業閉鎖価格**と呼ばれる．市場価格 p が p_C より低ければ，企業が望む生産量はゼロになるからである．反対に，市場価格の方が大きければ，その価格を通る価格線 P と限界費用曲線 MC の交点で生産量が定まる．

以上の議論から，完全競争企業の供給曲線は 2 つの部分からなることがわかる．1 つは縦軸の企業閉鎖価格以下の部分であり，もう 1 つは限界費用曲線 MC の平均可変費用曲線 AVC より上側に位置している部分である．この供給曲線をグラフに持つ関数 (つまり，供給関数) を

$$y = S(p) \tag{5.29}$$

と書こう．

限界費用は $c'(y) = c'_v(y)$，平均可変費用は $c_v(y)/y$ と書けるので，供給関数を次にように定義することもできる．

$$\begin{aligned} p = c'_v(y) \geq \frac{c_v(y)}{y} &\quad \text{ならば} \quad S(p) = y \\ p = c'_v(y) \leq \frac{c_v(y)}{y} &\quad \text{ならば} \quad S(p) = 0 \end{aligned} \tag{5.30}$$

図 5.14 を使って，生産者余剰を 2 つの方法で図示できる．第 1 は価格線 P と限界費用曲線 MC を使う方法である．この方法では，生産者余剰 PS は限界費用曲線 MC と価格線 P で囲まれた部分の面積に等しい．つまり，図 5.14 のグレーに塗った図形の面積である．これは (1) y を生産するための総可変費用 TVC が限界費用曲線 MC，縦軸，横軸，y を通る垂直線で囲まれる図形の面積で示されること (この事実は第 5.2.3 項の性質 6 で説明した) と (2) 総収入 TR

図 **5.14** 生産者余剰

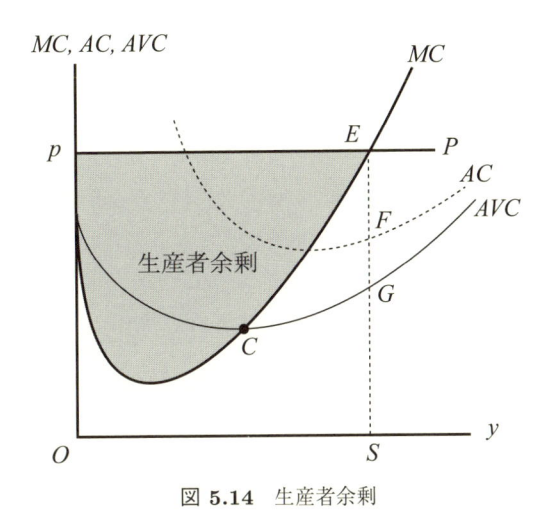

が価格線 P, 縦軸, 横軸, y を通る垂直線で囲まれる長方形の面積で示されることから明らかだろう. 生産者余剰 PS は, (5.22) にあるように, 総収入 TR と総可変費用 TVC の差と定義されるからである.

第 2 は価格線 P と平均可変費用曲線 AVC を使う方法である. つまり, 図 5.14 の線分 EG と pE を縦横の 2 辺とする長方形の面積である. これは (1) 線分 pE の長さは販売量を示し, (2) 線分 EG の長さは単価と平均可変費用の差を示し, さらに, (3) この差は, (5.3), (5.20), (5.22) より, 単位あたりの生産者余剰

$$PS/y = p - AVC$$

の大きさを示すことから明らかだろう. したがって, 線分 EG と線分 pE を縦横の 2 辺とする長方形の面積は生産者余剰に等しい.

最後に, 利潤 Π が線分 EF と pE を縦横の 2 辺とする長方形の面積で示されることにも注意しよう. これは単位あたりの利潤 Π/y が単価と平均費用の差に等しいからである. つまり, (5.2), (5.3), (5.19) より,

$$\Pi/y = p - AC$$

と書けるからである.

5.4 長期と短期の企業行動

ここまで，経済活動にかかる時間の要素は捨象して分析を進めてきた．しかし，経済活動には十分な時間をかけて初めて完了することができるものも多い．消費サイドで考えれば，家具や自動車のような耐久消費財の消費にかかる時間とリンゴやミカンの消費にかかる時間が違うのは当然である．生産サイドも同様で，あらゆる種類の生産要素が同じ期間をかけて利用されるわけではない．固定的生産要素は長い時間をかけて利用されるのに対し，可変的生産要素はその場で使われてしまうということである．

生産の長期的意思決定においては，異なる期間をかけて利用される生産要素の投入量を同時に決定する必要がある．そこで，本節で，生産における長期と短期の関係を詳しく検討しておこう．

英語では短期を "short run"，長期を "long run" と表現するので，短期と長期の変数に SR と LR と言う文字をつけて区別しよう．たとえば，総費用 (total cost) は TC と書いたので，短期の総費用は $SRTC$ と書き，長期の総費用は $LRTC$ と書く．

5.4.1 供給の長期弾力化原理

同じ価格上昇に直面したとしても，短期と長期では供給の増大の度合いが異なる．価格変化に対し供給は短期よりも長期においてより弾力的に変化するということである．需要の価格弾力性と同様に，供給の価格弾力性は価格の変化 1 パーセントあたりの供給の変化率のことであると定義できる．この表現を使い，供給の価格弾力性は短期より長期において大きいと言い換えてもよい．これを **供給の長期弾力化原理** と呼ぶことにしよう．

供給の長期弾力化原理：供給の価格弾力性は短期よりも長期のほうが高い．

直感的には，この原理の説明は簡単である．たとえば，消費者の好みが急に変化して需要が拡大し，リンゴの価格が上昇したとしよう．図 5.15 では，この

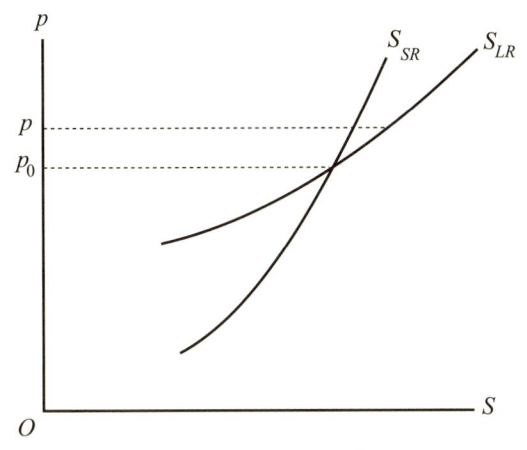

図 5.15　供給の長期弾力化原理

価格上昇が縦軸の点 p_0 から p への価格の変化で示されている．（この変化の背後には第 1 章で指摘したような需要曲線の右方向へのシフトがあると考えるべきだが，以下では，需要曲線は明示的に考えず，価格上昇だけを考えよう．）

　短期的には，需要の拡大に供給の拡大が追いつかないはずである．価格が上昇したからといって，急にリンゴの増産を行おうとしてもリンゴの木の数を増やすわけにはいかない．増産のためにできるのは，せいぜい，リンゴを丁寧に扱い，収穫するときや箱詰めして出荷するときに発生する製品の破損を減らすぐらいしか考えられないかもしれない．そのような場合には，リンゴの供給曲線は，図の点線の S_{SR} のように，垂直線に近い形をしていると考えるのが適当だろう．言い換えると，価格が上がったとしても，供給拡大の幅は非常に小さい．

　他方，長期的には，需要の拡大に対応して，リンゴの木が増殖されたり，果樹園の面積が拡大されたりすることが考えられる．そのような場合，同じ p_0 から p への価格上昇があったとしても，短期の場合よりもずっと大幅な供給の拡大を見込むことができる．したがって，長期的には，曲線 S_{SR} よりもずっと平らな供給曲線 S_{LR} にそって，供給が変化すると考えられる．

　上でも触れたとおり，供給の価格弾力性は価格の変化 1 パーセントあたりの供給の変化率のことである．上の分析からわかるように，短期の供給曲線 S_{SR} と長期の供給曲線 S_{LR} の交点では，長期の供給曲線にそった供給の変化のほう

が短期の供給曲線にそった変化よりも大きい．同じ価格水準から同じだけ価格が上昇したときに，供給の増加率は長期の方が短期よりも大きい．したがって，長期の供給曲線のほうが弾力的であると言うことができる．

このような性質は短期の費用関数と長期の費用関数の間の構造的な関係を反映している．これまで見てきたとおり，企業の供給曲線の形状を決定するのはその企業の持つ費用関数の形状だからである．以下では，供給の長期弾力化原理の背後にある短期と長期の費用関数の関係を詳しく検討しよう．

5.4.2 長期と短期の区別

長期と短期の費用関数の構造を明らかにするためには，まず，長期と短期を厳密に区別する必要がある．どのような生産要素でも，十分に長い時間をとれば，投入量を変更することが可能である．たとえば，工場やオフィスビルのような生産要素は当初の建築計画から生産活動に実際に使えるまでの期間が非常に長い．さらに，そうした生産要素はいったん建設されてしまうと，非常に長い償却期間を持つものである．言い換えると，工場やオフィスビルがもたらす生産要素としてのサービスを「使い切る」には長い時間を要する．したがって，短期的な視野にたつと，工場やオフィスビルのような生産要素は固定的である．しかし，工場でもオフィスビルでも，長期的には大きさも数も変更が可能である．

言い換えると，固定的生産要素と可変的生産要素の区別が行われるのは，比較的短い調整期間に生産量を変更しようと考えることも多いからである．その場合には，原材料のような可変的生産要素の投入量を調節する以外に方法はない．長期的な生産量の変更を考えるためには，固定的生産要素の投入量の変更も含めて考慮すべきである．

この違いを簡単なモデルとして分析するためには，まず，生産過程で使われるどの生産要素も自由に調整できるような十分に長い時間を考える必要がある．その期間を全生産期間と呼ぼう．さらに，全生産期間に影響を及ぼす活動を長期的と考え，全生産期間の一部の期間内にのみ影響する活動を短期的と考えて区別する．

長期と短期を区別する際に，はじめに強調しておくべき点がいくつかある．第1に，ある生産要素が固定的だというのは，いったん投入されてしまうと生産

過程に固定されるというだけだという点が重要である．言い換えると，固定的生産要素といっても，普通，長期的にはその投入量を比較的自由に調節できる．

　第 2 に，長期と短期を区別するためには，どういう期間をもって短期と考えるかをはじめに設定しなくてはならないという点が重要である．たとえば，レストランを開くとして，数か月以内を短期の調整期間としよう．その場合，店舗，調理機器，テーブルや椅子といった調度などは，いったん（貸借契約をむすんだり，購入したりして）備え付けてしまうと固定化し，数か月単位で変更するのは難しい．したがって，数か月という期間を短期と考えた場合には，これらの生産要素は固定的生産要素と考えられ，それにかかる費用が固定費用であると考えられる．もし，数か月でなく，2, 3 年という期間を調整期間と考えるのならば，店舗，調理機器などは固定的であるとしても，椅子やその他の調度は可変的な生産要素と考えられる可能性が高い．他方，数週間といった期間を調整期間とするならば，メニューなども期間内に調節することのできない投入と考えられよう．

　長期でしか調節できない生産要素が備え付けられると，短期でも調節できる生産要素と結合され，生産物が生産される．レストランの例でいえば，料理の材料などは日々のお客の数に応じて自由に調節することができる．ウェーターなどの労働力も，比較的，自由に調節が可能であろう．他方，シェフの労働力の投入はそれほど簡単には調節できないかもしれない．いま考えている数か月という時間のフレームで，シェフの労働力の投入量を短期的とみなせるかどうかは，どのようなレストランを開こうとしているのかにもよるだろう．数か月という調整期間が与えられているとしたら，その期間内で調節できる生産要素が可変的生産要素と呼ばれるべきものであり，それにかかる費用の合計が総可変費用である．

　第 3 に，日常生活では，長期という言葉をより広い意味で使うことも多い．たとえば，「わが社の長期ヴィジョン」などという場合には，厳密には，「中長期」とでも表現されるべきものである．つまり，日々の生産活動よりは長い期間を考えているが，すでに設立された企業の将来像を考えているという意味では，純粋な長期よりは短い期間を考えている．期間の長さに関連しては，他にも，超長期，超短期などという表現も使う．どんな表現を使うにしても，どの

長さの期間を特定の表現で言い表しているかについて，共通の理解があることが重要だろう．

5.4.3 企業の長期的計画

固定費用とは固定的生産要素の調達にかかる費用のことであり，可変費用とは可変的生産要素の調達にかかる費用のことである．長期的には，可変的生産要素だけでなく，固定的生産要素の投入量も調節可能である．したがって，長期的には，可変費用の大きさだけではなく，固定費用の大きさも調節可能である．

この結果，長期的には，企業は可変費用と固定費用の間のトレードオフに直面する（トレードオフとは片方を増やすためにはもう片方を減らさなくてはならないような関係のことである）．つまり，与えられた目標生産量を達成するために，可変費用を節約し固定費用部分を大きくすることもできるし，逆に，可変費用を大きくし固定費用を節約することもできる．長期の生産計画を定めるためには，企業はそのどちらがよいかを考える必要がある．

固定費用と可変費用の間の長期的なトレードオフの存在は短期の可変費用関数が生産量だけではなく投下された固定費用の額にも依存していることを意味している．この場合，総可変費用 TVC は生産量 y だけでなく固定費用 F にも依存して，

$$TVC = c_v(y; F) \tag{5.31}$$

と書ける．第 5.2.2 項でみたように，総費用 TC は固定費用 F と総可変費用 $c_v(y; F)$ の合計なので，

$$TC = c_v(y; F) + F = c(y; F) \tag{5.32}$$

と示される．

図 5.16 では，可変費用と固定費用の長期的トレードオフのもっとも簡単な例が図示されている．前項で触れたように，固定費用のレベル F が固定されれば，$TVC = c_v(y; F)$ は 1 つの**短期総費用関数**であると考えることができる．この関数のグラフが**短期総可変費用曲線**である．図 5.16 の左側のパネルでは固定費用が F' に固定された場合の短期総可変費用曲線を曲線 $SRTVC'$ として描いて

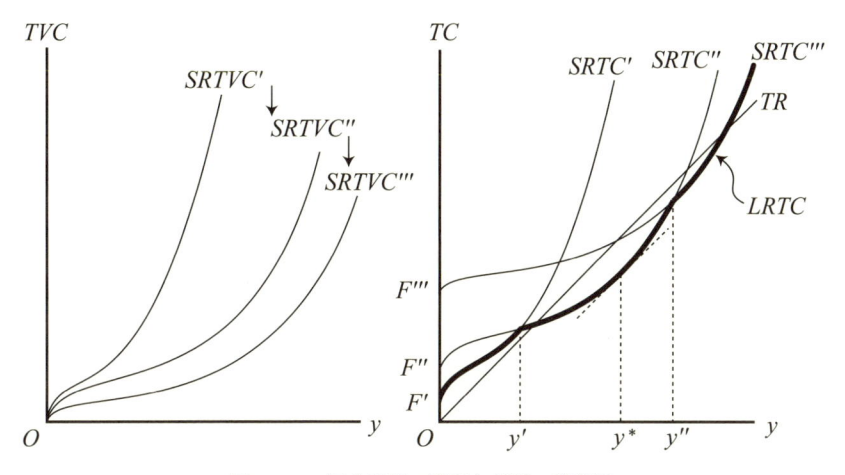

図 5.16　固定費用の選択と長期の総費用

いる.

　固定費用のレベル F' を拡大すれば可変費用が節約できるので，短期総可変費用曲線 $SRTVC'$ は下方にシフトする．図 5.16 の左側のパネルでは，この関係にもとづいて，固定費用が F' から F''，F''' へと拡大していくときに，短期総可変費用曲線が曲線 $SRTVC'$ から曲線 $SRTVC''$，$SRTVC'''$ へと下方シフトしていく様子が描かれている．

　短期総可変費用に固定費用を加えたものが短期総費用である．したがって，第 5.2 節でも見たように，短期総可変費用曲線を固定費用の分だけ上方にシフトすることで，**短期総費用曲線**を描くことができる．図 5.16 の右側のパネルでは，左側のパネルの短期総可変費用曲線 $SRTVC'$ を固定費用 F' の分だけ上方へシフトして，短期総費用曲線 $SRTC'$ を描いている．図 5.16 の右側のパネルには，固定費用が F' から F''，F''' へと拡大するときに，総費用曲線が曲線 $SRTC'$ から曲線 $SRTC''$，$SRTC'''$ へとシフトする様子も描かれている．

　図 5.16 が示すように，固定費用を拡大すると短期総費用のうちの可変費用部分は減少する．しかし，同時に，固定費用部分は拡大する．その結果，短期の総費用曲線は右斜め上方向にシフトする．このシフトが固定費用と可変費用のトレードオフを示している．

可変費用と固定費用の間に長期的なトレードオフが存在するので，企業が長期的な生産計画を立てる際には，利潤が最大になるように固定費用と可変費用のバランスを考える必要がある．話を簡単にするために，ある生産期間全体を考え，その期間にわたって製品の価格は一定で p であるとしよう．さらに，その期間における総生産量を y とする．そうすると，総収入は $TR=py$ である．関係 (5.2) より，利潤 Π は総収入 $TR=py$ と総費用 $TC=c(y;F)$ の差であるから，

$$\Pi = py - c(y;F) \tag{5.33}$$

となる．

　企業が長期的に最適な行動を行おうとするならば，生産量 y だけでなく，固定費用 F も最適に設定しなくてはならない．第 1.2 節の記述方法に従うと，企業の長期の最適化行動は

長期の利潤最大化問題：

$$\max_{(y,F)} \Pi = py - c(y;F) \tag{5.34}$$

と書くことができる．この問題では，max 記号の下に書かれた 2 つの選択変数 y と F を適切に設定して，利潤 Π を最大化することが求められている．価格 p は max 記号の下の選択変数に含められていないので，問題の外で値が設定されるパラメターである(つまり，価格受容的な企業を考えているということである)．

　上で触れたように，短期的には固定費用 F は一定の値に固定されていて，変更が不可能である．したがって，固定費用 F は企業の短期的行動決定における選択肢の中には含まれない．その場合には，企業は与えられた F のもとで，生産量 y だけを調節して利潤の最大化を計ると考えられる．つまり，企業の短期の行動決定モデルは

短期の利潤最大化問題：

$$\max_{y} \Pi = py - c(y;F) \tag{5.35}$$

と書くことができる．

　この問題と長期の利潤最大化問題 (5.34) との違いは固定費用のレベル F を max 記号の下の選択肢を記述する欄に含めるか否かだけである．含まれていれば長期の問題だし，含まれていなければ短期の問題だと解釈できる．

　このように考えると，第 5.3 節で考えた完全競争的企業の行動モデル (5.21) は企業の短期利潤の最大化問題を示すものであることがわかる．固定費用のレベル F が選択肢の中に含まれていないからである．

　長期の利潤最大化問題 (5.34) の解き方を考えるために，図 5.16 の右側のパネルの直線 TR は総収入直線を示している．固定費用の水準を F' に設定した場合には，利潤は総収入直線 TR と短期総費用曲線 $SRTC'$ の垂直方向の差で示されることは第 5.1 節の分析を思い出せば明らかだろう．また，固定費用を F'' に設定したときには総収入直線 TR と短期総費用曲線 $SRTC''$ の垂直方向の差で利潤が示され，F''' に設定したときには TR と $SRTC'''$ の垂直方向の差で利潤が示される．したがって，利潤 Π を最大化するためには，総収入直線 TR とそれぞれの短期総費用曲線の垂直方向の差の最大値を求め，そのなかでもっとも大きな最大値を与える短期総費用曲線を選んで利潤を最大化しなくてはならない．図 5.16 では，直線 TR と曲線 $SRTC''$ との垂直方向の差の最大値は y^* で達成され，直線 TR と曲線 $SRTC'$ や $SRTC'''$ の垂直方向の差の最大値よりも大きい．したがって，固定費用を F'' に設定し，生産量を y^* に定めれば利潤が最大化できる．

　このように，企業の長期の利潤最大化問題 (5.34) は短期総費用曲線群を描いて1度に解くこともできる．しかし，次に示すように，2つのステップに分けて解けば，長期と短期の関係がより明確になる．

　第1のステップとして，それぞれの生産量 y をもっとも低い総費用で達成するためには，どの固定費用のレベル選択すればよいかを考える．図 5.16 の右側のパネルが示すように，長期的目標として 0 と y' の間の生産量 y が設定されると，固定費用のレベルを F' にすればよい．生産量が 0 と y' の間の範囲では総費用曲線 $SRTC''$ と $SRTC'''$ は $SRTC'$ よりも上方に位置する．したがって，固定費用の額を F'' や F''' に設定すると，固定費用を F' に設定する場合と比

べ不要な費用がかかるためである．同じようにして，y' と y'' の間の生産量を達成するためには固定費用のレベルを F'' に，y'' より大きい生産量を達成するためには固定費用のレベルを F''' に設定すれば，総費用をもっとも節約できる．

生産量 y とそれを生産するためのもっとも低い総費用との関係は，3つの短期総費用曲線 $SRTC'$，$SRTC''$，$SRTC'''$ のもっとも下方にある部分をつないだ（太線の）曲線 $LRTC$ で示される．この曲線を**長期総費用曲線**と呼ぶことにしよう．

第2のステップとして，総収入直線 TR と長期総費用曲線 $LRTC$ の垂直方向の差を最大にするような生産量を選べばよい．この差は総費用をもっとも節約するように固定費用を選んだときの利潤を示している．図5.16が示すように，この差を最大にするような生産量が y^* なので，それをもっとも低い総費用で達成できる固定費用のレベル F''' を選び，y^* を生産すれば，長期の利潤最大化が達成されるのは明らかだろう．

5.4.4 長期の供給曲線

固定費用のレベルに3つしか選択肢がないようなケースは現実的ではない．図5.16の右側のパネルの縦軸にそって固定費用のレベルを連続的に変更できると考えたほうが実際の経済とより整合的である．第5.4.2項で指摘したように，固定費用を決定している固定的生産要素には（設備，機械，工場など）多種類のものがあり，長期的にはそれぞれの投入規模が変更できるからである．固定費用 F のレベルが連続的に選べる場合には，図5.17において，それぞれの F に対応して短期総費用曲線を無数に描くことができる．

前項でも見たように，長期の利潤最大化問題(5.34)を解くためには，図5.17でも総収入曲線 TR と短期総費用曲線群（無数にある）との間の垂直方向の差を最大にするように，固定費用のレベルと生産量を選べばよい．そのためには，第1ステップとして長期総費用曲線を求めればよい．

長期総費用（long run total cost, $LRTC$）とは，正確に言うと，最小の総費用で目標生産量 y を達成するように固定費用 F の大きさが選ばれたときに，必要な総費用のことである．つまり，与えられた y のもとで，最小化問題

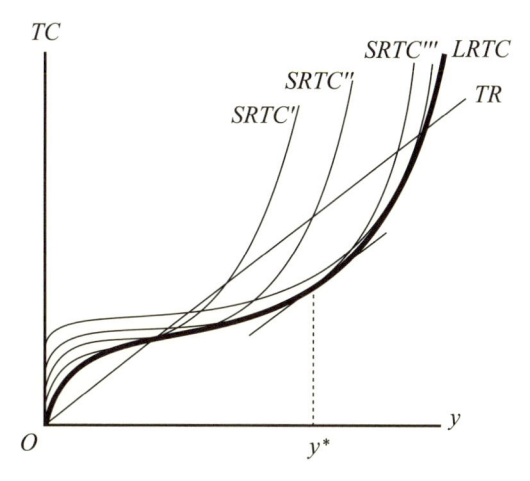

図 5.17　短期総費用曲線群と長期総費用曲線

$$\min_F TC = c(y; F) \tag{5.36}$$

を解いて得られる最小の総費用が長期総費用である．図 5.7 の分析からもわかるように，この最小値は y に依存するので

$$LRTC = c_{LR}(y) \tag{5.37}$$

と記述できる．この関数 $c_{LR}(y)$ が**長期総費用関数**である．また，この関数のグラフが**長期総費用曲線**である．

　図 5.17 を使って長期総費用曲線を描くためには，無数に存在する短期総費用曲線群の中で，生産量 y においてもっとも下にくるものを見つければよい．図 5.17 が示すように，もっとも下にくる短期総費用曲線は y によって異なる．それぞれの y においてもっとも下にくる短期総費用曲線上の点を結んでできる曲線（このような曲線を**包絡線**と言う）が，長期総費用 $LRTC$ と生産量 y の関係を示す．この曲線が長期総費用曲線である．図 5.17 に示すように，典型的な長期総費用曲線は曲線 $LRTC$ のように逆 S 字型をしている（これについては次章で説明する）．

　長期的には，生産規模に応じて固定費用の額をどのようにでも調整できると

考えるほうが自然である．したがって，固定費用 F のレベルがゼロから連続的に選べると仮定し，長期総費用曲線は原点から出発すると仮定されるのが普通である．図 5.17 の長期総費用曲線 $LRTC$ はこの仮定を反映して，原点から出発するように描いてある．

仮定 1：目標生産量がゼロのときには，長期総費用はゼロである．つまり，

$$c_{LR}(0) = 0. \tag{5.38}$$

この仮定は長期にはすべての生産要素の投入量が自由に調節可能であるということを意味している．したがって，長期には固定費用が存在しないと考えるということでもあるし，総費用と総可変費用は一致すると考えるということでもある．

現実には，固定費用をある最低額より小さくしてはビジネスを始めることができない，と考える人も多いかもしれない．しかし，どのようなタイプのビジネスでも大小さまざまな規模が考えられ，もっとも小さな固定費用でできる規模と最大の規模とを比べれば非常に大きな開きがあるのが普通である．したがって，もっとも小さな規模の固定費用を近似的にゼロであると考えて分析を行ってもそれほど非現実的ではない．仮定 1 はそのような考えに基づいている．

長期の利潤最大化問題 (5.34) を解くための第 1 ステップとして，長期総費用関数 $LRTC = c_{LR}(y)$ が求まれば，第 2 ステップとして (5.34) を書き直して，

$$\max_{y} \Pi = py - c_{LR}(y) \tag{5.39}$$

という問題を考えることができる．この問題を解けば，長期利潤の最大化問題 (5.34) が解けるということを前項の議論は示している．

長期利潤の最大化条件は第 5.3 節で考えた短期の利潤最大化の条件と基本的に同じである．長期の最適生産量は長期限界費用が価格に等しくなるところで定まる（長期利潤の最大化の 1 次条件）．つまり，

$$LRMC = p \tag{5.40}$$

である．また，最適生産量を達成するためには，価格が長期平均可変費用を下

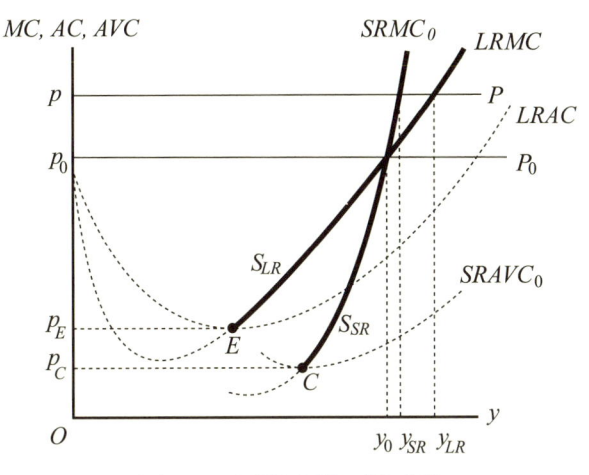

図 5.18 長期と短期の供給曲線

回ってはならない．仮定 1 で触れたように，長期総費用関数には固定費用の部分が存在せず，総可変費用と総費用は等しいと仮定されているので，価格が長期平均可変費用を下回らないという条件は，価格が長期平均費用を下回らないとい言い換えてもよい（長期の利潤条件）．つまり，

$$LRAC \leq p \tag{5.41}$$

である．

したがって，図 5.18 が示すように，価格と長期の最適生産量との関係は，縦軸上の線分と長期の限界費用曲線 $LRMC$ の長期平均費用曲線 $LRAC$ より上側に出ている部分で示される（つまり，長期限界費用曲線の点 E から上の部分である）．これを**長期供給曲線**とよぶ．また，(5.30) と同様に，長期供給関数 $S_{LR}(p)$ は次のような条件で定まると考えてよい．

$$\begin{aligned}p = c'_{LR}(y) \geq \frac{c_{LR}(y)}{y} \quad &\text{ならば} \quad S_{LR}(p) = y \\ p = c'_{LR}(y) \leq \frac{c_{LR}(y)}{y} \quad &\text{ならば} \quad S_{LR}(p) = 0.\end{aligned} \tag{5.42}$$

こうした関係は第5.3節で詳しく説明した関係とほぼ同じなので繰り返さない.
長期限界費用曲線と長期平均費用曲線の交点Eは**企業参入点**と呼ばれる．企業参入点に対応する価格p_Eは**参入価格**である．これは，企業が市場参入後に成立すると予想する期待価格pが参入価格p_Eを下まわるならば最適生産量はゼロとなって，企業はこの市場への参入を見合わせるからである．つまり，長期において調節可能である固定的生産要素を含めて，生産要素は何も投入されず，企業の設立自身が見合わされることになる．言い換えると，将来，参入価格p_E以上の価格が成立すると予想したときに初めて，企業は生産を開始するための固定的生産要素を投入し，市場へ参入する．

5.4.5 供給の長期弾力化原理と短期・長期の費用

図5.18が示すように，長期の供給曲線S_{LR}は長期限界費用曲線$LRMC$の長期平均費用曲線$LRAC$より上方に出ている部分に一致する．製品の価格がp_0に与えられれば，長期供給曲線S_{LR}にもとづいて供給量が決定される．縦軸の価格p_0を通る水平な直線と長期供給曲線S_{LR}との交点から横軸に垂直線を下ろした点で供給量y_0が決定されるということである．

価格p_0が与えられると，図5.19が示すように，総収入直線は傾きp_0の直線

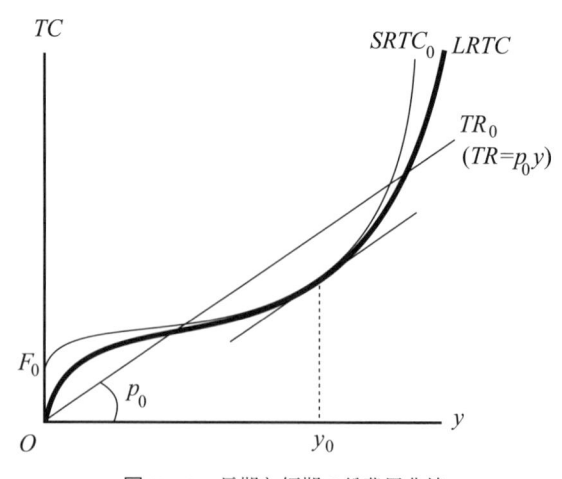

図 **5.19** 長期と短期の総費用曲線

TR_0 で示される.したがって,利潤は総収入直線 TR_0 と長期総費用曲線 $LRTC$ の垂直方向の差で示される.この差を最大にするのが長期の最適生産量 y_0 である.

前項で見たように,y_0 の決定は同時に固定費用 F_0 の投入レベルも決定することも意味する.長期には,目標生産量 y_0 が与えられれば,もっとも小さな総費用でそれを生産できるような固定費用のレベル F_0 が選択されるからである.図 5.19 を使って,最適な固定費用の水準を定めるためには,y_0 において長期総費用曲線 $LRTC$ に接する短期総費用曲線を求めればよい.図 5.19 に示すように,この短期費用曲線を曲線 $SRTC_0$ としよう.そうすると,最適な固定費用の大きさは曲線 $SRTC_0$ の縦軸切片 F_0 で決定される.

いったん,特定の固定費用 F_0 が投入されてしまうと,短期的にはそれを変更することができない.したがって,当初に予想した価格 p_0 とは異なる市場価格 p がついたとしても,図 5.18 にあるような長期供給曲線 S_{LR} にそって供給量を調節することはできない.そのためには,固定費用のレベル F_0 を変更しなくてはならないからである.

短期的には固定費用 F_0 を調節することができないので,生産量と総費用の関係は,図 5.19 の,短期の総費用曲線 $SRTC_0$ によって定まる.この短期総費用曲線 $SRTC_0$ を長期総費用曲線 $LRTC$ と比べることで,短期の供給曲線と長期の供給曲線の関係を知ることができる.第 5.2 節と第 5.3 節で見たように,短期総費用曲線から短期限界費用曲線が導かれ,短期限界費用曲線から短期供給曲線が導かれるからである.

図 5.19 が示すように,短期の総費用曲線 $SRTC_0$ と長期の総費用曲線 $LRTC$ の間には 2 つの重要な関係がある.

(T1) 短期の総費用曲線 $SRTC_0$ は長期の総費用曲線 $LRTC$ の上方にある.
(T2) 固定費用が F_0 が y_0 を最小の総費用で生産できるように,設定されているならば,生産量が y_0 の点で短期総費用曲線 $SRTC_0$ と長期総費用曲線 $LRTC$ は接する.

前項でも見たとおり,長期総費用曲線は各生産量において,それを最小の総費用で達成できるように固定費用を選んだときの総費用を示す.したがって,

(T1)が成り立つ．生産量 y_0 を最小の総費用で達成できるように固定費用が F_0 に設定されているならば，y_0 を生産するための長期総費用と固定費用を F_0 に設定したときの y_0 を生産するための短期総費用は同額である．したがって，曲線 $SRTC_0$ と曲線 $LRTC$ は y_0 では同じ高さになくてはならない．性質（T1）によると，その他の点では $SRTC_0$ の方が上方に位置するから，y_0 では曲線 $SRTC_0$ と曲線 $LRTC$ は接していなくてはならない．

こうした事実にもとづいて，図5.18では，固定費用が F_0 に設定されたときの**短期限界費用曲線**を曲線 $SRMC_0$ で示している．2つの限界費用曲線の間には次のような関係がある．

（M1）短期限界費用曲線 $SRMC_0$ と長期限界費用曲線 $LRMC$ は生産量 y_0 の点において交差する．

（M2）短期限界費用曲線 $SRMC_0$ は長期限界費用曲線 $LRMC$ を下方から上方へ切る形で交差する．

性質（M1）は（T2）にもとづいている．第5.1.5節でも述べたように，限界費用は総費用曲線の傾きで示される．短期と長期の総費用曲線が曲線が互いに接する点では等しい傾き（つまり，2つの曲線への接線の傾き）を持つ．したがって，短期と長期の限界費用が一致していなくてはならない．また，（M2）は（T1）と（T2）から説明できる．図5.19では，短期総費用曲線 $SRTC_0$ が長期総費用曲線 $LRTC$ の上方に位置し，さらに y_0 において接するように，2つの曲線が描かれている．その場合には，図からわかるように，y_0 よりも少し小さい生産量では短期総費用曲線の傾き（つまり，短期限界費用）の方が長期総費用曲線の傾き（つまり，長期限界費用）よりも小さく，y_0 よりも少し大きい生産量では，短期総費用曲線の傾きの方が大きくなくてはならない．したがって，（M2）が成立する．

第5.3節の分析が示唆するように，固定費用が F_0 に設定された場合，短期供給曲線 S_{SR} は短期限界費用曲線 $SRMC_0$ の短期平均可変費用曲線 $SRAVC_0$ より上側に位置する部分に一致する．つまり，図5.18の企業閉鎖点 C より上方の曲線 S_{SR} である．

この事実が示すように，供給の長期弾力化原理は長期と短期の限界費用曲線の関係を通じて説明される．図5.18が示すように，短期供給曲線 S_{SR} の傾きの

方が長期供給曲線 S_{LR} の傾きより大きいからである．したがって，価格が p_0 から p へ上昇した場合，長期的には供給は図 5.18 の y_0 から y_{LR} へ変化する．しかし，短期的には y_{SR} までしか変化しない．同じ価格変化に対し，長期の供給の増加の方が短期の供給の増加よりも大きいので，長期の供給の弾力性の方が大きいことがわかる．（第 5.4.1 節でも述べたように，供給の価格弾力性とは価格の 1 パーセントの上昇あたりの供給の増加率のことである．）

上でも触れたように，図 5.17 に示した長期総費用曲線 $LRTC$ と短期総費用曲線群（$SRTC'$, $SRTC''$, $SRTC'''$ など）の関係から，長期限界費用曲線 $LRMC$ と短期限界費用曲線群（$SRMC'$, $SRMC''$, $SRMC'''$ など）の関係が決定される．同時に，長期平均費用曲線 $LRAC$ と短期平均費用曲線群（$SRAC'$, $SRAC''$, $SRAC'''$ など）の間の関係も決定される．図 5.20 では，この関係にもとづいて，それらの曲線の間の典型的な関係が描かれている．最後に，復習も兼ねて，この関係を説明しておこう．

長期平均費用曲線，長期限界費用曲線，短期平均費用曲線群，短期限界費用曲線群の間には次のような関係がある．

（A1）長期限界費用曲線 $LRMC$ と短期限界費用曲線 $SRMC_0$ との交点 y_0 において，対応する長期平均費用曲線 $LRAC$ と短期平均費用曲線 $SRAC_0$ が

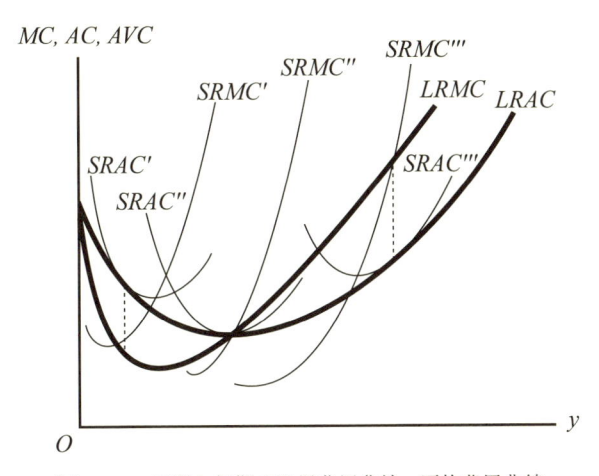

図 **5.20** 長期と短期の限界費用曲線，平均費用曲線

接する．

　この事実は図 5.19 に戻ると明らかだろう．上で説明したように，長期総費用曲線 $LRTC$ と短期総費用曲線 $SRTC_0$ が接する点において，長期限界費用と短期限界費用は一致する．この接点では，長期総費用と短期総費用が一致する．第 5.2 節でも見たように，総費用を生産量 y で割って 1 単位あたりに直したのが平均費用である．したがって，長期総費用 $LRTC$ と短期総費用 $SRTC$ が一致するならば，長期平均費用 $LRAC$ と短期平均費用 $SRAC$ も一致する．また，短期総費用曲線は長期総費用曲線より上方にあるので，短期平均費用曲線も長期平均費用曲線より上方に位置する．したがって，2 つの平均費用曲線は長期と短期の平均費用が一致する点で互いに接する．

　図 5.20 を描く上で，最後に注意すべきなのは，第 5.2 節で説明したように，平均費用曲線の最下点を限界費用曲線が通るということである．この事実と上で示した (M1), (M2), (A1) に留意すれば図 5.20 を描くことができる．

第 6 章
生産要素と費用

6.1 生産物と生産要素
   6.1.1 生産の連鎖と生産関数
   6.1.2 生産関数と生産要素の代替
   6.1.3 生産要素の費用と利潤
6.2 短期の企業活動と生産要素市場
   6.2.1 短期と長期の費用関数
   6.2.2 労働投入量の投入量と限界原理
   6.2.3 可変的生産要素の生産性と短期の生産曲線
   6.2.4 可変的生産要素市場と生産物市場の短期的連関
6.3 生産要素の投入と長期の意思決定
   6.3.1 長期の企業行動と限界原理
   6.3.2 長期総費用の最小化
   6.3.3 費用最小化と総費用関数
   6.3.4 費用最小化と限界原理
   6.3.5 限界代替率
6.4 等量曲線と生産の規模
   6.4.1 資本高度化の法則と生産要素の相対需要の法則
   6.4.2 相似拡大的生産関数の仮定
   6.4.3 U 字型の長期限界費用曲線
   6.4.4 生産曲面と生産関数
   6.4.5 生産物の価格と生産要素需要
   6.4.6 生産要素の価格と供給
6.5 生産と費用の双対性*
   6.5.1 要素価格の変化と費用曲線
   6.5.2 生産要素の投入と生産要素の価格の双対性
   6.5.3 限界費用と限界生産物

第 5 章では，企業の生産活動を費用と生産量の関係として捉え，費用関数として記述した．その際にも触れたように，この関係の背後には投入された生産

要素を生産物に転換する生産過程がある．本章では，そのような生産過程を明示的に導入して，費用関数の背後にある生産物と生産要素の関係を分析する．

企業は生産要素市場で生産要素を購入し，それを使って生産物を作り，生産物市場で販売している．第5章で導入した総費用とは，生産要素を生産要素市場で購入するためにかかる費用の総額のことであり，総収入とは生産物を生産物市場で販売することから発生する売り上げの総額のことである．

こうした事実からもわかるように，企業は生産要素市場と生産物市場の両方に参加している．個々の経済主体が複数の市場に同時に参加する場合，それらの経済主体の経済活動の結果として市場が連動する可能性が高い．そのような市場の連動の分析を**一般均衡分析**と呼ぶ．実は本書では，第4章の消費の分析において，すでに一般均衡分析を行っている．複数の消費財市場に同時に参加している消費者を考えていたからである．本章では，企業が生産要素市場と生産物市場に同時に参加することから発生する市場の連動を一般均衡分析の観点から説明する．

6.1 生産物と生産要素

本節では，生産技術と費用関数の関係を企業の最適化行動の結果として説明する．それによって，費用関数が生産要素を生産物に転形する企業の活動を集約するものであることを明らかにできる．

6.1.1 生産の連鎖と生産関数

企業は**生産の連鎖**の中の鎖の輪の役割を果たすと考えることができる．生産の連鎖とは**本源的生産要素**の投入を出発点とし，**最終消費財**の生産を終点とする種々の生産過程の連鎖関係のことである．本源的生産要素とは，労働や土地や天然資源のようなもので，他の生産過程で生産されるわけではない生産要素のことを言う．生産の連鎖の中では，機械や原材料のように他の生産過程をつうじて生産される**中間的生産要素**の生産過程もあり，本源的生産要素と中間的生産要素を使って最終消費財をつくる生産過程も含まれている．第4章における消費の分析は生産連鎖の最後に位置する複数の最終消費財の**水平的関係**を考

えていた．本章における生産の分析では，企業が同時利用する複数の生産要素の間の水平的関係だけではなく，生産要素と生産物という生産の連鎖上の**垂直的関係**にも注目する．

本源的生産要素と中間的生産要素の境界は，はっきりしないことも多い．ふつう本源的生産要素とみなされるものでも，なんらかの生産活動を通じて産み出されていると考えることもできる．たとえば，労働から産み出されるサービスは，教育や職業訓練によって，質が変化する．つまり，教育や職業訓練という活動は労働者の労働から生まれるサービスの質を転換する生産活動であると考えることもできる．この意味では，労働というサービスも，中間的生産要素の性質を備えていると言ってよい．同様のことは資本や土地についても言える．

何を本源的生産要素とみなすべきかは，どんな経済現象を分析しようとしているのかに依存して定まる．たとえば，教育産業を分析しようとする場合，他の生産部門で使用される中間投入財として労働サービスが生産されると考えるべきである．他方，1国のマクロ的経済を分析しようとするときには，土地や資本を国民総生産をつくりだすための本源的生産要素とみなしてもよいだろう．

企業は多種多様な本源的生産要素と中間的生産要素を使って生産物をつくっている．1つの企業が複数の生産物を生産していることも少なくない．しかし，ここでは話を簡単にするため，単一の生産物をつくる企業を考える．生産物の量を y と書こう．企業は N 種類の生産要素を使用すると仮定し，第 n 生産要素の使用量を v_n と記述する．そうすると，生産要素の投入量と生産量とのあいだの関係は

$$y = f(v_1, v_2, ..., v_N) \qquad (6.1)$$

と記述することができる．このように，各生産要素の投入量の組み合わせと生産量の間の関係を記述する関数を**生産関数**という．

以下では，特定の投入量の組み合わせを**生産方式**と呼ぶことにしよう．つまり，生産方式とはそれぞれの生産要素の投入量からなるベクトル

$$v = (v_1, v_2, ..., v_N) \qquad (6.2)$$

のことである．このベクトルを生産方式と呼ぶのは生産過程における生産要素

の組み合わせ方を示しているからである．たとえば，粗放的農業というのは人手や機械をあまり使わず，土地の生産力に任せるタイプの生産方式である．労働集約的農業というのは人手を多くかけ，小さい土地であまり機械も使わず生産する方式である．現代では，最先端の生産方式は単に機械集約的なものではなく研究開発集約的なものに移行しつつある．品種の改良，遺伝子の組み替えなど，特許権が与えられた農業技術も多い．この例では，生産要素として土地，機械，労働，研究開発活動など数多くのものが考えられている．そうした生産要素をどのように組み合わせて生産を行うかを記述するのが，ベクトル v である．この意味で，ベクトル v が生産方式と呼ばれるわけである．

6.1.2　生産関数と生産要素の代替

実際の生産活動では，多くの種類の生産要素が利用される．前項の終わりで見たような研究開発活動は特定のタイプの労働者（技術者・研究者）の仕事である．その他にも，単純労働者，熟練工，管理者，営業マンなど，労働にはいろいろなタイプがある．労働以外の生産要素も同様で，機械，工場，土地，研究施設など一々挙げていくときりがない．

以下では話を簡単にするために，こうした生産要素の種類を2つに分けて考えることにする．人間が直接的に関わる労働という生産要素と，過去に人間の手を経て生産要素として利用できるような物に変形された資本（資本財）という生産要素である．投入される資本の量を K，労働の量を L と書くと，生産関数を

$$y = F(K, L) \tag{6.3}$$

と書くことができる．生産方式とは資本と労働の組み合わせ，つまり，

$$V = (K, L) \tag{6.4}$$

というベクトルのことであると考えることができる．場合によって，資本も労働も本源的生産要素と考えられることもあるし，資本は中間的生産要素であるとみなされることもある．生産のためには，かならず，何らかの生産要素を投入しなくてはならないと仮定しよう．つまり，

$$F(K,0) = F(0,L) = 0 \tag{6.5}$$

という関係が満たされる．

　生産量 y を複数の生産要素の投入量の関数として (6.1) や (6.3) のように記述するのは，生産要素間に**代替**の可能性があるからである．代替という言葉は第 3 章ですでに複数の消費財に関して紹介した．その定義と同様に，生産要素 n' の投入量を $v_{n'}$ だけ減らしても，生産要素 n'' の投入量を $v_{n''}$ だけ増やせば生産量が一定に保たれるならば，$v_{n'}$ 単位の生産要素 n' が $v_{n''}$ 単位の生産要素 n'' で代替されると言う．たとえば，目標生産量が一定値に与えられているとしても，資本の投入量と労働の投入量は，いろいろに，組み合わせることができる．同じ生産量を産出するために，より資本集約的な生産方式を選ぶこともできるし，より労働集約的な生産方式を選ぶことができるかもしれない．その場合には，資本と労働が生産過程において代替関係にあると言う．

　資本と労働という 2 つの生産要素を考えている場合には生産方式は (6.4) が示すようにベクトル $V = (K, L)$ で記述される．第 3 章のはじめにも触れたように，2 次元のベクトルは横軸と縦軸で構成される座標平面の 1 点で示される．図 6.1 のように，横軸に資本投入量，縦軸に労働投入量をとり，点 V が生産方式 $V = (K, L)$ を示すと考えよう．

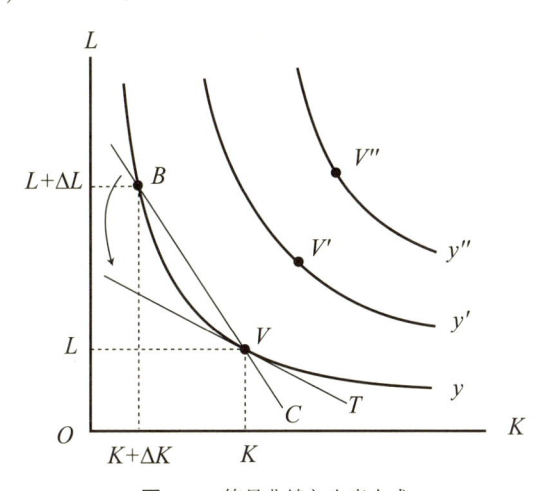

図 **6.1**　等量曲線と生産方式

資本と労働が代替できる場合には，特定の生産量 y を達成できる生産方式は多数存在し，図 6.1 の曲線 y のように示すことができる．つまり，曲線 y 上の点は生産物 y が与えられたときに方程式 (6.3) を満たす生産方式 $V = (K, L)$ の集まりであると考えられる．この曲線 y は同量の生産物を達成できる生産方式の集まりを示すという意味で**等量曲線**と呼ばれる．

図 6.1 では，異なる生産量に対応する 3 つの等量曲線 y, y', y'' が描かれている．それぞれの等量曲線上の生産方式 V, V', V'' を比べると，V'' が最も多く資本も労働も含み，次に，V'，最後に V という順番になる．したがって，生産量についても，V'' から産み出される生産量 y'' がもっとも大きく，次に V' から産み出される生産量 y'，最後に V から産み出される生産量 y という順番になる．つまり，より上方の等量曲線はより大きな生産量に対応する．

6.1.3 生産要素の費用と利潤

生産関数を利用すると，企業の行動を生産方式の最適選択の問題として捉えることもできる．第 5.1 節でも述べたように，企業の利潤 Π とは，総収入 TR から生産要素の調達にかかる生産費用の総額を差し引いたものである．生産費用とは，生産のために投入される生産要素の価値の合計のことである．したがって，生産費用を計算するためには生産要素の単価を知る必要がある．

生産要素の単価はその**生産要素の報酬率**と呼ばれるのが普通である（英語では "rate of return" という）．労働の報酬率は**賃金率**（wage rate）と呼ばれる．**賃金**（wage）というのは，単価ではなく，特定の量の労働サービスに支払われる対価の総額のことである．つまり，賃金率を w として，L 単位の労働を雇用するならば，支払われる賃金は wL である．資本の報酬率は使用される資本財の単価に等しいと考えることにしよう．以下では，資本報酬率を r と書く．資本に支払われる対価の総額は rK である．

総費用とは，投入される生産要素 (K, L) の総価値のことである．つまり，総費用 TC は

$$TC = rK + wL \tag{6.6}$$

である．資本と労働という 2 つの生産要素を利用して生産物をつくるという簡

単化された場合には，(6.6) が第 5 章で導入した総費用 TC の内訳を示す．

第 5.1 節でみたように，生産物の価格を p とし，生産量を y とすると，企業の総収入は

$$TR = py \tag{6.7}$$

である．企業の利潤 Π は，(5.2) が示すように，総収入 $TR = py$ から総費用 TC を引いた残りのことだから，(6.3) と (6.6) を使うと，

$$\Pi = pF(K, L) - (rK + wL) \tag{6.8}$$

と書くことができる．

第 5 章のはじめに述べたように，企業の生産要素は可変的生産要素と固定的生産要素の 2 つのタイプに分類できる．長期にはすべての生産要素が可変的であるが，全生産期間の一部だけを取り出した短期を考えると，その期間内では投入量が調節できないものもある．本項で導入した設定にもとづいて短期と長期の企業行動をモデル化するためには，労働と資本のうちどちらかが短期的には調節不可能だ考えればよい．

短期の生産過程を分析する際には，資本 K が固定的であると考えることが多い．短期と長期の行動を比較するために，以下でもそれを踏襲して話を進める．資本は固定的生産要素であると考え，労働投入量 L を選んで，(6.8) の利潤 Π を最大化するのを短期の企業行動とみなす．他方，資本も労働も可変的生産要素と考え，資本投入量 K と労働投入量 L の両方を選んで，利潤 (6.8) を最大化するのを長期の企業行動とみなす．

このような役割分担を資本と労働に与えたのは多分に便宜的である．したがって，以下の分析は単に単一の生産要素（労働）を使って生産が行われる場合と複数の生産要素が使われる場合を，比較していると考えてもよい．

6.2 短期の企業活動と生産要素市場

以下では，生産物市場と生産要素市場の両方で完全競争的な企業を考える．第 5.3 節で述べたように，生産物市場で完全競争的な企業とは，自分の販売量

の設定が生産物の価格には何の影響も与えないと考えている企業である．同様に，生産要素市場で完全競争的な企業とは，自分の購入量が生産要素の価格に何の影響も与えないと考えている企業である．

本節では，資本投入量 K は固定していると考え，最適な労働投入量がどのように決定されるかを分析しよう．

6.2.1 短期と長期の費用関数

資本 K が短期的に固定している場合には，短期の企業活動は，固定された K のもとで，労働投入量 L を選択して (6.8) の利潤を最大化すると記述してもよい．つまり，第 1.2 節の最大化問題の書き方をすると，

$$\max_L \Pi = pF(K,L) - wL - rK \qquad (6.9)$$

である．この最大化問題では，選択肢を指定する欄に L だけが入っているので，K は最適化問題の外側から与えられたパラメターとして扱われている．また，価格 p, w, r もパラメターとして取り扱われている．つまり，企業は生産物の市場でも2つの生産要素の市場でも価格受容者として行動する完全競争的企業であると仮定されている．

この問題と短期の費用関数にもとづく利潤最大化問題 (5.35) の関係を見るために，(6.3) 式を L を未知数とした方程式と考えよう．つまり，この方程式では，y と K は定数であると考えているので，L について解くと y と K を独立変数として

$$L = l(y; K) \qquad (6.10)$$

と記述することができる．この関数 $l(y; K)$ は資本投入量が K であるときに，生産量 y を達成するために必要な労働量 L を示している．この意味で，$l(y; K)$ を労働の**実物費用関数**と呼ぶことにしよう．（ここでは，K が固定された場合を取り扱っているので，実物費用関数では K をパラメターとしてセミコロン；の後に記述している．）

労働の実物費用関数を使うと，短期には，総費用が生産量 y と資本投入量 K に依存して，

$$c_{SR}(y, K) = wl(y; K) + rK \qquad (6.11)$$

と記述できる．この関数は資本の投入量が K に固定されたときに生産量 y を達成するために必要な(短期の)総費用を示す．つまり，第5.4節で紹介した短期総費用関数であると考えられる．したがって，短期の利潤最大化問題(6.9)は

$$\max_{y} \Pi = py - wl(y; K) - rK \qquad (6.12)$$

と書き直すことができる．

この最大化問題(6.12)では，固定的生産要素の投入量 K が明示的に記述されている．他方，第5章の最大化問題(5.35)は固定的生産要素の投入を固定費用 F で表したときの短期の企業行動をモデル化していることに注意しよう．

6.2.2 労働投入量の投入量と限界原理

利潤最大化問題(6.9)を解く労働投入量 L は**最適労働投入量**と呼ばれる．最適労働投入量の決定は数学的にもグラフィカルにも説明できるが，その背後にある経済原理を知るのがもっとも重要である．そこで，まず，最適労働投入量の決定における経済原理を分析しよう．

労働の投入においても，限界原理に導かれて最適投入量が決定される．限界原理にもとづいて生産要素の最適投入量を決定するためには，ある量まで生産要素が投入されているとして，追加的生産要素の投入がどのような限界効果を持つかを考えればよい．生産要素として資本と労働の2つを考えているので，資本を K 単位と労働を L 単位だけ投入して y だけの生産物を生産している状態を考えよう．短期的には，資本の投入量は固定されているので，追加的生産物をつくり出すためには労働の投入を追加しなくてはならない．

労働を ΔL 単位だけ追加的に投入したときに作ることができる追加的生産物を考え，その量を Δy_L としよう．生産物の単価は p なので，追加的に発生する生産物 Δy_L を販売することから，$\Delta TR = p\Delta y_L$ だけの追加的収入が見込める．同時に，賃金率が w なので，労働を ΔL だけ追加的に投入するためには $\Delta TC = w\Delta L$ だけの追加的費用がかかる．利潤 Π は(5.2)が示すように総収入 TR と総費用 TC の差額である．したがって，ΔL だけ追加的に労働投入を行

うことによって，利潤は追加的収入 $p\Delta y_L$ と追加的費用 $w\Delta L$ の差額分だけ変化する．この差額が正になる場合には，ΔL 単位の労働の追加的投入によって利潤を拡大することができる．

話を一般化するためには，労働投入量を増やす場合だけではなく，減らす場合も考えなくてはならない．そこで，Δy_L は労働投入量が ΔL だけ変化するときの生産量の変化を示すと解釈しよう（つまり，ΔL や Δy_L が正の場合も負の場合も考えるということである）．その場合には，

$$\Delta \Pi = p\Delta y_L - w\Delta L > 0 \tag{6.13}$$

となるように労働投入量を変更せよというのが限界原理である．

第2.4節や第5.1節でも見たように，最適な経済活動に関する1元的な行動基準を考えるためには，経済活動の変化から発生する限界効果を考え，それを経済活動の変化1単位あたりに換算して考えるのが便利である．そこで，(6.13)を次のような基準に書き直すことにしよう．

労働投入における限界原理：利潤を拡大するためには，次の基準に従って労働投入量を変更すればよい．

$$p\frac{\Delta y_L}{\Delta L} > w \quad \text{ならば} \quad \Delta L > 0, \tag{6.14}$$

$$p\frac{\Delta y_L}{\Delta L} < w \quad \text{ならば} \quad \Delta L < 0 \tag{6.15}$$

この基準にそって労働投入量を変更すれば利潤を拡大することができるのは明らかである．条件 (6.14) も (6.15) も $p\Delta y_L > w\Delta L$ という条件を意味するからである．したがって，(6.13) から $\Delta \Pi > 0$ となって，利潤が拡大する．

上の条件における $\frac{\Delta y_L}{\Delta L}$ という値は追加的に投入される労働1単位あたりの追加的生産物の量を示している．追加的労働投入を ΔL 単位だけ行った際に，Δy_L だけの追加的生産物が発生すると考えているからだ．したがって，上の条件の $p\frac{\Delta y_L}{\Delta L}$ という値は追加的に投入される労働から発生する追加的収入を労働1単位あたりに換算したものである．追加的労働雇用1単位あたりの追加的

収入 $p\frac{\Delta y_L}{\Delta L}$ の方が追加的労働1単位あたりに支払われる賃金（賃金率）w よりも大きければ，労働雇用を増やすべきだというのが条件 (6.14) の意味するところである．逆に，追加的雇用1単位あたりの追加的収入が賃金率よりも低ければ，雇用を減らすべきだというのが (6.15) の意味するところである．どちらの条件も，直感的にも当然だろう．

追加的に投入される労働1単位あたりの追加的生産物の量 $\frac{\Delta y_L}{\Delta L}$ は広い意味での労働の**限界生産物**と呼ばれる．この概念は第 2.4 節で導入した限界支払用意や，第 5.1 節で導入した限界費用という概念と類似したものであることに注意しよう．

限界支払用意や限界費用と同様に，限界生産物の定義においても投入量の変化が限りなく小さい場合を考えると便利である．つまり，限りなく ΔL がゼロに近づくときに，広い意味の労働の限界生産物が限りなく近づく値 $\frac{\Delta y_L}{\Delta L}$ を狭い意味の労働の限界生産物と呼ぶ．英語では労働の限界生産物を "marginal product of labor" と呼ぶので，頭文字をとり，この値を

$$MPL = \lim_{\Delta L \to 0} \frac{\Delta y_L}{\Delta L} \qquad (6.16)$$

と書く．限界生産物 MPL は狭い意味での労働の限界生産物である．以下では，何も断らない場合は労働の限界生産物とは MPL のことであると考えよう．

どんなに小さな量でも労働投入量を変更することが可能ならば，現在の労働投入量 L が最適であるためには

$$p \cdot MPL = w \qquad (6.17)$$

という関係が成立しなくてはならない．この条件は労働投入量決定のための1次条件と呼ばれる．

条件 (6.17) にも (2.18) や (5.9) と同様の説明を与えることができる．つまり，$p \cdot MPL > w$ ならば，ΔL を十分にゼロに近い値にとれば $p\frac{\Delta y_L}{\Delta L} > w$ も成立するので，(6.14) によれば $\Delta y_L > 0$ にとることで利潤を拡大できる．同じように，$p \cdot MPL > w$ ならば，Δy_L を十分にゼロに近い負の値にとれば利潤が拡大するというのが (6.15) の教えるところである．したがって，(6.17) が成立していなければ，利潤拡大の余地があるので，最適が達成されているとは言えない．

6.2.3 可変的生産要素の生産性と短期の生産曲線

生産性というのは日常生活でよく耳にする言葉である．この概念は特定の生産要素が単位あたりでどの程度生産に寄与しているかを示すものである．たとえば，労働 1 単位あたりの生産量は労働の生産性を示し，資本 1 単位あたりの生産量は資本の生産性を示すと考えられている．労働の生産性が高いというのは，1 単位あたりの労働から生産される生産物の量が大きいということである．経済学では，生産性という言葉をもっと厳密な意味で使い，平均生産性と限界生産性という 2 つに分けて考えることも多い．

生産性は費用と反比例する関係にある．ここで言う費用というのは生産物 1 単位あたりに直した費用のことで，正確には，単位あたり費用と呼ばれるべきものである．生産性と費用の反比例関係は直感的には容易に理解できることである．生産性が高いということは，生産要素 1 単位あたりの生産量が大きいということである．したがって，逆に，生産量 1 単位あたりに必要な生産要素の投入量を考えれば，小さくてすむということである．したがって，生産性が高ければ単位あたり費用が小さい．以下では，こうした関係を検討しよう．

そのためには，可変的生産要素（労働）の投入量 L と生産物の関係を図示するとよい．図 6.2 の左側のパネルでは，横軸に生産量 y が，縦軸に労働投入量

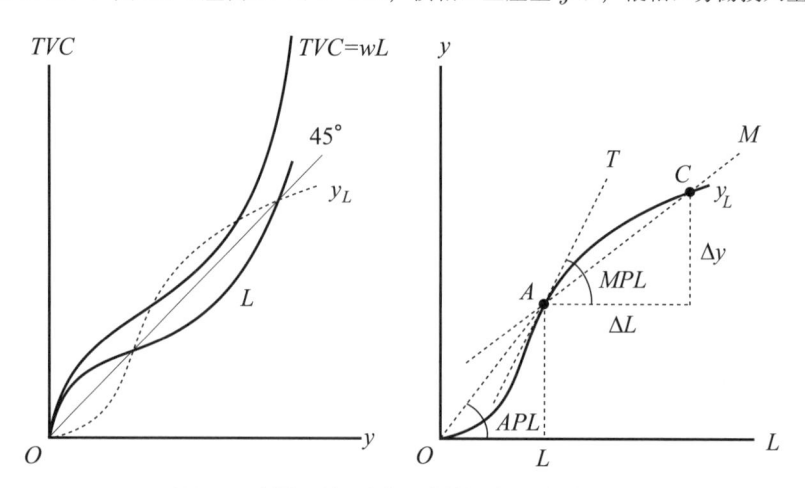

図 **6.2** 短期の総可変費用曲線と労働の生産曲線

L がとられている.資本量を K に固定した場合の生産量 y と労働投入量 L との関係が曲線 L で示されている.つまり,$L = l(y; K)$ のグラフである.この曲線 L は生産量 y を達成するための必要労働量を示すので労働の**実物費用曲線**と呼ぶことにしよう.この曲線を垂直方向へ w 倍してできるグラフ——つまり,$TC = wl(y; K)$ のグラフ——は短期の総可変費用曲線である.第 5.2 節で見たとおり,短期の総可変費用曲線が逆 S 字型をしているので,実物費用曲線 L も逆 S 字型でなくてはならない.

労働投入量 L と生産量 y の関係は生産関数によって $y = F(K, L)$ と記述することもできる.図 6.2 の左側のパネルの曲線 L は関数 $L = l(y, K)$ における L と y の関係を示すグラフとも解釈できるし,関数 $y = F(K, L)$ における y と L の関係を示すグラフとも解釈できる.前者の解釈では,横軸の y から曲線 L へ垂直線を引き,交点から縦軸へ水平線を引いたところで y を作るために必要な労働量を見つけることができる.他方,後者の解釈では,縦軸の L の点から水平線を曲線 L へ引いて,交点から垂直線を横軸へ下ろせば,L から作り出される生産量 y を見つけることができる.

図 6.2 の右側のパネルでは,横軸に労働投入量 L が,縦軸に生産量 y がとられている.このパネルに労働投入量 L と生産量 y の関係を描くためには,左側のパネルに傾き 45 度の直線(45 度線)を描き,曲線 L を 45 度線を回転軸にして裏返せばよい.図 6.2 の右側のパネルでは裏返したグラフが曲線 y_L で示されている.この曲線 y_L は K が与えられたときの関数 $y = F(K, L)$ のグラフである.これを労働に関する**生産曲線**と呼ぶことにしよう.

この図が示すとおり,労働に関する生産曲線 y_L は S 字型である.すでに指摘したように,労働の平均生産物というのは労働 1 単位あたりの生産物の量のことである.英語では,労働の平均生産物を "average products of labor" と表現するので,労働の平均生産物を APL と書くと,

$$APL = \frac{F(K, L)}{L} \tag{6.18}$$

と定義できる.したがって,労働投入量が L のときの労働の平均生産物は生産曲線 y_L 上の点 A と原点を結ぶ直線の傾きである.

第 6.2.2 項で見たように,広い意味での労働の限界生産物というのは(資本投

入量を一定として)労働の投入量を増加したときに産み出される追加的生産物を追加的労働投入 1 単位あたりに直したものである．つまり，追加的労働投入を ΔL，追加的生産物の量を Δy_L とすると，$\frac{\Delta y_L}{\Delta L}$ が広い意味での労働の限界生産物である．図 6.2 を使うと，点 A と C を通る直線 M の傾きで示される．

第 (6.16) 式が示すように，狭い意味での労働の限界生産物 MPL は追加的労働投入量の大きさを限りなくゼロに近づけたときに，(広い意味での限界生産物である) $\frac{\Delta y_L}{\Delta L}$ が限りなく近づく値である．追加的労働 ΔL が限りなくゼロに近づくとき，直線 M は点 A を中心に反時計回りに回転して点 A における生産曲線への接線 T に限りなく近づく．つまり，労働の限界生産物 MPL は生産曲線 y_L の傾きによって示される．繰り返し述べているように，関数のグラフの傾きはその関数の微係数で示される．生産曲線 y_L の傾きは生産関数 $y = F(K, L)$ の L に関する偏微係数のことである．これを

$$MPL = F_L(K, L) \qquad (6.19)$$

と書くことにしよう．(第 3 章で紹介したように，偏微係数は 1 つの独立変数を取り上げ，それ以外の独立変数の値を一定であるとしたときの，はじめに取り上げた独立変数と従属変数の間の微係数のことである．つまり，$F_L(K, L)$ とは，K の値が固定されている場合の L に関する $F(K, L)$ の微係数である．)

図 6.2 は，労働の平均生産性 APL や限界生産性 MPL が労働投入量 L の変化につれて変化することを示している．図 6.3 では，資本投入量 K を一定にとどめた場合の，労働の平均生産性 APL と労働投入量 L との間の関係が平均生産性曲線 APL によって描かれている．この曲線は，一定の K のもとでの，$APL = F(K, L)/L$ のグラフである．また，労働の限界生産性 MPL と労働投入量 L との間の関係は限界生産性曲線 MPL によって描かれている．この曲線は，一定の K のもとでの，$MPL = F_L(K, L)$ のグラフである．図 6.2 が示すように，労働の投入量 L が (ゼロから) 増えていくにつれ，はじめのうちは，労働の限界生産性は上昇し，その後，低下していくというのが典型的である．つまり，限界生産性曲線は U の字の上下を逆さまにしたような形をしていると仮定される (逆 U 字型労働限界生産性の仮定)．

限界生産性曲線 MPL が逆 U 字型の場合は，平均生産性曲線 APL も逆 U 字

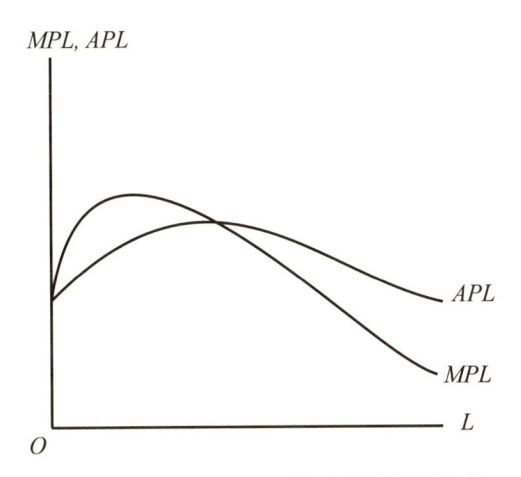

図 6.3 労働の平均生産性曲線と限界生産性曲線

型をしている．この場合には，限界生産性曲線は平均生産性曲線の頂点を上から下へ切る形で交わる．これら2つの曲線の関係は前章で示した限界費用曲線 MC と平均可変費用曲線 AVC との間の関係と類似しているので，その説明は読者にまかせたい．

設問 6.1 労働の限界生産性のグラフは労働の平均生産性のグラフの最上点を通っていることを示せ．

設問 6.2 労働投入量が 0 のときには，労働の限界生産性と平均生産性は等しくなくてはならないことを示せ．

労働の平均生産性曲線や限界生産性曲線(つまり，図 6.3 の曲線 APL や MPL)が逆 U 字型をしており，生産曲線(図 6.2 の曲線 y_L)は S 字型をしている．これは前章で考えた平均費用曲線や限界費用曲線が U 字型をしており，総費用曲線が逆 S 字型をしていることを反映するものである．前章で詳しく説明したように，このような図が描けるのは資本の投入量が固定されているためである．その結果，労働の生産性は労働者の協力効果と混雑効果のバランスで定まる．労働者の数を増加させていくと，はじめは，労働者の協力効果をつうじて生産性が逓増する．しかし，投入量を固定された生産要素 K がボトルネッ

クとして働きはじめると，混雑効果によって生産性は逓減していく．労働の平均生産性曲線や限界生産性曲線が逆 U 字型をしているのは，このためであると考えられる．

6.2.4 可変的生産要素市場と生産物市場の短期的連関

企業は可変的生産要素市場では需要者として，また，生産物市場では供給者として両方の市場で取引を行う．この結果，生産要素市場と生産物市場が連動する（互いに影響しあう）ことになる．上で見たように，生産要素の投入における最適化と生産物の生産における最適化は連動しているからだ．

はじめに，生産物市場から生産要素市場への影響を分析しよう．労働投入における限界原理によれば，利潤を最大にするためには労働の（狭い意味での）限界生産物 MPL の価値 $p \cdot MPL$ が賃金率 w に等しくなくてはならない．この条件は，(6.17) と (6.19) から，

$$pF_L(K, L) = w \qquad (6.20)$$

と書くこともできる．

第 5.3.4 項で考えた供給曲線と同様に，企業の短期利潤の最大化のためには，生産者余剰が非負であるという利潤条件が成立していなくてはならない．つまり，総収入 $pF(K, L)$ が総可変費用 wL 以上でなくてはならないので，

$$pF(K, L)/L \geq w \qquad (6.21)$$

という条件が成立しなくてはならない．この条件は労働の平均生産性の価値が賃金率以上であるということを意味している．つまり，

$$p \cdot APL \geq w \qquad (6.22)$$

である．

利潤最大化の条件 (6.20) と (6.21) を図示することで，労働の需要曲線を導くことができる．そのために，図 6.4 では，製品の単価を p_0 として労働の限界生産物 MPL の価値 $p_0 \cdot MPL$ と生産量 y の関係を曲線 $pMPL_0$ として描いてある．曲線 $pMPL_0$ と（図 6.3 の）曲線 MPL の高さの比率は製品の単価に等しい．

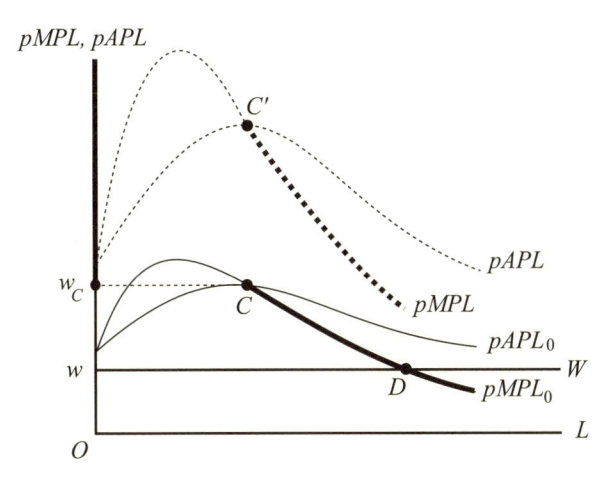

図 6.4 短期の労働需要曲線

曲線 $pMPL_0$ を労働の価値限界生産性曲線と呼ぼう．また，労働の平均生産性の価値 $p_0 \cdot APL$ と生産物 y の関係を曲線 $pAPL_0$ で描いてある．曲線 $pAPL_0$ を労働の価値平均生産性曲線と呼ぼう．

利潤最大化の1次条件 (6.20) によれば，労働の限界生産性の価値 $p_0 \cdot MPL$ が賃金率 w に一致するような値に労働の需要 L が定まる．つまり，賃金率 w が与えられると，労働の需要 L は労働の価値限界生産物曲線 $pMPL_0$ と縦軸の賃金率 w の点を通る水平な直線 W（賃金率線）の交点 D で定まる．また，利潤条件によれば，労働の平均生産物の価値 $p_0 \cdot APL$ は賃金率 w よりも高くなくてはならない．したがって，労働の価値限界生産物曲線 $pMPL_0$ と賃金率線 W の交点 D が実際の労働需要を示すためには，D は労働の価値平均生産性曲線 $pAPL_0$ より下に位置しなくてはならない．

以上の事実より，労働の価値限界生産物曲線 $pMPL_0$ のうち価値平均生産物曲線との交点 C より下側の部分は労働の需要曲線である．点 C は第 5.3.4 項で紹介した企業閉鎖点を労働の需要曲線を使って説明したものである．その際にも述べたように，製品の単価が企業閉鎖価格 p_C よりも低いならば，企業は総収入で可変費用をカバーできず，固定的生産要素をすでに投下していても生産を行わない．この事実は賃金率と労働の需要に関しても説明できる．つまり，労働の価値限界生産物曲線 $pMPL_0$ のうち価値平均生産物曲線との交点 C で定ま

る賃金率 w_C を企業閉鎖賃金率と呼ぶことができる．つまり，実際の賃金率 w が閉鎖賃金率 w_C よりも高いならば，労働投入量をどのようなレベルに設定しても，総収入 $pF(K,L)$ が可変費用 wL を下回ってしまうので，生産を行わない．このため，賃金率 w が閉鎖賃金率 w_C よりも高い範囲では労働需要はゼロとなり，労働需要曲線は縦軸に一致する．また，賃金率 w が閉鎖賃金率 w_C よりも低ければ，労働需要 L は労働の価値限界生産物曲線 $pMPL_0$ で示される．閉鎖賃金率 w_C に等しい場合は，需要はゼロか企業閉鎖点 C で定まる．

生産物市場の労働需要への影響を検討するために，生産物市場で製品の価格 p が 2 倍になったとしよう．この変化は労働の限界生産物の価値 $p_0 \cdot MPL$ と平均生産物の価値 $p_0 \cdot APL$ を 2 倍に増加させる．そのため，労働の価値限界生産物曲線と平均生産物曲線は，それぞれの投入量の点で 2 倍の高さになる．その結果，労働の需要曲線が 2 倍の高さを持つ．労働需要は横軸にそって計られているので，賃金率が変化しなければ労働の需要が拡大する．つまり，生産物価格の上昇は労働需要を増加させるわけである．

生産要素の需要は派生需要であると表現されることもある．生産要素の需要が生産物の需要から派生したものだと考えられるからだ．つまり，生産物への需要が拡大し生産物価格を上昇させるならば，供給が拡大し，その分だけ生産要素の需要も拡大する．生産物価格の上昇による生産要素への需要曲線の上方シフトには派生需要としての生産要素需要の性質が反映されていると考えることもできる．

生産要素の需要のもう 1 つの重要な特徴は生産要素需要が生産要素と生産物の間の相対価格（つまり，実質賃金率）w/p に依存するという事実である．これは条件 (6.20) と (6.21) が

$$F_L(K,L) = w/p, \quad F(K,L)/L = w/p \qquad (6.23)$$

と書き換えられることからも明らかだろう．

以上，生産物市場における価格の変化が短期的な労働市場に及ぼす影響を分析してきた．次に，労働市場における価格の変化が短期的な製品の供給にどのような影響を及ぼすかを見ておこう．この影響は (6.11) の短期の総費用関数の構造を見ればすぐにわかる．つまり，短期の総可変費用 $SRTVC$ は賃金率 w と

短期労働投入関数 $l(y;K)$ の関数として,

$$SRTVC = wl(y,K) \qquad (6.24)$$

と書けるからである.

この関係が示すように,賃金率の上昇はその分だけ短期の総可変費用 $SRTVC$ を上昇させる.短期の平均可変費用は

$$SRAVC = w\frac{l(y;K)}{y} \qquad (6.25)$$

と書ける.また,短期の限界費用 $SRMC$ は短期総可変費用曲線の傾きで示される.短期総可変費用曲線 $SRTVC$ は労働の実物費用曲線 $L = l(y;K)$ を縦方向に w 倍したものなので,その傾きは実物費用曲線 L の傾きを w 倍したものである.繰り返し述べているように,関数のグラフの傾きとは,その関数の微係数のことである.したがって,労働の実物費用曲線 L の傾きは労働投入関数 $l(y;K)$ の微係数 $l'(y;K)$ で示されるので,短期の限界費用は

$$SRMC = wl'(y;K) \qquad (6.26)$$

と書ける.

関係 (6.25) と (6.26) が示すように,賃金率が w から $2w$ へ 2 倍になれば,そ

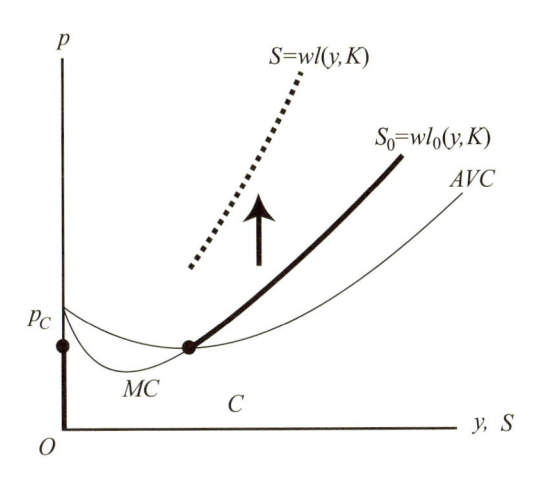

図 **6.5** 短期の供給曲線

れぞれの生産量 y に対応する限界費用も平均費用も 2 倍になる．したがって，限界費用曲線 MC も平均可変費用曲線 AVC も，それぞれの生産量の点で上方の 2 倍の位置にシフトする．したがって，製品の供給曲線 S も上方の 2 倍の位置にシフトする．その結果，図 6.5 に示すように，同じ製品の単価 p のもとでの製品の供給は縮小する．

6.3 生産要素の投入と長期の意思決定

本章の以下の部分では，資本と労働の両方が可変的生産要素であるとして長期の企業行動を分析する．

6.3.1 長期の企業行動と限界原理

利潤が (6.8) のように記述でき，資本と労働の両方が可変的生産要素である場合には，第 1.2 節で導入した最適化問題の書き方に従うと，完全競争的企業の最適化行動は

$$\max_{(K,L)} \Pi = pF(K,L) - (rK + wL) \qquad (6.27)$$

と書ける．この問題では，max 記号の下の選択肢を書く欄には，可変的生産要素である K と L の 2 つの変数が指定されている．また，目的関数には利潤 Π が指定されている．つまり，資本の投入量 K と労働の投入量 L を適切に選んで，目的関数の左辺の値（利潤）を最大化せよというのが企業の最適化問題 (6.27) の意味である．選択肢を指定する欄に，価格 p，賃金率 w，資本の価格 r が含まれていないということは，これらの変数は最大化問題の外から与えられたパラメターだということである．したがって，最適化問題 (6.27) は完全競争企業の行動を記述したものであると見なすことができる．

利潤最大化問題 (6.27) は長期の企業行動を示すものである．長期の最適化行動も限界原理に導かれて決定される．第 6.2.2 項でも述べたように，生産要素の最適投入量を決定するためには，ある量まで生産要素が投入されているとして，追加的生産要素の投入がどのような限界効果を持つかを考えればよい．生産要素として資本と労働の 2 つを考えているので，資本を K 単位と労働を L 単位

だけ投入して，yだけの生産物を生産している状態を考えよう．

　資本の投入量を追加することでも，労働の投入量を追加することでも，追加的生産物をつくり出すことができる．労働投入量だけを変化させて利潤を拡大するための基準は労働投入の限界原理として第 6.2.2 項ですでに説明した．長期の意思決定においても，この原理にそって労働投入量を調節すべきなのは明らかだろう．第 6.2.2 項で求めた労働投入の限界原理は労働投入量を変更することで，利潤を拡大できる条件を示すものだからである．長期の意思決定であろうと短期の意思決定であろうと，条件 (6.17) が満たされなければ，(6.14) と (6.15) という行動基準に従って利潤を拡大できるということである．

　資本の最適投入量の決定についても，労働投入の限界原理と基本的には同じ基準で資本投入量を調節すべきである．以下の説明も第 6.2.2 節の説明とほぼ同じなので要点だけを簡単にみることにしよう．

　労働投入量は一定にとどめて，資本の投入量を ΔK 単位だけ変更すると考えよう．その結果として起きる生産量の変化を Δy_K とする．この変化から発生する利潤の変化が正になるように，つまり

$$\Delta \Pi = p\Delta y_K - r\Delta K > 0 \qquad (6.28)$$

となるように資本投入量を変更せよ，というのが資本投入の設定における限界原理である．

　繰り返し見てきたように，最適な経済活動に関する一元的な行動基準を考えるためには，経済活動の変化から発生する限界効果を経済活動の変化 1 単位あたりに換算して考える方が便利である．そこで，(6.28) を次のような基準に書き直すことにしよう．

資本投入における限界原理：利潤を拡大するためには，次の基準に従って資本投入量を変更すればよい．

$$p\frac{\Delta y_K}{\Delta K} > r \;\; ならば \;\; \Delta K > 0, \qquad (6.29)$$

$$p\frac{\Delta y_K}{\Delta K} < r \;\; ならば \;\; \Delta K < 0 \qquad (6.30)$$

追加的資本投入を ΔK 単位だけ行った際に，Δy_K だけの追加的生産物が発生すると考えているので，上の条件における $\frac{\Delta y_K}{\Delta K}$ という値は追加的に投入される資本 1 単位あたりの追加的生産物の量を示す．追加的に投入される資本 1 単位あたりの追加的生産物の量 $\frac{\Delta y_K}{\Delta K}$ は広い意味で資本の**限界生産物**と呼ばれる．また，どんなに小さな量でも資本投入量を変更できると考えて，限りなく追加的資本投入 ΔK がゼロに近づくときに，追加的投入 1 単位あたりの追加的生産物の量 $\frac{\Delta y_K}{\Delta K}$ が限りなく近づく値

$$MPK = \lim_{\Delta K \to 0} \frac{\Delta y_K}{\Delta K} \qquad (6.31)$$

を狭い意味の資本の限界生産物と呼ぶ．英語では，資本の限界生産物は "marginal product of capital" と表現されるが，MPC ではなく MPK という記号を用いるのが標準的である．上でも述べたように，以下では限界生産物の意味を狭く捉えて，何も断らない場合は資本の限界生産物とは MPK のことであると考えよう．

どんなに小さな量でも資本投入量を変更することが可能ならば，現在の資本投入量 K が最適であるためには

$$p \cdot MPK = r \qquad (6.32)$$

という関係が成立しなくてはならない．条件 (6.32) は資本投入量決定のための 1 次条件と呼ばれる．この 1 次条件も，労働投入量決定のための 1 次条件 (6.17) と同様の説明を与えることができるので，説明は繰り返さない．

労働の限界生産物や平均生産物については第 6.2.3 項で詳しく検討したので，ここでは，資本の限界生産物や平均生産物について簡単に触れておこう．資本の平均生産物を APK と書くと

$$APK = \frac{F(K, L)}{K} \qquad (6.33)$$

である．また，狭い意味での限界生産物は

$$MPK = F_K(K, L) \qquad (6.34)$$

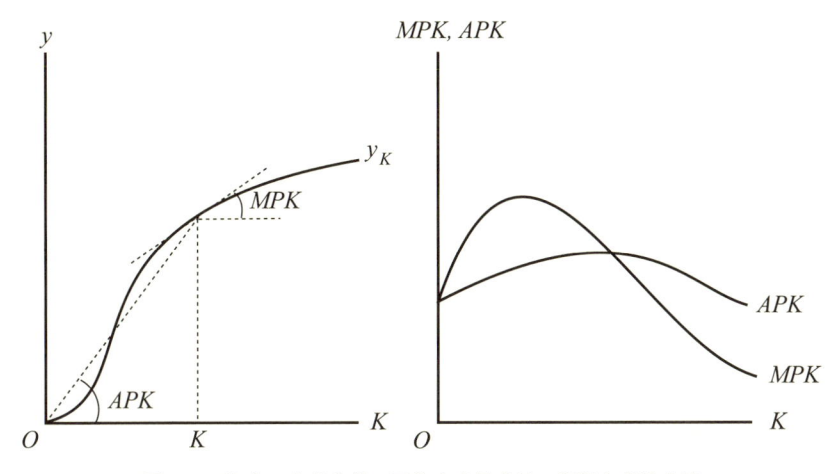

図 6.6 資本の生産曲線，平均生産性曲線，限界生産性曲線

と書ける．（ここで，$F_K(K, L)$ とは L の値が固定されている場合の K に関する $F(K, L)$ の微係数である．）

資本の限界生産性曲線も逆 U 字型をしていると仮定される．このため，資本の平均生産性曲線も逆 U 字型になる．資本に関する生産曲線はＳ字型になることがわかる．図 6.6 の左側のパネルでは，労働投入量を固定した場合の資本の生産曲線が y_K で描かれている．資本の生産曲線がＳ字型であると考えられるのも，労働の生産曲線がＳ字型と考えられるのと同じ理由による．労働の投入量が固定されているため，資本の量を拡大していくと，はじめは，投入された資本の協力効果が働き生産性が逓増する．しかし，固定されている生産要素がボトルネックとして働きはじめると，混雑効果によって，生産性は逓減していくということである．図 6.6 の右側のパネルには，資本投入量 K と資本の平均生産物 APK や限界生産物 MPK の関係を平均生産性曲線 APK と限界生産性曲線 MPK で描いてある．

6.3.2　長期総費用の最小化

前項でもとめた条件 (6.17) と (6.32) は利潤最大化のための 1 次条件と呼ばれる．また，第 5.1 節で求めた (5.9) も利潤最大化の 1 次条件である．この事実から

もわかるように，2つの1次条件は本質的には同じことを意味している．言い換えると，前項で考えた最適化問題 (6.27) と第5章で考えた最適化問題 (5.34) は基本的には完全競争企業の行動という同一のものを別の形式で記述しているに過ぎない．この事実を説明するためには，前章で考えた総費用関数 $c(y)$ を生産要素の投入と生産物の産出という関係から捉える必要がある．

利潤 Π は (6.8) も示すように総収入 $TR = py$ と総費用 $TC = rK + wL$ の差額である．したがって，どんな生産量 y を作って販売するにせよ，それを最小の総費用で達成できる生産方式を選ばなくては，最大の利潤を得ることはできない．

そこで，それぞれの生産量 y について，もっとも低い総費用で達成できるような生産方式を探し，そのときの総費用を求めよう．生産量 y を達成できる生産方式とは，(6.3) を満たすもののことである．したがって，(6.3) を満たす生産方式のうちから総費用 (6.6) を最小化するもの見つければ，最小総費用が決定できる．つまり，第1.2節で導入した最適化問題の書き方を使って，

$$\min_{(K,L)} TC = rK + wL \quad \text{s.t.} \quad F(K, L) = y \qquad (6.35)$$

という最小化問題を解けば，最小費用を見つけることができる．この問題では，min 記号の下の選択肢の欄には資本と労働の投入量 K と L が書かれている．さらに，s.t. 記号の後の制約条件を記述する欄には (6.3) が書かれている．変数 y は選択肢の欄には含まれていないので，最適化問題の外側で値が設定されるパラメターである．したがって，この制約条件では，与えられた生産量 y のもとで (6.3) を満たす (K, L) の中から，生産方式を選ぶことが求められている．記号 min の後の目的関数の欄には総費用 TC が指定されているので，(6.35) では y を達成できる生産方式の中から，総費用 TC を最小化するものを選ぶことが求められている．賃金率 w と資本の価格 r も選択肢の欄には含まれていないので，問題の外側で値が設定されるパラメターである．企業は労働市場でも資本市場でも価格受容者として行動すると仮定されており，それらの市場で完全競争的だということである．

与えられた生産量 y を最小費用で達成する生産方式を**最適生産方式**と呼ぶことにしよう．つまり，(6.35) の解を与える生産方式 (K, L) が最適生産方式であ

る．最適生産方式は最適化問題(6.35)のパラメターである生産量 y と生産要素の報酬率 r と w に依存するので，

$$K = K(y;r,w), \quad L = L(y;r,w) \qquad (6.36)$$

と書くことにしよう．

第5章では，長期の総費用関数を費用最小化問題(5.36)を使って定義した．実は，この最小化問題は(6.35)と同じものであると解釈できる．そのためには，労働の実物費用関数を使うと，短期の総費用が(6.11)のように書けることを思い出せばよい．労働の実物費用関数 $L = l(y;K)$ と生産関数 $y = F(K,L)$ は同じ関係を示すので，(6.11)を使うと，(6.35)は

$$\min_{K} TC = wl(y;K) + rK \qquad (6.37)$$

と書き直すことができる．この最小化問題と第5章の(5.36)とが同じであるのは明らかだろう．

6.3.3 費用最小化と総費用関数

費用最小化問題(6.35)は第4章で考えた効用最大化問題と同じようなグラフを使って解くことができる．そのために，図6.7では，直線 C で与えられた総

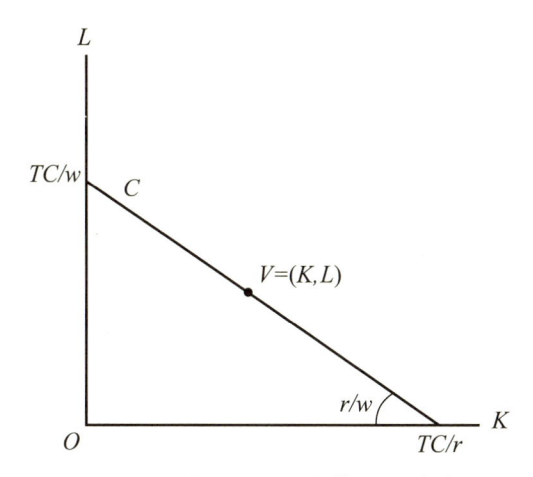

図 **6.7** 総費用のレベルと等総費用直線

費用 TC で購入できる生産方式 $V = (K, L)$ のすべてを示している．つまり，直線 C は与えられた TC（および r と w）について，

$$rK + wL = TC \tag{6.38}$$

を満たす (K, L) を集めたものである．この式を満たす K と L の関係が直線で示されることは，予算制約式を満たす消費バスケットが直線で示されるのと同様にして説明ができるので，詳しい説明は省略する．

　直線 C は同じ総費用で購入できる資本 K と労働 L の組み合わせを示す．そこで，この直線を**等総費用直線**と呼ぶことにしよう．もし，労働の投入量が $L = 0$ の場合には，この関係を満たす資本の投入量は $K = TC/r$ である．この値が横軸の切片を示す．また，資本の投入量が $K = 0$ の場合には，労働の投入量は $L = TC/w$ である．この値が縦軸の切片を示す．したがって，等総費用直線の傾きの絶対値は縦軸切片の値 TC/w を横軸切片の値 TC/r で割った値に等しい．つまり，r/w である．

　資本と労働の投入量の組み合わせ $V = (K, L)$ が与えられたときに，それを購入するために必要な総費用の大きさを知るためにも，等総費用直線を利用できる．等総費用直線の傾きは r/w なので，点 V を通る傾き r/w の直線が等総

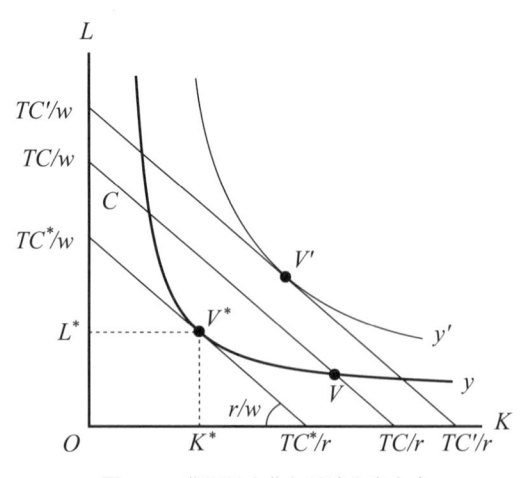

図 **6.8**　費用最小化と最適生産方式

費用直線である．この直線の高さ，つまり，直線の横軸か縦軸の切片の値を見つければ，総費用の大きさが分かる．

ここで，以上の話をまとめておこう．目標生産量 y が与えられれば，それを達成できる資本 K と労働 L の組み合わせを等量曲線 y で示すことができる．これを図 6.8 の曲線 y で示す．また，ある資本 K と労働 L を投入するためにかかる総費用の大きさは点 $V = (K, L)$ を通る等総費用直線（傾き r/w の直線）の高さで示される．図 6.8 では，この等総費用直線を直線 C で示している．

図が示すように，生産方式 $V = (K, L)$ は総費用を最小にしていない．総費用を最小にするためには，等総費用直線が等量曲線 y に接する点 $V^* = (K^*, L^*)$ で生産方式を選ばなくてはならない．図 6.9 では，横軸に生産量 y，縦軸に総費用 TC をとって，y を作るときの最小総費用 $TC^* = rK^* + wL^*$ を縦軸上の点 TC^* で図示している．もし，図 6.8 の V^* という生産方式ではなく，V という生産方式を選んだときには，TC^* よりも大きい総費用 TC がかかる．このときの総費用と生産量の関係は図 6.9 の縦軸上の点 TC で示される．

つまり，目標生産量 y を最小の総費用で達成するためには，その生産量に対応する等量曲線に等総費用直線が接する点の生産方式を選ばなくてはならない．この条件は費用最小化の 1 次条件と呼ばれるものである．

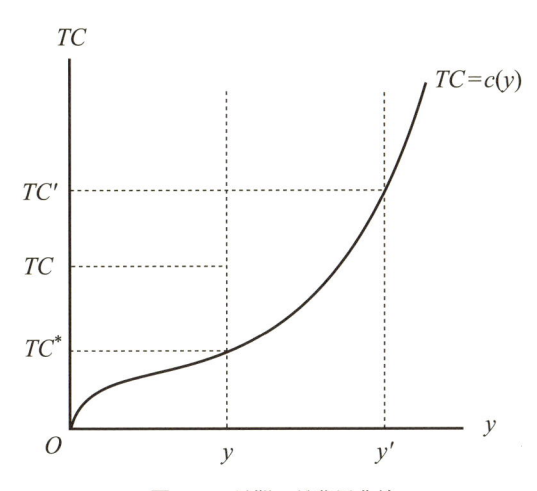

図 6.9 長期の総費用曲線

費用最小化の 1 次条件：等総費用直線が等量曲線に接する．

図 6.8 が示すように，目標生産量が y' に増加すると最小費用も増加する．図 6.9 では，生産量 y' を達成するための最小の総費用が TC' で示されている．この事実が示すように，目標生産量が増大するならば，そのための最小総費用も増加する．この関係を示すのが第 5 章で考えた総費用関数 $c(y)$ であると考えることができる．最小総費用は最適化問題 (6.35) のパラメター，y, w, r に依存する．したがって，単に $c(y)$ ではなく，$TC = c(y, w, r)$ と書く方が正確である．つまり，第 1.2 節で導入した書き方を使えば，総費用関数 $c(y; w, r)$ は

$$c(y; w, r) = \min_{(K, L)} TC = rK + wL \quad \text{s.t.} \quad F(K, L) = y \qquad (6.39)$$

と定義することもできる（これは，第 1.2 節でも説明したように，等式の左辺の式の値が右辺の最小化問題を解いて達成される目的関数の最小値のことである，という意味である）．第 5 章の総費用関数 $c(y)$ は $c(y; w, r)$ から w と r を省略したものと考えればよい．同様に，図 6.9 の曲線 $TC = c(y)$ は総費用関数 $TC = c(y; w, r)$ のグラフであると考えてもよい．

利潤最大化問題 (6.27) を解くためには，まず費用最小化問題 (6.35) を解いて，(6.39) で定義される総費用関数 $c(y; w, r)$ を求め，その後に利潤最大化問題

$$\max_{y} \Pi = py - c(y; w, r) \qquad (6.40)$$

を解いてもよい．利潤 Π とは総収入 $TR = py$ と総費用 $TC = rK + wL$ の差額なので，どんな値に生産量 y を設定するにしても，それを最小の総費用で生産できる生産方式を採用した方が，それ以外の生産方式を採用するよりも，利潤が大きくなるからである．

6.3.4 費用最小化と限界原理

前項では，費用最小化問題 (6.35) の解き方を図を使って説明した．しかし，第 4.2.2 項でも述べたように，実際の経済活動の改善の仕方を考えるためには，直線が曲線に接するといった図形的な条件だけを理解したのでは不十分である．

実際の経済活動において費用最小化を行う場合にも，限界原理に則って生産方式を選ぶのが望ましい．そのためには，現状において $V=(K,L)$ という生産方式をすでに採用していると考えて，生産要素の投入量をどのように調節すれば総費用を節約できるかを考える必要がある．

そこで，資本投入量を ΔK だけ変化させるとしよう．図 6.8 が示すように，資本を ΔK だけ変化させても生産量を一定に保つためには，生産方式がもとの等量曲線 y 上に留まるように労働の投入量を適切な量 ΔL だけ変更する必要がある．そのために必要な追加的労働投入の変化を ΔL としよう．資本と労働の投入量を変更するならば，総費用も変化する．資本費用の変化は $r\Delta K$，労働費用の変化は $w\Delta L$ なので，その合計

$$\Delta TC = r\Delta K + w\Delta L \tag{6.41}$$

が総費用の変化である．したがって，総費用を節約するためには，

$$-r\Delta K > w\Delta L \tag{6.42}$$

となるように，生産要素の投入量を調節しなくてはならない．このときには，$\Delta TC < 0$ となるからである．

条件 (6.42) は 2 つの生産要素の限界生産性（MPK と MPL）に関する条件であると解釈できる．そのように解釈するためには，それぞれの生産要素の投入量の変化を生産量の変化と関係づける必要がある．上の分析では，まず，資本投入量 K を ΔK 単位だけ変化させると考えた．その結果，生産量も変化する．第 6.3.1 項にならって，資本投入量の変化 ΔK から発生する生産量の変化を Δy_K と書こう．また，資本投入量が ΔK だけ変化するとき，生産量を一定にとどめるように，労働投入量も ΔL だけ変化すると考えた．そこで，この労働投入量の変化 ΔL から発生する生産量の変化を Δy_L と書こう．生産量を一定に留めるためには，資本投入量の変化から発生する生産量の変化 Δy_K を労働投入量の変化から発生する生産物の変化 Δy_L がちょうど打ち消し，$\Delta y_K + \Delta y_L = 0$ となる必要がある．つまり，

$$\Delta y_L = -\Delta y_K \tag{6.43}$$

が成立するように，資本と労働の投入量を調節すると考えているわけである．

以上の分析を使うと，次に説明するように，生産物を一定にしたまま総費用を節約するためには，資本投入量を次のルールに従って調節すればよいことがわかる．

費用節約のための限界原理：生産量を一定に保ったまま，総費用を節約するためには，次のルールに従って資本投入量を調節すればよい．

$$r \cdot \frac{\Delta K}{\Delta y_K} > w \cdot \frac{\Delta L}{\Delta y_L} \quad \text{ならば} \quad \Delta K < 0 \tag{6.44}$$

$$r \cdot \frac{\Delta K}{\Delta y_K} < w \cdot \frac{\Delta L}{\Delta y_L} \quad \text{ならば} \quad \Delta K > 0. \tag{6.45}$$

数学的には，たとえば，ルール (6.44) は次のように説明できる．このルールのもとでは，

$$r \cdot \frac{\Delta K}{\Delta y_K} > w \cdot \frac{\Delta L}{\Delta y_L} \tag{6.46}$$

という不等式が成立するならば，$\Delta K < 0$ である．不等式 (6.46) は，(6.43) を使うと，$r \cdot \frac{\Delta K}{\Delta y_K} > w \cdot \frac{\Delta L}{-\Delta y_K}$ と書き換えられる．また，$\Delta K < 0$ は $\Delta y_K < 0$ を意味するので，両辺に $-\Delta y_K > 0$ を掛ければ，(6.42) が成立する．したがって，(6.41) より $\Delta TC < 0$ となるので，ルール (6.44) に従えば総費用が節約できる．ルール (6.45) も同じように説明できる．

このような数学的説明を理解する以上に重要なのは (6.44) と (6.45) というルールの背後にある経済原理を知ることである．そのために，$r \frac{\Delta K}{\Delta y_K}$ と $w \frac{\Delta L}{\Delta y_L}$ を（広い意味での）**限界資本調達費用**および**限界労働調達費用**と呼ぶことにしよう．この用語の意味は次のようなものである．たとえば，Δy_K は資本を追加的に投入することから産み出される生産物の量である．したがって，$\frac{\Delta K}{\Delta y_K}$ は追加的に資本を投入することで生産量を増やそうとする場合に必要な追加的資本を追加的生産物 1 単位あたりに換算した値である．これに資本の価格 r を掛けた値 $r \cdot \frac{\Delta K}{\Delta y_K}$ は（追加的資本投入を行うことで生産量を増やそうとする場合に）追加的資本調達のための追加的費用を追加的生産物 1 単位あたりに換算したもの

第 6 章 生産要素と費用 —— **269**

である.この意味で,$r \cdot \frac{\Delta K}{\Delta y_K}$ を限界資本調達費用と呼ぶわけである.限界労働調達費用 $w \cdot \frac{\Delta L}{\Delta y_L}$ の意味も,同様に説明できる.

　生産量を一定に留めたまま資本投入量を減らし労働投入量を増やせば,追加的生産物 1 単位あたり,限界資本調達費用 $r \cdot \frac{\Delta K}{\Delta y_K}$ の分だけ総費用が節約でき,限界労働調達費用 $w \cdot \frac{\Delta L}{\Delta y_L}$ の分だけ総費用が増加する.したがって,不等式 (6.46) のもとでは費用の節約分の方が増加分より大きいので,総費用を節約するためには資本投入を減らすべきだということになる.つまり,(6.46) が成立するならば $\Delta K < 0$ とするべきだということである.これがルール (6.44) の意味するところである.ルール (6.45) も同様の説明を与えることができる.

　条件 (6.44) と (6.45) は,資本や労働の投入量にどんなに小さな変更でも加えることができるならば,

$$r \cdot \frac{1}{MPK} = w \cdot \frac{1}{MPL} \qquad (6.47)$$

という条件が成立しなくてはならないことを意味している.説明のために,資本の投入量と労働の投入量の変化を十分に小さくとれば,(6.31) から資本の限界生産物 MPK は $\frac{\Delta y_K}{\Delta K}$ にほぼ等しく,(6.16) から労働の限界生産物 MPL は $\frac{\Delta y_L}{\Delta L}$ にほぼ等しいことを思い出そう.したがって,$r \cdot \frac{1}{MPK} > w \cdot \frac{1}{MPL}$ という不等式が成立するならば,(6.46) が成立する.この場合,条件 (6.44) にしたがって,資本投入量を減少させれば ($\Delta K < 0$) 総費用を節約できる.つまり,$r \cdot \frac{1}{MPK} > w \cdot \frac{1}{MPL}$ のもとでは,費用最小化は達成されない.同じようなことは $r \cdot \frac{1}{MPK} < w \cdot \frac{1}{MPL}$ の場合にも言えるので,(6.47) が成立する必要がある.

　上が示すように,$r \cdot \frac{1}{MPK}$ と $w \cdot \frac{1}{MPL}$ は(生産量を微小に変更する際の)狭い意味での限界資本調達費用と限界労働調達費用を示すことがわかる.条件 (6.47) によれば,費用最小化が達成されている場合には,限界資本調達費用と限界労働調達費用が一致しなくてはならない.つまり,生産量を微小に増加しようとするとき,資本投入量を増加しても労働投入量を増加しても生産物 1 単位あたりに直した追加の費用は同じである.

　このため,どのような組み合わせで資本と労働を増加しても追加的にかかる費用は同じになる.したがって,この追加的費用が生産物を微小に増加するた

めに必要な追加的費用を示すと考えられる．つまり，$r \cdot \frac{1}{MPK} = w \cdot \frac{1}{MPL}$ は生産物を微小に増やすための追加的費用を生産物 1 単位あたりに換算した値であるとみなせる．言い換えると，狭い意味での限界費用が

$$MC = r \cdot \frac{1}{MPK} = w \cdot \frac{1}{MPL} \qquad (6.48)$$

と書けるということである．この結論を厳密に説明するためには，数学的にかなり込み入った議論が必要になる．それに関しては，本章の最後の節で検討しよう．

6.3.5 限界代替率

等量曲線の傾きは限界代替率と呼ばれることが多い．英語では，限界代替率は "marginal rate of substitution" と言うので MRS と書く．上の分析が示すように，等総費用直線の傾きは生産要素の価格比に等しい．この用語を使うと第 6.3.3 項で求めた費用最小化の 1 次条件から，

$$MRS = r/w \qquad (6.49)$$

が成立しなくてはならない．

前項でもとめた (6.47) によると，生産要素の価格比率 r/w は生産要素の限界生産性 MPK と MPL の比率に等しい．この事実と条件 (6.49) が示唆するように，2 つの生産要素の限界代替率はそれらの生産要素の限界生産物の比率に一致する．つまり，

$$MRS = \frac{MPK}{MPL} \qquad (6.50)$$

である．以下では，この事実を説明しよう．

これまでの話にそって考えると，いま述べた限界代替率というのは狭い意味での限界代替率のことを指している．広い意味での限界代替率も含めて，限界代替率を説明するためには生産要素間の代替という概念を正確に定義する必要がある．そのために，ある生産方式 (K, L) が採用されている状態を考えよう．このとき，資本の投入量を ΔK だけ変更しても，労働の投入量を ΔL だけ変化させて，

$$F(K, L) = F(K + \Delta K, L + \Delta L) \qquad (6.51)$$

が満たされるようにすれば，生産量には変化がない．たとえば，資本と労働の代替 (substitution) とは，条件 (6.51) を満たすように $|\Delta K|$ だけの資本投入の減少 ($\Delta K < 0$) を ΔL だけの投入の増加 ($\Delta L > 0$) で置き換えることを言う．したがって，図 6.1 が示すように，代替のおきた後の生産方式は代替が起きる前の生産方式と同じ等量曲線に乗っていなくてはならない．

たとえば，労働の投入によって資本の投入を代替するとき，追加的に必要な労働の投入量 $|\Delta L|$ を資本投入の節約量 $|\Delta K|$ 1 単位あたりに直して，その値を広い意味での**労働による資本の限界代替率**と言う．つまり，$\left|\frac{\Delta L}{\Delta K}\right|$ のことである．したがって，図 6.1 では，限界代替率を点 V と点 B を結ぶ直線 C の傾き (の絶対値) で示すことができる．

変化の大きさを限りなくゼロに近づけるときに，限界代替率 $\left|\frac{\Delta L}{\Delta K}\right|$ が限りなく近づく値は狭い意味での限界代替率と呼ばれる．つまり，

$$MRS = \lim_{\Delta K \to 0} \left|\frac{\Delta L}{\Delta K}\right|$$

である．これが本項のはじめに述べた MRS である．この事実は ΔK を限りなくゼロに近づけるにつれて，点 B が点 V に近づき，B と V を通る直線が等量曲線への接線 T に限りなく近づくことから明らかだろう．広い意味での限界代替率 $\left|\frac{\Delta L}{\Delta K}\right|$ が直線 C の傾きで示され，ΔK が限りなくゼロに近づくにつれ，この傾きが等量曲線の接線 T の傾きに限りなく近づくからである．したがって，狭い意味での限界代替率 MRS は接線 T の傾きを示す．

この事実は第 6.3.3 項で述べた費用最小化の 1 次条件が (6.49) と表現できることを意味する．

無差別曲線と同様に，等量曲線は原点に向かって凸形をしていると考えられる．言い換えると，限界代替率は K が増加するにつれて逓減すると仮定される．この仮定は多くの場合に満たされるので，**限界代替率逓減の法則**と呼ばれる．

限界代替率が 2 つの生産要素の限界生産物の比率に等しいことは，第 (6.43) 式より $|\Delta y_K|$ と $|\Delta y_L|$ は同じ大きさなので，限界代替率が

$$\left|\frac{\Delta L}{\Delta K}\right| = \left|\frac{\Delta y_K/\Delta K}{\Delta y_L/\Delta L}\right| \tag{6.52}$$

と書けることから分かる．比率 $\frac{\Delta y_L}{\Delta L}$ と $\frac{\Delta y_K}{\Delta K}$ が労働の限界生産物と資本の限界生産物を示すことは，第 6.2.2 項や第 6.3.1 項で，見たとおりである．資本の変化 ΔK が限りなくゼロに近づくときは，労働の変化 ΔL も限りなくゼロに近づく．したがって，(6.16) と (6.31) から，$\frac{\Delta y_L}{\Delta L}$ と $\frac{\Delta y_K}{\Delta K}$ が MPL と MPK に限りなく近づくので，(6.50) が成立することが分かる．

6.4 等量曲線と生産の規模

第 6.1.2 項では，生産要素の間の代替の関係を等量曲線を使って示した．また，第 6.2.3 項や第 6.3.1 項では，個別の生産要素の投入量と生産量の関係を労働や資本の生産曲線を使って説明した．本節では，それらの関係に基づいて，生産要素の投入と生産物の産出の関係を総合的に分析する．

図 6.1 では，資本と労働の代替関係を等量曲線 y で示した．図が示すように，等量曲線は原点に向かって凸形をしていると仮定されるのが普通である．第 6.3.5 項で触れたように，この関係は限界代替率逓減の法則と呼ばれる．また，横軸，縦軸および等量曲線の 3 つの位置関係はどの等量曲線をとっても相似形をしていると仮定されるのが普通である．まず，そのような仮定の基礎となる経験的事実から見ておくことにしよう．

6.4.1 資本高度化の法則と生産要素の相対需要の法則

資本と労働の間の代替性については非常に重要な歴史的事実が存在する．遠い過去からの歴史をたどってみると，資本も労働人口も時間とともに成長してきた．この事実をより詳しく検討すると，平均的には，資本の成長率の方が人口成長率を上回っており，そのため労働者 1 人あたりの資本の大きさが拡大してきたこともわかる．これは人間の労働が資本によって代替されてきたということを意味している．それが人間の労働時間の短縮に寄与してきたわけである．このような変化とともに，労働が比較的に希少性を増し，労働と資本の間の相対価格——つまり，相対賃金率——が上昇してきたというのも事実である．

以下では,時間の経過とともに観察される1人あたりの資本の増加を資本の高度化と捉えることにし,資本の高度化とともに相対賃金率が上昇するという関係を資本高度化の法則と呼ぶことにしよう.

資本高度化の法則:1人あたりの資本が増加するとき,労働の資本で計った相対価格が上昇する.

この法則は,言い換えると,労働者1人あたりの資本量 K/L と,資本の相対報酬率 r/w の間には,負の相関関係が見られるということである.つまり,数学的に記述すると,1人あたり資本の投入量 K/L と資本の相対価格 r/w の間に,

$$K/L = k(r/w) \qquad (6.53)$$

という関数関係が存在し,関数 $k(r/w)$ の値は r/w が増加すれば減少するということである.したがって,図 6.10 の縦軸に r/w をとり,横軸に K/L をとると,$K/L = k(r/w)$ のグラフは右下がりの曲線 k になる.曲線のグラフの傾きが負であると言ってもよい.

第 6.1 節でみたように,与えられた生産量 y をつくるための最適生産方式は

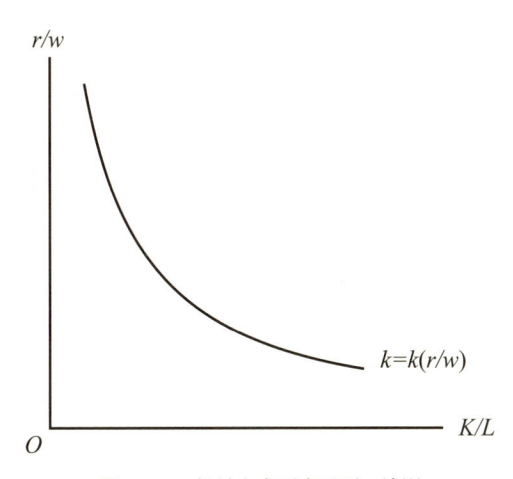

図 6.10 相対生産要素需要の法則

生産量と生産要素への報酬率の関数として，$K(y,r,w)$ と $L(y,r,w)$ と書ける．第 (6.53) 式が示すのは，それにも関わらず，労働者 1 人あたりへの資本の需要は r/w の関数で書けるということである．つまり，

$$k(r/w) = \frac{K(y,r,w)}{L(y,r,w)} \quad (6.54)$$

となる．この式が示すように，$k(r/w)$ は生産要素の相対的需要を示すとみなすことができる．つまり，労働需要 1 単位あたりの資本の需要である．生産要素の相対需要が生産要素の相対価格によって決定されるというのが関係 (6.54) の示すところである．

曲線 k が右下がりであるということは，生産要素の相対価格の上昇が生産要素の相対需要 k を減少させるということを意味している．相対的に価格が高い生産要素の需要が節約され，別の生産要素で代替されるという関係を示すと考えられるということである．たとえば，賃金率 w に比べて資本財の価格 r が上昇すれば，資本財投入が節約され労働投入によって代替されるので，労働者 1 人あたりの資本投入量 K/L が減少するわけである．この意味で曲線 k を**生産要素の相対需要曲線**と呼ぶことにしよう．

生産要素の相対需要曲線が右下がりであるということは，生産要素の相対需要 k とその相対価格 r/w に関して需要の法則が成立することを意味していると解釈してもよい．

相対生産要素需要の法則：第 1 の生産要素の第 2 の生産要素 1 単位あたりの相対価格が上昇するならば，第 1 の生産要素の第 2 の生産要素 1 単位あたりの相対需要が減少する．

長い期間にわたる経済の歴史的な趨勢を見ると，資本の高度化と相対賃金率の間の正の相関関係は非常に一般的に観察される性質である．資本高度化の法則は相対生産要素需要の法則を反映するものであると考えることもできる．しかし，比較的短い期間のデータを使うと，生産要素の相対需要の法則は実証できたりできなかったりしてバラツキがあり，生産物市場における需要の法則や供給の法則ほど安定的な関係ではない．しかし，多くの経済分析では，相対生

産要素需要の法則と整合的な生産関数が採用されるので，そのような生産関数のもとでの生産要素の代替の性質を調べておくのも重要である．

6.4.2　相似拡大的生産関数の仮定

資本高度化の法則や相対生産要素需要の法則が成立しているならば，等量曲線は原点に向かって凸形で，それぞれの生産量に対応する等量曲線がどれも相似的であることが必要だ（かつ十分でもある）．次に，この点を検討しよう．

そのために，生産量 y が与えられているとして，資本の相対価格 r/w が上昇する場合を考えてみよう．それぞれの等総費用直線の傾きはその分だけ増大する．最適生産方式は等量曲線と等総費用直線の接点で与えられるので，等総費用直線の傾きが増大すれば，図 6.11 の等費用曲線 y にそって点 V から左上方の V' へと移動する．つまり，資本の投入量が縮小し，労働投入量が拡大するわけである．この事実が示すように，片方の生産要素の相対価格が上昇すれば，その生産要素の投入は節約され，もう片方の生産要素で代替される．

つまり，等量曲線が原点に向かって凸形をしているならば，最適生産方式における労働者 1 人あたりの資本投入量 $k = K/L$ は，r/w の増加につれて減少するということである．逆に，相対生産要素需要の法則が成立しているならば，等量曲線は原点に向かって凸形をしている必要がある．

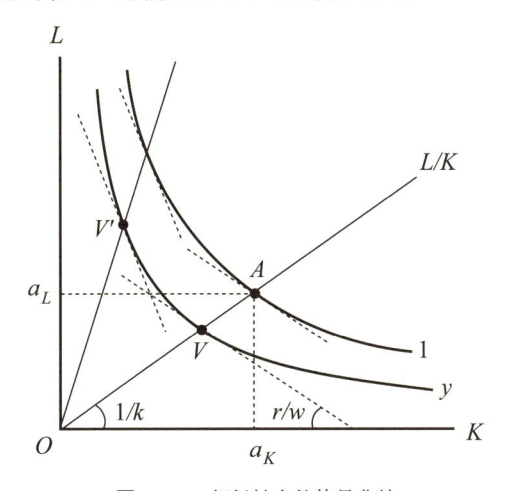

図 6.11　相似拡大的等量曲線

相対生産要素需要の法則のもとでは，等量曲線が原点に向かって凸形をしているだけでなく，関係 (6.53) が示すように，労働者 1 人あたりの資本投入量 K/L は生産量 y には依存しないことも意味する．この性質が成り立つためには，生産量 y の拡大とともに，等量曲線が原点を中心として放射状に相似的に拡大していかなくてはならない．生産要素の相対価格 r/w が与えられれば，どれだけの生産物を作っているにせよ，最適生産方式における労働者 1 人あたりの資本量 K/L が一定でなくてはならないからである．最適生産方式では，等量曲線の傾きが資本の相対価格 r/w に一致するので，図 6.11 の半直線上ではどの等量曲線の傾きも，y における等量曲線の傾きと一致する．このため，等量曲線は原点を中心として，放射状に相似的に拡大していかなくてはならない．つまり，等量曲線，横軸，縦軸からなる図形は，どの 2 つの等量曲線をとっても互いに相似的である．以下では，そのような等量曲線を**相似拡大的**であると言うことにしよう．

等量曲線が相似拡大的な場合，その背後にある生産関数も相似拡大的であると言われる．相似拡大的な生産関数のもとでは，相対生産要素需要の法則や資本高度化の法則が成立するのは上の議論から明らかだ．

6.4.3　U 字型の長期限界費用曲線

第 5.4 節で触れたように，長期限界費用曲線は U 字型をしている．また，第 5.4.4 項で触れたように，長期には固定的生産要素は存在せず，固定費用はゼロであると仮定される．したがって，総可変費用曲線と総費用曲線は一致する．第 5.2.3 節の性質 2 が示すように，長期限界費用曲線が U 字型であるということは，長期総費用曲線は逆 S 字型であることを意味する．

以下でみるように，長期総費用曲線の形は**規模の生産性**と生産量の関係を反映して定まる．複数の生産要素が存在する場合，生産の規模という概念を定義するためには注意が必要だ．たとえば，労働者の数が固定しているときに，工場の大きさを 2 倍に拡大して生産量を増やしても，規模が 2 倍になったとは考えられない．生産の規模を単に生産量と定義するのも不適切である．生産量を規模と考えたのでは，規模の生産性という概念を考えられないからだ．

このように考えると，すべての生産要素の投入量が 2 倍になるときに規模が

2倍になると考えるのが適切だろう．この考え方にそって規模を定義するために，1単位の生産物を生産することができる生産方式を (a_K, a_L) と書き，**単位生産方式**と呼ぶことにしよう．つまり，単位生産方式とは

$$F(a_K, a_L) = 1 \tag{6.55}$$

を満たす生産方式 (a_K, a_L) のことである．図6.11では，1単位の生産物に対応する生産曲線を曲線1で示している．この曲線を**単位等量曲線**と呼ぼう．どの生産方式 (K, L) についても，原点 O とその生産方式を結ぶ直線を描き，単位等量曲線との交点の単位生産方式を見つけることができる．図6.11では，この生産方式が点 $V = (K, L)$ を通る直線 L/K と等量曲線1との交点 $A = (a_K, a_L)$ で示されている．生産方式 V と A の原点 O からの距離の比率をもって生産方式 (K, L) の規模と考えることにしよう．つまり，

$$\Gamma = \frac{K}{a_K} = \frac{L}{a_L} \tag{6.56}$$

を生産方式 (K, L) の規模と呼ぶわけである．このように定義された生産規模と使うと，生産量 y と生産規模 Γ の関係を

$$y = F(\Gamma a_K, \Gamma a_L) \tag{6.57}$$

と書くことができる．このように生産の規模を定義すると，労働者1人あたり資本投入量を生産方式 (K, L) とまったく同じ (K/L) にして，1単位の生産物を作るときと比べて何倍の生産要素を使っているかを規模 Γ で示せる．

第6.3.2項で触れたように，長期の総費用は費用最小化問題(6.35)を解くことで求められる．相似的等量曲線の仮定のもとでは，資本と労働の報酬率の比率 r/w が与えられると，1人あたりの資本投入量も $K/L = k(r/w)$ で一定である．したがって，図6.11の直線 L/K の単位等量曲線1の交点における生産方式を $A = (a_K, a_L)$ と書き，生産量 y と規模 Γ の関係を $\Gamma = \Gamma(y)$ と記述すると，総費用は

$$TC = (ra_K + wa_L)\Gamma(y) \tag{6.58}$$

と書くことができる．

この式が示すように，総費用 TC は生産量 y と規模 Γ の関係 $\Gamma(y)$ によって決定される．総費用曲線は逆 S 字型をしているので，$\Gamma = \Gamma(y)$ のグラフも逆 S 字型になる．図 6.12 の右側のパネルでは，横軸に生産量 y，縦軸に規模 Γ をとり，このグラフを曲線 Γ で示している．総費用曲線は曲線 Γ を縦方向に $c = ra_K + wa_L$ 倍してできる曲線 TC で描かれることも (6.58) から分かる．

　第 5.2.3 項の性質 2 で述べたように，限界費用 MC は総費用曲線 TC の傾きで示される．また，総費用曲線は曲線 Γ を縦方向へ $c = ra_K + wa_L$ 倍してできる曲線なので，その傾きは曲線 Γ の傾きの $c = ra_K + wa_L$ 倍である．曲線 Γ の傾きは関数 $\Gamma(y)$ の微係数 $\Gamma'(y)$ で示されるので，限界費用は

$$MC = (ra_K + wa_L)\Gamma'(y) \tag{6.59}$$

で表される．したがって，生産量と規模の関係が図 6.12 の曲線 Γ のような逆 S 字型をしているならば，長期限界費用曲線が U 字型になるのは，第 5.2 節の分析から，明らかだろう．また，平均費用 AC は

$$AC = (ra_K + wa_L)\Gamma(y)/y \tag{6.60}$$

で与えられる．

　第 5.2.1 項で見たように，U 字型の限界費用曲線の背後には，何らかの固定的な生産要素が存在すると考えるのが妥当である．その結果，生産量が小さいときには，可変的生産要素を追加することが可変的生産要素の間に協力効果を生み，限界費用が逓減する．しかし，生産量が十分に大きくなると，追加的な可変的生産要素の投入がかえって混雑効果を生み出し，限界費用が逓増する．

　長期にはすべての生産要素が可変的であると考えたので，生産要素の固定性が協力効果や混雑効果を生み出していると考えるのは不適切である．長期生産関数の背後で固定されているのは，生産技術自身であると考えるのが妥当であろう．どの時点においても，その時点で利用可能な生産技術は一定である．それぞれの生産技術のもとでは，最小の平均費用を達成する生産量が存在して，それより小さい生産量では生産量の拡大が生産要素の間の協力効果を創出し，それより大きい生産量では混雑効果を創出する．その結果，長期の限界費用曲線も U 字型になると考えるのが妥当である．

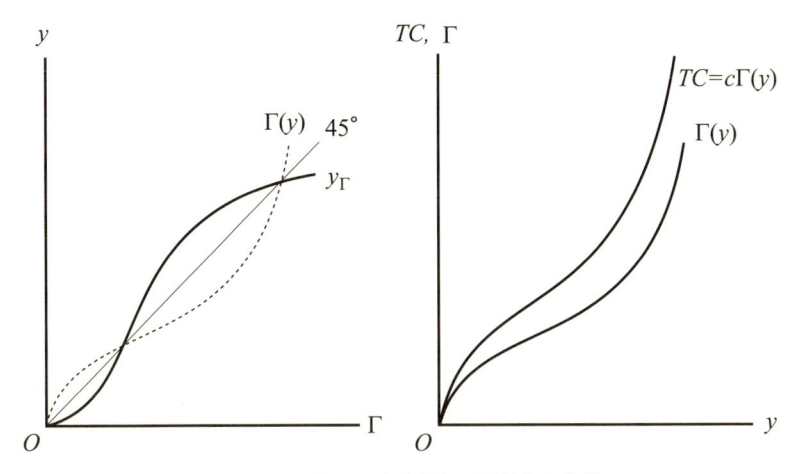

図 6.12 規模の生産曲線と長期総費用曲線

　図 6.12 の左側のパネルでは，規模 Γ を横軸にとり生産量を縦軸にとって Γ と y の関係を生産曲線 y_Γ で描いてある．曲線 y_Γ は左側のパネルに 45 度線を描き，それを回転軸にして曲線 Γ を裏返したものである．費用と生産量の関係が逆 S 字型なので，生産曲線 y_Γ は S 字型である．この曲線を**規模の生産曲線**と呼ぼう．

6.4.4　生産曲面と生産関数

　図 6.13 では，生産方式 (K, L) と生産量 y の関係を 3 次元のグラフで図示している．この図では，横軸に資本投入量 K，縦軸に労働投入量 L をとった 2 次元の平面を考え，その平面に垂直な軸（高さ軸）に生産量 y をとっている．

　生産関数 $y = F(K, L)$ のグラフは曲面 y で示されている．この曲面 y を生産曲面と呼ぼう．生産曲面ははじめのうち比較的ゆるい勾配で上り，途中で急勾配になり，その後，徐々に勾配をゆるめながら上っていく．規模に関する生産曲線とは，生産曲面を垂直軸を含む平面で切った切り口のグラフのことであると考えることができる．図ではこのグラフを y_Γ で示してある．

　等量曲線 $\bar{y}$ とは，この曲面を（ある高さの）水平面で切った切り口のグラフのことである．図 6.13 では，垂直軸上の $\bar{y}$ を通り水平な平面 H で生産曲面 y を

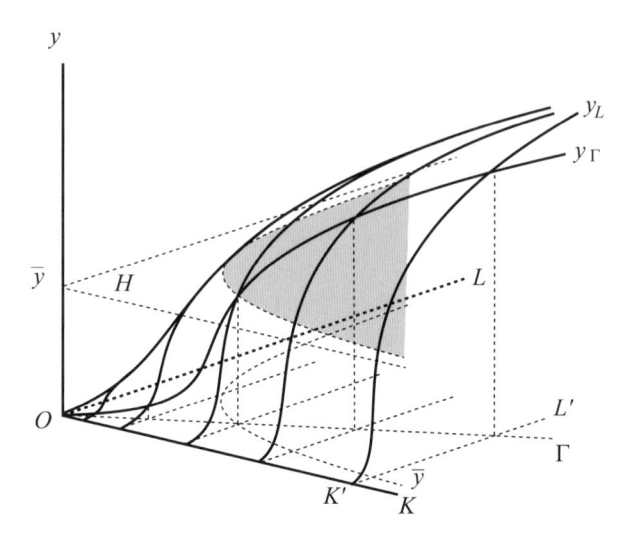

図 6.13 生産曲面の規模や個別生産要素の生産曲線

切った切り口を影をつけた図形で示してある．この切り口の境界線を縦軸と横軸を含む平面上に投影したのが等量曲線 $\bar{y}$ である．

労働に関する生産曲線とは，縦軸と高さ軸を含む平面に平行な平面で生産曲面 y を切った切り口のグラフのことである．図では曲線 y_L で労働に関する生産曲線を示している．資本に関する生産曲面 y_K とは，横軸と高さ軸を含む平面に平行な平面で生産曲面 y を切った切り口のグラフである．

6.4.5 生産物の価格と生産要素需要

以下で見るように，生産要素市場の製品供給への影響は総費用関数のシフトを通じて発生する．そこで，この影響を分析するためには総費用関数の構造を詳しく見る必要がある．

生産量が $y=1$ に与えられている場合には，第 6.3.3 項の議論にもとづくと，単位等量曲線と傾き r/w の等総費用直線との接点において最適生産方式が決定される．この最適生産方式は r/w に依存して定まるので，

$$(a_K, a_L) = (a_K(r/w), a_L(r/w)) \tag{6.61}$$

と書くことができる。したがって，(6.58)から，総費用関数を

$$TC = [ra_K(r/w) + wa_L(r/w)]\Gamma(y) \qquad (6.62)$$

と書くことができる。以下では，

$$c(w,r) = ra_K(r/w) + wa_L(r/w) \qquad (6.63)$$

と定義して，**単位費用関数**と呼ぶことにしよう。この関数の値は資本と労働の報酬率 r と w が与えられたときに，1単位の生産物を最小の総費用で生産したときの総費用を示している。

まず，生産物市場における価格変化が生産要素の需要にどのような長期的影響を持つかを検討しよう。第5.4節で見たように，長期の供給曲線は限界費用曲線の企業参入点より上方の部分で示される。製品の単価が参入価格以上の場合には，製品の価格が上昇すれば，長期の供給曲線にそって供給が上昇する。この関係は長期供給関数によって，

$$y = S_{LR}(p) \qquad (6.64)$$

と示される。したがって，(6.56)，(6.61)と(6.64)から，生産要素の需要は

$$K = a_K(r/w)\Gamma(S_{LR}(p)), \qquad L = a_L(r/w)\Gamma(S_{LR}(p)) \qquad (6.65)$$

と示される。この関係は製品の価格が上昇すれば，長期的には，長期の供給を拡大するために生産要素の投入規模 Γ が拡大し，投入規模の拡大に比例的に各生産要素への需要が拡大するということを示している。

6.4.6　生産要素の価格と供給

次に，生産要素市場における価格の変化が生産物市場にどのような長期的影響を持つかを分析しよう。この問題の一般的な分析のためには，数学的に多少込み入った議論を必要とする。そこで，一般的ケースの分析は次節にまわして，本項では単位生産方式 (a_K, a_L) が固定されているケースを分析しよう。このケースの結論と一般的なケースの結論とは基本的には一致しているので，次節の一般論は読まなくても次章からの分析には差し支えないように構成してある。

単位生産方式 (a_K, a_L) が固定されているということは，資本と労働が代替不可能だということである．したがって，等量曲線は点 (a_K, a_L) で 90 度折れ曲がった L 字型になる．第 3 章で導入した用語を使うと，資本と労働が完全補完的であると言ってもよい．資本と労働が完全補完的な場合の等量曲線は完全補完的な財の間の無差別曲線と同じ形なので改めて図示はしない．

単位生産方式 (a_K, a_L) が固定されているならば，総費用関数は (6.58) で記述できる．したがって，賃金率が Δw 円だけ変化するならば，総費用は

$$\Delta TC = a_L \Gamma(y) \Delta w \qquad (6.66)$$

だけ変化する．この表現の $a_L \Gamma(y)$ は現在の労働雇用量 $L = a_L \Gamma(y)$ を示すので，賃金率の上昇は現在雇用している労働者へ支払うための賃金費用の上昇分だけ総費用が上昇することを示している．この事実は賃金率の上昇が総費用曲線を上方シフトさせることを示している．

限界費用関数は (6.59) で示されるので，限界費用の変化は近似的に，

$$\Delta MC = a_L \Gamma'(y) \Delta w \qquad (6.67)$$

と示せる．この表現の $a_L \Gamma'(y)$ は生産物を増加するために必要な労働投入量を生産物 1 単位あたりに換算した値であると解釈できる．生産物を増加するためには，追加的生産物 1 単位あたり $\Gamma'(y)$ だけの規模の拡大が必要であり，それだけ規模を拡大するということは，$a_L \Gamma'(y)$ だけ追加的な労働投入が必要とされるということである．その追加的な労働に支払うための賃金の上昇分だけ限界費用が増加するということを (6.67) は示している．

この関係が示すように，賃金率の上昇は製品の限界費用曲線を上方にシフトさせる．第 (6.59) 式を使って，(6.67) の両辺を限界費用 MC で割ると

$$\frac{\Delta MC}{MC} = \frac{w a_L}{w a_L + r a_K} \frac{\Delta w}{w}$$

という関係が導出できる．この関係が示すように，賃金率が 1 パーセント上昇する $(\Delta w/w = 0.01)$ ときに，限界費用曲線は単位費用 $c = w a_L + r a_K$ の中に占める賃金費用 $w a_L$ のシェアをパーセントで示した分だけ上方シフトする．

資本財価格 r の変化の影響も基本的には同じなので繰り返さない．

6.5 生産と費用の双対性*

生産の構造と費用の構造は非常によく似た性質を持つ．そのため，生産と費用の間には**双対性**が存在すると言われる．双対性の説明は数学的に若干込み入った議論を必要とするので，本節を読まずに次章へ進んでも問題はない．

分析のために，賃金率が w から $w+\Delta w$ へ，資本の報酬率が r から $r+\Delta r$ へと変化するとしよう．それに伴う最適生産方式における労働投入量と資本投入量の変化を ΔL と ΔK と書くと，総費用の変化は

$$\Delta TC = (r+\Delta r)(K+\Delta K) + (w+\Delta w)(L+\Delta L) - (rK+wL)$$
$$= r\Delta K + w\Delta L + K\Delta r + L\Delta w + \Delta r\Delta K + \Delta w\Delta L \quad (6.68)$$

と書ける．

6.5.1 要素価格の変化と費用曲線

前節の終わりで見たように，要素価格の変化は総費用曲線と限界費用曲線を上昇シフトさせる．以下では，この影響を数学的に分析しよう．

賃金率が総費用にどのような影響を与えるかを分析するために，賃金率 w が Δw だけ上昇するとしよう．資本財価格は変化せず，$\Delta r = 0$ であるとする．このとき (6.68) から，総費用の変化は

$$\Delta TC = L\Delta w + (r\Delta K + w\Delta L) + \Delta w\Delta L$$

と書ける．ここで，第 6.3 節の分析にならって，資本投入量が ΔK 単位だけ変化したときの生産量の変化を Δy_K と書き，労働投入量が ΔL だけ変化したときの生産量の変化を Δy_L と書く．ここでも 1 つの等量曲線にそった生産要素の投入量の変化を考えているので，(6.43) が成立する．したがって，総費用の変化 ΔTC を賃金率の変化 1 円あたりに換算すると，

$$\frac{\Delta TC}{\Delta w} = L + \left(r\frac{\Delta K}{\Delta y_K} - w\frac{\Delta L}{\Delta y_L}\right)\frac{\Delta y_K}{\Delta w} + \Delta L \quad (6.69)$$

となる．

ここで，賃金率の変化 Δw が限りなくゼロに近づくとしよう．その場合，資本の投入量の変化 ΔK も労働の投入量の変化 ΔL も限りなくゼロに近づく．その結果，(6.31) より，$\frac{\Delta y_K}{\Delta K}$ は (狭い意味での) 資本の限界生産物 MPK に限りなく近づき，(6.16) より，$\frac{\Delta y_L}{\Delta L}$ は (狭い意味での) 労働の限界生産物 MPL に限りなく近づく．したがって，(6.47) から，$r\frac{\Delta K}{\Delta y_K}$ と $w\frac{\Delta L}{\Delta y_L}$ は同じ値に限りなく近づく．その結果，Δw が限りなくゼロに近づくとき，(6.69) の右辺の第2項も第3項も限りなくゼロに近づくので，

$$\lim_{\Delta w \to 0} \frac{\Delta TC}{\Delta w} = L \qquad (6.70)$$

という関係が成立する．この関係から，賃金率が変化すると，総費用は賃金率の変化1円あたりにして，現在雇用中の労働の投入量 L の分だけ変化することがわかる．したがって，図6.14の左側のパネルに示すように，賃金率が上昇すると総費用曲線 TC が上方にシフトする．(図では，もとの賃金率が w_0 で，それが w まで上昇するケースを示している．)

この結果は，賃金率の上昇につれ，限界費用曲線 MC も上方シフトしなくてはならないことを意味している．限界費用曲線 MC_0，縦軸，横軸，y を通る垂直線で囲まれる図形の面積が y を生産するための総費用 $TC = c(y; w_0, r)$ に等しいからである．賃金率が $\Delta w = w - w_0$ 円だけ上昇すると，(6.70)式が示すように，総費用は $\Delta w \cdot L$ 円だけ増加する．したがって，限界費用曲線の下側の面積が総費用を示すということは，賃金率が上昇した後の限界費用曲線 MC と元の限界費用曲線 MC_0 に挟まれた図形の面積が $\Delta w \cdot L$ に等しいことを意味する．

つまり，賃金率の変化が $\Delta w = 1$ 円ならば，2つの限界費用曲線 MC と MC_0 の間の面積は生産量 y と最適生産方式における労働投入量 $L(y; w, r)$ の関係を (近似的に) 示す．したがって，第2章で説明した曲線の下側の面積と関数の関係を考えると，2つの曲線の垂直方向の開きは $L(y; w, r)$ の生産量 y に関する微係数 $L_y(y; w, r)$ を示すものであることがわかる．つまり，賃金率の変化が $\Delta w = 1$ 円ならば，限界費用曲線は $L_y(y; w, r)$ の分だけ上方にシフトする．この事実は

$$\frac{\partial}{\partial w} MC = L_y(y; w, r) \qquad (6.71)$$

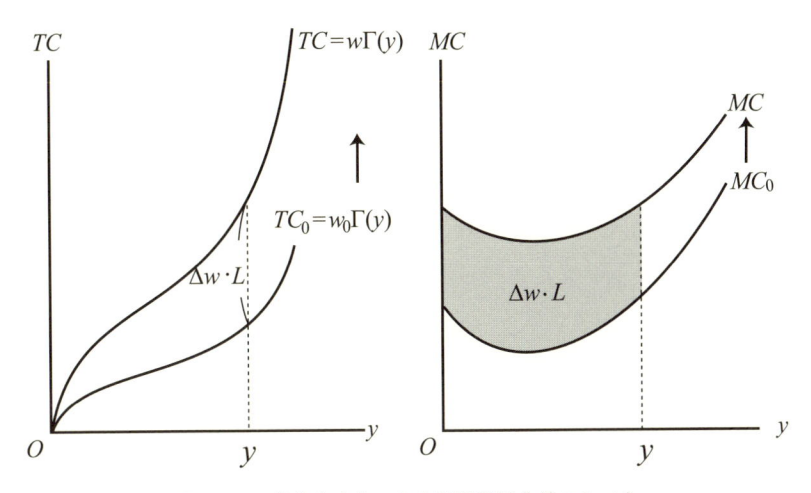

図 6.14 賃金率変化による限界費用曲線のシフト

という関係が成立することを示唆している．つまり，賃金率の上昇1円あたりになおして，限界的な労働投入量 $L_y(y;w,r)$ の分だけ限界費用曲線は上方シフトする．

6.5.2 生産要素の投入と生産要素の価格の双対性

前項の分析が示唆しているように，生産要素の投入と生産要素の価格の間にも密接な関係がある．この関係は，生産と費用の双対性と表現されることが多い．

この双対性を説明するために，生産要素の投入量 K と L と生産量 y の関係が，生産関数によって，

$$F(K,L) = y \tag{6.72}$$

と示されることを思い出そう．また，市場で与えられた製品の価格 p のもとでは，$MC = p$ となるように企業活動が行われるので，(6.62) と (6.63) から，

$$c(w,r)\Gamma'(y) = p \tag{6.73}$$

が成立する．

製品の価格 p と生産物の量 y が与えられると，生産要素の投入量 K と L

は (6.72) という関係を満たすように定まる必要があり，生産要素の価格 r と w は (6.73) という関係を満たすように定まる必要がある．これが生産要素の投入と生産要素の価格の間の双対性と呼ばれる性質である．

この双対性をより詳しく分析するために，図 6.15 の左側のパネルには，(6.72) に基づく等量曲線を曲線 y で示してある．ここで，等量曲線の傾きを $\frac{dL}{dK}$ と書くことにしよう．これは微係数の書き方の 1 つで，分子にある変数 L を縦軸にとり，分母にある変数 K を横軸にとった平面に描かれる曲線の傾きを示すものである．図 6.8 で示したように，費用最小化のためには，等量曲線の傾き（の絶対値）が資本と労働の報酬率の比率 r/w に等しくなくてはならない．つまり，

$$\frac{dL}{dK} = -\frac{r}{w} \qquad (6.74)$$

という関係が成立する．図 6.15 の右側のパネルでは，縦軸に資本報酬率 r，横軸に賃金率 w をとり，生産量 y と価格 p が一定に与えられたとして，(6.73) を満たす r と w の関係を等費用曲線 c として示してある．この曲線 c は**要素価格フロンティア**と呼ばれる．等量曲線の傾きの書き方にならって，要素価格フロンティア c の傾きを $\frac{dr}{dw}$ と記述しよう．次に説明するように，要素価格フロンティアの傾きは労働と資本の投入比率 L/K に等しくなくてはならない．つまり，

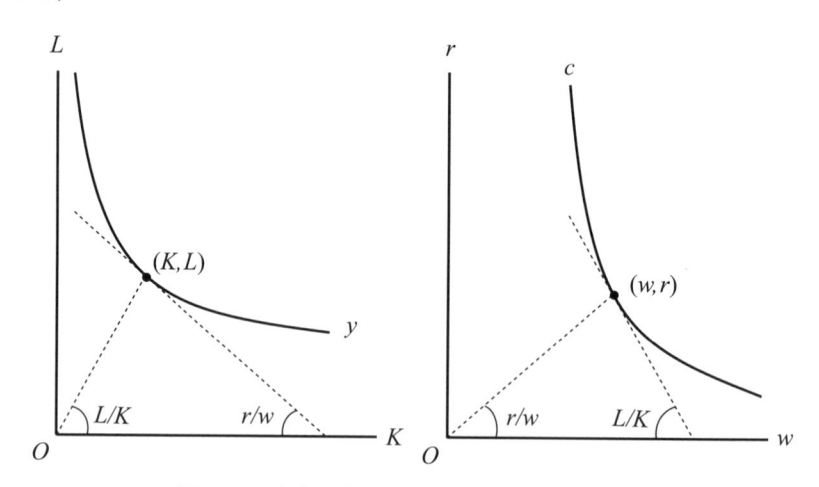

図 6.15 生産要素の投入と生産要素価格の双対性

$$\frac{dr}{dw} = -\frac{L}{K} \tag{6.75}$$

という関係が成立する．生産要素の投入と価格の間の双対性には，(6.74) と (6.75) との一対の関係を満たすという性質がある．そのために，この双対性が重視されると考えてもよい．

式 (6.75) を説明するために，要素価格フロンティア c 上の賃金率と資本報酬率 (w, r) を 1 つとり，賃金率が Δw，資本の報酬率が Δr だけ変化した後も同じ等費用曲線 c 上に留まるとしよう．そうすると，点 (w, r) における等費用曲線の傾きは

$$\frac{dr}{dw} = \lim_{\Delta w \to 0} \frac{\Delta r}{\Delta w} \tag{6.76}$$

で示される．ここでは，生産方式が 1 つの等量曲線にそって変化するケースを考えているので，生産量は一定である．その場合には，(6.43) より $\Delta y_K = -\Delta y_L$ が成立するので，(6.68) より，総費用の変化を

$$\begin{aligned}\Delta TC &= \left(r \frac{1}{\Delta y_K / \Delta K} - w \frac{1}{\Delta y_L / \Delta L} \right) \Delta y_K \\ &\quad + K \Delta r + L \Delta w + \Delta r \Delta K + \Delta w \Delta L \end{aligned} \tag{6.77}$$

と書き直すことができる．総費用 TC が一定に留まるように資本の報酬率の変化 Δr と賃金率の変化 Δw が設定されているので，$\Delta TC = 0$ でなくてはならない．したがって，この式は

$$\begin{aligned}\left(1 + \frac{\Delta K}{K}\right)\frac{\Delta r}{\Delta w} &= -\frac{L}{K} - \frac{\Delta L}{K} \\ &\quad - \frac{1}{K}\left(r \frac{1}{\Delta y_K / \Delta K} - w \frac{1}{\Delta y_L / \Delta L} \right) \frac{\Delta y_K}{\Delta w} \end{aligned} \tag{6.78}$$

と変形できる．

前項でも見たように，Δw が限りなくゼロに近づくと，ΔK も ΔL も限りなくゼロに近づく．その結果，(6.78) の左辺の括弧の中の第 2 項と右辺の第 2 項は限りなくゼロに近づく．また，前項でも見たとおり，$r\frac{1}{\Delta y_K / \Delta K}$ と $w\frac{1}{\Delta y_L / \Delta L}$ は同一の値に近づくので，右辺の第 3 項も限りなくゼロに近づく．したがって，

(6.76) と (6.78) より，等費用曲線の傾きが (6.75) となることがわかる．

図 6.15 には，(6.74) と (6.75) の間の双対関係を図示してある．図の左側のパネルが示すように，最適生産方式の点での等量曲線の傾きは要素価格比 r/w に等しく，最適生産方式と原点を結ぶ直線の傾きは労働/資本比率 L/K に等しい．また，右側のパネルが示すように，与えられた要素価格比 r/w での要素価格フロンティアの傾きは最適生産方式における労働/資本比率 L/K に等しく，原点と要素価格ベクトルを結ぶ直線の傾きは要素価格比 r/w に等しい．

この事実からわかるように，等量曲線と要素価格フロンティアのうち，片方の形が定められれば，もう片方の形も定まる．これが生産と費用の双対性の意味するところである．原点に向かって凸形の等量曲線から，原点に向かって凸形の要素価格フロンティアが導かれるという事実は，双対性の結果として，特に重要である．次に，この事実を説明しよう．

そのために，図 6.15 において，要素価格比率 r/w が上昇するとしよう．相対生産要素需要の法則が示すように，要素価格比率 r/w が上昇するとき，労働/資本比率 L/K が上昇する．したがって，生産方式が等量曲線にそって左上方に変化するとき，（左側のパネルの）等量曲線の傾きは急にならなくてはならない．要素価格フロンティアにそって要素価格が変化するならば，要素価格比 r/w が上昇する．これは要素価格ベクトル (w,r) が左上方に動くことを意味する．労働/資本比率 L/K は要素価格フロンティアの傾き（の絶対値）を示すので，この動きにつれて，要素価格フロンティアの傾きも急になる．つまり，要素価格フロンティアにそって (w,r) が左上方に動くときには，フロンティアの傾きは急になる．これは要素価格フロンティアも原点に向かって凸形，ということを意味している．

規模と生産量の関係によって，生産量 y を 1 単位ずつ上げていくと，等量曲線群の間隔はより密になったり，開いたりする．しかし，（生産量 y を固定して）製品単価 p を 1 円ずつ上げていったときには，要素価格フロンティア群は等間隔である．これは，生産要素価格の比例的増加に対して，総費用も比例的に増加するからである．

6.5.3 限界費用と限界生産物

第6.3.4項では，(6.48)が示すように，限界費用が(生産量を微小に変更できる場合の)限界資本調達費用と限界労働調達費用の両方に等しいことを指摘した．もう1度，その関係を書くと，

$$MC = r \cdot \frac{1}{MPK} = w \cdot \frac{1}{MPL} \quad (6.79)$$

という関係がある．この関係は限界費用と生産要素の限界生産物の間に存在する双対性を反映するものである．次に，双対性を使って(6.79)を求めてみよう．

そのために生産物の量を Δy だけ増加することを考えよう．賃金率や資本の報酬率は一定に保たれるとする．つまり，$\Delta r = \Delta w = 0$ である．その場合，(6.68)から，追加的費用（限界費用）は

$$\Delta TC = r \Delta K + w \Delta L \quad (6.80)$$

と記述できる．ここで，資本と労働の投入量を ΔK 単位と ΔL 単位だけ増加させるという作業を2つのステップに分けて考えてみよう．つまり，まず，資本投入量が ΔK だけ増加するときの追加的生産量を Δy_K と書き，労働投入量を ΔL だけ増加させたときの生産量の増加を Δy_L と書く．そうすると，広い意味での限界費用 $\frac{\Delta TC}{\Delta y}$ は

$$\frac{\Delta TC}{\Delta y} = r \frac{\Delta K}{\Delta y_K} \frac{\Delta y_K}{\Delta y} + w \frac{\Delta L}{\Delta y_L} \frac{\Delta y_L}{\Delta y} \quad (6.81)$$

と書きかえることができる．

追加的生産物の量 Δy は，資本投入量が増加したときの追加的生産物 Δy_K と，その後に，労働投入量が増加したときの追加的生産物 Δy_L の合計に等しい．つまり，

$$\Delta y = \Delta y_L + \Delta y_K \quad (6.82)$$

である．この関係を使うと，(6.81)は

$$\frac{\Delta TC}{\Delta y} = w \frac{1}{\Delta y_L / \Delta L} + \left(r \frac{1}{\Delta y_K / \Delta K} - w \frac{1}{\Delta y_L / \Delta L} \right) \frac{\Delta y_K}{\Delta y} \quad (6.83)$$

と

$$\frac{\Delta TC}{\Delta y} = r\frac{1}{\Delta y_K/\Delta K} + \left(w\frac{1}{\Delta y_L/\Delta L} - r\frac{1}{\Delta y_K/\Delta K}\right)\frac{\Delta y_L}{\Delta y} \quad (6.84)$$

のように書き直すことができる．

どんなにわずかでも生産量が調節できる場合には，Δy が限りなくゼロに近づくときに広い意味での限界費用 $\frac{\Delta TC}{\Delta y}$ が近づく値を限界費用と呼ぶ．その値が (5.8) で定義した限界費用 MC である．生産量の変化 Δy を限りなくゼロに近づければ，資本と労働の投入量の変化（ΔK と ΔL）も限りなくゼロに近づく．したがって，(6.16) と (6.31) によれば，$\frac{\Delta y_K}{\Delta K}$ は MPK に，$\frac{\Delta y_L}{\Delta L}$ は MPL に限りなく近づく．その結果，(6.47) より，$r\frac{1}{\Delta y_K/\Delta K}$ と $w\frac{1}{\Delta y_L/\Delta L}$ は同一の値に近づくので，(6.83) と (6.84) の右辺の第2項はどちらもゼロになる．その結果，(6.79) が成立する．

第7章
競争均衡の最適性

7.1 競争と最適性
　7.1.1 競争に関する2つの基本命題
　7.1.2 経済学における均衡分析
　7.1.3 完全競争の最適性
7.2 短期的な資源配分の最適性
　7.2.1 資源配分と実行可能性
　7.2.2 消費財の最適配分
　7.2.3 社会的便益関数
　7.2.4 生産の最適割当
　7.2.5 社会的費用関数
　7.2.6 生産・消費の最適配分
7.3 短期的な市場均衡
　7.3.1 完全競争市場における短期の市場均衡
　7.3.2 競争均衡の最適性
　7.3.3 比較静学と均衡の安定性
　7.3.4 需要と供給の弾力性
　7.3.5 農業所得と需要弾力性
7.4 参入・退出と長期均衡
　7.4.1 技術の選択と模倣
　7.4.2 長期均衡と企業数の内生的決定
　7.4.3 企業数と完全競争の長期的最適性
　7.4.4 企業の参入
　7.4.5 企業の退出と倒産
　7.4.6 技術の模倣と特許制度
　7.4.7 生産サイドでの長期と短期の階層構造

第1章のはじめにふれた市場経済の基本原理を思い出そう．この原理によると，市場では，人々が自発性という行動原則にもとづいておのれの欲するとこ

ろに従って行動しても，社会全体にとってもっとも望ましい状態が達成される．前章までの各章では，消費者や企業の自発的行動をさまざまな角度から検討してきた．本章からは，消費者や企業が市場に参加して，それぞれの経済活動を自発的意思決定にもとづいて行うときに，それらの経済活動の相互作用を通じて，社会的に最適な状態が実現していく過程を分析する．

　市場において，経済主体の自発的行動の結果として社会的に最適な状態が達成されるためには，経済主体の間の自由な競争が必要不可欠である．このため，市場経済の基本原理は「市場における自由競争を通じて最適な経済的状態が達成される」と表現されることもある．経済学の父とも呼ばれる 18 世紀の経済学者アダム・スミス（Adam Smith, 1723-1790）は，個々の経済主体の個人的利益の追求が市場に存在する「見えざる手」(invisible hands)に導かれて，社会的に最も望ましい経済状態が達成すると論じた．以来，アダム・スミスの考えはいろいろな形の命題として提示されてきている．この命題の意味を検討するのが，本書の以下の部分の基本的なテーマである．

7.1　競争と最適性

　「市場における自由競争を通じて最適な経済的状態が達成される」という命題はいろいろな解釈が可能である．経済的状態とは何を指すのか，どのような状態をもって最適と考えるのか，市場競争とは何なのか，自由競争はただの競争とは違うのか，もっと根本的に市場とは何なのかなど，どの問にも複数の解答が存在する可能性がある．

7.1.1　競争に関する 2 つの基本命題

　アダム・スミスに端を発する市場競争の最適性に関する思想は次の 2 つの命題にまとめることができる．

市場競争に関する基本命題 A：競争がうまく機能している既存の市場においては，財の生産や消費が最適に行われる．

市場競争に関する基本命題 B：競争をつうじて，より望ましい生産や消費を可能にする市場が発展していく．

　この 2 つの基本命題では，時間的フレームワークが異なっている．命題 A で想定される時間的フレームワークは比較的短い．市場で取引される財はすでに確定しており，新製品が導入されたり，新たな市場が創設される可能性はないと想定される．また，市場に参加する経済主体も確定しており，消費者の選好や各企業の技術は一定であるとされる．つまり，新企業が市場へ参入したり，既存企業が市場から退出したり，新技術が開発されたりといった可能性はないわけである．そのような時間的フレームワークをとったとき，市場において十分な競争が行われているならば，社会的に望ましい消費や生産を行うことができるというのが命題 A の意味するところである．

　命題 B に関する議論は多様である．そのどれもが命題 A と比べてずっと長い時間的フレームワークを想定している．命題 A とは異なり，新規企業の市場への参入や，既存企業の市場からの退出を明示的に考える場合もある．新規企業の参入を考える際には，企業が自分の技術に創意工夫を加えたり，他の企業の持つ技術を学習し模倣したりする効果を含めて分析することもある．また，これまで存在しなかった財・サービスが新たに市場に導入される場合を考えることもある．さらに，特定の財・サービスを取引する市場が存在しない場合に，どのようなプロセスを経て市場が創設されるかを考える場合もある．こうした経済活動のためには，どれも，命題 A が想定するような単なる市場取引よりも，長い時間的フレームワークを必要とする．

　本章では，完全競争市場をとりあげ，基本命題 A と B の持つ意味を考える．まず，短期的な市場の分析として，企業が自分の技術を変更したり，新規企業が市場へ参入したり，既存企業が市場から退出したりするには短すぎる期間を想定する．また，この期間では，市場に参加する消費者の数やそれぞれの消費者の選好も不変であると仮定する．

　長期的な市場はいろいろな時間的枠組みの中で分析することが可能である．たとえば，新技術を開発したり，新製品を市場に導入したり，新たな市場を創設するといった経済活動を考えるためには，かなり長い調整期間を想定する必要

がある．他方，既存企業の市場からの退出，新規企業の市場への参入，既存技術の学習といった経済活動は，もっと短い期間で行うことができる．新製品の開発や新市場の創設といったテーマは『ミクロ経済学の応用』にまわして，本章の長期分析では市場からの退出，市場への参入，既存技術の学習といった経済活動を主に取り扱う．

7.1.2 経済学における均衡分析

現代の経済学では，市場で達成される状態は**均衡**という概念を用いて記述するのが普通である．一般に，ある状態がそれを壊すような力を内包していない場合には，その状態は均衡していると言われる．たとえば，天秤の両側に同じ重さの重りをのせれば，天秤は均衡状態にあると言える．天秤の片側に追加的な重りを加えなければ，釣り合ったままの状態が保たれるからである．経済学における均衡も同様で，現状を壊すような力を内包していない状態と考えてよい．問題は経済における状態を内側から壊す力が何かということである．

本書の冒頭から強調してきたとおり，経済学で最も重視されるのは経済主体がどんな経済活動をしたいと望むかである．経済学とは，自発的行動とその結果を分析するための学問であると言っても過言ではない．したがって，均衡という概念の定義においても自発性が重視される．均衡か否かを分けるのは，与えられた社会的および技術的制約条件のもとで，それぞれの経済主体が自分にとって最も望ましい状態を達成しているか否かである．つまり，現状よりも望ましく同時に実現可能である状態の存在が現状を壊す力として働くとみなされる．

各経済主体が自分に最も望ましい取引を行おうとするのが市場である．したがって，市場均衡においては，それぞれの買い手が自分にとって最も望ましい購入量を市場から手に入れ，それぞれの売り手が最も望ましい販売量を市場へ出していなくてはならない．さらに，買い手の望む購入総量と売り手の望む販売総量とがバランスしていることも必要である．需給がバランスしていないということは自分の望む取引を行うことができない経済主体が存在するということを意味するからである．そういう経済主体は，別の取引を望んで，新たなオファー（取引の提案）を行うはずである．それが現状における取引を阻止する力として働くと考えられる．

以上をまとめると，市場均衡とは次のような条件が満たされる状態であると言い換えてもよい．

市場均衡の条件：
 (1) 与えられた市場環境のもとで，各市場参加者は自分にとって最も望ましい経済活動を行う．
 (2) 市場全体としての需要と供給がバランスする．

ここで提示した条件は経済分析で利用される市場均衡の一般的性質を述べたものである．実際の経済分析では，分析の対象に応じていろいろな均衡の概念が用いられる．そのなかでも完全競争市場の短期と長期の市場均衡は最も基本的なものであると考えられている．

以下では，完全競争均衡に話を絞って，長期と短期の市場を分析する．

7.1.3 完全競争の最適性

既存の財が取引される市場では，完全競争の最適性を次のように表現することができる．

完全競争の最適性定理：完全競争市場における均衡では社会的に最適な資源配分が達成される．

この結論は経済学の最も基本的な定理の1つと考えられる．きちんと定義された経済モデルの枠組みの中で厳密な証明を与えられる点で，この定理ははじめに紹介した市場経済の基本原理や基本命題AとBとは性質が異なる．

完全競争の最適性定理を説明するためには，定理の中で言及されているそれぞれの言葉がいったい何を意味するものなのかを定義する必要がある．つまり，(1)完全競争市場とは何か，(2)完全競争市場における均衡とは何か，(3)社会的に最適な資源配分とは何か，さらに(4)そもそも資源配分とは何か，などという問題を明らかにして，はじめて，最適性定理の持つ経済学的意味を理解することが可能になる．

完全競争に関する最適性定理は短期的な市場でも，参入，退出，技術の模倣などが許された長期的な市場でも成立する．しかし，以下でみるように，その経済学的意味や証明方法は短期と長期の場合で微妙な違いがある．

7.2 短期的な資源配分の最適性

短期の完全競争市場に関する最適性定理では，市場に参加する消費者や企業が外生的に与えられているだけでなく，それぞれの消費者の選好や企業の技術も外生的に与えられていると想定される．そこで，本節と次節では，1からMのM人の消費者と1からNのN個の企業が存在する市場を考えよう．

7.2.1 資源配分と実行可能性

前章まで検討してきたように，経済では，いろいろな資源がたくさんの経済主体の手をへて加工され，消費されていく．**資源配分** (resource allocation) とはどの経済主体がどのような資源をどれだけ提供し，どれだけ利用するのかという問題に関わるものである．

たとえば，x単位の財Xを各消費者$m=1,...,M$にx_m単位ずつ配給するのも配分である．この配分をx_mを代表的な要素とするベクトル

$$\mathbf{x} = (x_1, ..., x_m, ..., x_M) \tag{7.1}$$

で示し，**消費配分**と呼ぼう．

消費配分$\mathbf{x}$における消費者の消費の総量をシグマ記号$\sum$を使って，

$$\sum_{m=1}^{M} x_m = x_1 + ... + x_M \tag{7.2}$$

と記述しよう．(この式が示すように，一般に，シグマ記号$\sum_{k=1}^{K} a_k$とはa_kを$k=1$から$k=K$まで足し合わせた値を意味する．) 手持ちのXの量がx単位であるときに，配分$\mathbf{x}$が**実行可能**(feasible)であるとは

$$\sum_{m=1}^{M} x_m \leq x \tag{7.3}$$

という条件が満たされることである．つまり，配分が実行可能であるというこ

とは，各消費者に割り当てる製品の量の合計 $\sum_{m=1}^{M} x_m$ が手持ちの量 x を超してはならないということである．各消費者へ配分する量の合計が x より大きいときには，つまり，条件 (7.2) が満たされないときには，その配分は**実行不可能** (infeasible) である．

経済全体での財 X の目標生産量が y 単位であるとき，それを各企業 $n=1,...,N$ に y_n ずつ割り当てるのも配分である．この配分を y_n を代表的な要素とするベクトル

$$\mathbf{y} = (y_1, .., y_n, ..., y_N) \tag{7.4}$$

で示し，**生産配分**と呼ぶ．生産配分 $\mathbf{y}$ における各企業の生産量 y_1 から y_N の総和 $\sum_{n=1}^{N} y_n$ が目標総生産量 y より大きいとき，つまり，

$$\sum_{n=1}^{N} y_n \geq y \tag{7.5}$$

であるとき，生産配分 $\mathbf{y}$ によって目標生産量 y が実行可能であるという．（以下では，配分を示すベクトルを太字で $\mathbf{x}$ や $\mathbf{y}$ と書いて，単一の財の量を示す x, x_m, y, y_n と区別する．）

このように，配分というのは各経済主体の経済活動を書き下したものである．さらに，これを一般化して，市場に参加する各経済主体の経済活動をすべて書き下したベクトルも配分と呼ばれる．財 X の市場における配分は

$$\mathbf{a} = (x_1, ..., x_M, y_1, ..., y_N) \tag{7.6}$$

というベクトルで記述できる．この配分 $\mathbf{a}$ における総消費量 $\sum_{m=1}^{M} x_m$ が総生産量 $\sum_{n=1}^{N} y_n$ 以下であるときには，配分 $\mathbf{a}$ は実行可能であるといわれる．つまり，配分 $\mathbf{a}$ の実行可能性条件は

$$\sum_{m=1}^{M} x_m \leq \sum_{n=1}^{N} y_n \tag{7.7}$$

である．

市場均衡が社会的に最適な配分を達成するという前節で紹介した完全競争の最適性定理を説明するためには，まず，どのような場合に資源配分が最適であるとみなせるのかを検討する必要がある．そのために，消費の最適配分，生産

の最適配分，生産と消費の最適配分の3つに別けて順々に考えていこう．

7.2.2 消費財の最適配分

あなたは経済の外側に立っている経済計画家であるとしよう．前項の設定のように，1からMのM人の消費者が存在して，あなたの手持ちの消費財の量がx単位であるとしよう．これを各消費者に配分するとしたら，どのように行えばよいだろうか．このような問題は**消費財の最適配分問題**と呼ばれる．

この問題を考えるためには，はじめに，何をもって最適とするのかを考えておかなくてはならない．第2章において，それぞれの消費者にとっての消費の望ましさを示す尺度として，総支払用意という概念を導入した．ある量の財への総支払用意とは，その量をひとまとめにして購入するときに，それより大きいお金を対価として要求されるならば，購入をあきらめようと考えるぎりぎりの額のことである．以下では，第2章で考えたように，各消費者の財Xへの総支払用意がXの消費量のみに依存しているケースを考えよう．

総支払用意は消費活動から消費者が受ける便益（benefit）を反映している．そのため，総支払用意が**消費の便益**を示すと考えることにしよう．以下では，総支払用意という言葉と，消費の便益という言葉が同じものを指すと考えるということである．どの消費者の総支払用意も貨幣単位で計られているので，すべての消費者の総支払用意を合計すれば，消費者全体にとっての消費からの便益を示すことができる．これを**社会的総便益**（social total benefit）と呼ぼう．つまり，消費者mの消費量をx_m，総支払用意関数を$w_m(x_m)$と書くと，消費配分$\mathbf{x}$が生み出す社会的総便益STBは

$$STB = \sum_{m=1}^{M} w_m(x_m) \qquad (7.8)$$

と定義できる．

消費財の最適配分とは実行可能な配分のうちで社会的便益STBを最大にするものであると考えるのが自然である．最適性を正確に定義するために，まず，

$$\max_{(x_1,\ldots,x_M)} STB = \sum_{m=1}^{M} w_m(x_m) \quad \text{s.t.} \quad \sum_{m=1}^{M} x_m \leq x \qquad (7.9)$$

という消費財の最適配分問題を考えよう．この問題では，max記号の下の選択

肢の欄に配分 $\mathbf{x} = (x_1, ..., x_M)$ が指定されている．また，s.t. 記号の後の制約条件の欄には配分が実行可能であることを意味する (7.3) 式が書かれている．制約条件の中の変数 x は選択肢の欄には含まれていないので，最適化問題の外側で値が定められるパラメターである．つまり，消費財の総量 x が与えられたときに実行可能な配分 $\mathbf{x}$ のうちで，社会的便益 STB を最大化するものを求めよというのが最大化問題 (7.9) の意味である．この問題の解が総消費量 x のもとでの消費財の最適配分である．

各消費者の総支払用意関数が通常の仮定を満たすとしよう．つまり，消費量がゼロのときには，支払用意もゼロであり，消費量が増加するにつれ，限界支払用意が逓減すると仮定する．第 2.5.1 項で見たように，これらの仮定は

$$w_m(0) = 0, \ w'_m(x_m) > 0, \ w''_m(x_m) < 0 \qquad (7.10)$$

と書くこともできる．

消費財の最適配分の条件も限界原理に従わなくてはならない．繰り返し見てきたように，限界原理に基づく最適化の基準を作るためには，ある状態がすでに達成されているとして，その状態を改善するにはどうしたらよいかを考える必要がある．そこで，配分 $\mathbf{x} = (x_1, ..., x_M)$ がすでに達成されているとしよう．状態の改善方法を考えるために，ある人から財を少し取り上げて，それを別の人にまわすとしよう．たとえば，消費者 m' から $-\Delta x_{m'}$ (> 0) だけの消費財を取り上げ，消費者 m'' の消費量を $\Delta x_{m''}$ だけ増やすとしよう．その場合には，

$$\Delta x_{m'} + \Delta x_{m''} = 0 \qquad (7.11)$$

でなくてはならない．このような変更は (配分できる財の総量 $\sum_{m=1}^{M} x_m$ には何の影響も持たないので) 実行可能である．また，この変更は m' と m'' 以外の消費者には何の影響も持たない．

消費者 m' と m'' は消費量が変化する．その結果，この 2 人の消費者の総支払用意は変化する．この変化を $\Delta TW_{m'}$ と $\Delta TW_{m''}$ と記述しよう．この 2 人以外の消費者の支払用意は変化しない．消費の便益を総支払用意で計ることにしたので，社会的総便益の変化はこの 2 人の消費者の受ける便益の変化の合計に等しい．この合計が正であれば，消費の再配分が望ましい．つまり，

$$\Delta STB = \Delta TW_{m'} + \Delta TW_{m''} > 0 \qquad (7.12)$$

となるように，消費者間で消費の配分を調節せよというのが社会的最適配分のための限界原理である．

繰り返し述べてきたように，最適な経済活動に関する一元的な行動基準を考えるためには，経済活動の変化から発生する限界効果を経済活動の変化 1 単位あたりに換算して考える方が便利である．消費量の変化 1 単位あたりに直すと，条件 (7.12) は次のように書き直すことができる．

消費配分における限界原理：

$$\frac{\Delta TW_{m'}}{\Delta x_{m'}} > \frac{\Delta TW_{m''}}{\Delta x_{m''}} \quad \text{ならば} \quad \Delta x_{m'} = -\Delta x_{m''} > 0 \qquad (7.13)$$

$$\frac{\Delta TW_{m'}}{\Delta x_{m'}} < \frac{\Delta TW_{m''}}{\Delta x_{m''}} \quad \text{ならば} \quad \Delta x_{m'} = -\Delta x_{m''} < 0. \qquad (7.14)$$

この基準が社会的便益を増加させる（$\Delta STB > 0$）ための基準であることは (7.12) から明らかだろう．基準 (7.13) が成立する場合には $\frac{\Delta TW_{m'}}{\Delta x_{m'}} > \frac{\Delta TW_{m''}}{\Delta x_{m''}}$ の両辺に $\Delta x_{m'} = -\Delta x_{m''} > 0$ をかければ $\Delta STB > 0$ となり，基準 (7.14) が成立する場合には $\frac{\Delta TW_{m'}}{\Delta x_{m'}} < \frac{\Delta TW_{m''}}{\Delta x_{m''}}$ の両辺に $\Delta x_{m'} = -\Delta x_{m''} < 0$ を掛ければ $\Delta STB > 0$ となるからである．

第 2.4 節で説明したように，$\frac{\Delta TW_m}{\Delta x_m}$ は消費者 m の（広い意味での）財 X への限界支払用意を示すものである．したがって，基準 (7.13) と (7.14) はより低い限界支払用意を持つ人から，より高い限界支払用意を持つ人へ財をまわすことで社会的便益を増加させることができるということを意味している．

たとえば，家族で魚釣りに行って，子供の 1 人が 30 匹の魚を釣り，もう 1 人が 5 匹しか釣れなかったとしよう．そのような場合には，たくさん釣った子供から少ししか釣れなかった子供へ魚を分けさせる方が楽しく家路につけると感じるのが普通だろう．

このような感覚の背後にも，上で見た限界原理が働いていると解釈できる．そのような解釈のためには，2 人の子供が釣った魚に対して同じような選好を持

ち，第 2 章で考えた限界支払用意逓減の法則が成立すると親は判断していると考えればよい．そうすると，5 匹しか釣れなかった子供が 1 匹の魚から受ける限界便益の方が 30 匹釣った子供が受ける限界便益よりも高いはずなので，たくさん釣った子供から少ししか釣れなかった子供へ魚を分けさせれば，家族全体として魚釣りに出かけたことから生まれる便益が高まると判断できる．

どんなに小さな量でも消費量を変更できる場合には，消費配分における限界原理は狭い意味での各消費者の限界支払用意を一致させなくてはならないということを意味している．第 2.4 節の分析にならって，消費者 m の狭い意味での限界支払用意を

$$MW_m = \lim_{\Delta x_m \to 0} \frac{\Delta TW_m}{\Delta x_m} \qquad (7.15)$$

と書くと，

$$MW_1 = ... = MW_M \qquad (7.16)$$

という条件が成立しなくてはならないということである．

ここでは，この条件に図を使った説明を与えよう．2 人の消費者 1 と 2 を選ぼう．図 7.1 では，2 人の手持ちの消費財の量 x に等しくなるように線分 $O_1 O_2$ の長さをとってある．したがって，線分上の各点で全体として x 単位の生産物を余りなく 1 と 2 に分ける配分を示すことができる．そのためには，消費者 1 への配分量 x_1 を点 O_1 から右方向へ，消費者 2 への配分量 x_2 を点 O_2 から左方向へ計ればよい．曲線 MW_1 と MW_2 は 1 と 2 の限界支払用意曲線を示している．第 2 章でみたように，総支払用意は限界支払用意曲線の下方の面積で示される．手持量 x を線分 $O_1 X$ と線分 $O_2 X$ の長さが示す量に分けて配分するときは，図 7.1 の左側の薄いグレーに塗った図形 TW_1 の面積が消費者 1 の $O_1 X$ 単位への X への総支払用意を示し，右側の濃いグレーに塗った図形 TW_2 の面積が消費者 2 の $O_2 X$ 単位の X への総支払用意を示す．社会的便益は 1 と 2 の総支払用意の合計に等しく，グレーに塗った図形全体の面積で示される．

図 7.1 の点 X での配分 X は最適ではない．消費者 1 へ配分されている財の一部を消費者 2 へまわせば，配分点 X は右方向へ移動し，グレーに塗った面積の合計が拡大する．その結果，1 と 2 の総支払用意の合計が増大するからで

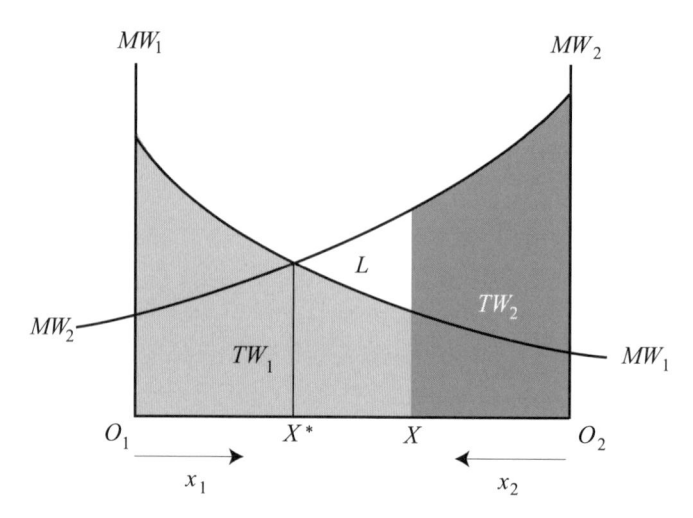

図 7.1 消費の最適配分

ある．消費者1と2の総支払用意の合計を最大化するためには，2つの限界支払用意曲線 MW_1 と MW_2 の交点 X^* に対応するように財を配分してやればよい．つまり，2人の限界支払用意を等しくするように，図7.1の線分 O_1O_2 の長さが示す手持量を線分 O_1X^* の長さが示す量と，線分 O_2X^* の長さが示す量に分けて，消費者1と2へ配分すればよいのである．最適配分のためには2人の限界支払用意を一致させなくてはならないという条件は，消費者1と2の間だけでなく，どんな2人の消費者をとっても成立していなくてはならない．つまり，条件 (7.16) が成り立つ必要がある．

図7.1の点 X が示す配分では，消費者1と2の限界支払用意が均等化されていない．その結果，消費者が達成できる最大便益と比べ，三角形 L の部分だけ社会的便益の損失が起きている．本書では，このような損失のことを**効率性損失**と呼ぶ．（英語では，効率性損失のことを "deadweight loss" と表現する．この言葉は船の最大積載トン数などを示す "deadweight" という言葉にもとづいている．最大積載トン数まで荷積みせずに出港するのは非効率的だというニュアンスが "deadweight loss" という言葉から感じられる．）

図7.2では，2人の限界支払用意曲線が交差しないケースを考えている．この場合，2人に配分された量をどのように再配分しても，2の限界支払用意は1

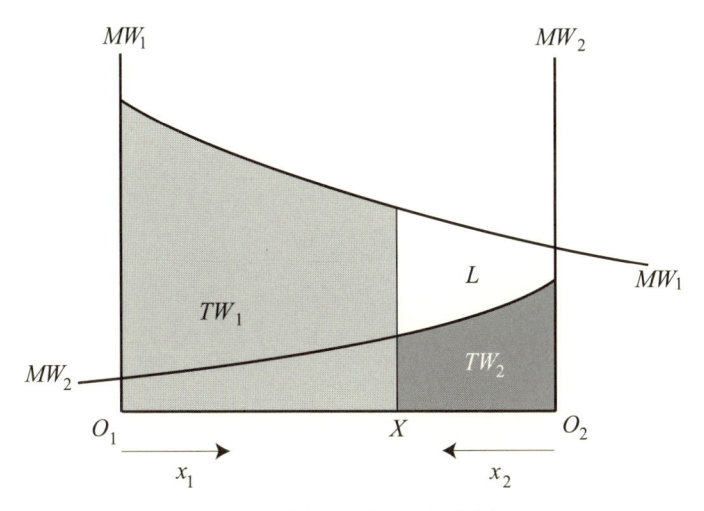

図 7.2　消費の最適配分と端点解

の限界支払用意以下である．このような場合には，x をすべて消費者 1 に配分するとき 2 人の総支払用意の合計は最大になる．この議論が示すとおり，ある消費者へは財を配分しないのが最適であるとしたら，その消費者の限界支払用意は他の消費者の限界支払用意以下でなくてはならない．

以上の議論をより正確にしてまとめたのがつぎの定理である．

定理 7.1　消費配分 $\mathbf{x}^* = (x_1^*, ..., x_M^*)$ が最適ならば，ある p が存在して，すべての m について次の条件が成り立つ．

$$x_m^* > 0 \;\Rightarrow\; w_m'(x_m^*) = p\,; \tag{7.17}$$

$$x_m^* = 0 \;\Rightarrow\; w_m'(x_m^*) \leq p\,. \tag{7.18}$$

逆に，ある p が存在して，すべての m について条件 (7.17) と (7.18) が成立するならば配分 $\mathbf{x}^*$ は最適である．

この定理の証明は第 2 章の定理 2.1 などとほぼ同じなので省略しよう．

7.2.3 社会的便益関数

最適化問題 (7.9) では，配分される消費財の総量 x はパラメータとして問題の外側で値が定められる．したがって，最適配分の結果として達成される社会的便益は消費財の総量 x に依存する．この関係を $B(x)$ と記述しよう．つまり，第 1.2 節で導入した記述方法を使うと

$$B(x) = \max_{(x_1,\ldots,x_M)} STB = \sum_{m=1}^{M} w_m(x_m) \quad \text{s.t.} \quad \sum_{m=1}^{M} x_m \leq x \quad (7.19)$$

と定義される．この関数は総量が与えられた消費財を消費者の間に最適に配分したときに生まれる社会的便益である．これを**社会的総便益関数**と呼ぼう．

社会的総便益関数の性質を図示するために，図 7.3 の左側には各消費者の限界支払用意曲線 MW_m が描いてある．さらに，右側には，それらの限界支払用意曲線を**横方向に合計**してできる曲線が SMB として描かれている．この図から消費財の最適配分方法を読み取ることができる．いま，x 単位の消費財が存在するとしよう．このとき，x において曲線 SMB に交わる水平な直線をひき，それと各消費者の限界支払用意曲線 MW_m との交点に対応する消費量を x_m とする．そうすると，曲線 SMB の作図方法から，x は各消費者に配分された量の合計と等しい（つまり，$\sum_{m=1}^{M} x_m = x$）．さらに，各消費者の限界支払 MW_m も互いに等しい（つまり，条件 (7.16) が満たされる）．定理 7.1 によ

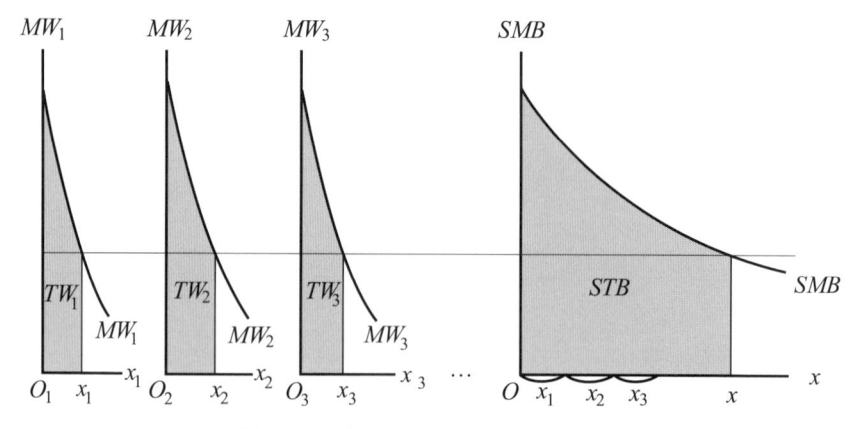

図 **7.3** 社会的便益と個別の総支払用意

れば，このようにして見つけれられる消費の配分 **x** が最適であることがわかる．

最適配分における各消費者の消費の便益（＝総支払用意）は限界支払用意曲線 MW_m の下側の面積で示される．図 7.3 では，消費者 1, 2, 3 の消費便益がそれぞれのグラフのグレーに塗った図形の面積（TW_1, TW_2, TW_3）に等しい．これらの面積をすべて合計したのが最適配分における消費の社会的総便益 $STB = B(x)$ である．曲線 SMB は各消費者の限界支払用意曲線を水平方向に足し合わせたものだから，曲線 SMB の下側のグレーに塗った図形の面積によってその社会的総便益を示せる．

第 2.5 節の分析から類推すれば，社会的限界便益は社会的総便益関数の微係数 $B'(x)$ で示されることがわかる．つまり，

$$SMB = B'(x) \qquad (7.20)$$

である．また，曲線 SMB の下側の面積が $B(x)$ を示すので，第 2.4 節の限界支払用意曲線の説明から類推すれば，曲線 SMB の高さが社会的限界便益 SMB を示すことがわかる．曲線 SMB を**社会的限界便益曲線**と呼ぼう．

与えられた総消費量 x が社会的に最適配分される場合には，社会的限界便益 SMB がそれぞれの消費者の限界支払用意 MW_m に一致することも図 7.3 の説明から分かる．条件 (7.16) が満たされ，最適配分が行われるときには，

$$SMB = MW_1 = \ldots = MW_M \qquad (7.21)$$

という関係が成り立つということである．

7.2.4 生産の最適割当

つぎに，目標生産量の企業間への割当を考えよう．経済には，1 から N の N 個の企業が存在する．生産量の目標は y とする．これを各企業に割当てるとしたら，どのようにすればよいだろうか．このような問題は生産の**最適割当問題**と呼ばれる．

割当における最適性の基準としては，総費用の合計が妥当である．すべての企業の総費用の合計は生産の**社会的総費用**（social cost）と呼ばれる．企業 n の生産量を y_n，総費用関数を $c_n(y_n)$ とする．社会的総費用 STC は

$$STC = \sum_{n=1}^{N} c_n(y_n) \qquad (7.22)$$

と定義できる．

　生産量の**最適割当**とは目的生産量 y を達成する生産配分 $\mathbf{y} = (y_1, ..., y_N)$ のうちで，社会的費用を最小にするものと考えるのが自然である．正確な定義を与えるために，

$$\min_{(y_1,...,y_N)} STC = \sum_{n=1}^{N} c_n(y_n) \quad \text{s.t.} \quad \sum_{n=1}^{n} y_n \geq y \qquad (7.23)$$

という最適化問題を考えてみよう．この問題では，min 記号の下の選択肢の欄に配分 $\mathbf{y} = (y_1, ..., y_N)$ が指定されている．また，s.t. 記号の後の制約条件の欄には配分が実行可能であることを意味する (7.5) 式が書かれている．制約条件の中の変数 y は選択肢の欄には含まれていないので，値が最適化問題の外側で定められるパラメターである．つまり，目標生産量 y が与えられたときに実行可能な配分 $\mathbf{y}$ のうちで，社会的総費用 STC を最小化するものを求めよ，というのが最小化問題 (7.23) の意味である．この問題の解が与えられた目標生産量 y のもとでの生産の最適割当である．

　第5章では，各企業の平均可変費用曲線は U 字型をしていると考えた．しかし，ここでは話を簡単にするために，とりあえず，平均可変費用曲線は単調増加的であると考えることにしよう．さらに，固定費用もゼロであると仮定しよう．つまり，この章では最後の部分を除いて，

$$c_n(0) = 0, \quad c'_n(y_n) > 0, \quad c''_n(y_n) > 0 \qquad (7.24)$$

であると仮定して議論を進める．

　生産の最適割当においても限界原理に従わなくはならない．限界原理にもとづく最適化の基準を作るためには，現状の経済活動を設定して，そこから経済活動を変化するときの限界効果を検討すればよい．そこで，すでに，$\mathbf{y} = (y_1, ..., y_N)$ という割当が行われているとしよう．この状態を改善する方法を考えるために，ある企業の割当量を減らし，それを別の企業に生産させると何が起きるかを考えてみよう．企業 n' から $-\Delta y_{n'}(> 0)$ だけの割当を取り上げ，企業 n'' の生産量を $\Delta y_{n''}$ だけ増やすとしよう．その場合には，

$$\Delta y_{n'} + \Delta y_{n''} = 0 \qquad (7.25)$$

でなくてはならない．このような変更をしても，全体の生産量の $\sum_{n=1}^{N} y_n$ には何の影響も持たないので実行可能である．また，この変更は n' と n'' 以外の企業には何の影響も持たない．

　企業 n' と n'' は生産量が変化する．その結果，この 2 つの企業の総費用は変化する．この変化を $\Delta TC_{n'}$ と $\Delta TC_{n''}$ と記述しよう．この 2 つの企業以外の企業の総費用は変化しないので，社会的総費用の変化 ΔSTC はこの 2 つの企業の総費用の変化の合計に等しい．この合計が負であれば，社会的生産量を一定にしたまま，社会的総費用を節約できるので割当の変更が望ましい．つまり，

$$\Delta STC = \Delta TC_{n'} + \Delta TC_{n''} < 0 \qquad (7.26)$$

となるように企業間で生産量の割当を調節せよ，というのが生産量の（社会的）最適割当のための限界原理である．

　これまでの議論と同様に，最適な経済活動に関する一元的な行動基準を考えるためには，経済活動の変化から発生する限界効果を経済活動の変化 1 単位あたりに換算して考える方が便利である．つまり，生産量の割当の変更 1 単位あたりに直すと，条件 (7.26) は次のように書き直すことができる．

生産の割当における限界原理：

$$\frac{\Delta TC_{n'}}{\Delta y_{n'}} < \frac{\Delta TC_{n''}}{\Delta y_{n''}} \quad \text{ならば} \quad \Delta y_{n'} = -\Delta y_{n''} > 0 \qquad (7.27)$$

$$\frac{\Delta TC_{n'}}{\Delta y_{n'}} > \frac{\Delta TC_{n''}}{\Delta y_{n''}} \quad \text{ならば} \quad \Delta y_{n'} = -\Delta y_{n''} < 0. \qquad (7.28)$$

　この基準が社会的費用を減少させることは消費の配分における限界原理と同様にして説明できるので繰り返さない．

　第 5.1 節で説明したように，$\frac{\Delta TC_n}{\Delta y_n}$ は企業 n の広い意味での限界費用を示す．したがって，基準 (7.27) と (7.28) はより高い限界費用を支払っている企業からより低い限界費用を支払っている企業へ生産割当を転換することで，社会

的費用を節約することができることを意味している．

この基準は複数の生産拠点を持つ企業における生産量の割当問題などにも応用できる．たとえば，企業が国内と海外に生産拠点を持つ場合などである．その場合，より高い限界費用で生産を行う拠点での生産を縮小し，その分だけより安い限界費用で生産を行う拠点での生産量を増やせば，総費用を節約することができるということである．

どんなに小さな量でも生産量を変更できる場合には，生産の割当における限界原理は狭い意味での企業の限界費用を一致させなくてはならないということもわかる．第5.1節の分析にならって，企業 m の狭い意味での限界費用を

$$MC_n = \lim_{\Delta y_n \to 0} \frac{\Delta TC_n}{\Delta y_n} \tag{7.29}$$

と書くと，

$$MC_1 = ... = MC_N \tag{7.30}$$

という条件が成立しなくてはならないということである．

条件 (7.16) と同様に，この条件も図を使って説明することができる．図 7.4 では，企業 1 と 2 を取り上げ，この条件を説明している．線分 O_1O_2 の長さを 2 つの企業に割当てられた生産量の総量 y にとると，線分上の点によって企業 1 と 2 への割当を示すことができる．企業 1 への割当量は点 O_1 から右方向へ，企業 2 への割当量は点 O_2 から左方向へ計る．曲線 MC_1 と MC_2 は 1 と 2 の限界費用曲線を示す．第 5 章でみたように，総費用は限界費用曲線の下方の面積で示される．線分 O_1O_2 の長さで示される目標生産量を O_1Y と O_2Y の長さで分けて，それぞれを 1 と 2 に割当てるとしよう．そうすると，企業 1 の総費用は薄いグレーに塗った左側の図形 TC_1 の面積で示され，企業 2 の総費用は濃いグレーに塗った右側の図形 TC_2 の面積で示される．したがって，社会的な総費用の合計はグレーに塗った図形の面積の合計に等しい．

この割当 Y は最適ではない．企業 2 の割当を企業 1 に少しだけまわせば，配分点は Y から左方向へ移動し，グレーに塗った面積の合計（総費用の合計）が縮小するからである．企業 1 と 2 の総可変費用の合計を最小化するためには，2 つの限界費用曲線 MC_1 と MC_2 の交点 Y^* に対応するように財を配分してやれ

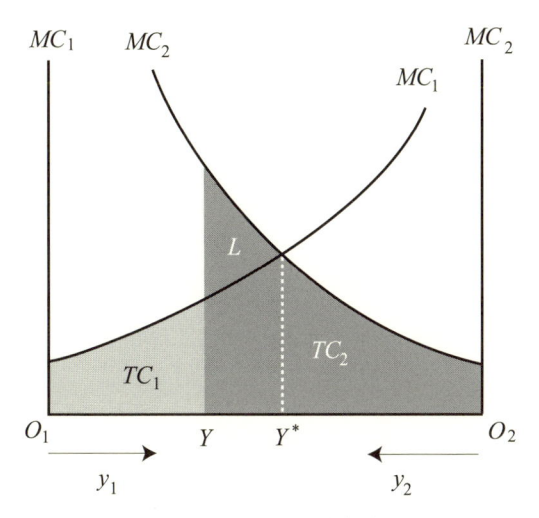

図 7.4 生産の最適割当

ばよい．つまり，2企業の限界費用を等しくするように，O_1Y^* の長さが示す生産量を企業 1 へ，O_2Y^* の長さが示す生産量を企業 2 へ割当てればよい．

最適配分のためには 2 つの企業の限界費用を一致させなくてはならないという条件は，企業 1 と 2 の間だけでなく，どんな 2 つの企業をとっても成立していなくてはならない．したがって，(7.30) が成立する．

図 7.4 の点 Y における配分では，企業 1 と 2 の限界費用が均等化されていない．その結果，最適割当によって達成できる最小の社会的費用と比べると，点 Y における配分では効率性損失が発生している．この損失は図 7.4 の濃いグレーに塗った図形の曲線 MC_1 より上方にできる三角形 L の面積で示される．さらに，2 つの企業の限界費用曲線が交わらなければ，限界費用の低いほうの企業にすべての生産を任せることで，費用が最小になることも明らかであろう．

以上の議論は，次のようにまとめることができる．

定理 7.2 割当 $\mathbf{y}^* = (y_1^*, ..., y_N^*)$ が最適ならば，ある p が存在して，すべての企業について次の条件が成立する．また，(本章の設定では) 逆も成り立つ．

$$y_n^* > 0 \;\Rightarrow\; c_n'(y_n^*) = p, \quad (7.31)$$

$$y_n^* = 0 \;\Rightarrow\; c_n'(y_n^*) \geq p. \quad (7.32)$$

U字型の平均可変費用曲線のケースまで含めて考えると，この定理の逆は成立しない．これは定理 5.2 の証明の後に述べた説明と同様の説明ができるので繰り返さない．

7.2.5 社会的費用関数

最適化問題 (7.23) では，目標生産量 y はパラメターとして問題の外側で値が定められる．したがって，最適割当の結果として達成される社会的総費用は目標生産量 y に依存する．この関係を $STC = C(y)$ と記述しよう．つまり，第 1.2 節で導入した記述方法を使うと

$$C(y) = \min_{(y_1,\ldots,y_N)} STC = \sum_{n=1}^{N} c_n(y_n) \quad \text{s.t.} \quad \sum_{n=1}^{N} y_n \geq y \tag{7.33}$$

と定義される．この関数 $C(y)$ は与えられた目標生産量を企業の間に最適に配分したときにかかる社会的総費用である．これを**社会的総費用関数**と呼ぼう．

社会的総費用関数の性質を図示するために，図 7.5 では，右側に，各企業の限界費用曲線 MC_n が描いてある．さらに，左側には，それらの曲線を横方向に合計してできる曲線 SMC が描かれている．この図は目標生産量 y の最適割当方法を示している．いま，y において曲線 SMC に交わる水平な直線をひき，それと各企業の限界費用曲線との交点に対応する生産量を y_n とする．そうすると，y は各生産量の合計 $\sum_{n=1}^{N} y_n$ と等しく，同時に，各企業の限界費用 MC_n はたがいに均等化される．定理 7.2 によれば，このようにしてみつけた生産割当が最適であることがわかる．

最適割当における各企業の総費用 TC_n は限界費用曲線 MC_n，縦軸，横軸および y_n を通る垂直線で囲まれる面積で示される．それらの面積をすべて合計したものが最適割当における生産の (可変的な) 社会的総費用を示す．これは曲線 SMC，縦軸，横軸および点 y を通る垂直線に囲まれる部分 STC の面積で示される．

曲線 SMC が社会的限界費用 $SMC = C'(y)$ のグラフであることは第 7.2.3 項の社会的限界便益曲線の説明を類推すれば明らかだろう．この意味で，曲線 SMC を**社会的限界費用曲線**と呼ぶ．与えられた総生産量 y が社会的に最適割当

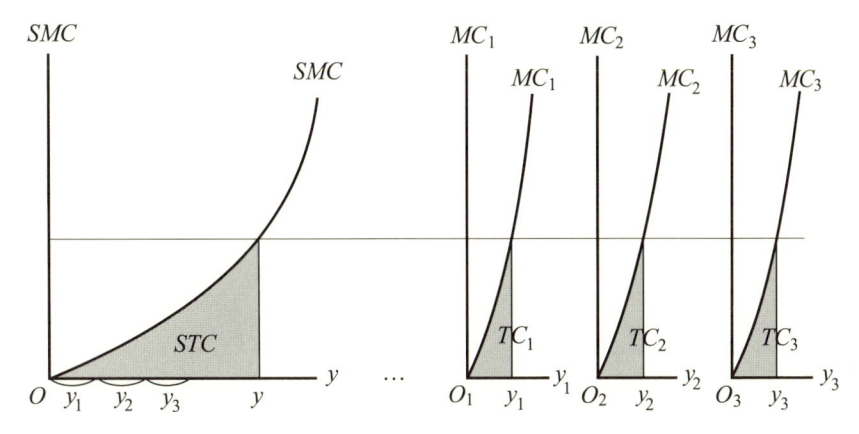

図 7.5 社会的費用と個別の生産費用

された場合には，図7.5の説明から，社会的限界費用 SMC がそれぞれの企業の限界費用に一致することも上の分析から明らかだろう．つまり，条件(7.30)が満たされ，最適配分が行われているときには，

$$SMC = MC_1 = ... = MC_N \qquad (7.34)$$

という関係が成り立つ．

7.2.6 生産・消費の最適配分

つぎに，生産と消費の最適配分を考えよう．経済には，財 X を消費する 1 から M までの M 人の消費者と，それを生産する 1 から N までの N 個の企業が存在する．各企業に何単位の生産をさせ，各消費者に何単位の消費をさせるのが望ましいのだろうか．このような問題を**生産・消費の最適配分問題**という．

生産・消費の最適性の基準として妥当なのは，財の消費の社会的総便益とその財の生産のための社会的総費用の差であると考えられる．この差額を**社会的余剰**(social surplus)と呼ぶことにしよう．（第 5 章の生産者余剰の定義では，総収入と総可変費用の差額を生産者余剰と呼んだ．この用語と同様に，社会的余剰とは社会的総便益と社会的総可変費用の差額であると定義される．しかし，各企業の固定費用がゼロだという本節の仮定のもとでは社会的総費用と社会的

総可変費用は等しいので，社会的総便益と社会的総費用の差額を社会的余剰と呼ぶことができる．）社会的余剰を SS と書くと，

$$SS = STB - STC \tag{7.35}$$

と記述できるということである．

最適配分とは，社会的余剰を最大にするような配分のことである．最適配分問題を厳密に定義するために，

$$\max_{(x_1,...,x_M, y_1,...,y_N)} SS = \sum_{m=1}^{M} w_m(x_m) - \sum_{n=1}^{N} c_n(y_n) \tag{7.36}$$

$$\text{s.t.} \quad \sum_{m=1}^{M} x_m \leq \sum_{n=1}^{N} y_n$$

という最大化問題を考えよう．この問題では，max 記号の下の選択肢の欄に配分 $\mathbf{a} = (x_1,...,x_M, y_1,...,y_N)$ が指定されている．また，s.t. 記号の後の制約条件の欄には配分が実行可能であることを意味する (7.7) 式が書かれている．したがって，実行可能な配分 $\mathbf{a}$ のうちで，社会的余剰 SS を最大化するものを求めよというのが最大化問題 (7.36) の意味である．この問題の解が最適割当である．

この問題は直接的に解くこともできる．しかし，上で導入した社会的便益関数 $B(x)$ と社会的総費用関数 $C(y)$ を使って次のような問題に書き換えて考えるとわかりやすい．

$$\max_{z} SS = B(z) - C(z) \tag{7.37}$$

最大化問題 (7.37) と (7.36) が同じ解を与えることは図 7.6 を使えば理解できる．説明のために，まず，最適配分のためには，生産物を余すことなく消費者に配分することが必要なことに着目しよう．そうでなければ，せっかく作った生産物が無駄になってしまうからだ．したがって，総消費量と総生産量は等しくなくてはならない．そこで，総生産＝総消費量を z で示そう．最適化問題 (7.37) における選択変数が z と書かれているのはそのためである．

最適配分とは，消費の社会的便益と生産の社会的費用の差（つまり，社会的余剰）を最大にするような配分である．したがって，最適を達成するためには，生

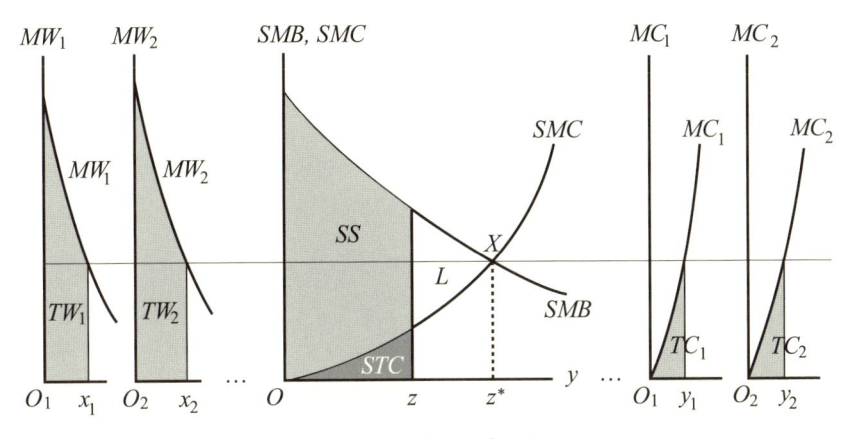

図 7.6 社会的最適配分

産物を社会的費用を最小にするように各企業に割当てて生産し，それを社会的総便益を最大にするように消費者に配分すればよい．つまり，(7.37) を解けば，(7.36) で定まる最適配分も見つけられるはずである．前項までで議論したように，z 単位の財を最小な社会的費用で生産するには，各企業の限界費用を等しくするように生産を割当てればよい．図 7.6 では，各企業に生産量を最適に割当てたときの社会的総費用 $C(z)$ が濃いグレーに塗った図形 STC の面積で示される．また，生産した z 単位の財を社会的便益を最大にするように配給するためには，各消費者の限界支払用意が等しくなるように配給しなくてはならない．図 7.6 では，最適に配給したときの社会的総便益 $B(z)$ が濃いグレーに塗った図形 STC と薄いグレーに塗った図形 SS の面積の合計で示される．したがって，社会的余剰は薄いグレーに塗った図形 SS の面積で示される．定義 (7.35) が示すように，社会的総便益 $B(z)$ と社会的総費用 $C(z)$ の差が社会的余剰 SS だからである．社会的最適配分を達成するためには，社会的余剰が最大化されるような総消費＝総生産量を達成しなくてはならない．そのためには，社会的限界便益曲線 SMB と社会的限界費用曲線 SMC の交点 z^* で，生産・消費量を定めればよいことは図から明らかだろう．

社会最適配分も限界原理に従って決定することができる．この点を簡単に見ておくことにしよう．そのために，z 単位の生産・消費を行う状態を考えて，こ

の生産・消費量を Δz 単位だけ変化するとしよう．この変化は消費の社会的便益 STB と社会的総費用 STC を同時に変化させる．この変化を ΔSTB と ΔSTC と記述しよう．社会的余剰の変化 ΔSS はこの2つの変化の差額で示される．この差額が正ならば社会的余剰が拡大するということである．つまり，

$$\Delta SS = \Delta STB - \Delta STC > 0 \qquad (7.38)$$

となるように生産・消費量を調節せよというのが生産量の（社会的）最適配分のための限界原理である．この基準を生産・消費量の変化1単位あたりに直すと，次のようにまとめることができる（下の基準は (7.38) の社会的余剰の変化を正にする条件であることはすぐに確認できるだろう）．

生産・消費の配分における限界原理：

$$\frac{\Delta STB}{\Delta z} > \frac{\Delta STC}{\Delta z} \quad \text{ならば} \quad \Delta z > 0; \qquad (7.39)$$

$$\frac{\Delta STB}{\Delta z} < \frac{\Delta STC}{\Delta z} \quad \text{ならば} \quad \Delta z < 0. \qquad (7.40)$$

これまでの用語を使うと，$\frac{\Delta STB}{\Delta z}$ が広い意味での社会的限界便益であり，$\frac{\Delta STC}{\Delta z}$ が広い意味での社会的限界費用である．したがって，基準 (7.39) と (7.40) は現状において社会的限界便益が社会的限界費用よりも高ければ生産・消費量を増やすべきだし，低ければ生産・消費量を減らすべきだということを意味する．どちらの場合にも社会的余剰を増やすことができる．

どんなに小さな量でも生産・消費量を変更できる場合には，最適配分を行うためには，狭い意味での社会的限界便益と社会的限界費用が一致しなくてはならない．これまでの分析にならえば，狭い意味での社会的限界便益が

$$SMB = \lim_{\Delta z \to 0} \frac{\Delta STB}{\Delta z} \qquad (7.41)$$

と定義され，狭い意味での社会的限界費用が

$$SMC = \lim_{\Delta z \to 0} \frac{\Delta STC}{\Delta z}$$

と定義されることはすぐに分かるだろう．また，条件(7.39)と(7.40)から

$$SMB = SMC \qquad (7.42)$$

という条件が成立しなくてはならないことも簡単に説明できる．これが生産・消費に関する最適配分のための1次条件である．

図7.6では，限界便益曲線 SMB と限界費用曲線 SMC が交差する z^* において，この条件が成立する．この点で社会的余剰が最大になるのも図から明らかだろう．これを各企業に最適に割当て，各消費者に最適に配分すれば社会的最適配分が達成される．社会的最適配分では，各消費者の限界支払用意も各企業の限界費用も，このときの限界便益=限界費用に一致していなくてはならない．条件(7.42)を使うと，(7.21)と(7.34)から，

$$MW_1 = ... = MW_M = MC_1 = ... = MC_N \qquad (7.43)$$

という条件が導かれる．この条件は(7.42)を意味するので，(7.43)の方を生産・消費の最適配分のための1次条件と呼ぶこともある．

図7.6の生産・消費量 z においては，社会的限界費用と限界便益が均等化しておらず，三角形 L の面積にあたる効率性損失が発生している．社会的最適状態とは，経済のどこにも，効率性損失が発生していない状態と言い換えてもよい．

以上の議論を，より厳密にして，次のようにまとめることができる．

定理 7.3 配分 $\mathbf{a}^* = (x_1^*, ..., x_M^*, y_1^*, ..., y_N^*)$ が最適ならば，つぎの条件が成立する．また，(本章の設定では)逆も成り立つ．

条件1： $\sum_{m=1}^{M} x_m^* = \sum_{n=1}^{N} y_n^*$.
条件2：ある p が存在して，すべての m と n に以下の条件が成立する．

$$\begin{aligned} x_m^* > 0 &\Rightarrow w_m'(x_m^*) = p; \\ x_m^* = 0 &\Rightarrow w_m'(x_m^*) \leq p; \\ y_n^* > 0 &\Rightarrow c_n'(y_n^*) = p; \\ y_n^* = 0 &\Rightarrow c_n'(y_n^*) \geq p. \end{aligned}$$

7.3 短期的な市場均衡

次に，市場参加者が変動しないという意味で短期的な市場における均衡の性質を考えよう．

7.3.1 完全競争市場における短期の市場均衡

完全競争市場とは，すべての参加者が価格受容者であるような市場である．完全競争と価格受容者の関係については，第5章で説明したので繰り返さない．

第7.1節で触れたように，各市場参加者の望む取引量が全体としてバランスしているのが市場均衡である．以下では，消費者の自発的意思決定が第2章で検討したような消費者余剰の最大化問題によって記述されるとする．また，企業の自発的意思決定は第5章で検討したような利潤最大化問題で記述されるとする．この設定のもとでは，市場価格が p で与えられれば，消費者 m にとって最も望ましい取引量（購買量）は需要関数 $D_m(p)$ で記述され，企業 n にとって最も望ましい取引量（販売量）は供給関数 $S_n(p)$ で記述される．これらの需要と供給が全体としてバランスするというのが完全競争市場における均衡である．

つまり，完全競争均衡における配分 $\mathbf{a} = (x_1, ..., x_M, y_1, ..., y_N)$ とは次の条件を満たす配分である．

完全競争市場における短期均衡の条件：市場に参加する消費者 $1, ..., M$ と企業 $1, ..., N$ が確定しているとき，
(a) すべての消費者 m について，$x_m = D_m(p)$,
(b) すべての企業 n について，$y_n = S_n(p)$,
(c) $\sum_{m=1}^{M} x_m = \sum_{n=1}^{N} y_n$.

完全競争市場の均衡条件を満たすような価格 p は完全競争均衡価格と呼ばれる．第5章では，長期と短期の企業活動を考えたが，上の条件(b)は長期の企業行動の分析にも短期の企業行動の分析にも当てはまることに注意しよう．

現実の経済においては，売り手の数と買い手の数が非常に大きいならば，ど

ちらも価格受容者として行動することを余儀なくされると考えられている．その結果，完全競争市場が出現するわけである．他方，上で考えたモデルにおいては，完全競争市場に参加する経済主体が価格受容的であるという特徴だけが注目されている．言い換えると，モデルの上では，売り手の数や買い手の数とは無関係に，買い手と売り手が（価格受容者として）それぞれの需要関数と供給関数に従って行動している市場は完全競争的であるとされる．

　各消費者の需要の合計は市場需要，また，各企業の供給の合計は市場供給，と呼ばれることもある．完全競争市場では，市場需要と市場供給を以下のような集計的需要関数と供給関数で

$$D(p) = \sum_{m=1}^{M} D_m(p), \quad (7.44)$$

$$S(p) = \sum_{n=1}^{N} S_n(p) \quad (7.45)$$

と記述することもできる．

　これらの関数を使い，完全競争市場の均衡条件を

$$D(p) = S(p) \quad (7.46)$$

と書くこともできる．

　図 7.7 では，$D = D(p)$ のグラフを曲線 D で，$S = S(p)$ のグラフを曲線 S で示している．曲線 D はそれぞれの消費者の需要曲線 $x_m = D_m(p)$ を描いて，それらを横方向へ足しあげたもので，**市場需要曲線**と呼ばれる．また，曲線 S はそれぞれの企業の供給曲線 $y_n = S_n(p)$ を描いて，それらを横方向へ足しあげたもので，**市場供給曲線**と呼ばれる．

　市場均衡は市場需要曲線 D と市場供給曲線 S の交点で示される．交点の縦軸の座標が均衡価格 p（市場価格）を示し，横軸の座標が均衡取引量 $x = y$ を示す．

7.3.2　競争均衡の最適性

競争均衡の最適性は図 7.6 と図 7.7 を使って示すことができる．

　条件 (7.46) が示すように，図 7.7 において，完全競争均衡は市場需要曲線 D

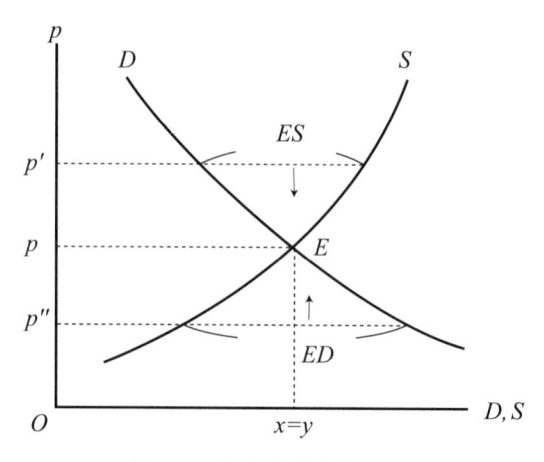

図 7.7　市場均衡と価格の調整

と市場供給曲線 S の交点 E で定まる．また，条件 (7.42) が示すように，社会的最適配分は社会的限界便益曲線 SMB と社会的限界費用曲線 SMC の交点 X で定まる．したがって，図 7.7 の点 E と図 7.6 の点 X が同一の点であるを示せば，均衡が最適であることがわかる．

そのためには，図 7.6 の社会的限界便益曲線 SMB と図 7.7 の市場需要曲線 D は同一の曲線であり，図 7.6 の社会的限界費用曲線 SMC と図 7.7 の市場供給曲線 S は同一の曲線であることを示せばよい．曲線 SMB と D が同一であるのは，次のようにして説明できる．第 2.4 節で見たように，各消費者の限界支払用意曲線 MW_m がその消費者の需要曲線 D_m を示す．それぞれの消費者の限界支払用意曲線 MW_m を横方向へ足し上げたのが社会的限界便益曲線 SMB であり，それぞれの消費者の需要曲線 D_m を横方向へ足し上げたのが市場需要曲線 D であるので，曲線 SMB と曲線 D は同一である．同様に，社会的限界費用曲線 SMC と市場供給曲線 S も同一である．各企業の限界費用曲線が右上がりであるという仮定 (7.24) のもとでは，企業の限界費用曲線 MC_n と供給曲線 S_n が一致しているからである．

つまり，図 7.6 の点 X と図 7.7 の点 E は同一である．したがって，完全競争均衡が最適な配分を達成することがわかる．

この事実は次のように証明することもできる．均衡価格が p であるとしよう．

このとき，定理 2.1 によると，各消費者の需要 $x_m = D(p)$ と p の間には次の関係が成立する．

$$x_m > 0 \;\Rightarrow\; w'_m(x_m) = p;$$
$$x_m = 0 \;\Rightarrow\; w'_m(x_m) \leq p.$$

定理 5.2 によると，各企業の供給 y_n と価格 p との間には次の関係が成立する．

$$y_n > 0 \;\Rightarrow\; c'_n(y_n) = p;$$
$$y_n = 0 \;\Rightarrow\; c'_n(y_n) \geq p.$$

さらに，均衡条件 (c) から，均衡では

$$\sum_{m=1}^{M} x_m = \sum_{n=1}^{N} y_n$$

という条件も成立する．したがって，定理 7.3 を用いると，均衡配分が社会的に最適な配分であることがわかる．

命題 7.1（完全競争の短期的最適性） 参加者が外生的に与えられている完全競争市場における均衡の配分は社会的に最適である．

この結論は第 7.1 節でみた基本命題 A を厳密な言葉づかいで述べたものである．基本命題 A で言うところの「競争がうまく機能している市場」とは完全競争市場を指すと考えればよい．また「生産や消費が最適に行われる」というのは，社会的余剰を最大化する資源配分が達成されることを意味している．

7.3.3 比較静学と均衡の安定性

外生的条件が変化すると均衡も変化する．そのような外生的条件と均衡の関係の分析は比較静学と呼ばれる．第 1 章において考えた消費者の好みと均衡の関係の分析は比較静学の簡単な例である．静学という言葉を用いるのは，均衡という静態的な状態を外生的条件が変化する前と後とで比較するからである．市場には，いろいろな外生的条件が存在する．第 2 章や第 5 章で検討したように，各消費者の需要曲線はその消費者の好みにもとづき，各企業の供給曲線は

その企業の生産技術にもとづいている．そこから市場の需要曲線や供給曲線が導出され，均衡はその交点で定まる．したがって，好みや技術などの外的条件が変化すれば，需要曲線や供給曲線がシフトし，それに応じて市場均衡も変化する．そのような均衡の変化を分析するのが比較静学である．

比較静学の基礎として，均衡の安定性という概念が重要である．市場では必ずしも常に均衡価格が成立しているわけではない．価格が均衡からはずれているときには，その価格において供給よりも需要が大きいならば価格が上昇し，逆に，供給よりも需要が小さいならば価格が下落すると考えられる．そのような価格の調整プロセスをへて，均衡から外れている価格が均衡へと動いて行く場合には均衡は安定的であると言われる．

この価格調整プロセスを簡単に表現するために，市場需要と市場供給の差を**超過需要**（excess demand）と呼び，市場供給と市場需要の差を**超過供給**（excess supply）と呼ぶのが便利である．この表現を使えば，超過需要が存在する場合は価格が上昇し，超過供給が存在する場合には価格が下落すると言うこともできる．このプロセスを通じて，超過需要や超過供給が吸収されるならば，均衡は**安定的**であると言ってもよい．

市場需要曲線が右下がりで，市場供給曲線が右上がりの場合を考えよう．その場合，均衡は安定的である．価格の調整プロセスを経て，価格が常に均衡へ向かって動くからである．つまり，実際の価格が図 7.7 の p' で，均衡価格 p よりも高ければ，図の ES にあたる超過供給が発生し，価格が均衡へ到着するまで押し下げる．また，実際の価格が図の p'' のように均衡価格よりも低ければ，ED の超過需要が発生し，均衡へ到達するまで価格を押し上げる．したがって，市場全体として，需要の法則と供給の法則が働いている場合には，均衡は安定だと言ってもよい．

理論的には，均衡が不安定な場合も考えられる．供給の法則が働かないような市場も存在することが知られているからである．第 4 章で詳しく分析したように，実際の市場で，需要の法則が成立する可能性は非常に高い．他方，供給の法則が働かない可能性はそれほど低くはない．実際に，図 7.8 の曲線 S で示すように，後屈型と表現される供給曲線が観察される場合もある．たとえば，労働供給曲線はその良い例であるとされる．第 4.4.4 項でも見たように，賃金率

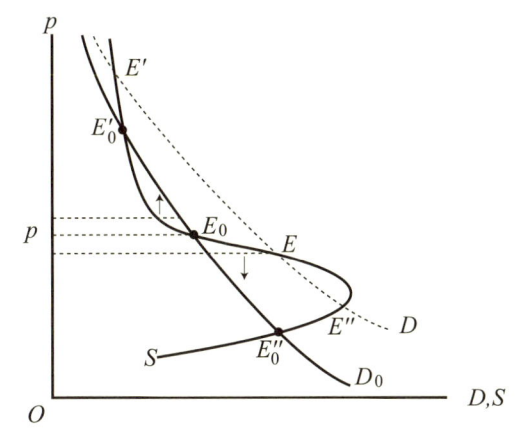

図 7.8　安定均衡と不安定均衡

が低いうちは賃金率が上がるにつれて勤労意欲が増大するが，賃金率が十分に高くなると余暇の利用の重要性が増大し，勤労意欲が下がると説明されている．そのような場合には，後屈型の供給曲線が発生する．

　供給曲線が後屈型ならば，図 7.8 で，供給曲線 S と需要曲線 D の 3 つの交点が示すように，複数の均衡が存在する可能性がある．図では，3 つの均衡のうち真ん中のもの E_0 は不安定である．価格がその均衡から上に外れると超過需要が発生し価格はさらに上昇するし，下に外れれば超過供給が発生し価格はさらに下落するからである．その結果，均衡の外側から，真ん中の均衡に価格が到達することはありえない．つまり，真ん中の均衡 E_0 は不安定である．

　不安定均衡と外生的条件の変化の間には，普通では観察されないような病理的な関係がある．たとえば，図 7.8 において，選好の変化を通じて財の需要が拡大し，需要曲線 D_0 が右方向へ D までシフトしていくとしよう．直感的には，第 1 章でもみたように，そのような変化は価格を上昇させると考えられる．しかし，不安定均衡については，そのような直感が成立しない．需要曲線が右方向へシフトすると，不安定な均衡である E_0 は供給曲線 S に沿って下方に E までシフトする．したがって，需要シフトの前に成立している均衡が不安定な場合には，不安定均衡の変化だけをたどると価格が下落することになる．

　超過需要が価格を上昇させるという価格調整メカニズムのもとでは，このよ

うな病理的現象が実際におきる可能性は無視してもよい．不安定均衡から不安定均衡へ均衡がシフトする可能性は低いからである．つまり，はじめの均衡が（点 E_0 にあって）不安定だとしても，はじめの価格のもとで，需要が拡大すれば超過需要が発生する．そのため，価格は上昇し，不安定均衡がもう1度成立するとは考えられない．また，均衡の外から不安定均衡へ価格が近づくことはありえないのだから，不安定均衡が最初に成立していると考えることの妥当性にも疑問が残る．現実の経済分析では，不安定均衡は，はじめから，除外して考えてもよいということである．

7.3.4 需要と供給の弾力性

与えられた外生的条件のもとで，個人が自分にとって最適な選択肢を選んでいる場合には，その個人は主体的均衡の状態にあると言われることもある．外生的条件が不変である限り，その個人には自分の行動を変更する内在的な誘因がないからである．個別の需要関数や供給関数は経済主体の最適化行動の結果であるから，需要曲線や供給曲線にそって行動している経済主体も主体的均衡にあると考えてもよい．したがって，与件である価格の変化につれて，主体的均衡である需要や供給はどのように変化するのかという分析も比較静学の1種であると考えてよい．この問題はすでに検討を加えてきたものであるが，もう少し詳しく分析しておこう．

第4章でも述べたように，経済学では，絶対的な変化でなく，相対的な変化に着目することが多い．たとえば，価格の絶対的な上昇分はそれ自身ではあまり意味がない．ある財の価格が100円上がったと言っても，もとの価格によって意味が違うからである．もとの価格が100円ならば，100パーセントの価格高騰が起きているわけだし，もとの価格が1万円ならば，価格の上昇率は1パーセントにすぎない．需要量や供給量といった数量の変化についても同様で，相対的な変化率の方が絶対的な変化量よりも重要だと考えられる場合が多い．

そのため経済学では，独立変数の変化1パーセントあたりの従属変数の変化のパーセントを**弾力性**と呼んで，弾力性に基づいて変数の関係を分析することが多い．たとえば，ある財の市場価格が2パーセント上昇したとき，その財の市場供給が10パーセント増加すれば，供給の価格弾力性は5であると言う．

価格が Δp 円だけ上昇するとき，供給が市場供給曲線 S にそって ΔS だけ変化するとしよう．この関係を変化率どうしの関係に直すと，価格が $100\Delta p/p$ パーセント変化するときには，供給は $100\Delta S/S$ パーセントだけ変化する．したがって，価格の変化率1パーセントあたりの供給の変化率は $\frac{p\Delta S}{S\Delta p}$ である．この値が供給の価格弾力性である．供給関数 $S(p)$ の微係数は

$$S'(p) = \lim_{\Delta p \to 0} \frac{\Delta S}{\Delta p} \qquad (7.47)$$

と書ける．したがって，価格変化が微小な場合を分析するために，

$$\eta = \frac{pS'(p)}{S} \qquad (7.48)$$

を弾力性と呼ぶことが多い．価格変化 Δp がごく小さい場合，$S'(p)$ と $\Delta S/\Delta p$ はほぼ等しい．したがって，(7.47) と (7.48) から，価格の相対変化 $\Delta p/p$ と供給の相対変化 $\Delta S/S$ の間には

$$\frac{\Delta S}{S} \approx \eta \frac{\Delta p}{p} \qquad (7.49)$$

という関係がある（ここで，$\approx$ は左辺と右辺が近似的に等しいことを意味する記号である）．

供給の弾力性が1より大きい場合には供給が弾力的，また弾力性が1より小さい場合には供給が非弾力的であると表現されることも多い．図7.9では，点 A において供給の弾力性がちょうど1になるような供給曲線を曲線 S で描いている．点 A において供給曲線 S の弾力性が1になるのは，原点から点 A を通る直線の傾き p/S と曲線 S の傾き $1/S'(p)$ が等しいので，(7.48) から $\eta = 1$ となるからである．（供給曲線 S の傾きが $1/S'(p)$ に等しいことは，需要曲線の傾きが需要関数の微係数 $D'(p)$ の逆数 $1/D'(p)$ に等しいという第2.4.4項で説明した事実から，類推できるだろう．）

さらに，点 A において曲線 S より大きな傾きを持つ供給曲線 S_1 の点 A における弾力性は1より小さい．その場合には，価格と供給の比率 p/S の方が供給曲線の傾き $1/S'(p)$ より小さいからである．曲線 S より小さな傾きを持つ供給曲線 S_2 の点 A における弾力性は1より大きいことも，同様に，説明できる．

価格が Δp 円だけ上昇するとき，需要は市場需要曲線 D にそって $-\Delta D$ だけ

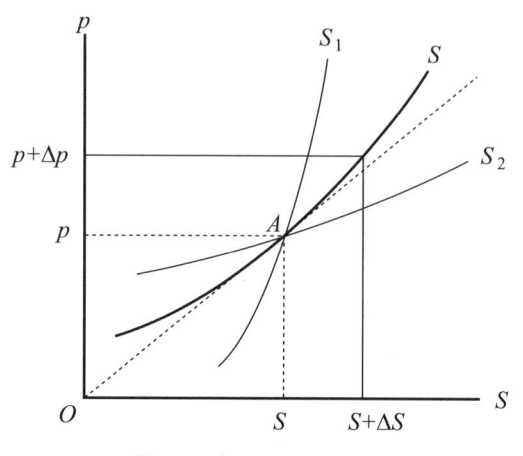

図 7.9 供給の価格弾力性

減少するとしよう．この関係を変化率どうしの関係に直すと，価格が $100\Delta p/p$ パーセント上昇するときには，需要は $100\Delta D/D$ だけ変化する．したがって，価格の上昇率 1 パーセントあたりの需要の減少率は $-\frac{p\Delta D}{D\Delta p}$ である．この値が需要の価格弾力性である．需要関数の微係数 $D'(p)$ は

$$D'(p) = \lim_{\Delta p \to 0} \frac{\Delta D}{\Delta p} \tag{7.50}$$

と書ける．この関係を利用して価格変化が微小な場合を分析するために，

$$\varepsilon = -\frac{pD'(p)}{D} \tag{7.51}$$

を需要の弾力性と呼ぶことが多い．

価格変化 Δp がごく小さい場合，$D'(p)$ と $\Delta D/\Delta p$ はほぼ等しい．したがって，(7.50) と (7.51) から，価格の相対変化 $\Delta p/p$ と需要の相対変化 $-\Delta D/D$ の間には，

$$\frac{\Delta D}{D} \approx -\varepsilon \frac{\Delta p}{p} \tag{7.52}$$

という近似的な等式が成立する．

需要の価格弾力性が 1 より大きい場合には需要が弾力的，また，弾力性が 1 より小さい場合には非弾力的であると表現されることも多い．図 7.10 では，点

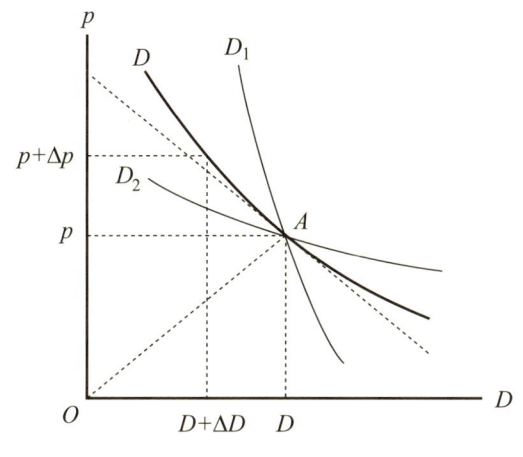

図 7.10 需要の価格弾力性

A において需要の弾力性がちょうど 1 になるような需要曲線を曲線 D で描いている．第 2.4 節でも見たように，需要曲線の傾きが $1/D'(p)$ に等しい．点 A において需要曲線 D の弾力性が 1 になるのは，原点から点 A を通る直線の傾き p/D と需要曲線の傾きの絶対値 $|1/D'(p)|$ が等しいからである．そのため，(7.51) から，$\varepsilon = 1$ である．さらに，点 A において曲線 D より大きな傾きを持つ需要曲線 D_1 の点 A における弾力性は 1 より小さい．その場合には，価格と需要の比率 p/D の方が需要曲線の傾きの絶対値 $|1/D'(p)|$ より小さいからである．曲線 D より傾きの絶対値が小さい需要曲線 D_2 については，点 A における弾力性は 1 より大きいことも同様に説明できる．

7.3.5 農業所得と需要弾力性

前項で紹介した弾力性という概念は比較静学において重要な分析道具である．以下では，簡単な例を使ってこの点を説明しておこう．

農産物の供給は短期的には非常に非弾力的である．いったん収穫を終えてしまうと，供給量を変更するのがきわめて難しいからだ．供給が完全に非弾力的である場合(つまり，弾力性が 0 であるとき)には，農業所得と生産量との関係は需要の弾力性に依存して定まる．

この事実を説明するために，ある農産物への需要が需要関数 $D(p)$ で表すこ

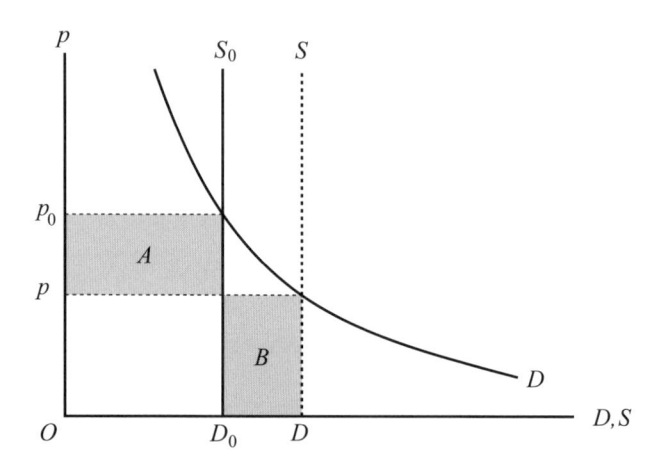

図 7.11 需要の価格弾力性と農業所得

とができ，供給は価格に依存せず S で一定であるとしよう．この場合，市場均衡は $D(p) = S$ という条件で定まる．図 7.11 では，この関係を右下がりの需要曲線 D と垂直な供給曲線 S との関係で示している．農業所得は $Y = pS$ に等しいので，図では，線分 Op_0 と OD_0 を縦横の 2 辺とする長方形の面積で農業所得を示すことができる．

ここで，供給量が ΔS だけ増加したとしよう．もし，価格下落が起きなければ，農業所得は $p\Delta S$ だけ増加するはずである．しかし，図 7.11 が示すように，需要曲線が右下がりなので，供給増加は均衡価格 p を下落させる．この価格下落を Δp としよう．需要と供給は等しいので $D = S$ であり，$\Delta D = \Delta S$ である．したがって，(7.52) を使うと，価格の変化率は

$$\frac{\Delta p}{p} \approx -\frac{1}{\varepsilon}\frac{\Delta S}{S} \qquad (7.53)$$

となることがわかる．この関係は供給が 1 パーセントだけ上昇すると価格が需要弾力性の逆数パーセントだけ下落することを示している．

農業所得は $Y = pS$ なので，供給の拡大 ΔS とそれに伴う価格下落 Δp の両方からの影響を受ける．この変化は

$$\Delta Y = (p + \Delta p)(S + \Delta S) - pS \qquad (7.54)$$
$$= S\Delta p + p\Delta S + \Delta p \Delta S$$

になる．図 7.11 では，供給の拡大 ΔS が線分 $D_0 D$ の長さで示されるので，上の式における $p\Delta S$ はグレーに塗った長方形 B で示される．また，価格の下落幅 $|\Delta p|$ は線分 pp_0 の長さで示され，供給量 S は線分 OD の長さで示されるので，上の式の $S|\Delta p|$ というのは図のグレーに塗った長方形 A の面積に等しい．

ここで，(7.54) の両辺を $Y = pS$ で割ると

$$\frac{\Delta Y}{Y} = \frac{\Delta p}{p} + \frac{\Delta S}{S} + \frac{\Delta p}{p} \cdot \frac{\Delta S}{S} \approx \frac{\Delta p}{p} + \frac{\Delta S}{S} \qquad (7.55)$$

という関係が成立する．（価格の変化や供給の変化が数パーセントに留まる場合には，$\Delta p/p$ と $\Delta S/S$ の積は 100 分の数パーセントの大きさに過ぎないので無視できると考えて，近似的な等号 $\approx$ が成立すると考えている．）そこで，(7.53) を使うと，(7.55) は

$$\frac{\Delta Y}{Y} \approx \left(1 - \frac{1}{\varepsilon}\right) \frac{\Delta S}{S} \qquad (7.56)$$

となる．

ここで導出した (7.56) 式から，非弾力的に供給される財の供給量とその財の供給者の総所得の関係が需要の価格弾力性 ε に依存して定まることがわかる．価格弾力性 ε が 1 より大きいならば，(7.56) 式の右辺は正になるので，供給量の増加が所得を増大させる．しかし，需要の価格弾力性 ε が 1 より小さいならば，供給量の増加はかえって所得を減少させることになる．

これは何ら不思議なことではない．供給量の増加は価格を下落させるからである．需要の価格弾力性が 1 より小さい場合，価格下落の結果として失われる所得（図 7.11 の長方形 A の面積で示される）が生産量の増加から発生する追加的所得（図 7.11 の長方形 B の面積で示される）を相殺して余りあるわけである．そのため，生産量が増加しても所得が減少する可能性があるということである．

現実の経済でも，豊作貧乏という表現を耳にすることがある．これは農作物が穫れすぎて，価格が大幅に下落し，かえって農家の所得が減ってしまうという現象を指すものである．このような現象は需要の価格弾力性が 1 より小さい

場合におきる，というのが上の分析の結果である．事実，実証的にも，農産物需要の価格弾力性は1より小さいことが多いことも付け加えておこう．

7.4　参入・退出と長期均衡

　ここまでは，市場参加者が変化するには短すぎる期間を考えてきた．しかし，現実の経済では，市場参加者が変化する可能性を考慮するのも重要である．

　市場参加者の変化については，2つの可能性が考えられる．1つは新しい経済主体が市場に参入したり，既存の経済主体が退出したりするという可能性である．2つ目はそれぞれの経済主体の属性が時間とともに変化する可能性である．経済主体の属性とは，消費者ならばその人が持つ選好のことであり，企業ならばそれ固有の生産技術のことである．長い期間をとれば，あなたの消費者としての好みも変化するだろうし，あなたが働く会社の生産技術が変わっても当然である．現在の愛煙家も10年後には禁煙に成功して，嫌煙運動を行っているかもしれない．大学卒業時に就職した会社は10年後には存在せず，まったく別の会社で重要な職責を担っているかもしれない．

　長期的な市場競争の役割を理解するためには，市場で実際に活動する企業の集団やその集団の中のそれぞれの企業の属性を市場で内生的に決定されるものとして捉えるのが重要である．消費者も自己改革により，禁煙したり，節酒したり，ダイエットを行ったり，と意図的な選好の変更を行うこともある．市場はこのような変化の影響を受けるものである．また，企業の意図的な変化から市場はもっと大きな影響を受ける．

　既存企業のなかには自分の持つ技術が陳腐化して，市場からの退出を選択するものも出るかもしれない．市場参入の自由が保証されていれば，どの瞬間にも，不特定多数の潜在的企業が参入のチャンスをうかがっているはずである．そのような市場では，既存企業にとっても，潜在的企業にとっても，企業の長期的な属性は固定したものではありえない．言い換えると，生産技術の選択は企業の存続の問題に関わり，他の企業の持つ優れた技術を学んだり，革新的な技術を開発するという努力が不断に続けられているはずである．企業間の長期の市場競争とは，既存企業と潜在的企業とをすべて含めて，技術の学習や開発に

関して繰り広げられる競争のことである．そのような競争を理解するためには，企業の技術や実際に市場で活動する企業の集団も市場で決定される内生変数に含めて，市場均衡を分析する必要がある．

このような企業間の長期の競争を分析するためには，第5章で考えたようなU字型の平均費用曲線を持つ企業に話を戻す必要がある．したがって，ここからは企業の技術に関する簡単化の仮定 (7.24) は置かない．

以下では，市場参加者としての消費者の変化には触れず，もっぱら企業が変化する可能性に焦点をあてよう．市場に参加する企業が変化するのに十分な期間をとり，その時間的フレームワークを**市場にとっての長期**と呼ぶことにする．他方，市場参加者が変化するには短すぎる時間的フレームワークを**市場にとっての短期**と呼ぶ．このような区別は企業の可変的生産要素と固定的生産要素の投入における短期と長期の区別とは異なる時間的フレームワークを考えていることに注意しよう．

7.4.1 技術の選択と模倣

企業の市場への参入や市場からの退出の問題は技術の選択の問題と切り離して分析することはできない．どのような生産技術を採用するかも考えずに，漠然と市場参入を考える企業が存在するとは考えにくいからだ．

新規に市場に参入しようと考えるならば，その前に既存企業の営業状態を調べ，その中で最も望ましいと考えられる企業の生産技術をお手本にして，自分の企業を組織するはずである．たとえ，新規参入を行おうとする企業が既存企業よりも優れた技術やアイディアを持っていたとしても，革新的な部分は企業活動全体のほんの一部に過ぎず，それ以外は既存企業の技術のうちの良いところを取り入れて企業を組織する場合が多いと考えられる．

市場からの退出の際にも同じことが言える．自分の持つ生産技術が時代遅れになって，市場からの退出を考えている既存企業があったとしても，退出か否かという2つの選択肢しかないわけではない．先端の技術を導入し，それに見合った人員をもって生産活動を継続するという選択肢も存在する．市場からの退出という選択肢が選ばれるとしたら，そのようなリストラ (restructuring) が採算に合わないと考えられたからなのだろう．

つまり，企業の参入や退出を伴う長期の市場競争の分析は，同時に，既存技術の模倣や（本章では議論しないが）新しい技術を作り出すための研究開発のプロセスの分析でなくてはならない（研究開発のプロセスについては，『ミクロ経済学の応用』で詳しく検討する）．

企業が保有するビジネス上の工夫やアイディアの多くは他のどの企業にも比較的簡単に模倣できる性質のものである．たとえば，回転寿司やピザの宅配などというのは良い例である．どちらもビジネスのアイディアとしては非常に優れたものである．しかし，いったん最初の企業が取り入れて成功したことがわかれば，後発の企業がそのアイディアを模倣するのは簡単である．実際に，どちらのアイディアも模倣をつうじて急速に普及したことはよく知られている．

図 7.12 では，技術の模倣に関するプロセスが図示してある．ある市場では，はじめ，価格 p で製品が取引されているとしよう．この製品を供給する多数の企業のうち，とくに，長期平均費用曲線 AC_1 と AC_2 を持つ企業 1 と 2 を考えよう．対応する限界費用曲線は MC_1 と MC_2 である．したがって，価格 p のもとでは，企業 1 と 2 はそれぞれ y_1 と y_2 を販売して，正の利潤を獲得している．新規参入を考える企業が既存の企業 1 と企業 2 の技術を自由に模倣することができるとき，どのようなプロセスで参入がおきるのだろうか．

新たな技術を開発して市場に参入するためには，技術開発のための費用がか

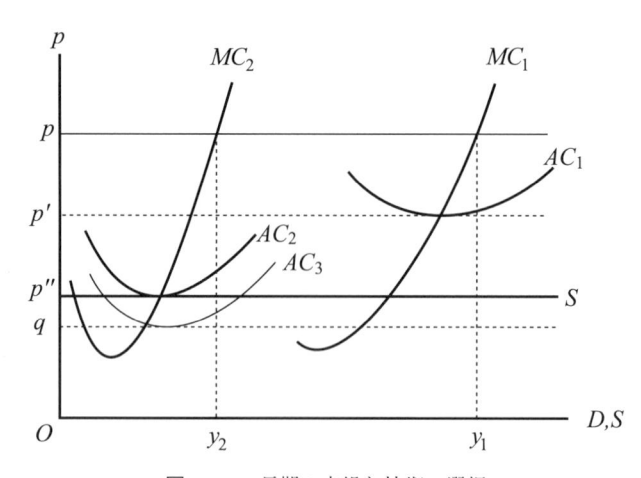

図 **7.12** 長期の市場と技術の選択

かると考えられる．既存企業の技術を模倣するための費用は新技術の開発費用と比べずっと小さい場合が多い．その場合には，正の利潤を獲得している既存企業の技術を模倣して市場参入する方が大きい利潤が獲得できる可能性が高い．では，企業1と2のどちらの技術が模倣されるのだろうか．

　市場参入後も市場価格がpにとどまると企業が考えるならば，当然，企業1の技術を模倣するはずである．図から明らかなように，その方が大きい利潤が獲得できるからである．企業の市場参入が進むと，市場価格は下落する．この事実は新企業の参入を通じて，図7.6の社会的限界費用曲線が右にシフトすることから明らかだろう．企業の参入は市場の需要曲線——すなわち，社会的便益曲線——には影響を持たないと考えられるので，この供給の拡大の結果，市場均衡は需要曲線に沿って下方にシフトする．したがって，新規参入を通じて，市場価格が図7.12のpから下落する．市場価格の下落の速度は新規企業の参入速度に依存する．参入速度が速ければ，市場価格は急速に下落するはずである．市場参入を計画する企業が企業1と2のどちらの技術を模倣するかは，どのくらいの速度で市場価格が下落すると予想するかにも依存している．言い換えると，競争的企業の参入の速度に関する予想に依存するということである．参入の速度がゆっくりしていると考えるならば，市場価格の下落が予想されても，企業1の技術を模倣する方が得な場合もある．

　新規参入企業が模倣の対象とする技術は市場価格が図のp'に下落する以前に，企業1の技術から2の技術へと移行するはずである．価格がp'に下落したときには企業1の利潤はゼロに行き着いてしまうのに対し，価格がp'に下がったとしても企業2は正の利潤を獲得しているからである．したがって，市場価格がp'より下になってもp''より高い限り，企業2の技術を模倣して新規企業が市場へと参入しつづけると考えられる．

　もし，p''よりも低い企業参入価格を達成する技術が存在しないならば，価格がp''に到達すると，潜在的企業の技術の模倣による参入は終了する．第5.3節で見たように，企業1の企業閉鎖価格がp''より低い場合は，企業1やそれを模倣して参入した企業は（投下した固定的生産要素が償却されるまで）営業を続けると考えられる．企業1の企業閉鎖価格がp''より高い場合には，企業1や企業1を模倣して参入した企業は市場価格がp''に下落する前に閉鎖するか，先

端技術の導入を迫られる．市場にとどまるために先端の技術を導入する場合には，企業2の技術が模倣されると考えてもよいだろう．

どの財にも，それを生産するための生産技術は複数存在する．1つの生産技術は1つの長期平均費用曲線に対応するので，経済に存在する生産技術は複数の長期平均費用曲線からなる長期平均費用曲線群で特徴づけることができる．それらの長期平均費用曲線群の最下点を通る水平線 S を**市場の長期供給曲線**とみなすことができる．市場価格が長期供給曲線より高い点にあるならば，参入を通じて供給が拡大し，価格は長期供給曲線が示す水準まで下落するはずである．また，価格が市場の長期供給曲線より低い点にあるならば，既存企業は短期的には供給を続けるとしても，固定的生産要素の償却を終えた順に市場を退出するので，供給が縮小し市場価格は市場の長期供給曲線の水準まで上昇するはずである．したがって，市場の総需要量がどのような大きさであっても，実際に生産活動に従事する企業の数の変動を通じて，価格は長期の市場供給曲線が示す水準に定まると考えられる．

長期の市場供給曲線は一定の時間をかけて形成されるものであると考えられる．企業2の技術が他の企業に模倣されるまでには時間がかかる，と考えるのが妥当だからである．潜在的企業が既存企業の保有する最先端の技術を学習するまでには，かなりの時間がかかるだろうし，既存企業が最先端技術を学習しようと考えるのは，自分の保有する固定的生産要素が十分に償却されてからかもしれない．したがって，個々の企業の技術の学習速度や市場での企業の参入・退出速度によって，長期の市場供給曲線が形成されるために必要な時間は異なる．

上の分析が示すように，既存の生産技術が複数あっても，最も低い企業参入価格を達成する技術を**長期効率的な生産技術**であると考えることができる．すべての企業がこの技術を採用し，自由に市場に参入するならば，最小の平均費用で何単位でも生産物を社会に供給できるからである．長期的に効率的な技術が既存の技術のうちの最先端の技術であると言ってもよいだろう．

7.4.2　長期均衡と企業数の内生的決定

既存技術の模倣，新技術や新製品を創出するための研究開発，新市場の創設といった経済活動を通じて長期の市場競争は行われる．こうしたタイプの経済

活動を1度に分析しようとすると，モデルが複雑になりすぎて，それぞれの経済活動の特徴を正確に捉えることが難しくなる．そこで，長期の市場競争を分析するためには，まずモデルの期間を特定して，その期間内に行える経済活動を限定するのが望ましい．

長期の完全競争モデルにおいては，前項で考えた技術の模倣のプロセスがちょうど機能する時間的長さが想定される．このモデルでは，経済には複数の技術が既に存在し，だれもがそれらの技術を自由に（コストをかけずに）学習するのにちょうど十分な期間が与えられているとされる．さらに，その期間内に，潜在的企業は自由に市場へ参入することができ，既存企業は自由に市場から退出することができる．言い換えると，長期の完全競争モデルでは，新技術を開発したり新製品を考案したり新市場を作ったりという経済活動をするためには，短すぎる期間が想定される．

このような期間において成立する均衡が長期の完全競争モデルにおける均衡である．第7.1節で指摘したとおり，ある状態を壊すような力がその状態の中に内在していないとき，均衡にあると言われる．長期というのは短期を積み重ねた期間であると考えれば，長期均衡では短期的にも長期的にもその状態を壊すような力が内在していてはならない．これは長期均衡では短期均衡の条件も成立しなくてはならないことを意味する．つまり，与えられた価格のもとで，既存の各消費者が最適な消費を達成し，既存の各企業が最適な生産量を達成し，市場の需給がバランスしなくてはならない．

長期均衡とは，そうした短期均衡の条件が満たされた上で，潜在的企業に市場への参入の誘因が存在せず，既存企業に他の企業の技術を模倣したり市場から退出する誘因が存在しない状態であると考えることができる．市場参入の誘因と考えられるのは，前項でも検討したとおり，既存企業の獲得している利潤である．潜在的企業には，既存企業の利潤が正ならばその企業の技術を学んで市場に参入するという誘因が働く．また，既存企業が負の利潤を獲得しているような場合には，企業規模を変更したり，先端技術を学習したり，市場から退出するなどの誘因が働く．自由な参入・退出が保証された市場では，参入や退出の誘因が存在する限り，実際に参入したり，退出したりする企業が出現すると考えられる．そのような場合には，長期均衡にあるとは考えられない．

長期の市場均衡では，市場競争を通じて，市場で実際に活動する企業が内生的に決定される．このプロセスの分析のためには，長期的に効率的な技術が1つだけ存在する場合に着目すると便利である．つまり，財 X を生産するために存在する生産技術のうちで，最も低い企業参入価格を与える技術が1つ存在し，その技術のもとでの長期総費用関数が

$$TC = c(y) \tag{7.57}$$

と書けると仮定する．そうすると，長期には，各企業はこの技術を習得すると考えられる．

図 7.13 では，単一の企業の長期の供給曲線が曲線 s_{LR} で示されている（第 5.4.4 項でも見たように，長期の供給曲線は縦軸の一部と右上がりの曲線の2つの部分からなることに注意しよう）．企業の参入価格は p_E で示されている．前項でみたように，長期の市場供給曲線は個別企業の参入価格 p_E を通る水平線 S_{LR} であると考えられる．

市場の長期均衡は水平な供給曲線 S_{LR} と需要曲線 D の交点で定まる．このとき，市場における供給量は図 7.13 の Y に定まる．単一の企業の生産量は企業参入点における y_E で定まるので，$N = Y/y_E$ が企業の数を示すと考えることができる．

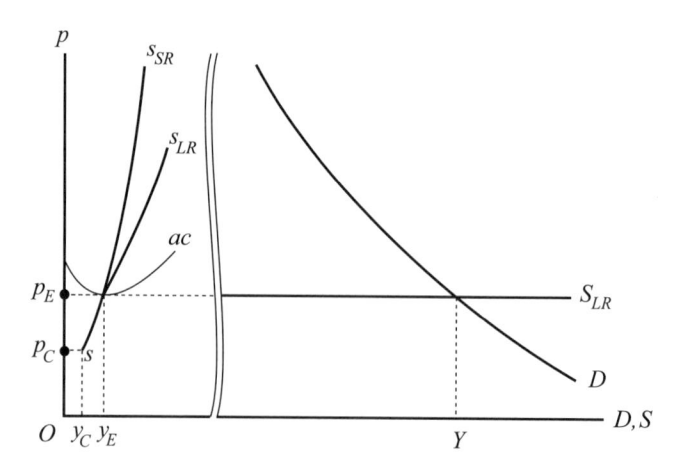

図 **7.13** 長期の市場供給曲線の水平性

もちろん，$N = Y/y_E$ によって企業数が定まるというのは近似上の話である．企業の数は整数でなくてはならないのに対し，総供給量 Y と単一の企業の生産量 y_E の比率が整数になる保証はないからである．したがって，厳密には，企業数は N より小さい最大の整数に定まると考えるのが適当であろう．その場合には，市場で製品を販売する企業は正の利潤を上げることができるが，その利潤に惹かれて新規企業が参入すれば，価格は企業参入価格よりも下がってしまい利潤を獲得することができない．この事実を正しく予測すれば，潜在的企業には市場参入の誘因は存在しない．たとえ，誤った予測とともに参入がおきたとしても，長期的には，企業数は N から大きく離れることはないはずだから，企業数が十分に大きければ N で近似しても何ら実質的な不都合はない．

長期的に効率的な生産技術に対応する総費用関数が $TC = c(y)$ であるときには，長期均衡を以下のような条件で記述することができる．

完全競争市場における長期均衡の条件：長期均衡では，配分 $\mathbf{a} = (x_1, ..., x_M, y_1, ..., y_N)$，市場価格 p および企業の数 N が以下の条件を満たすように決定される．
(a) 各消費者 $m = 1, ..., M$ の需要は $x_m = D_m(p)$ を満たす．
(b) 各企業 $n = 1, ..., N$ の生産量 y_n は $c'(y_n) = p$ かつ $c(y_n)/y_n = p$ を満たす．
(c) $\sum_{m=1}^{M} x_m = \sum_{n=1}^{N} y_n$.

この条件を単純化すると，

$$\sum_{m=1}^{M} D_m(p) = Ny, \quad c'(y) = \frac{c(y)}{y} = p \tag{7.58}$$

という3つの連立方程式で書くことができる．この連立方程式を満たす価格 p，個々の企業の生産量 y，企業数 N によって長期の市場均衡が構成される．

すでに触れたように，ある企業が正の利潤を獲得するという状態は長期的には持続しない．既存企業が正の利潤を獲得しているということは，潜在的企業には，その市場にビジネス機会が存在することを意味しており，それを求めて新規参入が発生する．この意味で，企業が獲得する利潤は短期的な**超過利潤**で

あり，自由な参入が保証された市場では発生しえない．長期の市場均衡とは，超過利潤の発生しないような状態を指すと考えてもよい．

どの企業にも超過利潤が発生しないためには，どの企業の企業参入価格もみな同じ値で，それと市場価格が一致していなくてはならない．そのような状態をモデルとして記述するためには，この項で考えたように，長期的に効率的な技術がただ1つだけ存在するという仮定が便利である．しかし，現実の経済では，どの企業にも超過利潤が発生しているようには見えないにも関わらず，さまざまな規模を持つ企業が同時に活動しているような市場も少なくない．たとえば，飲食店などの市場はその例である．大衆酒場のような市場だけに限って考えてみても，かなり大きな規模を持つ店から10人のお客でいっぱいになってしまうような小規模店まで，各種の店が存在する．そのような市場でも，店によって営業内容に若干の開きがあるかもしれないが，特定の規模の店がシステマティックに超過利潤を得ているようには見えない．もしも特定の規模のお店がシステマティックに超過利潤を得ているならば，他の店はこぞって同じ規模を選択するはずであるが，現実はそうなっていないからである．

実際の市場において，多様な規模の企業が存在し，どの企業にも超過利潤が発生しないような長期均衡状態が成立しているというのが事実ならば，長期的に効率的な生産技術が複数存在すると考えるべきである．つまり，複数の平均費用曲線が存在して，異なる生産量において同一の最小平均費用が達成される．そのような場合には，長期均衡において異なる規模の企業が同時に存在することが可能である．

長期均衡で異なる規模の企業が併存する可能性があるとしても，どのようなプロセスを経てそのような長期均衡へ至るかは別の問題である．単一の効率的な技術が存在する場合に，長期の市場供給曲線が形成されるプロセスは第7.4.1項で検討した．複数の長期効率的な技術が存在する場合に，どのようにして長期の市場供給曲線が形成されるかは興味深い問題である．しかし，複雑な話を避けるため，ここでは触れないことにしよう．

7.4.3 企業数と完全競争の長期的最適性

第7.1.3項で指摘したとおり，完全競争市場では長期均衡においても最適配

分が達成される．また，この配分は短期均衡よりも効率的なものである．以下では，こうした点を検討する．そのためには，第 7.2 節でも行ったように市場均衡を離れて，資源配分をどのように計画すれば社会的余剰を最大にできるかをまず検討する必要がある．

短期の場合と同様に，最適配分は社会的余剰を最大化するものであると定義できる．前項で見たように，市場における長期をとると，市場供給曲線は長期効率的な技術によって決定される企業参入価格 p_E を通る水平な直線で示される．図 7.13 では，市場供給曲線が直線 S_{LR} で示されている．

本章の前半でも見たように，市場供給曲線と社会的限界費用曲線は一致する．市場における長期をとっても，この原理には変わりがない．市場供給曲線が参入価格 p_E を通る水平な直線であるということは，追加的に 1 単位の生産物を供給するために必要とされる社会的な追加的費用は参入価格 p_E に常に等しいということである．説明のために，企業参入点における生産量を y_E としよう．そうすると，z 単位の生産物を社会的に生産するためには $N = z/y_E$ 個の企業にそれぞれ y_E 単位だけ生産させればよい．そうすれば，最も効率的な技術 $TC = c(y)$ を使ったときの最小の平均費用が p_E なのだから，最小の社会的総費用で z 単位の生産物が作れる．このようにして企業数を調節すれば，一定の社会的限界費用 $c = p_E$ で何単位でも製品を生産できるということである．したがって，z 単位の生産物を最小の社会的総費用で作るとしたら，社会的総費用は

$$STC = p_E z \tag{7.59}$$

と記述することができる．

本章で考える市場における長期では，市場に参加する消費者が変動する可能性は考慮しない．そうすると，z 単位の製品の消費から発生する社会的便益は社会的総便益関数によって

$$STB = B(z) \tag{7.60}$$

と書ける．

市場における長期の最適配分は社会的余剰 $SS = STB - STC$ を最大にするような配分である．したがって，(7.59) と (7.60) から，

$$\max_z SS = B(z) - p_E z \tag{7.61}$$

という最大化問題を解く生産・消費量 z が社会的に最適である．

この事実は，市場における長期を考える場合，社会的余剰が市場需要曲線 D と長期の供給曲線 S_{LR} の間の面積で示されることを意味している．社会的総消費量が z である場合には，社会的総便益 $B(z)$ が図 7.14 の曲線 D，縦軸，横軸，z を通る垂直線で囲まれる図形の面積で示され，社会的総費用 STB が水平な供給曲線 S_{LR}，縦軸，横軸，z を通る垂直線で囲まれる長方形の面積で示される．したがって，市場における長期の社会的余剰は需要曲線 D，縦軸，水平な供給曲線 S_{LR} および z を通る垂直線で囲まれるグレーに塗った図形 SS の面積で示される．

この図が示すように，点 z では長期的な社会的最適配分は達成されない．社会的生産量 z を少し拡大すれば，図 7.14 の点 z が右へ移動し，その結果，社会的余剰を示すグレーに塗った図形 SS の面積が拡大するからである．効率性損失を示す三角形 L の面積が縮小するからと言い換えてもよい．

最適を達成するためには，需要曲線 D と水平な供給曲線 S_{LR} の交点 z^* において生産・消費量が設定されなくてはならない．この点 z^* は市場における長期均衡も示しているので，長期均衡では最適配分が達成されていることがわかる．

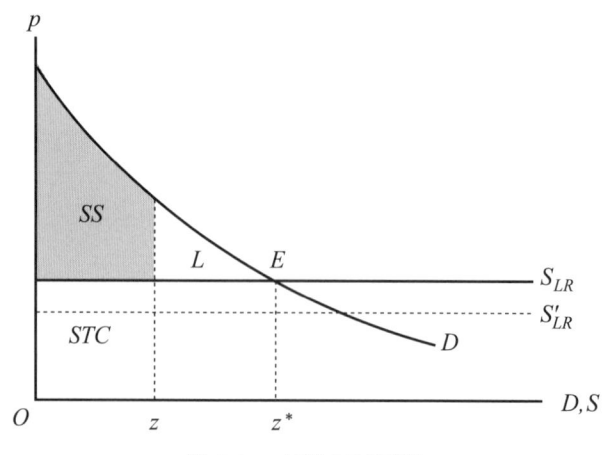

図 **7.14** 長期の最適配分

長期均衡は企業数がどんな数に固定されている短期均衡よりも大きな社会的余剰を創出していることも明らかだろう．

この項の分析を以下のようにまとめておこう．

命題 7.2（**完全競争の長期的最適性**）　完全競争市場において，既存の生産技術を自由に学習でき，企業の市場への参入や市場からの退出が自由に行えるならば，均衡における配分と企業数は社会的に最適である．

この結論は短期の最適性を意味する命題 7.1 と微妙に異なる点があることに注意しよう．短期の最適性命題（命題 7.1）においては，市場に参加する企業の集合やそれぞれの企業の技術が外生的に与えられている．その結果，各企業が利潤最大化の 1 次条件を満たすように行動することだけで，資源配分の最適性が成立する．他方，長期の最適性命題（命題 7.2）においては，市場に参加する企業の集合も，それぞれの企業が選択する技術も内生的に決定されると考えられている．そのため，各企業の利潤最大化の 1 次条件のみでは長期均衡の最適性は成立しない．企業の技術学習や参入・退出の結果，価格が平均費用以上でなくてはならない，という（第 5.4 節で紹介した）長期の利潤条件が等号で成立し，それが長期均衡の最適性を成立させる原動力として働いている．つまり，企業の技術学習や参入・退出が長期の資源配分の最適性を成立させるわけである．

7.4.4　企業の参入

第 7.1 節では，「競争がより望ましい姿の市場を発展させる」という結論を市場競争に関する基本命題 B として紹介した．この結論は経済学の持つ最も重要なメッセージの 1 つと言ってもよいかもしれない．特に，1990 年代初頭以来のアメリカやヨーロッパ市場の急速な発展や今後の日本市場の発展の可能性などを考えるためには，この基本命題の重要性は高い．

前項の長期均衡の分析は基本命題 B に 1 つの解釈を与えている．長期均衡では，短期的な意味で資源配分が効率的に行われるのと同時に，企業の参入や退出を通じて企業数も最適に調整される．つまり，市場では，既存企業と潜在的な企業との間の競争を通じて，市場に参加する企業が選択する技術を最適に保

つ作用が働く．この意味で，より望ましい姿の市場の創出に競争が寄与していることがわかる．

このプロセスをより明確に記述するためには，需要曲線のシフトに伴う企業数の調整の過程を分析してみるとよい．まず，需要が拡大して，需要曲線が右にシフトするケースを考えよう．需要シフトの前の需要曲線が図 7.15 の曲線 D で示され，市場が長期均衡にあるとしよう．長期供給曲線は S_{LR} である．この長期均衡では，市場価格が p_E，総供給量が Y で示されている．この均衡における企業数を N であるとすると，企業参入点における販売量は $y_E = Y/N$ であることがわかる．

ここで，需要が拡大して需要曲線が D^* までシフトしたとしよう．新規参入がおきないかぎり，既存の企業は（図 7.13 にある）短期供給曲線 s_{SR} に沿って供給量を拡大することを望むので，短期の市場供給曲線は既存企業の短期供給曲線を横方向に合計した曲線 S_{SR} になる．したがって，短期的に，市場価格は図 7.15 の p まで上昇する．

需要の拡大が一時的で，すぐにもとのレベルまで縮小すると潜在的企業が考えるならば，新規参入はおきない．しかし，需要拡大が恒久的ならば，新規企業の参入がおこり，それにつれて供給も拡大する．

企業の参入のプロセスは図 7.15 の矢印に従って進行すると考えられる．曲線

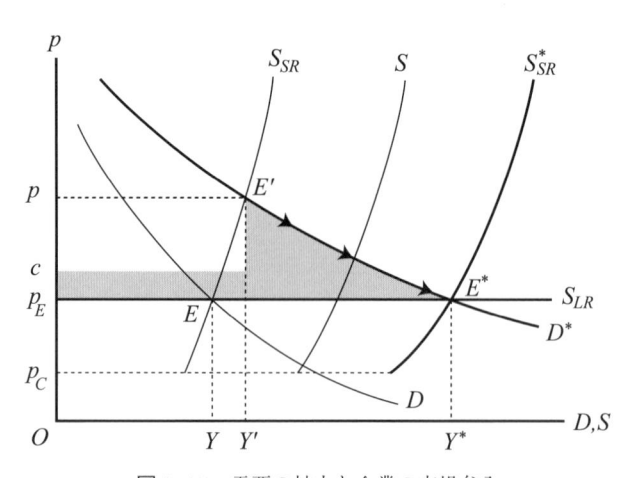

図 **7.15** 需要の拡大と企業の市場参入

D^* への需要の拡大と同時に均衡点は，短期の供給曲線 S_{SR} にそって，E から E' へジャンプする．その後，企業の参入が進むとともに，供給曲線が右方向へシフトし，均衡は需要曲線 D^* に沿って下方へシフトする．図では，企業数が調整途中にある場合の短期の供給曲線が S で描かれている．このような企業の参入は短期の市場供給曲線が S_{SR}^* に到着するまで継続し，均衡が点 E^* に到着すると長期均衡が達成され，参入が終結する．

これに対応して，需要曲線のシフトと同時に価格は p_E から短期均衡価格 p へ上昇し，企業の参入が進むとともに下降し，再び，長期均衡価格 p_E へと戻る．需要がシフトした直後の短期均衡では，企業数は N で不変である．市場の総供給量は Y' に拡大するので，各企業の生産量は Y/N から Y'/N へと拡大する．この供給量に対応する短期平均費用が図 7.15 の c で示されるとするならば，短期均衡 E' におけるすべての既存企業の利潤の合計は $(p-c)Y'$ となる．この利潤は線分 pc と pE' を縦横の 2 辺とする長方形の面積で示される．

短期均衡 E' から長期均衡 E^* にシフトするプロセスにおいて社会的余剰が増加していくことに注意しよう．短期均衡 E' における社会的余剰は線分 pc と線分 pE' を縦横の 2 辺とする長方形の面積（既存企業の短期的利潤）と短期均衡価格 p を通る価格線と需要曲線 D^* で囲まれる面積（消費者余剰）の合計に等しい．他方，新しい長期均衡 E^* における社会的余剰は需要曲線 D^* と長期供給曲線 S_{LR} で囲まれる面積に等しい．したがって，社会的余剰は図 7.15 のグレーに塗った図の面積だけ長期均衡の方が大きい．言い換えると，企業の参入が進むにつれ，グレーに塗った部分の面積が小さくなり，社会的余剰が拡大する．

7.4.5 企業の退出と倒産

次に，需要が縮小した場合に，どのようにして企業が市場から退出するかを図 7.16 を使って検討しよう．そのために，はじめに，需要曲線が D^* で，E^* における長期均衡が達成されているとしよう．ここで，需要が縮小し，需要曲線が図 7.16 の左側のパネルの D^* から D' にシフトしたとしよう．このとき，短期的には，価格は短期の供給曲線 S_{SR}^* と新しい需要曲線 D' の交点が示す p' にシフトする．市場需要曲線が D' のままであるかぎり，この状態は長期的にはサポートされない．参入価格 p_E よりも低い市場価格が成立しているので，参入時

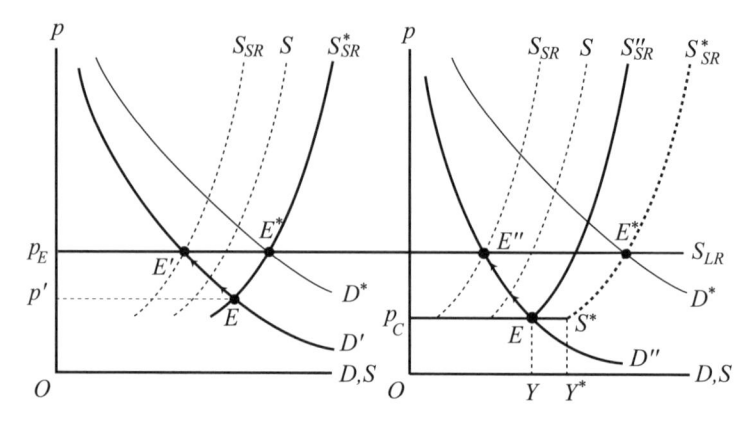

図 7.16 需要の縮小と企業の退出，倒産

に想定された固定的投入を回収するだけの収益が確保されないからである．その結果，どの企業も，すでに投入した固定的生産要素が減耗してしまえば，それを更新するインセンティブがない．そのため，固定的生産要素が償却された企業から順に市場から退出していく．企業の退出は長期均衡価格（＝参入価格）p_E が回復されるまで続く．

この調整過程は図 7.16 の左側のパネルの矢印に従って進行すると考えることができる．つまり，曲線 D' への需要の縮小と同時に均衡点は，短期の供給曲線 S_{SR}^* にそって，E^* から E へジャンプする．企業の退出が進むにつれ，短期の供給曲線は左の方向へシフトする．図では，調整過程における短期の供給曲線を S で示している．企業の退出は短期の市場供給曲線が S_{SR} に到着するまで継続し，均衡が点 E' に到着すると長期均衡が達成され，退出が終結する．

図 7.16 の左側のパネルにおける調整過程では，（今日は営業していても明日には店じまいをするといった）倒産のような急激な市場からの退出は発生していない．しかし，需要曲線が D' よりも大幅に縮小し，たとえば，図 7.16 の右側のパネルの曲線 D'' まで縮小するときには，倒産のような現象が発生する．

この説明のためには，はじめの長期均衡における短期の市場の供給曲線は図 7.16 の右側のパネルの水平部分 $p_C S^*$ と，曲線 $S^* S_{SR}^*$ の 2 つの部分からなることを示さなくてはならない．個別企業の短期の供給曲線は図 7.13 の垂直な線分 Op_C と曲線 ss_{SR} の 2 つの部分からなり，水平部分がないことは第 5 章で見た

とおりである．市場には，このような企業が数多く存在すると考えられるので，市場価格が p_C に設定された場合に，既存の企業のうち一部が市場から退出すれば，他は市場に残って生産を続けることが可能である．たとえば，企業数が N^* であるとしよう．その場合，市場需要曲線が D'' に縮小しても，図 7.16 の右側のパネルの $(Y/Y^*)N^*$ だけの企業が，それぞれ，図 7.13 の y_C 単位の生産を行えば，市場が均衡する．したがって，企業数が十分に大きい場合には，近似的には価格が p_C において，短期の市場供給曲線は $p_C S^*$ のような水平な線分を持つと考えてよい．言い換えると，需要の縮小と同時に価格が企業閉鎖価格 p_C に下落し，N^* 個存在する企業の内で図の線分 YY^* と OY^* の比率にあたる企業が市場からの退出を余儀なくされる．したがって，短期均衡は図 7.16 の右側のパネルの E になる．

市場需要曲線が D'' のままであるかぎり，短期均衡 E が長期的にはサポートされないのは，図 7.16 の左側のパネルの短期均衡 E と同じである．つまり，参入価格 p_E より市場価格が低いならば，どの企業にも，すでに投入した固定的生産要素を償却してしまえば，それを更新するインセンティブがなく，固定的生産要素が償却された企業から順に市場から退出していく．長期的には，長期均衡価格（＝参入価格）p_E が回復されるまで，市場供給曲線は上方シフトを続けると考えられる．つまり，図 7.16 の右側のパネルでは，曲線 D'' への需要の縮小と同時に均衡は E^* から E にジャンプし，その後，需要曲線 D'' に沿って，ゆっくりと E'' までシフトすると考えられる．

7.4.6　技術の模倣と特許制度

ここまで，既存技術の模倣を通じて長期均衡が成立する過程を分析してきた．しかし，企業の市場参入を考える際には，新技術の開発の側面も見逃すことはできない．本章のはじめにも述べたように，市場参入をもくろむ企業には既存の技術を模倣するか，自分で開発した新技術を利用するかの 2 つの選択肢が存在する．図 7.12 が示すように，現在の市場価格 p と比べ，既存技術の企業参入価格 p' や p'' の方がはるかに低い場合には，新技術を開発するよりも既存技術を模倣した方が大きな利益を見込むことができる可能性が高い．既存技術よりも長期効率的な新技術を開発することも可能かもしれないが，そのために必要

なコストも見逃せないからである．

　回転寿司やピザの宅配のように，研究開発費用をほとんどかけずに開発できる新技術もある．そのような技術に気づくことが，長期の市場供給曲線を下方シフトさせる重要な要因である．言われてみれば当たり前といったアイディアの中に，大きなビジネスのチャンスが隠されている場合も多い．そのようなアイディアに基づいて技術革新がおきることも少なくない．この例として有名なのは20世紀初頭に開発されたフォード方式と呼ばれる自動車の生産方式である．この方式では，組み立て途中の自動車をベルトコンベアに乗せ，流れ作業で組み立てが行われた．（この方式によって自動車の生産コストが大幅に下がり，1908年には850ドルしていたT型フォードが1915年には290ドルで販売されるようになったという事実も知られている．）その後，この生産方式は製造業全般で取り入れられ，20世紀における生産性の拡大の基礎となったのもよく知られている．

　そのような技術革新のプロセスを考えるために，ある企業が（研究開発費を払わずに）図7.12の点線 AC_3 の技術に気づくことができたとしよう．いったん，そのような技術が導入されれば，他の企業も模倣を通じてその技術を取り入れるので，長期の市場供給曲線は価格点 p'' を通る水平線から q を通る水平線へ下方シフトする．短期的には，新技術に気づいた企業は単位あたり $p''-q$ の超過利潤を獲得できる．しかし，長期的には，競争的企業の参入によって製品価格が q へ下降し，超過利潤は消滅する．他方，製品価格が下がるために消費者余剰が拡大し，その分だけ長期的な社会的余剰も拡大する．

　新技術の開発から発生する超過利潤は模倣によって長期的には消滅するものである．したがって，開発にかかる費用が大きく，模倣が簡単な技術については，技術開発が行われなくなってしまう可能性がある．たとえば，開発した新技術が瞬時的に模倣されてしまうような場合，模倣が許されていたのでは技術開発は決して行われない．そのような技術であっても，図7.14の長期市場供給曲線 S_{LR} を下方へシフトさせる効果を持つ．下方シフト後の供給曲線が点線 S'_{LR} で示されるならば，個別の企業にとっては経済的にペイしない技術開発でも，社会的には望ましい場合がある．

　そのような新技術の開発を保護するのが特許制度である．特許制度の下では，

新技術の開発者に一定の期間だけ技術の独占的な使用権が与えられる．そのために，競争企業による新技術の模倣のスピードを押さえ，技術の開発者にその分だけの超過利潤を保証する役割をもつ．

特許制度は（企業参入点を下方シフトさせるような）新技術の開発の保護だけでなく，新たな製品の開発の保護も目的とする．新製品の開発に果たす特許制度の役割の詳しい分析は『ミクロ経済学の応用』で行う．

7.4.7　生産サイドでの長期と短期の階層構造

標準的なミクロ経済学の教科書では，すべての企業が同一の技術を持つという仮定のもとで，市場の長期均衡が記述され，市場における参入・退出の問題や企業数の決定の問題が取り扱われている．本章では，話を1歩先に進め，なぜ，長期的には，すべての企業が同一の技術を持つと考えるのが妥当なのかという問題を含めて検討している．

すでに述べたように，技術選択の問題と独立して，市場への参入や市場からの退出に関する企業の意思決定が存在するとは考えられない．新たに企業を設立して，市場に参入する際には，どの技術を採用するかを必ず検討するはずだし，既存企業が市場からの退出を検討する際にも，技術の更新による生き残りの可能性を探るはずである．したがって，参入や退出の問題を考える際に，すべての企業が同一の技術を持つという仮定をおくということは，すべての企業がその技術を選択するという仮定をおくことに等しい．

このように考えると，第5章や第6章で検討した企業の長期と短期の区別も，市場の長期と短期の区別も，生産活動における企業の意思決定に関する区別であることがわかる．違いがあるのは，企業がどの範囲の経済活動を視野に入れて生産活動の調整を考えているかだけである．企業の長期と短期の区別では，固定的生産要素の調整が視野におかれ，市場の長期と短期の区別では，技術の模倣・学習が視野におかれている．さらに長い期間を考える場合には，新技術を開発したり，新製品を開発したり，新たな市場を起こしたり，といった経済活動も視野に入れて，企業の意思決定が行われる場合もある．

新技術や新製品の開発，新市場の開拓といった問題は本書の姉妹編にあたる『ミクロ経済学の応用』の中心的なテーマの1つである．そのための用意とし

て，生産サイドの長期と短期の階層的構造を，企業の意思決定の際の視野の範囲との関連で，次のようにまとめておこう．

1. 固定的生産要素の選択に関する短期と長期：企業の生産要素を固定的なものと可変的なものにわけ，短期には可変的な生産要素の投入量だけが調整できると考え，長期には，すべての生産要素の投入量が調整可能であるとする．各企業の採用している技術や各消費者の選好は変化しないものとする．

2. 既存技術の学習に関する短期と長期： 短期では，各企業は自分の採用している技術は変更できないとする．また，市場で活動する企業の数にも変化が起きないとする．長期には，固定的生産要素の変更だけでなく企業は市場に存在する別の技術を学習でき，市場に参加する企業の数も変更できるとする．利用可能な生産技術や各消費者の選好，財の属性には変化がないものとする．

3. 新技術，新製品，新市場の開発に関する短期と長期：短期では，各企業の固定的生産要素の投入量も自分の採用する技術も変更できるとする．市場で活動する企業の数も変化しうるが，利用可能な生産技術には変化がないものとする．長期には，最先端の技術水準や市場で取引される財の属性も変更可能であるとする．取引される財の属性が変わるということは，新しい市場の開発なども長期の経済分析の対象に加えるべきだということである．各消費者の選好には変化がないものとする．

第8章
完全競争市場の一般均衡分析

8.1 資源配分と効率性
    8.1.1 効率性と無駄
    8.1.2 最適性とパレート最適性
8.2 純粋交換経済モデルと資源配分
    8.2.1 純粋交換経済のモデル
    8.2.2 消費配分のパレート最適性
    8.2.3 純粋交換経済の一般均衡と厚生経済学の第1定理
    8.2.4 厚生経済学の第2定理と資産の再分配
8.3 単純1国経済モデル
    8.3.1 1国経済の資源配分
    8.3.2 生産と消費の一般均衡
    8.3.3 完全競争均衡の最適性
8.4 長期の市場均衡と企業数
    8.4.1 長期均衡
    8.4.2 長期効率的技術の選択
    8.4.3 企業の合併や分割と長期効率性

第7章では，1つの財の市場に注目して，完全競争が最適な資源配分を達成することを見た．本章では，単一の市場ではなく複数の市場が存在する経済を考え，それらの市場が連動する場合にも完全競争が最適な資源配分を達成することを説明する．すでに触れたように，現実の経済では，それぞれの経済主体が同時に複数の市場に参加して経済活動を行う場合が多い．その結果，程度は異なっても，いろいろな市場が互いに連動する．そのような市場の連動性の分析のためには，第3章，第4章，第6章で行った一般均衡分析が必要になる．以下では，複数の市場が存在する経済モデルの最も簡単な例として，**純粋交換**

経済モデルと単純 1 国経済モデルを紹介し，一般均衡分析を使って完全競争が最適な資源配分を達成することを示す．

8.1 資源配分と効率性

ここまで，いろいろなレベルの経済活動に関して，最適性という概念を考えてきた．消費者行動における最適性，企業行動における最適性，資源配分における最適性などである．

こうした概念はどれも**効率性**という考え方に立脚している．経済学者にもいろいろな考え方の持ち主がいるが，効率的な資源配分の重要性に関して異論が出ることは少ない．しかし，経済学の世界を一歩離れると，効率性という概念は非常に誤解されているように見える．そこで，モデルを導入する前に経済学における効率性とはどのような概念なのかを考えておこう．

8.1.1 効率性と無駄

経済学的な意味で効率的な状態とは，**無駄のない状態**のことである．無駄があるというのは，現状よりも望ましい状態が実現可能であるにも関わらず利用していないということである．経済学者が**効率性**を重視するのは，無駄を嫌うからである．現状よりも望ましい状態が実現可能であるならば，当然，それを実現すべきだと考えると言ってもよい．第 1.1.1 項で触れたように，現在の経済を改善するためにはどのようにすればよいかを考えるのは経済学の最重要テーマの 1 つである．したがって，経済学を学ぶ者が無駄を嫌うのは当然だろう．

「経済学者はいつも効率性を賛美するけれど，効率性追求の結果，生活のゆとりがなくなってしまった」というような批判を耳にすることがある．そのような批判は経済学の考える効率性を誤って理解したものである．もし本当に以前の状態では生活にゆとりがあり，その方が望ましく，その状態が現在でも実現可能ならば，現状の方がよいと考える経済学者はいないはずである．現状は真に経済学的な意味で効率的であるとは言えないからである．

効率性という概念をほんとうに理解するためには，無駄がどのようにして発生するのかを改めて検討する必要がある．厳密に考えると，2 つのタイプの無駄

を考えることができる．第1は**資源の遊休**から発生する無駄である．たとえば，そのうち読もうと思って買った本を忘れてしまい本箱の奥に積んだままにしたり，本当は必要のないものをバーゲンセールで衝動買いをしてタンスに入れっぱなしにしてしまったなどというのは誰もが経験することだろう．買い物をする前に，少し理性を働かせればこのような状態は回避できたはずである．少し理性を働かせるための費用は不必要な買い物をする費用と比べると無視できるほどでしかないので，無駄が発生している．せっかく買ったものが使用されないままだということは，資源を遊休させているということである．このように，資源の遊休から発生する無駄を**第1種の無駄**と呼ぶことにしよう．

もう1つのタイプの無駄は**適材適所の失敗**から発生する無駄である．ミスマッチングによる無駄と言い換えてもよい．お酒が飲みたくてたまらないお客にジュースを出して，甘党のお客にビールをすすめるような際におきる無駄である．このような無駄は資源の適材適所の失敗から発生する．出されたものを残しては失礼，と考えるお客ならば，全部，飲みきってくれるかもしれない．その場合には第1種の無駄は発生しない（つまり，お客が残さなかった）．しかし，だからといって，資源の適材適所に成功したとは言えない．お酒好きにジュースを出すのが本当に無駄かどうかは費用をかけずにその状態を回避できるかどうかに依存している．不意の訪問でお酒を用意する時間もなかったとしたら，ジュースを出すのも無駄ではない場合もあるだろう．しかし，少し考えればお酒好きだと思い出せたはずなのに，忘れてジュースを出してしまったならば，お酒飲みにジュースというミスマッチングを引き起こしてしまったと考えてもよい．このように，ミスマッチングや適材適所の失敗から発生する無駄を**第2種の無駄**と呼ぼう．

こうした例からわかるように，第1種の無駄をなくしたからといって，それで資源が有効に利用できるというわけではない．同時に，資源の適材適所を行って第2種の無駄も排除することによって，はじめて資源の効率的な利用が可能になる．

8.1.2 最適性とパレート最適性

ここまでの分析では，1つの目的関数が与えられ，その目的関数の値をでき

るだけ大きくする問題や，できるだけ小さくする問題が考えられてきた．そのような問題では，最適というのは目的関数の値を最大または最小にする経済活動のことである．たとえば，消費者余剰分析では消費者余剰を最大にする購入量が最適購入量である．また，企業の費用最小化問題では，与えられた生産量を最小の総費用で生産できる生産方式が最適生産方式である．さらに，生産・消費の配分問題では，社会的余剰を最大化する配分が社会的な最適配分である．

こうした最適状態のどれをとっても，無駄が排除されている．つまり，効率的な状態が達成されている．これは最適状態が限界原理に導かれて達成されるという事実からも明らかだろう．第2.3.2項でも述べたように，現状を改善する方法があれば，それを採用せよというのが限界原理である．現状を改善する余地がなければ，効率的な状態が達成されており，それが最適だというわけである．

ここまで検討してきた最適化問題は，どれも，最適化のターゲットとしての目的関数を1つだけ想定している．しかし，複数の経済主体の間の相互関係を考える際には，最適化のターゲットを1つに絞れない状態に直面することも少なくない．たとえば，複数の子供をもっているような場合である．親はどちらも可愛いはずで，2人の子供の可愛さに点数を付けて比較してくれと言われても困ってしまうのは当然だろう．いくらよく似た兄弟でも，それぞれの子供には個性があって同じに取り扱うこともできない．個性を尊重するためには，それぞれの子供の選好を理解した上で適切な対応をする必要がある．そのような場合には，子育てにおいて，親は2つのターゲットに直面しているわけである．

この例のように，複数の最適化のターゲットを持つ経済問題における効率性を記述するためには，**パレート最適**という概念が用いられる（Vilfredo Pareto, 1848-1923, は市場における消費者の効用の配分に関わる厚生経済学という分野の基礎を作ったイタリアの経済学者である）．パレート最適というのは，ある経済主体の状態を改善するためには他の経済主体の状態を悪化させなくてはならないような社会的状態のことを指す．言い換えると，パレート最適でないならば，誰も損をさせずに誰かの状態を改善することができるので，無駄が存在する．逆に，誰かを損させなくては別の誰かの状態を改善することができないならば，現状には無駄が存在しないと考えてよい．無駄のない状態を効率的と

考えるので，パレート最適も効率的な状態を記述している．

　たとえば，2人の子供がいて，2人に1つのケーキを分けなくてはならないような場合を考えよう．その場合には，どのようにケーキを切っても，2人に余すことなくケーキを分ければ，パレート最適な状態が達成できる（2人にとってケーキが正の財である場合の話である）．片方の子の効用を上げるためには，その子がもらうケーキを大きくせねばならない．そうすると，もう1人の子のもらうケーキが小さくなり，その子の効用が下がる．そのような状態はパレート最適である．たとえ，片方の子にケーキを全部あげてもパレート最適である．もう1人の子の効用を高めるためには，全部もらった子からケーキを少し取り上げ，はじめの子にケーキを分けてやらなくてはならないからである．このような状態であっても，ケーキを余すことなく分けたという意味で無駄は発生していない．パレート最適が無駄を排除した状態を指しているのは，この例からも明らかだろう．ケーキの分割問題では，パレート最適でない状態とは，ケーキが余って誰も食べずに残ってしまう（「遊休」する）ときに発生する．

　すべての資源を使いきったとしても，パレート最適な状態が必ず達成できるわけではないことにも注意しよう．前項で考えたように，酒飲みをジュースで，甘党をビールでもてなす場合にはパレート最適が達成されていない．酒飲みにビールを出し，甘党にジュースを出せば，ミスマッチングが解消され，どちらのお客の状態も改善するからである．

　次節では，パレート最適性と市場均衡の関係を詳しく検討することにしよう．

8.2　純粋交換経済モデルと資源配分

　純粋交換経済モデルとは，財の交換に関するモデルである．そのため，純粋交換経済モデルでは生産のサイドは捨象され，それぞれの財が一定の量だけ存在すると仮定される．このモデルは第3章や第4章で紹介した消費者の行動のモデルに基づいて構成される．それらの章の復習も兼ねて，純粋交換経済のモデルを検討していこう．

8.2.1　純粋交換経済のモデル

話を簡単にするために，経済には，AとBの2人の消費者とXとYの2つの財が存在すると仮定する．第3章にならって，2人の消費者の2つの財の消費に関するバスケットを

$$b_A = (x_A, y_A), \quad b_B = (x_B, y_B) \tag{8.1}$$

と記述しよう．たとえば，x_A は消費者Aの財Xの消費量を示し，y_B は消費者Bの財Yの消費量を示すと考えればよい．さらに，消費者AとBの効用関数を

$$u_A = u_A(x_A, y_A), \quad u_B = u_B(x_B, y_B) \tag{8.2}$$

と記述する．これらの効用関数のもとになっている選好は第3章で考えた普通の無差別曲線図で描けるとする．

第7章でも見たように，資源配分とはすべての経済主体の経済活動を書き並べたものである．したがって，2財2消費者の純粋交換経済モデルにおける資源配分は

$$\mathbf{a} = (x_A, y_A, x_B, y_B) \tag{8.3}$$

と記述できる．

話を簡単にするために，とりあえず，消費者Aは財Xだけを $\bar{x}$ 単位所有し，消費者Bは財Yだけを $\bar{y}$ 単位所有すると考えよう．各財に関する2人の消費量の合計は存在する財の量より大きくはなり得ないので，

$$x_A + x_B \leq \bar{x}, \quad y_A + y_B \leq \bar{y} \tag{8.4}$$

という条件を満たさなくてはならない．第7章で導入した実行可能性という用語を使うと，(8.4) を満たす消費財の配分 $\mathbf{a} = (x_A, y_A, x_B, y_B)$ は**実行可能**である．

以上で，2財2消費者に関する純粋交換経済モデルを記述できた．このモデルを分析するためには，図8.1で示すエッジワースのボックス・ダイアグラムと呼ばれる図を使って説明するとよい（Francis Ysidro Edgeworth, 1845-1926, は『ミクロ経済学の応用』で検討する市場的交換と非市場的交換との関係を分析し

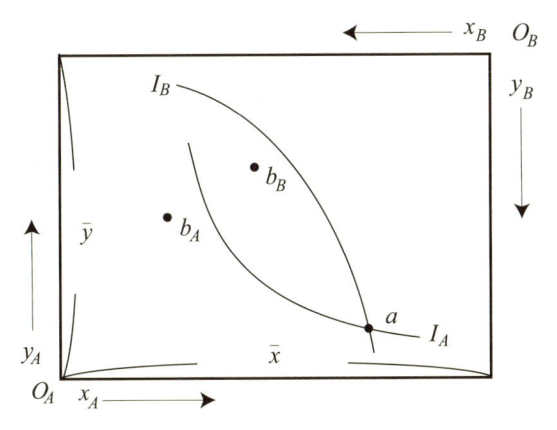

図 8.1 ボックス・ダイアグラムと無駄の分析

たイギリスの経済学者である）．上で述べたように，X の存在量は $\bar{x}$ であり，Y の存在量は $\bar{y}$ である．ボックス・ダイアグラムは各財の存在量を縦と横の辺の長さで示す長方形である．図では，ボックスの横の辺の長さが X の存在量 $\bar{x}$ を示し，縦の辺の長さが Y の存在量 $\bar{y}$ を示す．消費者 A の消費平面の原点を点 O_A で示し，X の消費量 x_A を O_A から右方向へ，Y の消費量 y_A を O_A から上方向へとっている．また，消費者 B の消費平面は原点を O_B にとり，X の消費量 x_B を O_B から左方向へ，Y の消費量 y_B を O_B から下方向へとっている．つまり，消費者 B については，普通の消費平面を O_B を原点として描き，それを O_B を中心に 180 度回転したと考えればよい．

消費者 A の消費バスケット $b_A = (x_A, y_A)$ を図 8.1 の点 b_A で，消費者 B のバスケット $b_B = (x_B, y_B)$ を点 b_B で示そう．この配分は実行可能ではあるが，存在する X と Y をすべて使い切ってはいない．点 b_A が点 b_B より左下方向にあるからだ．2 つの点の隔たりが余った X と Y の量を示している．存在する X と Y を余らせることなく 2 人に分けたときの配分はボックス内の（点 a のように）1 つの点で示される．

8.2.2 消費配分のパレート最適性

以下で示すように，パレート最適を達成するためには第 1 種の無駄と第 2 種

の無駄の両方を除去しなくてはならない．第8.1節でも述べたとおり，第1種の無駄とは資源の遊休から発生する無駄のことである．前節でも見たように，ボックス内で，消費者Aの消費バスケットb_AがBの消費バスケットb_Bよりも左下方向に位置する場合には資源の遊休が発生する．その場合には，たとえば，遊休している資源を消費者Aに消費させれば，消費者Aの消費点b_Aが消費者Bの消費点b_Bの方向に移動し，Bの効用を下げることなくAの効用を増加することができる．したがって，資源の遊休（第1種の無駄）が発生していてはパレート最適であるとは言えないということである．

　資源の遊休から発生する無駄を除去するだけではパレート最適は達成されない．説明のために，Xはミカン，Yはリンゴであるとしよう．上では，消費者Aはミカン（X）を保有し，Bはリンゴ（Y）を保有すると仮定した．それにもかかわらず，Aはリンゴが好きで，ミカンはどちらでもよいと考え（第3章で考えたところの中立財），Bはミカンが好きでリンゴはどちらでもよいと考えるとしよう．その場合でも，Aが自分の保有するミカンを全部消費し，Bが自分の所有するリンゴを全部消費しきれば，資源の遊休は発生しない．しかし，AとBがミカンとリンゴを取り替えれば，2人とも効用が上がるのは明らかである．この場合はパレート最適ではない．

　このような極端な例でなくても，適材適所の失敗はボックス・ダイアグラムの大部分の点で発生する．この事実を示すため，図8.1では，点aを通る2人の無差別曲線を描いてある．消費者AのXとYの消費量は点O_Aを原点として右方向と上方向に計っているので，Aの無差別曲線群は第3章で考えたような普通の無差別曲線群と同じ形になる．他方，消費者BのXとYの消費量は点O_Bを原点として左方向と下方向に計っているので，Bの無差別曲線群は第3章で考えたような普通の無差別曲線群を原点を中心に180度回転することで描くことができる．つまり，曲線I_Bが消費者Bのaを通る無差別曲線である．点aのように，2人の無差別曲線が交差する点での配分は第2種の無駄が発生する．消費者Aにとっては，無差別曲線I_Aより上方の消費点はaより望ましく，Bにとっては，無差別曲線I_Bより下方の消費点はaよりも望ましい．したがって，2つの無差別曲線によって囲まれている凸レンズ形の図形の内側（つまり左上方向）へ資源配分を移動すれば，2人とも効用を増大することができる．

つまり，2人の無差別曲線が交差する点における配分では，資源の遊休は発生していないが，適材適所に失敗している．言い換えると，第2種の無駄が発生しているということである．

2人の無差別曲線が交わる配分の点ではパレート最適は達成されない．したがって，パレート最適が達成されるためには，2人の無差別曲線が互いに接していなくてはならない．図8.2の点 E のような配分である．この場合，Bの効用を上げるためには，無差別曲線 I_B'' よりも下方に配分を変更してしなくてはならない．また，Aの効用を上げるためには，無差別曲線 I_A よりも上方に配分を変更しなくてはならない．したがって，Bの効用を上げるために下方に配分を変更すれば，Aの効用が下がってしまう．また，Aの効用を上げるために上方に配分を変更すれば，Bの効用が下がってしまう．片方の人の効用を上げるためには，もう1人の人の効用が下がるということなので，点 E はパレート最適配分である．

第3章で述べたように，無差別曲線の傾きはXとYの間の限界代替率と呼ぶこともできるし，Y単位で計ったXへの限界支払用意と呼ぶこともできる．以下では，限界支払用意という用語を利用し，消費者AとBのXへの限界支払用意を MW_A, MW_B と記述しよう．そうすると，前節で考えたパレート最適のための条件を

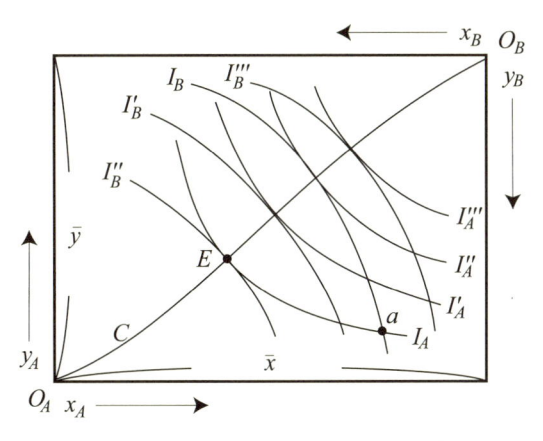

図 **8.2** パレート最適配分と契約曲線

$$x_A + x_B = x, \quad y_A + y_B = y , \tag{8.5}$$
$$MW_A = MW_B \tag{8.6}$$

と記述することができる．条件 (8.5) は資源の遊休が排除されているということを意味し，条件 (8.6) は（2 人の無差別曲線が接しているという意味で）適材適所が行われているということを意味している．

図 8.2 が示すように，パレート最適な配分は無数に存在する．たとえば，図 8.2 では，無差別曲線 I'_A と I'_B が接する点，I'''_A と I'''_B が接する点，I''_A と I_B が接する点など，さまざまなものがある．

図 8.2 では，それらのパレート最適な配分点をつないで曲線 C として，2 人の無差別曲線が互いに接する点をすべて描き出してある．図が示すように，実行可能な資源配分の全体（つまり，ボックス全体）と比べると，パレート最適な配分（曲線 C 上の点）はほんの一部でしかない．

2 人の無差別曲線の接点をつないでできる曲線 C は**契約曲線**と呼ばれる．これは 2 人が**交渉**によって資源配分を決定しようとしたとき，2 人が納得する**契約**が締結される可能性のある配分を曲線 C が示すからである．一般に，交渉とは，参加者のそれぞれが現状の改善を求めて話し合いを行うことである．交渉の場で，自分の状態が現状より悪化するような提案が行われれば，賛成するはずはない．その場合には，交渉を続けるために，自分から対案を出す必要があるかもしれない．他方，自分の状態が改善するような提案ならば賛成し，さらに状態を改善できるような対案を提案する場合もあるだろう．このような提案と再提案を何度も繰り返し，参加者のだれもが納得するような状況を生み出そうとするのが交渉である．皆が納得する状況が作りだせることがわかれば，それを遂行するという約束が結ばれる．この約束が契約である．2 人の無差別曲線が交差している限り，2 人とも効用を増加できる余地がある．その場合には，お互いが納得いくまで交渉を続ければ，2 人とも現状よりも効用を増加する方法が見つけられるはずである．したがって，2 人の無差別曲線が交差している状態では，その点で配分を行う契約が合意されるはずはなく，現状より，よい状態を求めて交渉が継続されるはずである．これ以上交渉を継続しても 2 人とも効用を増加できる可能性がなくなったと分かったときに，配分の契約が締結

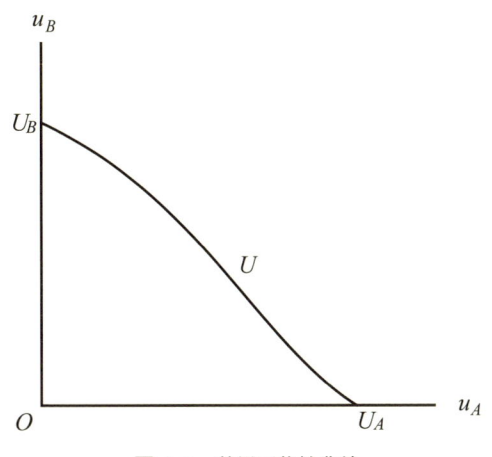

図 **8.3** 効用可能性曲線

される．そのような契約を結ぶことのできる点を集めたのが契約曲線 C である．

図 8.2 に示すように，契約曲線 C は 2 人の消費者の消費の原点 O_A と O_B をつなぐ右上がりの曲線で描けるのが普通である．この事実はパレート最適性を保ったまま片方の消費者の効用が増加すれば，もう片方の消費者の効用が下がることを意味している．

図 8.3 では，契約曲線 C 上の 2 人の効用の間のトレードオフの関係を横軸に消費者 A の効用 u_A をとり，縦軸に B の効用 u_B をとって曲線 U で示している．つまり，曲線 U 上の効用の組み合わせ (u_A, u_B) は，どれも，パレート最適な資源配分における効用の組み合わせを示す．資源配分が実行可能ではあるがパレート最適でないならば，対応する効用の組み合わせ (u_A, u_B) は曲線 U より下側に位置しなくてはならない．この場合には，効用の組み合わせを曲線上に移動することで 2 人の効用を同時に増加することができるからである．また，曲線 U より上方の点が示す効用の組み合わせは達成することができない．曲線 U 上では，パレート最適な配分における効用の組み合わせが示されているからである．この意味で，曲線 U は**効用可能性曲線**と呼ばれる．

8.2.3 純粋交換経済の一般均衡と厚生経済学の第 1 定理

2 財 2 消費者の純粋交換経済では，2 つの財に市場が存在して，2 人の消費者が価格受容者として行動するならば，市場均衡はパレート最適な配分を達成する．2 人の消費者がともに価格受容者ならば市場は完全競争的なので，完全競争がパレート最適な配分を達成すると言い換えてもよい．もしも，経済にたった 2 人しか消費者が存在しなければ，それぞれの消費者が価格受容者として完全競争的に行動する保証はない．したがって，非常に多くの消費者が存在し，価格受容者として行動する市場を簡単なモデルで分析するために，価格受容者の仮定がおかれると考えるべきである．

財 X と Y の価格を p と q としよう．純粋交換経済では，各消費者は自分の保有する品物を市場で販売することによって所得を得ると考えるのが妥当である．前項までは，A が財 X をすべて保有し，B が財 Y をすべて保有する場合を考えた．しかし，A も B も最初から両方の財を保有する場合を考えれば，より一般的なケースをカバーできる．そこで，$\bar{x}$ 単位だけ存在する X のうち，$\bar{x}_A$ 単位を A が保有し，残りの $\bar{x}_B = \bar{x} - \bar{x}_A$ を B が保有するとしよう．財 Y についても同様に，$\bar{y}_A$ 単位を A が保有し，残りの $\bar{y}_B = \bar{y} - \bar{y}_A$ を B が保有するとしよう．

第 4 章で説明したように，消費者の行動は予算制約のもとでの効用最大化問題として記述できる．消費者 A は X を $\bar{x}_A$ 単位保有すると仮定したので，そのうちで自分が消費しない分 $\bar{x}_A - x_A$ を市場で販売すれば，$p(\bar{x}_A - x_A)$ 円の所得を得ることができる．その所得は Y の購入に使うことができる．財 Y を $y_A - \bar{y}_A$ 単位消費するためには，$q(y_A - \bar{y}_A)$ 円を支出せねばならないので，消費者 A の予算制約は

$$q(y_A - \bar{y}_A) \leq p(\bar{x}_A - x_A) \tag{8.7}$$

と書くことができる．

第 4 章の言葉づかいでは，(8.7) の制約条件を等号で記述した場合は予算方程式と呼ばれる．この予算方程式は消費者の消費の総額 $px_A + qy_A$ がその消費者が保有する財の総額 $p\bar{x}_A + q\bar{y}_A$ に等しいことを意味している．自分の保有するものの総額を**資産**と呼ぶので，以下でも，$p\bar{x}_A + q\bar{y}_A$ を資産と呼ぶことにしよ

う.同じことは消費者 B についても言える.したがって,2 人の予算方程式を

$$px_A + qy_A = p\bar{x}_A + q\bar{y}_A, \qquad px_B + qy_B = p\bar{x}_B + q\bar{y}_B \qquad (8.8)$$

と書くこともできる.

複数の市場において同時に均衡が達成されている場合には**一般均衡**が成立すると言われる(第 7 章で考えたように,単独の市場において他の市場の状態と切り離されて均衡が成立している場合には**部分均衡**が成立していると言われる).純粋交換経済のモデルでは,X と Y という 2 つの市場に 2 人の消費者が同時に参加しているケースを考えている.したがって,X と Y という 2 つの市場が同時に均衡している状態を考える必要がある.つまり,一般均衡を考える必要があるということである.第 4 章で詳しく述べたとおり,完全競争市場では,消費者は予算制約のもとで効用を最大にするような消費バスケットを選択する.また,市場均衡では,すべての消費者が自分の望む消費バスケットを購入できるように市場価格が調節されていなくてはならない.したがって,純粋交換経済における完全競争市場の一般均衡は次のように定義される.

純粋交換経済における完全競争市場の一般均衡:純粋交換経済における完全競争均衡とは次の条件を満たす配分 $\mathbf{a}^* = (x_A^*, y_A^*, x_B^*, y_B^*)$ と価格 p と q のことである.均衡における価格は均衡価格と呼ばれる.

(1) 消費者 A の消費ベクトル (x_A^*, y_A^*) は次の効用最大化問題の解である.

$$\max_{(x_A, y_A)} u_A = u_A(x_A, y_A) \quad \text{s.t.} \quad px_A + qy_A \leq p\bar{x}_A + q\bar{y}_A.$$

(2) 消費者 B の消費ベクトル (x_B^*, y_B^*) は次の効用最大化問題の解である.

$$\max_{(x_B, y_B)} u_B = u_B(x_B, y_B) \quad \text{s.t.} \quad px_B + qy_B \leq p\bar{x}_B + q\bar{y}_B.$$

(3) 各財の市場の総需要はその財の存在量に一致する.

$$x_A^* + x_B^* = \bar{x}_A + \bar{x}_B, \qquad y_A^* + y_B^* = \bar{y}_A + \bar{y}_B.$$

2 人の消費者の保有する財を並べて記述したものも 1 つの配分である.つまり,

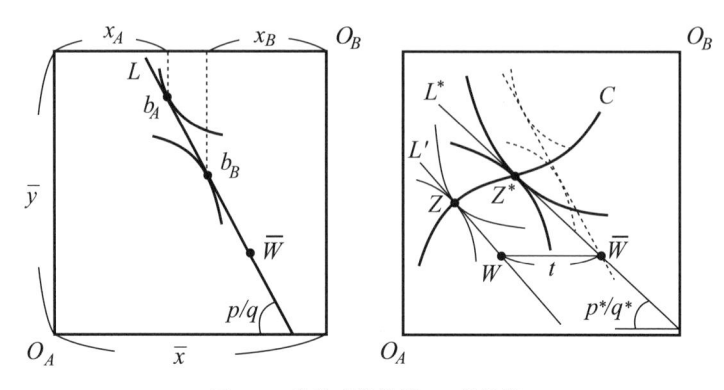

図 8.4　純粋交換経済の一般均衡

$$\bar{\mathbf{a}} = (\bar{x}_A, \bar{y}_A, \bar{x}_B, \bar{y}_B) \tag{8.9}$$

は初期に保有される資源の配分を示す．この配分は存在する X と Y を余さず 2 人に分けた配分なので，ボックス・ダイアグラムの中の 1 点で示すことができる．この点を初期資源の配分点と呼んで，図 8.4 の点 $\bar{W}$ で示そう．

　第 4.2 節でみたように，消費者の予算方程式は右下がりの予算線で示される．次に説明するように，ボックス・ダイアグラムでは（図 8.4 をみよ），消費者 A の予算線も消費者 B の予算線も，初期資源の配分点 $\bar{W}$ を通る傾き p/q の右下がりの直線である．消費者 A にとっては，初期資源の配分点 $\bar{W}$ は自分の保有する財をそのまま消費するときの消費点 $\bar{b}_A = (\bar{x}_A, \bar{y}_A)$ を示す．この点 $\bar{b}_A$ における $\bar{x}_A$ と $\bar{y}_A$ は (8.8) の第 1 の予算方程式を満たすので，消費者 A の予算線上になくてはならない．予算線の傾きは縦軸切片と横軸切片の比率で示される．2 つの切片は $(p\bar{x}_A + q\bar{y}_A)/q$ と $(p\bar{x}_A + q\bar{y}_A)/p$ だから，傾きは p/q である．消費者 B にとっても，初期資源の配分点 $\bar{W}$ は自分の保有する財をそのまま消費するときの消費点 $\bar{b}_B = (\bar{x}_B, \bar{y}_B)$ を示す．したがって，B の予算線も点 $\bar{W}$ を通る傾き p/q の右下がりの直線で示されることは簡単に確認できる．図 8.4 の左側のパネルでは，2 人の予算線を直線 L で示している．

　第 4.2 節でみたように，消費者の最適消費バスケットは予算線と無差別曲線の接点で定まる．2 人の予算線はボックスの直線 L なので，消費者 A の最適消費バスケットは点 b_A で，B の最適消費バスケットは点 b_B で示される．このと

き,財 X の市場では,図 8.4 の左側のボックスの上辺に示すように,A の需要は x_A, B の需要は x_B である.財 X の存在量 $\bar{x}$ はボックスの底辺の長さに等しいので,需要の合計 $x_A + x_B$ は X の存在量 $\bar{x}$ よりも小さい.したがって,予算線 L の傾きが示す相対価格 p/q は均衡価格ではない.

以上の議論から分かるように,市場が均衡するためには,(図 8.4 の右側のパネルが示すように)1 つの予算線 L^* に 2 人の無差別曲線が同一の点 Z^* で接していなくてはならない.この予算線に対応する相対価格 p^*/q^* が均衡における相対価格を示す.直線 L^* のような予算線が成立する場合には,各財について,2 人の最適消費バスケットの示す需要量の合計がその財の存在量に等しく,上の均衡条件がすべて満たされるからである.

均衡では,相対価格 p^*/q^* は決定されるが,p^* や q^* は決定されないことに注意しよう.言い換えると,どのような価格 p と q であっても,それによって決定される X と Y の相対価格 p/q が p^*/q^* に等しいならば,均衡価格である.つまり,$p = \alpha p^*$ と $q = \alpha q^*$ と書けるならば,p と q は均衡価格である.もし α を価格水準と解釈するならば,均衡では相対価格は決定されるが,価格水準は決定されないと言い換えてもよい.(価格水準を決定するのは経済に存在する貨幣の量である.貨幣の量と価格水準の関係についての分析はマクロ経済学の中心テーマの 1 つであり,本書の範囲を超えるので立ち入った議論は行わない.)

図 8.4 の右側のパネルが示すように,完全競争均衡 Z^* では 2 人の無差別曲線が互いに接していなくてはならない.つまり,均衡における資源配分は契約曲線 C 上になくてはならない.したがって,完全競争均衡はパレート最適である.

以上の議論を次のようにまとめることができる.

定理 8.1(厚生経済学の第 1 定理) 2 財 2 消費者の純粋交換経済における完全競争均衡配分はパレート最適である.

上の均衡条件の (3) では,各市場における需給の一致を均衡条件として記述した.しかし,実際には,1 つの市場において需給が一致していることが確認できれば,もう 1 つの市場でも需給が一致していると考えてよい.これは,効用最大化の結果,どの消費者も予算方程式 (8.8) を満たす消費バスケットを選

択するからである．説明のために，たとえば，Xの市場で需給が均衡すると仮定しよう．つまり，

$$x_A + x_B = \bar{x}_A + \bar{x}_B \qquad (8.10)$$

が成立するわけである．この場合，(8.8)の2つの式の辺々を足し合わせれば

$$y_A + y_B = \bar{y}_A + \bar{y}_B \qquad (8.11)$$

が成立することが分かる．したがって，Xの市場で需給が均衡していれば，自動的にYの市場でも需給が均衡する．この性質は一般均衡経済における**ワルラスの法則**と呼ばれる（Léon Walras, 1834-1910, はフランスの経済学者で，一般均衡分析の創始者とされる）．

8.2.4 厚生経済学の第2定理と資産の再分配

定理8.1のように，完全競争均衡のパレート最適性を示す結果は**厚生経済学の第1定理**と呼ばれる．この定理は効用可能性曲線上の特定の点に対応する効用配分が完全競争市場において実現されるということを意味している．では，実現される効用配分の位置はどのようにして定まるのだろうか．

直感的には，効用配分の位置は消費者間の資産の分配に依存すると考えるのが妥当である．以下で示すように，初期の資産の分配が片方の消費者に偏っているならば，均衡ではその消費者の効用が高く，もう1人の消費者の効用は低いはずである．たとえば，消費者Aの初期資産がBと比較して大きいならば，均衡の効用配分は図8.3の効用可能性曲線上の U_A に近い点に定まるということである．前項の純粋交換経済では，消費者の資産は初期資源の配分によって定まる．初期資源の配分が前項で考えた点 $\bar{W}$ ではなく，ボックスの右側の縦の辺上の O_B に近い位置に定まっていれば，ほとんどすべての資産を消費者Aが保有していることになる．その場合には，均衡における資源配分は点 O_B に近い契約曲線上の点で定まるはずである．したがって，対応する効用の配分は効用可能性曲線 U 上の点 U_A に近い点で定まる．

そのような資源配分はパレート最適であるとしても，消費者Bと比べAに手厚すぎると見なされるかもしれない．消費者の生活水準を効用水準で計ること

ができるとすれば，2人の消費者の間の生活水準に格差がありすぎると言えよう．仮に，2人の効用を同じレベルに設定したいと政府が考えるならば，何らかの政策手段を利用して，効用配分を45度線上に移動する必要がある．

どのような効用配分が社会的に望ましいかはそれぞれの社会の通念に依存し，一定ではない．かならずしも，どの社会でも45度線上がもっとも望ましいと考えられるわけではない．しかし，何らかの社会的な基準が存在し，消費者たちの相対的な生活水準を，それに照らして，もっとも望ましい状態に持っていくことが政府に望まれることは多い．

こうした要請に応える方法として，政府が各経済主体の行うべき経済活動を設定し，それを各経済主体に実行させるという方法もある．つまり，政府が経済計画を立て，経済主体の活動を直接的に規制する政策である（**直接規制主義的経済政策**）．しかし，直接規制主義的な経済運営では，経済活動を計画する主体とその計画を実行する主体とが異なる．その結果，計画は実行主体の自発的意思を反映しないので，たとえ非常に良い計画が立案できたとしても，それを実行する立場にある官僚や民間経済主体が計画立案者の思いどおりに動かなくても不思議はない．このために発生する無駄が非常に大きいという事実は，ソ連や東欧の計画経済の失敗を例にとるまでもなく，どの国のどの政府の活動を見ても明らかだろう．

市場経済の長所は，各経済主体が自発的意思決定に基づいて行動できるため，それぞれの経済主体の活動のレベルで発生する無駄が最小限にとどめられるところにある．そのため，自発的な誘因に従って各経済主体が活動するという市場の持つ機能をできるだけ生かして経済政策を行おうとする国が多い（**市場主義的経済政策**）．

では，市場主義的な経済運営を行えば，資源配分のパレート最適性を維持しながら消費者間の生活水準の格差を縮めることができるのだろうか．この疑問に1つの解答を与えるのが**厚生経済学の第2定理**である．

第2定理では，理想的な手法で消費者間の資産の再分配が行えれば，完全競争市場を利用して再分配の後でも特定のパレート最適な配分が達成できることが主張される．ただし，以下でみるように，理想的な資産の再分配を行うのは技術的に困難で，厚生経済学の第2定理の現実の経済政策への応用に関する価

値の評価は分かれる．

　厚生経済学の第2定理によれば，消費者間で適切な資産の再分配が行えさえすれば，どんなパレート最適な配分も完全競争市場で達成できる．このような結果が成立することはボックス・ダイアグラムを使って説明できる．

　たとえば，図8.4において，契約曲線 C 上の任意の点 Z における配分を達成することが政府に求められているとしよう．この点 Z では2人の無差別曲線が接するので，点 Z を通る共通接線 L' を引き，初期資源の配分点 $\bar{W}$ を通る水平な直線との交点を W としよう．この交点 W と $\bar{W}$ の水平方向の距離を t とする．ここで，政府が A の保有する $\bar{x}_A$ 単位の X の中から t 単位を取り上げ，B に与えると考えよう．そうすると，2人の消費者の予算方程式は

$$px_A + qy_A = p(\bar{x}_A - t) + q\bar{y}_A,$$
$$px_B + qy_B = p(\bar{x}_B + t) + q\bar{y}_B$$

となる．この場合，2人の予算線は図8.4の直線 L' で示され，市場均衡における配分は Z になる．このような資源配分の調整は直接的に財を取り上げて別の人に渡すのではなく，税制を用いても達成できる．政府は A に pt 円だけ課税し，それを補助金として B に移転すればよいわけである．このようにして，課税・補助金政策を使えば，任意のパレート最適配分を競争均衡として実現することができる．（前項でも触れたように，一般均衡モデルの中では価格水準は決定されない．したがって，貨幣政策を通じて価格水準が何らかのレベルに決定されていなくては，このような課税・補助金政策は実行できないことに注意しよう．）

　これで厚生経済学の第2定理の基本的なポイントが説明できた．しかし，この定理の持つ意味を完全に説明するためには，ランプサム方式（lumpsum, 一括方式）の課税で資産の再分配が行われているという事実を確認するべきだろう．ランプサム方式の課税というのは課税対象となる経済主体の支払う税額がその経済主体の選択変数の設定――つまり，経済活動の選択――に依存しないような課税方式である．上の分析では，消費者の選択変数は財の消費量であり，消費者 A の課税額や消費者 B への補助金額 pt は消費者の選択変数の設定には影響されないと想定されているので，ランプサム方式の課税を扱っていたと考

えてよい.

この用語を利用すると，厚生経済学の第2定理は次のようにまとめることができる.

定理 8.2（厚生経済学の第2定理） どのようなパレート最適な資源配分でも，ランプサム方式による資産の再分配によって競争均衡として実現することができる.

現実的には，ランプサム方式の課税を行うことは非常に難しい．経済主体の活動に依存しないように税額を設定するのは非常に困難であると言い換えてもよい．現代の経済では，多くの国で，所得税と消費税が併用されている．しかし，労働所得への課税では税額が労働供給量に依存する．企業の利潤から発生する所得に課税したとしても，税額が企業への投資などに影響を持つであろうことは想像に難くない．消費税では，消費量に依存するのでランプサムではありえない．

ランプサム課税の例として多くの教科書で取り上げられるのは人頭税である．人頭税というのは人間1人につき，いくらという税金をかけるものである．しかし，人頭税にしても子孫という人的資源に課税をしているので，税額は人的資源への投資に依存するはずである．つまり，人頭税をかければ，子供の数が減る可能性も否定できない．その場合には，経済の生産力が落ちるはずで，人頭税でさえも完全なランプサム課税であるとは言えない．

8.3 単純1国経済モデル

前節では，消費者が複数の市場に同時に参加することから発生する市場の間の連関を分析した．そのような連関があっても，完全競争市場は効率的な配分を達成するというのが主な結論である．次に，企業と消費者が生産要素の市場と生産物の市場の両方に同時に参加することから，発生する市場の連関の一般均衡分析を行おう．

一般均衡分析は1つの経済の全体像を単純なモデルとして記述して分析する

ために有益である．たとえば，前節で考えた純粋交換経済モデルは国際貿易モデルの基礎を与えるものである．モデルを国際貿易の文脈で解釈するためには，AとBを2つの国と考え，XとYをたとえば農産物と工業製品であると考えるとよい．2国間で貿易を行わないならば，各国は自分の国に存在する財だけを消費する．つまり，図8.4の右側のパネルの初期資源配分$\bar{W}$が貿易前の2国の経済消費ベクトルを示すわけである．貿易が起これば，2国の消費点はZ^*に移動し，両国とも貿易から利益を受けるということがわかる．

　一般均衡分析は1国経済をマクロ経済学的にみて，生産と消費の関係を分析するためにも有効である．1国の経済には多数の消費主体と生産主体が存在する．図8.5では，そうした経済主体の関係を簡単に図式化してある．市場は異なった経済主体が財を交換する場を提供する．市場に参加している経済主体には，消費者と企業の2つのタイプがある．取引を通じて，本源的生産要素が消費主体から生産主体へ受け渡される場が（本源的）生産要素市場であり，最終消費財が生産主体から消費主体へ受け渡される場が消費財市場である．その他，生産主体同士が取引を行う中間生産要素の市場も非常に重要な役割を果たしているし，中古品市場のように消費者同士が取引を行う市場も存在する．図8.5では，そうした経済主体の間でのいろいろな財の流れが矢印で示してある．

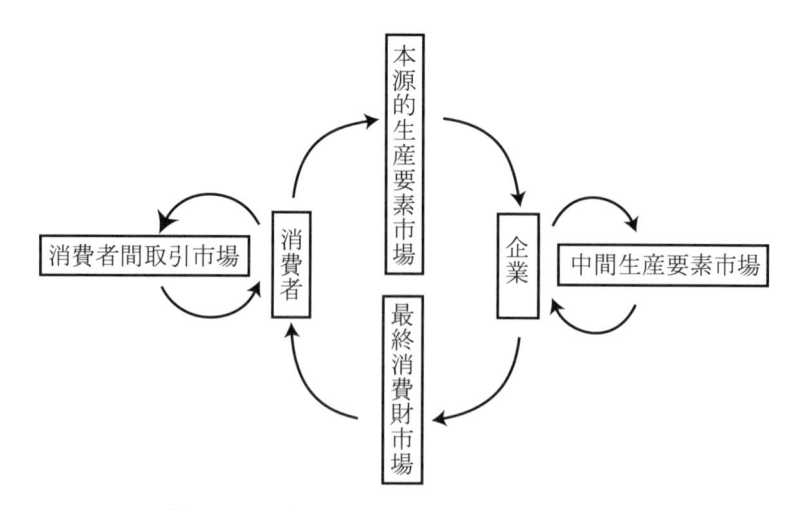

図 **8.5**　1国経済における生産物や生産要素の循環

本節では，これらの経済主体の活動を 1 人の代表的消費者と 1 つの代表的企業の最適化行動によって記述し，生産要素市場と生産物市場を通じた相互関係を分析しよう．

8.3.1　1 国経済の資源配分

1 国経済の生産と消費の関係を簡単なモデルとして記述するために，第 6 章で考えた生産過程を簡単化して，単一の生産要素（労働）から単一の生産物が作られる場合を考えよう．以下の分析は第 6 章や第 4 章の分析の復習も兼ねたものであることに注意しよう．

単純 1 国経済モデルにおける第 1 の登場者は代表的企業である．代表的企業は生産要素市場で労働を使って消費財を生産する．企業の生産関数を

$$y = f(L) \tag{8.12}$$

と書く．ここで，y は生産量，L は労働の投入量である．第 6 章の分析に合わせて，生産要素を投入しなければ生産物は作れず，

$$f(0) = 0 \tag{8.13}$$

が成立すると仮定する．さらに，生産曲線は S 字型をしていると仮定しよう．

図 8.6 では，代表的企業の生産関数 $f(L)$ のグラフを生産曲線 y で示してある．代表的企業が点 F で示されるような生産活動（つまり L 単位の労働を投入して y' 単位の生産物を生産するという活動）を採用している場合には，第 1 種の無駄が発生する．労働の投入を L だけ行えば，y だけの生産物が作れるのだから，$y - y'$ だけの生産物が遊休していると考えてもよいし，L' の労働を投入すれば，y' の生産物が作れるのだから，$L - L'$ の労働が無駄使いされていると考えてもよい．生産部門において第 1 種の無駄を発生させないためには，生産活動が生産曲線上で行われる必要がある．

単純 1 国経済モデルの第 2 の登場者は代表的消費者である．代表的消費者は労働を市場に供給して消費財を消費する．労働供給量を l，消費財の需要量を x と書いて消費者の効用関数を

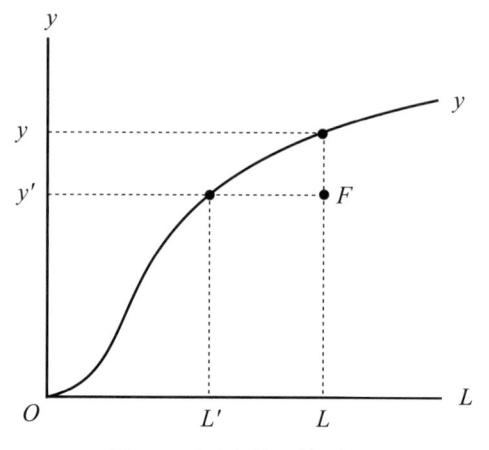

図 **8.6**　生産と第 1 種の無駄

$$u = u(x, l) \tag{8.14}$$

と書くことにする．消費財は正の財，労働供給は負の財（負のサービス）であると仮定しよう．第 4 章では，消費者の効用を余暇の消費量 h と消費財の消費量 x との関数として，$U(h, x)$ と記述した．そこでも指摘したように，消費者に利用できる労働資源には（1 日あたり 24 時間という）上限が存在する．以下では，一期間の長さを 1 日には設定せず，供給可能な労働資源の上限を $\bar{l}$ と書く．そうすると，余暇の消費量 h と実際の労働供給量 l との間には

$$h = \bar{l} - l \tag{8.15}$$

という関係が成り立つ．したがって，本章で考える効用関数 (8.14) と第 4 章で考えたものの間には，

$$u(x, l) = U(\bar{l} - l, x) \tag{8.16}$$

という関係があると考えてもよい．

図 8.7 では，効用関数 (8.14) にもとづいて典型的な無差別曲線群を描いてある．労働供給は横軸にそって計られている．この経済で利用できる労働資源の上限が図の $\bar{l}$ である．縦軸には消費財の量 x が計られている．そうすると，労

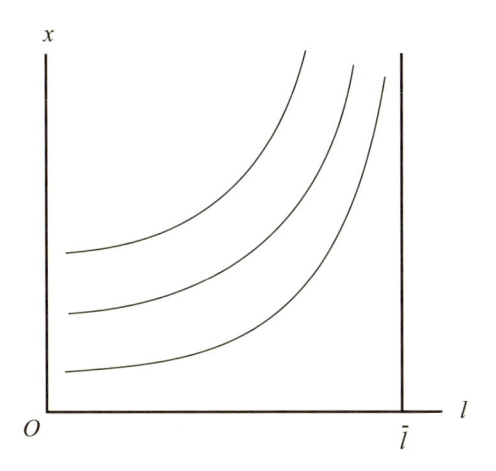

図 8.7 労働と消費の無差別曲線

働供給を減少させれば（つまり，余暇を増やせば），消費点が左方向にシフトし，消費財の需要を増加させれば消費点が上方向へシフトすることになる．どちらの場合にも，効用は増加するので，無差別曲線は右上がりで，点 $\bar{l}$ に向かって凸形をしているはずである．

このモデルの資源配分は代表的消費者の経済活動 (x, l) と代表的企業の経済活動 (y, L) を示すベクトルのペアで記述することができる．つまり，

$$\mathbf{a} = (x, l, y, L) \tag{8.17}$$

が配分を記述している．この配分が実行可能であるためには，労働の投入量が供給量を超えたり，消費財の消費量が生産量を超えたりすることがなく，生産量が投入された労働で生産可能な範囲になくてはならない．つまり，配分 $\mathbf{a} = (x, l, y, L)$ が

$$L \leq l, \quad x \leq y, \quad y \leq f(L) \tag{8.18}$$

を満たしているときには，実行可能である．

生産された財を消費しきらなかったり，提供された生産要素を使いきらなかった場合には，経済全体で，第 1 種の無駄が発生していると考えられる．言い換えると，代表的消費者と代表的企業からなる経済では，第 1 種の無駄の発生を

防ぐためには労働の供給量と投入量が等しく，消費財の消費量と生産量も等しい（つまり，$l = L$, $x = y$ である）必要がある．したがって，第1種の無駄のない配分は消費者または企業のどちらかの経済活動を示すベクトルで完全に記述できる．

第1種の無駄のない配分を考えるためには，図8.6と8.7を重ねあわせた図8.8を使うと便利である．消費ベクトル (x,l) が生産ベクトルや配分も同時に記述していると考えられるので，実行可能な消費ベクトル (x,l) は生産可能性の条件

$$x \leq f(l) \qquad (8.19)$$

を満たしていなくてはならない．図8.6でも見たように，図8.8の F のような生産点では第1種の無駄が発生しており，効率的な資源配分は達成されない．第1種の無駄のない配分では，消費ベクトルが生産曲線 y に乗っていなくてはならない．

単に，第1種の無駄をなくしても，効率的な資源配分は達成できないことは図から明らかであろう．たとえば，点 G や H では第1種の無駄は存在しないが，消費者の持つ労働をより適切に生産部門が利用すれば，消費者がより高い効用を得ることができるからである．点 G や H では，消費者の選好に対して

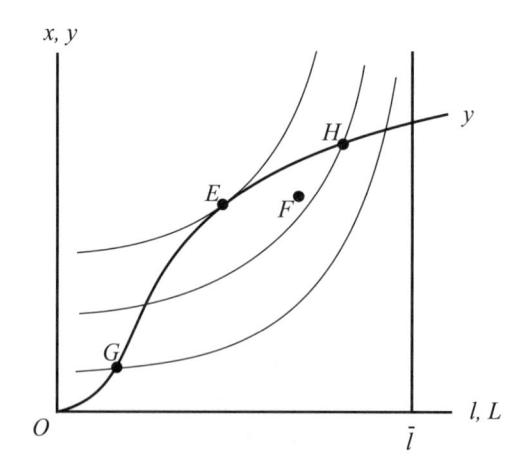

図 **8.8** 生産と消費における第2種の無駄と最適配分

生産技術が適切に利用されておらず,生産活動と選好の間にミスマッチングが発生していると言ってもよい.その意味で,第2種の無駄が存在する.

　第1種の無駄も第2種の無駄も発生しない(つまり効率的な)配分は消費者が最大の効用を達成している点 E で示される.この配分は最適配分と呼ばれる.前章では,社会的余剰が最大化されている状態を最適配分と呼んだ.ここでの最適配分も同様の意味を持っている.つまり,図8.8が示すように,無駄の発生しない配分は生産曲線上でもっとも高い無差別曲線を達成できる点 E で定まる.ここでは,第8.2項で考えたケースとは異なり,消費財を最終的に消費する消費者は1人しか存在しないと考えている.したがって,単純1国経済モデルにおける効率的配分は(パレート最適性ではなく)代表的消費者の効用を最大にする普通の意味の最適性によって記述される.

　最適配分 E を達成するためには無差別曲線が生産曲線に接している必要がある.第3章の議論を思い出せば,無差別曲線の傾きは(消費財で計った)余暇への限界支払用意 MWL (marginal willingness to pay for leisure)を示していることが分かる.つまり,追加的に余暇を楽しむために犠牲にしてもよいと思う最大限の消費財の量を追加的余暇の消費1単位あたりに直した値が無差別曲線の傾きによって示されるからである.また,生産曲線の傾きは第6章で導入した労働の限界生産性 MPL を示す.最適配分では,余暇への限界支払用意 MWL が労働の限界生産性 MPL に等しくなくてはならない.つまり,

$$x = f(l), \tag{8.20}$$

$$MWL = MPL \tag{8.21}$$

という条件が満たされていなくてはならない.

　条件(8.20)は作ったものを使いきるということを意味しているので,第1種の無駄の除去条件と呼ぶことができる.また,(8.21)は存在する技術にあわせて労働投入を調節して,自分にとって望ましい消費を達成するという意味での適材適所の条件である.この意味で,(8.21)を第2種の無駄の除去条件と考えることができる.

8.3.2 生産と消費の一般均衡

第7章や第8.2節でみたように，完全競争市場における配分は効率的である．すでに触れたように，この命題は非常に一般的な経済モデルで成立する結論で，単純1国経済モデルでも証明することができる．そのためには，完全競争市場における代表的企業と代表的消費者の経済活動をきちんと記述する必要がある．

ここまでの議論を踏襲して，代表的企業も代表的消費者も生産要素の市場でも消費財の市場でも価格受容者（完全競争的）であると仮定する．消費財の価格を p，賃金率を w としよう．代表的企業は利潤を最大にするような生産活動を行う．企業は労働だけを利用して生産物を作るので，総費用は $TC = wL$ である．総収入は $TR = py$ なので，第6章の分析から，代表的企業の利潤は

$$\Pi = py - wL \tag{8.22}$$

と書ける．生産物 y と生産要素 L の投入の関係は企業の生産技術に制約されるので，

$$y \leq f(L) \tag{8.23}$$

という条件を満たさなくてはならない．企業の行動は(8.23)という技術的条件のもとで，利潤(8.22)を最大化するという最適化問題で記述できる．

消費者の所得の源泉は自己の保有する労働力と企業の株式（つまり，利潤の配当を受け取る権利，残余請求権）である．賃金率が w なので，労働市場に労働力を供給することで得られる賃金所得は wl である．企業が生み出す利潤 Π は配当として消費者に分配される．消費者の総所得は賃金所得と利潤の配当の合計である．消費財の購入量は x と記述したので，消費額は px である．消費額は総所得を超えることはできない．つまり，代表的消費者の予算方程式は

$$px = wl + \Pi \tag{8.24}$$

である．消費者は予算制約のもとで，効用 $u(x,l)$ を最大化するように経済活動を行う．

純粋交換経済モデルと同様に，単純1国経済モデルでも経済主体が複数の市

場に同時に参加している場合が想定されている．消費者と企業が生産物市場と労働市場に同時参加しているということである．したがって，単純1国経済モデルでも（部分均衡ではなく）一般均衡を考える必要がある．一般均衡では，企業は利潤を最大にするように労働を需要し，生産物を供給する．消費者は予算制約のもとで効用を最大にするように労働を供給し，生産物を需要する．さらに，それぞれの市場で需給が一致していなくてはならない．

つまり，単純1国経済モデルにおける完全競争市場の一般均衡は次のように定義できる．

単純1国経済における完全競争市場の一般均衡：単純1国経済における完全競争均衡とは次の条件を満たす配分 $\mathbf{a}^* = (x^*, l^*, y^*, L^*)$ と製品の価格 p と賃金率 w のことである．均衡における価格は均衡価格と呼ばれる．

(1) 代表的企業の生産ベクトル (y^*, L^*) は次の生産者余剰最大化問題の解である．

$$\max_{(y,L)} \Pi = py - wL \quad \text{s.t.} \quad y \leq f(L). \tag{8.25}$$

(2) 代表的消費者の消費ベクトル (x^*, l^*) は利潤が $\Pi^* = py^* - wL^*$ で与えられた次の効用最大化問題の解である．

$$\max_{(x_A, y_A)} u = u(x, l) \quad \text{s.t.} \quad px \leq wl + \Pi^*. \tag{8.26}$$

(3) 各財の市場の需給の一致をもとめる次の条件を満たす．

$$x^* = y^*, \quad L^* = l^*. \tag{8.27}$$

前節で見たように，市場の一般均衡モデルでは，価格水準は定まらず財の間の相対価格——ここでは，w/p——だけが決定されることに注意しよう．

8.3.3 完全競争均衡の最適性

ここまで見てきたように，均衡とは与えられた価格のもとで各経済主体が最適な経済活動を行い，市場で需給が均衡している状態である．したがって，均

衡を分析するには，それぞれの経済主体の最適化行動を分析する必要がある．

前項の均衡条件の(1)は企業の最大化問題を記述するものである．この問題を分析するために，利潤を生産物の価格で割った値を**実質利潤**，賃金を生産物の価格で割った値を**実質賃金**と呼ぼう（賃金率と製品の単価の比率 w/p は**実質賃金率**と呼ぶ）．第(8.22)式が示すように，企業の実質利潤は生産物の量 y と実質賃金 $\frac{w}{p}L$ の差額

$$\frac{\Pi}{p} = y - \frac{w}{p}L \tag{8.28}$$

で示される．企業は価格受容者として製品の単価 p を一定と考えるので，利潤 Π を最大化することと実質利潤 Π/p を最大化することは同じである．

図 8.9 では曲線 y で生産関数 $y = f(L)$ のグラフ（つまり，生産曲線）を示し，直線 W で実質賃金の支払と労働投入量の関係 $W = \frac{w}{p}L$ を示している．曲線 y と実質賃金直線 W との垂直方向の差が企業の実質利潤を示している．この垂直方向の差を最大にするのが，企業の最適生産ベクトルである．

第 2 章や第 5 章でも指摘したとおり，曲線と直線の間の垂直方向の差を最大にするためには，曲線の傾きと直線の傾きが一致するような点を選ばなくてはならない．第 6 章でもみたように，生産曲線の傾きは労働の限界生産物 MPL で示される．また，実質賃金直線 $W = \frac{w}{p}L$ の傾きは実質賃金率 w/p で示さ

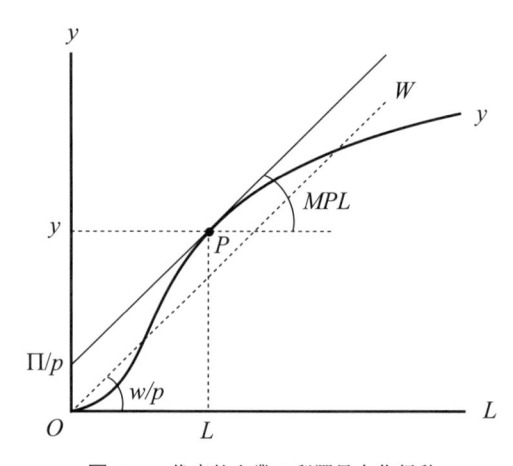

図 **8.9** 代表的企業の利潤最大化行動

れるので，労働の限界生産物が実質賃金率に等しくなるように労働投入量が設定されていなくてはならない．つまり，

$$MPL = w/p \tag{8.29}$$

である．図8.9では，労働投入量 L を選んで投入し y を生産すればよい．図8.9の点 P が最適生産点を示す．

消費者の予算方程式(8.24)も実質化すると，

$$x = \frac{w}{p}l + \frac{\Pi}{p} \tag{8.30}$$

と変形できる．図8.10では，(8.30)式に対応する予算線が直線 B で示されている．この式によれば，労働供給 l を増加させると，増加1単位あたりにして，消費量が w/p 単位だけ増やせるので，予算線 B は傾き w/p の右上がりの直線である．利潤 Π/p は企業の活動に依存する．企業が (y, L) という生産ベクトルを選んだときの利潤が Π/p であるとすると，$(x, l) = (y, L)$ とおけば(8.30)式が満たされることが(8.28)と(8.30)を比べることで分かる．したがって，予算線 B は企業の生産点 $P = (y, L)$ を通らなくてはならない．図8.10の点 P はこの事実にもとづき図8.9の点 P をコピーしたものである．

代表的消費者の最適消費ベクトルは点 b で示されている．最適消費ベクトル

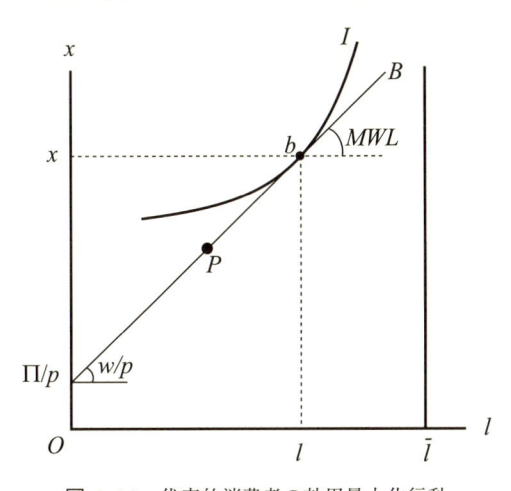

図 **8.10** 代表的消費者の効用最大化行動

においては，予算線の傾き w/p と無差別曲線の傾きが一致しなくてはならない．上で述べたように，無差別曲線の傾きは余暇への限界支払用意 MWL を示すので，

$$MWL = w/p \qquad (8.31)$$

という条件が満たされなくてはならない．

完全競争均衡では，条件 (8.27), (8.29), (8.30), (8.31) が満たされる．したがって，(8.29) と (8.31) から最適配分の条件 (8.21) が満たされ，(8.27) から (8.20) が満たされるので，完全競争均衡が最適配分を達成することが分かる．

この結論は図を使っても説明できる．そのためには，図 8.9 と図 8.10 を重ね合わせて使うのが便利である．図 8.11 には 2 つの図を重ね合わせた図が描いてある．図の点線の直線 B 示す実質賃金率 w/p は均衡価格とは言えない．企業の選ぶ生産点 $P = (y, L)$ が消費者の選ぶ消費点 $b = (x, l)$ と異なるからである．これでは前項の均衡条件の (3) が満たされず，需給が均衡しない．

均衡は図 8.11 の点 E^* で示される．つまり，直線 B^* の傾きに対応する実質賃金率 w^*/p^* が成立すると，(1) 企業は点 E^* で生産を行うことを望み，(2) その際の消費者の予算線は直線 B^* で示され，(3) そのとき，消費者は点 E^* の消費バスケットを選ぶことを望むからである．

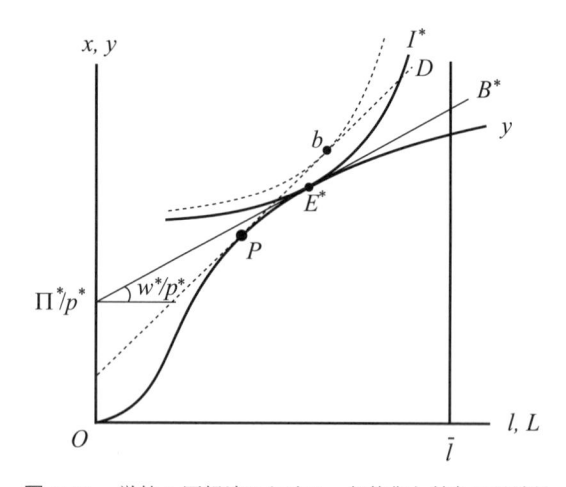

図 8.11　単純 1 国経済における一般均衡と競争の最適性

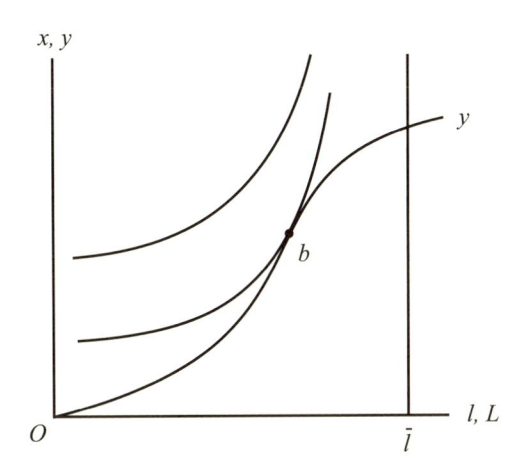

図 8.12　市場均衡では達成できない最適配分

この均衡における配分 E^* が実行可能な消費ベクトルのなかでもっとも高い効用を与えているのも図から明らかである．したがって，完全競争均衡における配分が最適だということが分かる．この結果は次のようにまとめることができる．

定理 8.3　単純 1 国経済モデルにおける完全競争均衡は最適な配分を達成する．

最後に，完全競争均衡が存在しないケースもあるという事実に簡単に触れておこう．図 8.12 では，無差別曲線が S 字型の生産曲線の中央部分に接している．この場合，接点 b は社会的に最適な消費ベクトルではある．しかし，どのような実質賃金率が与えられようとも，企業が望む生産点と消費者が需要する消費点とが一致することはありえない．つまり，完全競争均衡は存在しえないということである（この場合の厳密な分析は読者の手に委ねよう）．

8.4　長期の市場均衡と企業数

ここまでの分析では，多数の企業が経済に存在していても，それらの行動が単一の企業（代表的企業）の行動によって記述できるという単純化の仮定のもと

で議論が進められてきた．このような仮定にもとづく分析は短期的なものである．長期的には，第 7 章でも指摘したように，企業の数も変化する．したがって，企業数の変化をともなう長期分析のためには，単一の代表的企業の存在を仮定するのは適当ではない．

以下では，第 7 章で考えたような市場の長期と短期の間の関係を考える．市場に参加している企業の数や技術が固定しているのが短期である．長期的には十分な時間があって，既存の企業も潜在的な企業も既存の技術の中から最も効率的な技術を学習し，潜在的な企業が市場に参入したり，既存企業が市場から退出したりできると仮定する．市場で取引される財の性質や市場に参加する消費者は時間がたっても変化しないと仮定する．

8.4.1 長期均衡

上でも述べたように，長期的には，既存の生産技術の内で最も効率的な生産技術を各企業が学習し，その技術を利用して市場への参入が行われると仮定する．本項では，

$$y = f(L) \tag{8.32}$$

という生産関数が最も効率的な技術であるとしよう．図 8.13 では，この生産曲

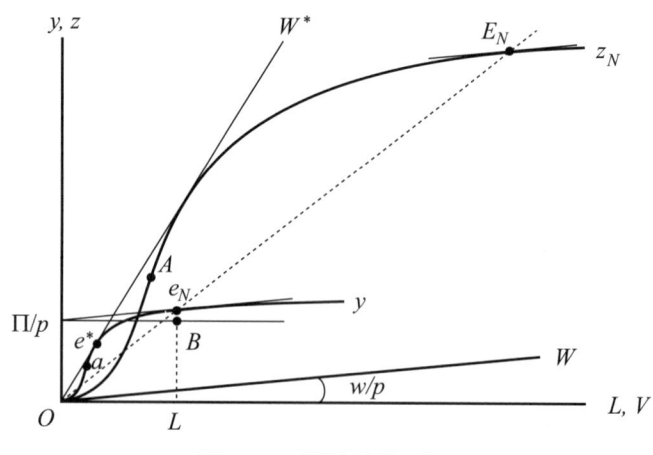

図 8.13 利潤と企業の参入

線が曲線 y で描いてある.

まず,この技術を利用して生産活動を行う企業が 1 から N までの N 個存在する場合を考えよう.企業 n の生産量を y_n,労働投入量を L_n とする.社会的な生産量と生産要素の投入量を

$$z = \sum_{n=1}^{N} y_n, \quad V = \sum_{n=1}^{N} L_n \tag{8.33}$$

と記述しよう.

社会的労働投入量が V に与えられたとき,それから生産できる社会的生産物の最大量を $z = F_N(V)$ と書き,そのグラフを社会的生産曲線と呼ぼう.どの企業も同じ生産技術を利用しているのだから,社会的生産曲線は個別の企業の生産曲線 y を原点を固定して N 倍に拡大した曲線 z_N で示されると考えてよい.社会的生産量 z を最大にするためには,第 7.2 節でもみたように,各企業の限界費用が一致するように生産が行われている必要があるからだ.すべての企業が同じ生産技術を使っているのだから,限界費用が一致するように生産を行うためには,各企業が同じ量の生産物を作っていなくてはならない.したがって,個別企業の生産曲線 y を N 倍すれば社会的生産曲線が得られる.

(この関係は個別の企業の限界生産物が逓減している範囲のみで成り立つ.個別企業の限界生産物は生産曲線 y の傾きで示される.限界生産物が逓減するのは図 8.13 の曲線 y の点 a より上の部分だから,曲線 z_N の点 A より上の部分でのみが社会的生産曲線と一致する.以下の分析では,それより下では社会的生産曲線のグラフを描く必要はないので詳しい説明は省略する.)

企業 n の総収入 $TR_n = py_n$ は,(8.32)を使えば,$TR_n = pf(L_n)$ と記述することもできる.総費用は $TC_n = wL_n$ なので,企業 n の利潤最大化問題は

$$\max_{L_n} \Pi_n = pf(L_n) - wL_n \tag{8.34}$$

と記述することができる.

図 8.9 でも説明したように,利潤を最大にするためには,企業 n の労働の限界生産物 MPL_n が実質賃金率 w/p に等しくなるように労働投入量 L_n が決定されなくてはならない.したがって,図 8.13 では,企業 n の生産点を生産曲線 y の傾きが w/p に等しくなる点 e_N で描くことができる.

どの企業も同じ生産技術を用い，同じ価格に直面するので，すべての企業が点 e_N で生産を行うはずである．企業が N 個存在するのだから，原点から e_N を通る直線上で N 倍の距離にある点で社会的生産点 E_N が示される．

実質賃金率 w/p が図 8.13 の点 e_N における生産曲線 y の傾きに等しいならば，各企業は正の利潤を得ることができる．この点では，L 単位の労働が雇用され，実質賃金率が w/p なので，実質賃金 $\frac{w}{p}L$ は図 8.13 の線分 Be_N の長さで示されるからである．他方，生産物の大きさは線分 Le_N の長さで示されるので，各企業は線分 BL の長さに等しい実質利潤を得る．

既存企業が正の利潤を得ているならば，潜在的企業には市場参入の誘因が存在する．新規企業が参入すれば，製品の供給量が増加し，製品価格 p は下落する．労働需要も拡大するので，賃金率 w は上昇する．したがって，実質賃金率 w/p が上昇する．実質賃金率が図 8.13 の直線 W^* の傾きが示す値 w^*/p^* になるまでは，企業に利潤が発生するので企業の参入が進む．最終的に到達する実質賃金率は w^*/p^* である．これが**長期の均衡実質賃金率**である．個別企業の長期均衡における生産点は直線 W^* と生産曲線 y の接点 e^* で示される．

以上の分析は，企業の参入や退出を通じて長期的な社会的労働投入量 V と社会的生産量 z の関係が図 8.13 の直線 W^* によって示されることを意味している．長期均衡では，企業の利潤 Π はゼロになるので，(8.30) から，代表的消費者の予算方程式は

$$x = (w^*/p^*)\, l \tag{8.35}$$

となることがわかる．この方程式は傾き w^*/p^* で原点を通る直線を意味するので，直線 W^* と一致する．したがって，代表的消費者の消費点は図 8.14 の点 E^* で決定される．この点 E^* が社会的生産点を示し，個別の企業の生産点は e^* で示されるので，長期均衡における企業の数は線分 OE^* の長さと線分 Oe^* の長さの比率で決定される．つまり，

$$N^* = OE^*/Oe^* \tag{8.36}$$

である．この企業数は近似的な値と考えるべきであるのは，第 7.4 節の分析と同じである．

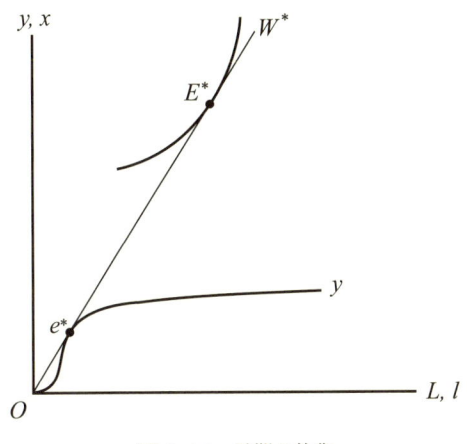

図 8.14 長期の均衡

8.4.2 長期効率的技術の選択

前項では、どのような技術が効率的であるかについては触れず、長期的に効率的な技術 (8.32) の存在を仮定して長期的均衡の構造を説明した。では、どのような技術が長期的に効率的なのだろうか。第 7.4 節では、この問題に最小の平均費用を達成できる生産技術が長期的に効率的であるという解答を与えた。本章の設定を使うと、最大の平均生産性を達成できる技術が長期効率的であるという解答を与えることもできる。以下では、この観点から長期効率的な技術の性質を検討しよう。

図 8.15 の生産曲線 y_A と y_B で示される 2 つの生産技術 A と B が存在して、現在の実質賃金率は図の賃金線 W^o の傾き w^o/p^o で示されるとしよう。このとき、どちらの技術を選択するのが企業にとって効率的なのだろうか。

現在の賃金率 w^o/p^o のもとでは、技術 A を採用したときの生産点は E_A、B を採用したときの生産点は E_B である。図が示すように、技術 B を採用すれば生産規模も利潤もずっと大きいことが期待される。したがって、技術 B を採用する方が企業にとって効率的であるように見える。

たしかに、1 回の生産ごとに自分が選ぶ生産技術を更新できる場合には、B の生産技術を選ぶのが望ましい。しかし、そのようなケースはほとんどない。現

実の生産過程では，いったん1つの生産技術を選択すると，企業は長い期間にわたってその技術を継続的に利用しなくてはならない．ここで考えている企業の選択する生産技術というのは非常に広い意味を持つ．生産要素の投入量と生産量との間の関係を規定するもろもろの要因を指しているからだ．それを上のモデルでは簡単化して $y = f(L)$ と書き表しているわけである．したがって，企業の生産技術の中には単に機械や工場といったハード的なものだけでなく，企業内の組織構造や体質といったソフト的なものも含まれる．そうしたものまで含めて生産技術と考えると，すでに選択した技術の変更は非常に困難であることは想像に難くない．

そうだとすると，Bの生産技術を採用するのは望ましくない．生産技術Bを選んだのでは長期的な営業の採算が合わなくなるときが必ず訪れるのが明らかだからだ．

生産技術Bを採用して市場に参入するとしよう．現時点の実質賃金率 w^o/p^o は十分に低いので，技術Bを使って大きな利潤を得ることができる．しかし，これは潜在的企業に参入の誘因を与えることを意味する．潜在的企業が参入すると，製品の供給が拡大し，製品価格は下降する．したがって，新規企業が参入するにつれ，実質賃金率 w/p が上昇する（前項で見たとおり，労働需要も拡

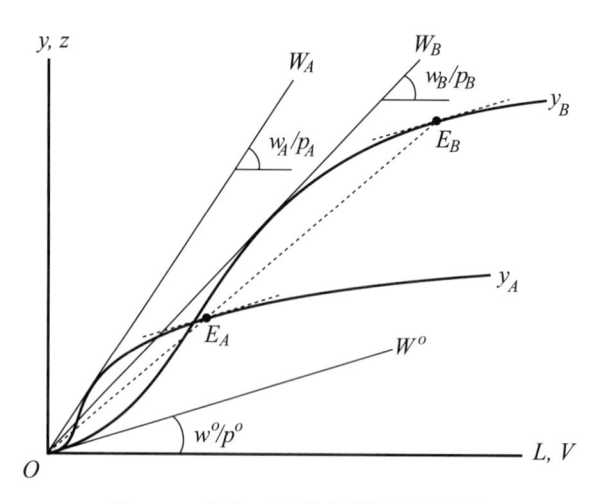

図 **8.15** 技術の選択と長期効率的な技術

大するので賃金率の上昇も起きるはずである．これも実質賃金率を押し上げる要因に働く）．

実質賃金率が図 8.15 の直線 W_B の傾き w_B/p_B に近づくと，技術 B を採用した企業の利潤はほとんどゼロになってしまう．しかし，A と B の両方の技術が利用可能ならば，実質賃金率が w_B/p_B に近づいても，新規企業の参入がストップすることはない．技術 A を採用すれば利潤機会が残っているので，A の技術を採用する新規企業の市場参入が続く．したがって，製品価格は下降を続け，実質賃金率は w_B/p_B より高くなる．その場合には，技術 B を選択した企業は生産を続けることができない．つまり，長期的には，そのような企業は存続できないということである．

経済に A と B の 2 つの技術だけが存在するのならば，技術 A を採用しても利潤機会が存在しなくなる w_A/p_A まで実質賃金率が上昇する．

この分析が示すように，長期的な採算を考えるならば，短期的に大きく儲けられる技術 B を捨てて，長期的に効率的な技術 A を採用する方が望ましい可能性が大きい．長期的な観点に立つと，最も効率的な技術とは生産要素の平均生産性を最大にできるような技術のことである．第 6 章でも見たように，平均生産性とは生産要素 1 単位あたりの生産物の量である．たとえば，図 8.15 の曲線 y_A で示されるような生産技術を考えると，投入量 L における生産要素の平均生産性とは，生産点 E_A と原点 O を結ぶ線分 OE_A の傾きで示される．図 8.15 の生産曲線 y_A や y_B が示すように，生産技術が S 字型の生産曲線で示される場合には，それぞれの技術のもとで達成できる生産要素の平均生産性には上限が存在する．したがって，ある技術のもとでの平均生産性の最大値は技術によって異なる．その中でもっとも高い最大平均生産性を持つ技術が**長期効率的な技術**である．

すべての企業が長期効率的な生産技術を採用することで，社会的に見ても長期的に効率的な資源配分が達成されることにも注意しよう．すべての企業が技術 A を採用して市場に参入する場合には，社会的生産曲線が直線 W_A で示されるからである．他方，すべての企業が技術 B を採用するときの社会的生産曲線は直線 W_B に過ぎない．この事実からもわかるように，長期効率的な技術をすべての企業が採用する場合に，もっとも高い（長期的）社会的生産曲線が達成

される．図 8.7 などでも示したとおり，左上方向にある消費点ほど高い効用を与えるので，すべての企業に A の技術を採用してもらうのが社会的にも最適である．

8.4.3　企業の合併や分割と長期効率性

図 8.15 は企業の合併や分割などの分析にも応用できる．企業の合併や分割においても長期効率的な生産技術を確立できるか否かで，長期の採算が定まるということである．

たとえば，生産技術 A を持つ 2 つの企業が合併すると技術 B を持つことができるとしよう．図の状態では，現在の賃金率が w^o/p^o ならば，合併を通じて規模の利益が働き，生産量も利潤も倍以上に拡大できる．しかし，長期的な観点に立つと，長期効率的な技術を持つ 1 つの企業がその技術を捨てて，長期的には非効率な技術に移行することを意味する．このような場合，合併は長期的には望ましくない．同じことは企業分割についても言える．技術 B を持つ企業が存在しても，技術 A を持つ 2 つの企業に分割できるならば，長期的には分割することが望ましい．

このような分析が示すように，合併などによって安易に企業規模を拡大することは，かえって，企業の活動基盤を危うくすることにもつながり兼ねない．また，現状で利潤を得ている企業であっても，長期的により効率的な技術を採用できる可能性があるならば，積極的にダウンサイジングを行うことが望ましい場合もある．

技術の採用に関しては，企業は長期的な技術の効率性を考えることが重要である．長期的な技術の効率性はその技術が達成できる平均生産性の最大値で決定される．それぞれの技術には，その技術で達成できる平均生産性に上限があり，上限が高いほど効率的な技術だということである．それぞれの技術の持つ平均生産性の最大値を知ることで，長期効率的な技術を決定できる．

長期的な経済を見すえて経済活動を行うためには，将来の経済状態に関する**先見力**が非常に重要である．ここまでの分析からもわかるように，どのような要素に関する先見力を研くべきかは経済活動ごとに異なる．たとえば，第 5 章や第 6 章でみたように，企業の固定的生産要素の投入量の決定は将来の製品の

価格に依存する．製品の価格は消費者の好みに依存するので，固定的生産要素の投入に関する意思決定において企業が直面する不確実性の主たる源は消費者の好みの変動であると言えよう．

これに対し，技術の選択に関する意思決定は消費者の選好に関する不確実性に大きく左右されることはない．上の分析が示すように，技術選択に際して企業にとって最も重要な情報は既存の生産技術のそれぞれが持つ最大の平均生産性だからである．それぞれの技術における生産要素の平均生産性の上限は理論的には将来の製品の期待価格には依存しないので，将来の需要の動向は技術選択の主たる決定要因ではない．

技術の選択肢が既存の技術だけに限られているならば，技術の選択に将来の予測が関わる余地は大きくない．しかし，自分にとっての技術の選択肢が既存のものだけに限られているとしても，他の企業が新たに技術を開発して市場に参入する可能性は否定できない．他企業が開発するかもしれない新技術が未知のものだとしても，どのような技術が開発される可能性があるかという情報は自分の技術選択にとっても重要な役割を果たす．将来，自分の技術よりも長期効率的な技術が他企業によって開発されるならば，自分の企業は存続が危うくなるからである．また，自分も新技術を開発して生き残りをかけるような場合には，開発の成否に関する不確実性にも直面する．

つまり，技術選択に際して企業は将来どのような技術が開発されるかに関する不確実性に直面している．したがって，将来の技術に関する先見力は企業の技術選択にとって欠かすことのできないものである．

リーディング・リスト

本書の読者は，いろいろな目的をもって，本書を読んでくださったと思う．そうした読者の，この本を読んだ後で何を読むべきか，という疑問に答えるために，目的別にリーディング・リストを記しておきたい．

はじめに：「はしがき」でも述べたように，本書は姉妹編
  (1) 矢野誠『ミクロ経済学の応用』岩波書店，近刊，
とペアで読まれることを想定している．本書でカバーしたのは，ミクロ理論のもっとも基礎的な部分である．理論の発展や応用については，続編に詳しく述べているので，そちらを読まれることをお勧めする．

経済学全般：ミクロとマクロの全般にわたる基礎的な経済学の入門書としては，
  (2) Joseph E. Stiglitz, *Economics*, 2nd ed., W. W. Norton & Company, 1997（藪下史郎他訳『入門経済学』，『ミクロ経済学』，『マクロ経済学』，東洋経済新報社，1999, 2000, 2001），
  (3) Paul A. Samuelson and William D. Nordhaus, *Economics* 17th ed., McGraw-Hill, 2001（都留重人訳『サムエルソン経済学』原書第13版，全2冊，岩波書店，1992-93），
  (4) 福岡正夫『ゼミナール経済学入門』第3版，日本経済新聞社，2000,
  (5) 新飯田宏『経済学入門——ミクロ・マクロ経済学へ』日本放送出版協会，2000,
  (6) 塩澤修平『経済学・入門』有斐閣，1996,
  (7) 伊藤元重『入門 経済学』第2版，日本評論社，2001,
  (8) 新開陽一・新飯田弘・根岸隆『近代経済学』新版，有斐閣，1987,
などがある．

ミクロ経済学：学部レベルのミクロ経済学の基礎的な教科書としては，
  (9) 西村和雄『ミクロ経済学』岩波書店，1996,
  (10) 伊藤元重『ミクロ経済学』日本評論社，1992,
  (11) 倉沢資成『入門 価格理論』第2版，日本評論社，1988,
などがある．もう少し詳しい内容の教科書として，
  (12) Hal R. Varian, *Intermediate Microeconomics: A Modern Approach*, 5th ed., W. W. Norton & Company, 1999（佐藤隆三監訳『入門ミクロ経済学』勁草書房，1992），
  (13) 石井安憲・西條辰義・塩澤修平『入門・ミクロ経済学』有斐閣，1996,
  (14) 西村和雄『ミクロ経済学入門』第2版，岩波書店，1995,
  (15) 武隈慎一『ミクロ経済学』新世社，1989,

(16) 奥野正寛『ミクロ経済学入門』新版，日本経済新聞社，1990，
などを勉強されたい．

ミクロ経済学の問題集：ミクロ経済学の理解度を試すための問題集としては，
　(17) 山本賢司『演習　ミクロ経済学入門』岩波書店，2001，
　(18) 瀬古美喜・渡辺真知子『完全マスター　ゼミナール経済学入門』日本経済新聞社，2000，
　(19) 武隅慎一『演習　ミクロ経済学』新世社，1994，
　(20) 西村和雄『入門　経済学ゼミナール』実務教育出版，1990，
などをお勧めする．

より進んだ勉強のために：本書では，ミクロ経済学の数学的展開については，最小限の記述しかしていない．しかし，ミクロ経済学は精緻な数学的モデルにもとづいて発展している．ミクロ経済学の先端を知るための数学的準備には，
　(21) 神谷和也・浦井憲『経済学のための数学入門』東京大学出版会，1992，
　(22) 西村和雄『経済数学早わかり』日本評論社，1982，
などがある．また，経済学における高度な数学的手法の紹介については，
　(23) 丸山徹『数理経済学の方法』創文社，1995，
を見られたい．

　最先端に至る精緻なミクロ経済学の入門書としては
　(24) Hal R. Varian, *Microeconomic Analysis*, 3rd ed., W. W. Norton & Company, 1992（佐藤隆三・三野和雄訳『ミクロ経済分析』原書第2版，勁草書房，1986），
　(25) 西村和雄『ミクロ経済学』東洋経済新報社，1990，
　(26) 根岸隆『ミクロ経済学講義』東京大学出版会，1989，
　(27) 奥野正寛・鈴村興太郎『ミクロ経済学』全2冊，岩波書店，1985，1988，
などがある．もっとも数学的に高度なミクロ経済学の最先端については，
　(28) Andreu Mas-Colell, Michael D. Whinston, and Jerry R. Green, *Microeconomic Theory*, Oxford University Press, 1995，
が詳しい．

　終わりに：姉妹編『ミクロ経済学の応用』の最後にも，関連のある文献をリーディング・リストにまとめてある．あわせて，ご覧いただきたい．

索　引

数学の記号

arg max　　15, 19, 157
max　　13, 15, 80, 141, 176, 178, 182, 214, 215, 228, 232, 246, 247, 258, 266, 298, 304, 312
min　　13, 231, 262, 263
Σ　→「シグマ記号」

変数の記号

AC　　208, 211, 278
APK　　260
APL　　251
AVC　　208, 209, 211, 217
CS　　43, 44, 50, 64, 80
F　　206, 207, 211, 215
$LRAC$　　233, 238
$LRMC$　　232
$LRTC$　　231, 235
MC　　196, 197, 203, 204, 208, 270, 278
MP　　53, 54
MPK　　260, 270
MPL　　249, 252, 270, 371
MRS　　151, 152, 270
MW　　52–54, 71, 75, 78, 148, 150, 153, 305
MWL　　371
P　　44, 50, 57, 64, 81
PS　　215, 217
S　　178, 191, 192
SMB　　305, 314
SMC　　311, 314
$SRAC$　　238
$SRAVC$　　257
$SRMC$　　236, 257
$SRTC$　　235
$SRTVC$　　257
SS　　312, 338
STB　　298, 312, 337
STC　　312, 337
TC　　193, 197, 206, 207, 226, 244, 263
TR　　193, 215, 216, 245
TVC　　206, 207, 215, 216, 226
TW　　43, 44, 50, 64, 72, 77, 107, 150
Π　　193, 228, 245, 247, 258

あ　行

アイディア　　329
アウトプット　　190
新たな市場　　293
安定性　→「均衡の安定性」
意思決定　　55
　——機会　　55
　——主体　　80
　合理的——　　4, 5, 33, 55
　合理的——の手順　　5
　最適——のための限界原理　　52
　自発的——　　292
　消費者の——　　80
　知悉的——　　7, 45, 134
1次条件
　効用最大化の——　　143, 150, 155
　最適化の——　　80, 83
　社会的余剰最大化の——　　315
　消費者余剰最大化の——　　71
　費用最小化の——　　266, 270
　利潤最大化の——　　197, 215, 216, 218, 255
　労働投入決定の——　　249
イチバ（市場）　　62
一物一価の法則　　56–62, 197
一括販売　→「まとめ売り」
一般均衡　　359, 373
　——分析　　181, 240, 347, 365
インフォームド・コンセント　　7

インフォームド・デシジョン　7, 134
　→「知悉的意思決定」もみよ
インプット　190
　→「投入」もみよ
インフレ　159

売り手の最適　61

エッジワース (F. Y. Edgeworth)　352

凹関数　80
オファー　294

か 行

外生的条件　319
外生変数　24, 31, 32, 158
価格　22, 28, 57, 191
　――影響力　63, 214
　――決定方程式　23, 28
　――受容者　63, 81, 129, 214, 316, 358
　――・消費経路　162
　――設定者　63
　――データ　213
　――の調整プロセス　320
　完全競争均衡――　316
　企業参入――　331
　企業閉鎖――　220, 331
　市場――　317, 331, 343
　短期均衡――　341
　→「単価」もみよ
下級財　161, 166
傾き
　曲線の――　77, 202
　直線の――　77, 81, 202
合併　→「企業の合併」
可変的生産要素　203, 205, 206, 224, 226, 245, 250, 258
可変費用　206–208, 226
関数　77
　凹――　80
間接効用関数　158

完全競争
　――企業　262
　――均衡　295, 316, 361
　――均衡価格　316
　――市場　213, 214, 295, 296, 316, 364, 373
　――的企業　213–221, 245, 258
　――の最適性定理　295, 347
　――の短期的最適性　319
　――の長期的最適性　339
　不――市場　172, 213
完全代替　114
　――財　168–171
完全補完　115, 116, 170, 282
　――財　168–171
機会費用　15–21, 138, 140
企業　193, 292
　――規模　333
　――参入価格　331
　――参入点　234
　――数　339
　――の合併　384
　――の分割　384
　――閉鎖価格　220, 331
　――閉鎖賃金率　256
　――閉鎖点　219, 256
　完全競争――　262
　既存――　293, 328
　最適な――数　339
　新規――　293
　潜在的――　328
技術　293, 296, 329
　――開発の費用　331
　――の学習　293, 346
　――の選択　329, 385
　――の陳腐化　328
　――の模倣　293, 296, 330, 343
　最先端の――　332
　生産――　190, 203, 328, 381
希少性　53, 272
既存企業　293, 329
ギッフェン財　166

規模　277
　　——の生産性　276
　　生産要素の投入——　281
逆S字型の総可変費用曲線　210
逆需要関数　85
　　——の微係数　86
逆需要曲線　84–86
逆U字型労働限界生産性の仮定　252
供給　189
　　——データ　213
　　——の価格弾力性　223, 323
　　——の長期弾力化原理　222, 223, 234
　　——の法則　190–203
　　——量決定の限界原理　195
　　市場——　317
　　労働——　172, 368
供給関数　191, 192, 220, 323
　　集計的——　317
供給曲線　25–29, 190–203, 220, 319, 320, 341
　　——の傾き　323
競争　62, 213, 340
　　市場——　292
　　自由——　292
　　→「完全競争」もみよ
協力効果　205
　　労働者の——　253
　　→「混雑効果」「ボトルネック」もみよ
曲線の傾き　77, 202
　　供給——　323
　　需要——　325
　　総支払用意——　82, 150, 202
　　総費用——　202
　　等量——　276
　　無差別——　155
　　→「直線の傾き」もみよ
均衡　294, 295, 316, 373, 376
　　——価格　317, 326
　　——条件　361
　　——取引量　317
　　——の安定性　320
　　→「不安定均衡」もみよ

市場——　329, 358
主体的——　322
短期——　316, 343
長期——　336, 341, 343
計画立案者　363
経済
　　——活動　3, 54, 193
　　——現象　3, 4, 22, 24, 29, 32, 158
　　——原理　150
　　——効果　51
　　——システム　22, 31
　　——主体　3, 54, 293
　　——制度　11
　　——の構造的改革　9
　　——分析　25, 31–35, 215
　　——変数　24
　　——モデル　22
経済政策
　　市場主義的——　363
　　直接規制主義的——　363
契約　356
　　——曲線　356
　　——交渉　35
限界原理　51–55, 64–72, 143, 193, 201, 267
　　供給量決定の——　195
　　最適意思決定の——　52
　　砂漠のコーラの——　54
　　資本投入における——　259
　　需要量の決定における——　69
　　消費配分における——　300, 301
　　生産・消費の配分における——　314
　　生産の割当における——　307
　　労働投入における——　259
限界効果　54, 195, 307
　　正の——　53, 193
　　負の——　53, 193
限界効用　53
限界実支払　53
限界支払用意　52, 53, 69, 75, 82, 108, 144, 150, 153, 202, 218, 249, 300–303, 371

——関数　85
——曲線　108, 199, 304
——逓減の法則　53, 74, 79
——の逓減　164
相対——　146
限界資本調達費用　268, 269, 289
限界生産性　250
——曲線　252, 254
逆 U 字型労働——の仮定　252
労働の——　252, 255
限界生産物　379
労働の価値——曲線　255
限界代替率　150–156, 270, 271
——逓減の法則　271
限界費用　202, 204, 208, 218, 282, 289, 307
——関数　204
——曲線　197–200, 209–212, 219, 220, 282, 284, 285, 315, 330
——逓減　205
——逓増　205
限界便益
——曲線　315
社会的——曲線　305, 318
限界労働調達費用　268, 269, 289
顕示選好　116–132
——の強公準　128, 129
——の弱公準　124–127
——の理論　118, 141
原点　25

交換　38, 39, 41, 44, 63, 183, 185
——の望ましさ　40
→「望ましさの尺度」もみよ
——の利益　41–48
市場——　39, 59
自発的——　39, 183
物々——　39
後屈型の供給曲線　175, 321
交差効果　165
→「需要の交差弾力性」もみよ
交差需要曲線　165
交渉　356

契約——　35
厚生経済学の第 1 定理　361, 362
厚生経済学の第 2 定理　363–365
構造方程式　31, 32
行動原則　291
購入量　→「最適購入量」
効用　40, 109–112, 140, 147, 157, 181
効用可能性曲線　357
効用関数　110–112, 134, 140, 182, 352
間接——　158
→「需要の交差弾力性」もみよ
準線形　182
効用最大化　140–143, 176–187
——仮説　133
——の 1 次条件　143, 150, 155
——モデル　140, 157, 164, 179
——問題　140, 182, 263
合理性, 合理的　4, 43, 48, 93
合理的意思決定　4, 5, 33, 55
合理的行動　5, 33, 46
合理的選択　5–20, 32, 38, 134
効率性, 効率的　348
効率性損失　302, 309, 315
効率的な資源配分　348
国民所得統計　129–131
固定的生産要素　203, 206, 224, 226, 234, 245, 247, 332, 342, 346, 384
固定費用　197, 205–208, 215, 216, 226, 228, 235
混雑効果　205
→「協力効果」もみよ

さ 行

財
完全代替——　168–171
完全補完——　168–171
ギッフェン——　166
最終消費——　38, 240, 366
消費——　37
正常——　161, 166, 174
正の——　93–95, 103, 112
中立——　93–95
非分割——　91

負の——　　93–95
最小化問題　　13
最小総費用　　262, 350
最小取引単位　　65
最大化　　13, 80
　　効用——　　140–143, 176–187
裁定　　61, 62
最適
　　——意思決定の限界原理　　51
　　——解　　14
　　——企業数　　339
　　——購入量　　50, 64, 81–84, 350
　　——資源配分　　295, 347
　　——消費バスケット　　140–143,
　　　148, 157, 159–162, 169
　　——消費ベクトル　　141, 161, 375
　　——生産点　　375
　　——生産・販売量　　194, 200, 216,
　　　234
　　——生産方式　　262, 275, 276, 284,
　　　288, 350
　　——選択肢　　17, 21, 322
　　——割当　　310
　　売り手の——　　61
　　資本の——投入量　　259
　　労働の——投入量　　247
最適化　　13
　　——行動　　21, 258
　　——の1次条件　　80, 83
　　——の解　　15
　　——問題　　11, 15, 19, 77, 80, 157,
　　　214, 262, 372
砂漠のコーラの例　　49, 52, 54
座標平面　　89, 243
　　→「縦軸座標」「横軸座標」もみよ
参入　　293, 296, 331, 333, 345
　　——価格　　234, 281
　　企業——点　　234
　　市場——　　328
　　——新規　　329

シグマ記号（Σ）　　296
資源の遊休　　349, 354

資源配分　　295, 296, 352
　　効率的な——　　348
　　最適な——　　295, 347
市場　　23, 38, 39, 56, 62, 63
　　——価格　　317, 331, 343
　　——供給　　317
　　——供給曲線　　317, 318, 323, 337
　　——競争　　292, 293, 340
　　——均衡　　295, 329, 358
　　——経済の基本原理　　2, 291
　　——交換　　39, 59
　　——参入　　328
　　——主義的経済政策　　363
　　——需要　　317
　　——需要曲線　　317, 318, 323, 343
　　——にとっての短期／長期　　329
　　新たな——　　293
　　完全競争——　　213, 214, 295, 296,
　　　316
　　生産物——　　240, 245, 254
　　生産要素——　　240, 245, 246, 254
　　中古——　　366
辞書式順序　　105
実現可能　　294
実行可能　　7, 12, 296, 297, 352
　　——集合　　6, 8, 13, 14, 119, 123, 127,
　　　134, 136
　　——性条件　　297
　　——な選択肢　　7, 14, 17
実行不可能　　12, 297
実質
　　——国民所得　　129
　　——所得　　167
　　——賃金　　374
　　——賃金率　　374
　　——利潤　　374
実支払　　44
　　——直線　　81
　　——限界　　53
実物費用曲線　　251
自発性, 自発的　　291, 294
　　自発的意思決定　　292
　　自発的交換　　39, 183

自発的行動　2, 292, 294
支払用意　42, 49, 105, 146, 147, 150
　　限界——　52, 53, 69, 75, 82, 108, 144, 150, 202, 218, 300, 371
　　総——　42, 43, 47, 49, 60, 71, 106, 107, 111, 112, 144, 181, 186
資本　242
　　——高度化の法則　273
　　——集約的な生産方式　243
　　——投入における限界原理　259
　　——の最適投入量　259
　　——の報酬率　287
社会的限界費用曲線　310, 318, 337
社会的限界便益曲線　305, 318
社会的最適配分　313, 315, 318, 350
社会的生産曲線　379
社会的総費用　305, 310, 311, 313
社会的総便益　298, 311, 313
　　——関数　304, 305, 337
社会的余剰　311–315, 337, 339, 350
自由競争　292
集計の供給関数　317
集計の需要関数　317
集合　12
　　——の要素　12
　　実行可能——　6, 8, 13, 14, 119, 123, 127, 134, 136
　　部分——　12
　　予算——　136, 137, 160, 182
従属変数　24, 80, 171
需給
　　——の一致　361
　　——の均衡　373, 376
　　——バランス　27, 294, 333
　　——バランス方程式　23
主体的均衡　322
需要　22, 64, 76–86, 189
　　——の価格弾力性　172, 324, 327
　　——の交差弾力性　172
　　——の弾力性　171
　　——の法則　22, 74, 164–168
　　——量の決定における限界原理　69
　　市場——　317

派生——　256
需要関数　23, 26, 85, 158, 159, 324
　　——の微係数　86
　　一般——　30
　　集計的——　317
需要曲線　25–29, 71, 72, 84–86, 192, 223, 319–321, 331, 334, 341
　　——の傾き　325
　　交差——　165
　　生産要素の相対——　274
　　労働の——　255, 256
純粋交換経済　358
　　——モデル　347, 351
準線形効用関数　182
消費　38–41
　　——空間　90
　　——主体　366
　　——データ　118, 130
　　——における限界原理　143–150
　　——のゼロ次同次性　158
　　——の望ましさ　40
　　——の便益　298
　　——平面　90, 119, 353
　　——平面の原点　353
　　——理論　87
消費行動　41, 43
　　合理的な——　46
消費財　37
　　——市場　240, 366
　　——の最適配分　298
消費者　37, 292
　　——の意思決定　80
消費者余剰　43–55, 64, 87, 179, 218, 350
消費者余剰最大化　80, 84, 176–187
　　——仮説　49, 53, 76, 133, 147, 179
　　——の1次条件　71
　　——モデル　164, 178, 180
消費配分　296
　　——における限界原理　300, 301
消費バスケット　88–91, 101, 105, 111, 118–129, 134, 140, 142, 151
　　最適——　140–143, 148, 157, 159–

162, 169
消費ベクトル　89, 359
　　最適――　141, 161, 375
正札販売　63, 64
情報　46
　　――収集　62
初期資源の配分　360
所得効果　162, 164–167, 176, 181
所得・消費経路　161, 166, 181
新規企業　293
新規参入　329
新技術　293
　　――の開発　346
新市場の開発　346
新製品　293
　　――の開発　346
人頭税　365
真の経済人　55, 143, 149

数学的手法　34
スミス（Adam Smith）　292

生活水準　362
生産　189
　　――活動　190, 215, 239
　　――過程　190, 224, 240, 367
　　――関数　241, 242, 244, 279, 285
　　――期間　224
　　――技術　190, 203, 328, 381
　　――規模　277
　　――曲線　251, 280, 367, 381
　　――曲面　279, 280
　　――主体（生産者）　366
　　――・消費の配分における限界原理　314
　　――と費用の双対性　283, 285
　　――における垂直的関係　241
　　――における水平的関係　241
　　――の最適割当問題　305
　　――の連鎖　38, 240
　　――の割当における限界原理　307
　　――配分　297
　　――物市場　240, 245, 254

生産者　→「生産主体」
生産者余剰　214, 217, 218, 221
生産性　250
　　規模の――　276
　　限界――　250
　　平均――　250
生産点　→「最適生産点」
生産・販売量　239
　　最適――　194
生産方式　243
　　――の最適選択　244
　　最適――　262, 275, 276, 284, 288, 350
　　資本集約的な――　243
　　労働集約的な――　243
生産要素　224, 239–241
　　――間の代替　243
　　――市場　240, 245, 246, 254
　　――の相対価格　274, 276
　　――の相対需要曲線　274
　　――の投入規模　281
　　――の報酬率　244
　　固定的――　203, 206, 224, 226, 234, 245, 247, 332, 342, 346, 384
生産量　239
　　最適――　200, 217, 234
正常財　161, 166, 174
正の経済効果　51
正の限界効果　53, 193
正の財　93–95, 103, 112
製品　→「新製品の開発」
制約条件　13
　　――式　13
　　――付き最適化問題　13
　　→「予算制約」もみよ
切片　→「縦軸切片」「横軸切片」
説明変数　24, 32, 33, 85
狭い意味での（限界効果）
　　――限界支払用意　71, 77, 78, 147, 148, 151
　　――限界代替率　271
　　――限界費用　196, 199, 200, 204
　　――資本の限界生産物　260

396——(せま—たん)

――労働の限界生産物 249, 252
ゼロ次同次関数 159
　消費の―― 158
選好 87-132, 134, 293, 296, 328
　――の完備性 93
　――の推移性 93
　――の凸性 102, 103
　顕示―― 116-132
　強い意味での―― 92
　弱い意味での―― 92, 102
選好関係 91-93, 110
　――の計測 117
潜在的企業 328
選択
　――変数 13, 80, 228
　技術の―― 329, 385
選択肢 4, 6, 7, 9, 11, 15, 18-20
　――の空間 6, 8, 11-14, 21, 32
　――の集合 21
　最適―― 17, 21, 322
　実行可能な―― 7, 14, 17

総可変費用 198, 206, 207, 216, 225
　――関数 207
　――曲線 207-212
　逆S字型の――曲線 210
　→「限界費用」「固定費用」「総費用」もみよ
相似拡大的 276
相似的等量曲線の仮定 277
総支払用意 42, 43, 47, 49, 60, 71, 106, 107, 111, 112, 144, 181, 186
　――関数 72, 77, 112, 299
　――曲線 77, 79, 82, 107
　――曲線の傾き 82, 150, 202
　→「社会的総便益」もみよ
総収入 193, 201, 244, 245
　――直線 201
相対価格 120, 138, 140, 144, 148, 361, 373
　生産要素の―― 274, 276
　→「相対単価」もみよ
相対限界支払用意 146

相対生産要素需要の法則 274-276
相対単価 144
　→「相対価格」もみよ
相対変化 171
双対性 283, 289
　生産と費用の―― 283, 285
総費用 193, 197, 245, 247, 283
　――関数 197, 204, 206, 266, 280, 281, 306
　――曲線 200-203, 209-212, 282
　――曲線の傾き 202
　最小―― 262, 350
　→「限界費用」「固定費用」「社会的総費用」「総可変費用」もみよ
総便益 →「社会的総便益」
総補償要求 182-187
　→「総支払用意」もみよ

た 行

第1種の無駄 349, 353, 369, 370
対価 44
代金 41
代替 97, 113-116, 150, 243, 275
　――関係 146
　――効果 162-167, 176
　――性 116, 165
代替率 →「限界代替率」
退出 293, 296, 333, 345
第2種の無駄 349, 353, 371
代表的企業 367, 372
代表的消費者 367, 372
ダウンサイジング 384
縦軸 25, 26, 81, 85, 89, 109
　――座標 26
　――切片 112, 121, 123, 162, 182, 207
単位 57
　――等量曲線 277
　――費用関数 281
　最小取引―― 65
　単価の―― 57
　物理的―― 65
単一の単価 61

単価（単位価格）　56–60, 82, 135, 194
　　──の単位　57
　　単一の──　61
　　→「価格」もみよ
短期　222–238, 245
　　──均衡　295, 316, 343
　　──均衡価格　341
　　──限界費用曲線　236
　　──限界費用曲線群　237
　　──総可変費用曲線　226
　　──総費用関数　226
　　──総費用曲線　227, 230, 235
　　──的な市場　316
　　──の企業活動　246
　　──の限界費用　257
　　──の最適性命題　339
　　──の市場供給曲線　343
　　──の総可変費用曲線　251
　　──平均費用曲線群　237
　　──利潤の最大化　254
　　市場にとっての──　329
単純1国経済モデル　348
端点解　83, 154
弾力性
　　供給の価格──　223, 323
　　需要の──　171
　　需要の価格──　172, 324, 327
　　需要の交差──　172
弾力的　323
　　非──　323

知悉的意思決定　7, 45, 134
　　→「インフォームド・デシジョン」もみよ
中間の生産要素　240–242
　　──の市場　366
中古市場　366
中長期　225
中立財　93–95
超過供給　320
超過需要　320
超過利潤　335, 344
長期　222–238, 245

──供給関数　281
──供給曲線　233–235
──均衡　336, 341, 343
──均衡価格　342
──均衡の条件　335
──限界費用　278
──限界費用曲線　233, 234, 237, 276
──効率的な技術　381, 383, 384
──総費用　230, 231
──総費用関数　231, 334
──総費用曲線　230, 231, 235
──的均衡　381
──的な市場　296
──的に効率的な生産技術　332
──と短期　224
──の完全競争モデル　333
──の企業行動　245
──の供給曲線　230–238, 281
──の均衡実質賃金率　380
──の固定的生産要素　276
──の固定費用　276
──の最適性命題　339
──の市場均衡　295
──の総可変費用曲線　276
──の総費用曲線　235, 276
──の利潤最大化問題　230
──平均費用　278
──平均費用曲線　237, 330, 332
市場にとっての──　329
調整期間　225
超短期　225
超長期　225
直接規制主義的経済政策　363
　　→「経済政策」もみよ
直線の傾き　77, 81, 202
　　→「曲線の傾き」「予算線の傾き」もみよ
直交座標平面　25, 26, 89
賃金　→「実質賃金」
賃金率　175, 244, 283, 284
　　企業閉鎖──　256
　　実質──　374

追加的購入　53
追加的な経済活動　51
強い意味での選好　92

適材適所の失敗　349, 354

等総費用直線　264, 265, 275
投入　241
　　資本の最適——量　259
　　生産要素の——規模　281
　　労働の最適——量　247
　→「インプット」もみよ
等費用曲線の傾き　288
等量曲線　244, 271, 272, 275, 276, 279, 282, 288
　　——の傾き　276
独占市場　214
独占者との交換　59
独立変数　24, 108, 171
凸形　108
　　選好の——　102, 103
特許制度　345
取引　63
取引単位　→「最小取引単位」
取引の提案（オファー）　294
トレードオフ　226

な 行

内生変数　24, 31, 158

2 次の微係数　80
　→「微係数」もみよ
二者択一　20
ニーズ　46

農業所得　325
望ましさの尺度　39
望ましさの絶対尺度　40, 109
望ましさの相対尺度　41, 44

は 行

配分　297

——の契約　356
消費——　296
生産——　297
パーシェ型国民所得　132
派生需要　256
パラメター　24, 33, 81, 157, 158, 246, 262, 299
　　——のすり替え　35
パレート（V. Pareto）　350
パレート最適　350, 351, 353, 355, 357, 358, 362, 371
販売量　→「最適生産・販売量」

比較静学　158, 319
微係数　77, 82, 150, 204, 305, 323, 324
　　需要関数の——　86
　　2 次の——　80
　　偏——　150
被説明変数　24, 29, 33, 85
非弾力的　323
微分　77
　→「微係数」もみよ
非分割財　91
費用　190, 239, 250
　　——関数　239
　　——最小化の 1 次条件　265, 270
　　——最小化問題　263, 266
　　——節約のための限界原理　268
　　逆 S 字型の総可変——曲線　210
　　開発——　331
　　機会——　15–21, 138, 140
　　生産と——の双対性　283, 285
　→「限界費用」「固定費用」「総可変費用」「総支払費用」もみよ
広い意味での（限界効果）
　　——限界支払用意　70, 78, 147, 148
　　——限界代替率　151
　　——限界費用　196, 200
　　——資本の限界生産物　260
　　——労働による資本の限界代替率　271
　　——労働の限界生産物　249, 251

貧困　8
品質　46

不安定均衡　321, 322
不完全競争市場　172, 214
物価指数　132
物々交換　39
物理的単位　65
負の経済効果　51
負の限界効果　53, 193
負の財　93-95
部分均衡　359
　——分析　181, 187
　——分析の仮定　179, 181, 183
部分集合　12
ブレインストーム　8

平均可変費用　208, 217
　——曲線　209, 219, 306
平均生産性　250
　——曲線　252, 254
　労働の——　252
　→「限界生産性」もみよ
平均費用　208
ベクトル　88
　消費——　89, 359
便益　298
　→「限界便益」もみよ
変数
　——のすり替え　35
　外生——　24, 31, 32, 158
　経済——　24
　従属——　24, 80, 171
　説明——　24, 32, 33, 85
　独立——　24, 108, 171
　内生——　24, 31, 158
　被説明——　24, 29, 33, 85
偏微係数　150
　→「微係数」もみよ

豊作貧乏　327
報酬率
　資本の——　287

　労働の——　286
法則
　一物一価の——　56-62, 197
　供給の——　190-203
　供給の長期弾力化の——　222-234
　限界効用逓減の——　53
　限界支払用意逓減の——　53, 74, 79
　限界費用逓増の——　205
　資本高度化の——　273
　需要の——　22, 74, 164-168
　相対生産要素需要の——　274-276
　U字型限界費用の——　206
　ワルラスの——　362
方程式
　価格決定——　23, 28
　構造——　31, 32
　需給バランス——　23
　誘導形——　31, 32
　予算——　137, 358, 359, 364, 372
補完　113-116
　——性　116, 165
　完全——　115, 116
補償　97
　——要求　183-185
ボックス・ダイアグラム　352-354, 360
ボトルネック　253
本源的生産要素　240-242, 366
　——市場　366

ま　行

まとめ売り（一括販売）　60

見えざる手　292
ミスマッチング　351, 371
　——による無駄　349
見せびらかすための消費／需要　159, 166

無差別　92
無差別曲線　93-116, 121, 131, 271, 356, 360, 371
　——群　98, 368
　——図　111, 141, 182, 352

──の傾き　155
無駄　348
　　第 1 種の──　349, 353, 369, 370
　　第 2 種の──　349, 353, 371
　　ミスマッチングによる──　349

儲け　44, 61
　　→「生産者余剰」「利潤」もみよ
目的関数　13, 15, 80
モデル
　　経済──　22
　　効用最大化──　140, 157, 158, 179, 180
模倣　293, 331

や 行

誘導形方程式　31, 32
U 字型限界費用曲線　204–206
U 字型限界費用の法則　206
U 字型費用曲線　211

要素価格フロンティア　286–288
　　→「生産要素」もみよ
余暇の需要／消費　172, 368
　　→「労働供給」もみよ
与件　24
　　→「パラメター」もみよ
横軸　25, 26, 81, 85, 89, 109
　　──座標　26
　　──切片　121, 123, 160, 162, 169
予算　134–137
　　──集合　136, 137, 160, 182
　　──制約　87, 133, 140, 147, 179, 358, 372
　　──制約式　134–137, 160
　　──線　136, 137, 139, 142, 149, 163, 179, 360, 364, 375
　　──線の傾き　155
　　──総額　135, 161, 164
　　──方程式　137, 358, 359, 364, 372
余剰
　　社会的──　311–315, 337–339, 350
　　消費者──　43–55, 64, 87, 179, 218,

350
　　生産者──　214, 215, 218, 221
弱い意味での選好　92, 102

ら 行

ラスパイレス型国民所得指標　132
ランプサム方式の課税　364, 365
利潤　193, 200, 244, 245
　　実質──　374
利潤最大化　192–197, 215, 217
　　──の 1 次条件　197, 215–218, 255
　　──の条件　254
　　──問題　228, 266
利潤条件　216, 218

労働　242
　　──集約的な生産方式　243
　　──の価値限界生産物曲線　255
　　──の限界生産性　252, 255
　　──の限界生産物　249, 374
　　──の需要曲線　255, 256
　　──の平均生産性　252
　　──の平均生産物　251, 255
　　──の報酬率　286
労働供給　172, 368
　　──曲線　175
　　実際の──量　368
労働者の協力効果　253
労働者の混雑効果　254
労働投入
　　──量決定の 1 次条件　249
　　──における限界原理　259
　　最適──量　247

わ 行

割当
　　最適──　310
　　生産の最適──問題　305
割引　59, 61
　　──のパラドックス　61
ワルラス（M. E. Léon Walras）　362
ワルラスの法則　362

矢野　誠

東京大学経済学部卒業．アメリカ・ロチェスター大学でPh.D.取得．コーネル大学，ラトガース大学，横浜国立大学経済学部，慶應義塾大学経済学部，京都大学経済研究所，経済産業研究所（RIETI）所長を経て現在同理事長．専攻はミクロ経済学，経済動学，公共経済学など．

著書に
『ミクロ経済学の応用』岩波書店，2001年．
『「質の時代」のシステム改革——良い市場とは何か？』岩波書店，2005年．
『マクロ経済動学』（共著），岩波書店，2007年．
『経済学は何をすべきか』（共著），日本経済新聞出版社，2014年．
『なぜ科学が豊かさにつながらないのか？』（共編著），慶應義塾大学出版会，2015年．
『ネクスト・ブロックチェーン』（共編），日本経済新聞出版社，2019年．
『第4次産業革命と日本経済』（編），東京大学出版会，2020年．

ミクロ経済学の基礎

2001年4月5日　第1刷発行
2022年9月26日　第15刷発行

著者　矢野　誠
発行者　坂本政謙
発行所　株式会社　岩波書店
〒101-8002　東京都千代田区一ツ橋2-5-5
電話案内　03-5210-4000
https://www.iwanami.co.jp/

印刷・法令印刷　カバー・半七印刷　製本・松岳社

Ⓒ Makoto Yano 2001
ISBN 4-00-002197-4　　Printed in Japan

ミクロ経済学の応用	矢野　誠 著	オンデマンド版 454頁 定価　7920円	
マクロ経済動学	西村和雄 矢野　誠 著	Ａ５判　332頁 定価　3300円	
〈現代経済学入門〉 ミクロ経済学〔第3版〕	西村和雄 著	Ａ５判　278頁 定価　3080円	
マクロ経済学〔第4版〕	吉川　洋 著	Ａ５判　298頁 定価　3080円	
国際経済学〔第3版〕	若杉隆平 著	Ａ５判　274頁 定価　3190円	
ミクロ経済学入門の入門	坂井豊貴 著	岩波新書 定価　880円	

──────── 岩波書店刊 ────────

定価は消費税 10% 込です

2022 年 9 月現在